RUSSIAN   Made Simple

The Made Simple series
has been created
especially for self-education
but can equally well
be used as
an aid to group study.
However complex the subject,
the reader is taken
step by step,
clearly and methodically
through the course. Each volume
has been prepared by
experts,
taking account of
modern educational requirements,
to ensure the most
effective way of
acquiring knowledge.

In the same series

Accounting
Acting and Stagecraft
Additional Mathematics
Administration in Business
Advertising
Anthropology
Applied Economics
Applied Mathematics
Applied Mechanics
Art Appreciation
Art of Speaking
Art of Writing
Biology
Book-keeping
British Constitution
Business and Administrative
  Organisation
Business Economics
Business Statistics and Accounting
Calculus
Chemistry
Childcare
Commerce
Company Law
Computer Programming
Computers and Microprocessors
Cookery
Cost and Management Accounting
Data Processing
Dressmaking
Economic History
Economic and Social Geography
Economics
Effective Communication
Electricity
Electronic Computers
Electronics
English
English Literature
Export
Financial Management
French

Geology
German
Housing, Tenancy and Planning Law
Human Anatomy
Human Biology
Italian
Journalism
Latin
Law
Management
Marketing
Mathematics
Modern Biology
Modern Electronics
Modern European History
Modern Mathematics
Music
New Mathematics
Office Practice
Organic Chemistry
Personnel Management
Philosophy
Photography
Physical Geography
Physics
Practical Typewriting
Psychiatry
Psychology
Public Relations
Rapid Reading
Retailing
Russian
Salesmanship
Secretarial Practice
Social Services
Sociology
Spanish
Statistics
Teeline Shorthand
Twentieth-Century British History
Typing
Woodwork

RUSSIAN Made Simple

Eugene Jackson and
Elizabeth Bartlett Gordon, MA

Advisory editors
Geoffrey Braithwaite,
MA (Cantab)
and
Albina Tarasova

Made Simple Books
HEINEMANN : London

Made and printed in Great Britain
by Richard Clay (The Chaucer Press), Ltd., Bungay, Suffolk
for the publishers William Heinemann Ltd.,
10 Upper Grosvenor Street, London, W1X 9PA

First Edition, October 1967
Reprinted, September 1974
Reprinted (with Index), September 1977
Reprinted (with revisions), March 1982

SBN 434 98523 6 Cased
    434 98524 4 Paper

Foreword

Each year more and more tourists are visiting the Soviet Union, business and cultural exchanges are increasing, and the study of Russian is assuming an ever-growing importance in our schools, colleges, evening institutes and universities. Russian is one of the official languages at the United Nations. The U.S.S.R. stretches across one-sixth of the land area of the earth. There is, therefore, little need to stress here the importance of Russian in the world today.

Whatever their reasons for learning the language, beginners will find *Russian Made Simple*, with its bilingual dialogues and answer keys, the ideal book for self-instruction. It is equally suitable for use as an introductory course in evening institutes and schools. The book's frequent well laid-out revision lessons and reading passages will also be of especial help to those who wish to consolidate their already acquired notions of the language.

The letters of the Russian alphabet are introduced gradually, with a guide to their pronunciation. The symbols used in this guide are those of the widely accepted International Phonetic Alphabet. The essentials of grammar are introduced systematically to help students acquire a working knowledge of the language in the shortest possible time. Students who conscientiously work through this book will have at their command the basic structures of the language and a vocabulary of over one thousand words. They will have laid a solid foundation for further study of the language to O-Level/O-Grade and beyond, and for the enjoyment of reading the great works of Russian literature in the original.

GEOFFREY BRAITHWAITE
ALBINA TARASOVA

SOUND RECORDINGS

Two recordings have been produced which include all the conversation and dialogue passages at the beginning of each chapter in this book and are recommended for all who want to hear Russian at its best. The two recordings are available on Cassettes or Spool Tapes (please state which when ordering) at £6 each or £12 per set (including VAT and postage). Recordings and further information available *only from*:

Students Recordings Ltd.,
The Audio-Visual Centre,
88 Queen Street,
Newton Abbot,
Devon,
England.

Other languages in the Made Simple Series:

English
French
German
Italian
Latin
Spanish

Contents

RUSSIAN
MADE
SIMPLE

CHAPTER 1

Meet the Russian Language

1. *The Russian alphabet is not a complete stranger*

This alphabet has thirty-two letters. Some of these look like English letters and have similar sounds. Thus: Russian м, т, к are similar to English *m, t, k*. Russian с is like English *c* in *cent* (not like *c* in *cat*). Russian а is like *a* in *father* or like the *a* in *soda*. Russian о is like English *o* in *ore*, or like *o* in *favour*.

A few Russian letters look like English letters but have different sounds. Thus: Russian в is like English *v;* Russian н is like English *n;* and Russian р is like English *r;* у is like *oo* in *boot*.

Other letters are quite different in form from any English letters, although in nearly all cases corresponding sounds are found in English. Thus: Russian и is like English *ee;* Russian п is like English *p*, and Russian ф is like English *f*.

In Chapters 1 to 6 you will learn to read and pronounce all the Russian letters in simple words, expressions, and short sentences. The description of each sound is accompanied by a pronunciation key which indicates the nearest English equivalent to that sound. This key will be used throughout the book with new words and expressions.

2. *Russian pronunciation is not difficult*

In general, Russian is a phonetic language; that is, words are pronounced the way they are spelled. Silent letters are rare, so that Russian offers no such spelling difficulties as does English, where words like *height, cough, rough, rogue, weight,* and *dough* baffle foreigners.

3. *Old friends in disguise*

There are a good many Russian words that closely resemble familiar English words in sound and meaning. But they are disguised in the Russian alphabet. When you have learned this alphabet you will easily recognize such familiar words. Thus:

RUSSIAN	класс	парк	суп	план	факт
KEY	(klas)	(park)	(sup)	(plan)	(fakt)
ENGLISH	class	park	soup	plan	fact

RUSSIAN	спорт	доктор	ваза	лампа	мотор
KEY	(sport)	('dok-tər)	('va-zə)	('lam-pə)	(ma-'tor)
ENGLISH	sport	doctor	vase	lamp	motor

RUSSIAN	тра́ктор	футбо́л	бана́н
KEY	('trak-tər)	(fut-'bol)	(ba-'nan)
ENGLISH	tractor	football	banana

NOTE: In the key, a represents the sound of *a* as in *father*; ə represents the sound of *a* as in *sofa*; o represents the sound of *o* as in *ore*.

4. *Some interesting features of the Russian language*

a. Russian has no words for the articles *the, a,* or *an*. Thus: дом (dom) equals *house, a house,* or *the house*.

b. Russian omits words for *am, is, are*. Thus: Анто́н — до́ктор (an-'ton — 'dok-tər) Anthony [is a] doctor.

c. Like English, Russian has no good rules for telling which syllable in a word is accented. Therefore, Russian beginners' books and dictionaries use an accent mark (′) to indicate the accented syllable. In the pronunciation key for words in this book, the accented syllable is preceded by the sign ′. Thus: до́ктор ('dok-tər), бана́н (ba-'nan).

d. Most Russian words have endings that change according to the use of the word in the sentence. That part of the word to which the ending is attached is called the **stem**. Learning the changes that words undergo as they are used in sentences is an intriguing part of the study of Russian. These changes are introduced very gradually, drilled in many practical exercises, and reviewed in review chapters. Do all exercises and check your answers in the Answer Section of the book. Here is an easy sample of how a Russian word may change: студе́нт (stu-'djent) student, subject of a sentence; студе́нта (stu-'djen-tə) of the student; студе́нту (stu-'djen-tu) to the student; студе́нтом (stu-'djen-təm) by the student.

5. *How to learn to speak Russian well*

This book will enable you to obtain a good pronunciation and to express yourself in the ordinary affairs of daily living. If possible, have some Russian-speaking person help you with your pronunciation, as it is important to hear the sounds correctly spoken so that you can check your own pronunciation. Try out your newly gained knowledge on him in frequent conversations.

Listen as often as possible to Russian gramophone records and to short-wave broadcasts in Russian. On short wave, you can hear numerous Russian broadcasts from Moscow itself, and also broadcasts in Russian to the Soviet Union by the BBC. The British Broadcasting Corporation also broadcasts courses in Russian periodically on radio and television. These will give you valuable practice in listening to good Russian. Take every opportunity to see Russian films. Such pictures are a pleasant and effective way of improving your comprehension of spoken Russian.

Provide yourself with a Russian–English, English–Russian dictionary, and consult it whenever necessary for words not included in the vocabulary of this book, which of necessity cannot include every word or expression you may need in speaking or in extensive reading. And now —

Счастлйвого путй! (ʃʃjis-'lji-və-və pu-'tji)

Happy voyage — as you set out on the road that leads to a practical knowledge of the Russian language.

CHAPTER 2

Вот дом—Here is a House

Some Russian Letters in Words and Sentences

The vowel O (o) and the Consonants B (ve), T (te)

вот (vot) here is or here are

В в is like English *v* in *vat*. Name of the letter в is ve. Pronunciation symbol v. Do not confuse Russian в with English B.

О о is like English *o* in *ore*. Pronunciation symbol o. Name of the letter о is о, the same as its sound.

Т т is like English *t* in *take*. Name of the letter т is te. Pronunciation symbol t. For Russian т, the tongue presses against the upper front teeth and its tip points downward, instead of upward, as in English.

Printed capital and small letters, with three exceptions, differ only in size.

Practise Aloud

вот (vot) **вот   вот   вот   вот   вот   вот   вот   вот**

The Consonants Д (de), М (em)

дом (dom) house, the house, a house

Д д is like English *d* in *do*. Pronunciation symbol d. Name of the letter д is de. For Russian д the tongue is in the same position as for Russian т.

М м is like English *m* in *mark*. Pronunciation symbol m. Name of the letter м is em.

Practise Aloud

Вот дом. (vot dom)   Here is a house *or* Here is the house.

There is no definite or indefinite article in Russian. Therefore, **дом** may mean *house*, *the house*, or *a house*. The sense of the sentence will indicate which is meant.

The Vowel A (a) and the Consonants З (ze), Л (el)

зал (zal) hall, large room

З з is like English *z* in *zone*. Pronunciation symbol z. Name of the letter is ze.

А а is like English *a* in *father*. Pronunciation symbol a. Name of the letter a is a, the same as its sound.

Л л is like English *l* in *wool*. Pronunciation symbol l. Name of the letter л is el.

Practise Aloud

Вот зал. (vot zal)	Here is the (a) hall.
Вот дом. (vot dom)	Here is the (a) house.

The Consonants К (ka), С (es)

класс (klas) class, the class, a class, classroom

К к is like the English *k* in *kit* but is not followed by a puff of breath as the English *k* is. Pronunciation symbol k. Name of the letter к is ka.

С с is like English *s* in *see*. It is never like *c* in *cat*. Pronunciation symbol s. Name of the letter с is es.

Practise Aloud

Вот дом. (vot dom)	Here is a house.
Вот зал. (vot zal)	Here is a hall.
Вот класс. (vot klas)	Here is a classroom.
Вот класс.	Here is a classroom.
Вот дом.	Here is a house.
Вот зал.	Here is a hall.
Вот зал.	Here is a hall.
Вот класс.	Here is a classroom.
Вот дом.	Here is a house.

The Vowels И (i) and У (u)

стол и стул (stol i stul) table and chair

И и is like English *ee* in *feel*. Pronunciation symbol i. Name of the letter и is i, the same as its sound. The word и means *and*.

У у is like English *oo* in *stool*. Pronunciation symbol u. Name of the letter у is u, the same as its sound.

Practise Aloud

Вот стол и стул. (vot stol i stul)	Here are a table and a chair.
Вот дом. Вот зал.	Here is a house. Here is a hall.
Вот класс.	Here is a classroom.
Вот стул и стол.	Here are a chair and a table.

New Words with Letters Already Learned

тут (tut) here; там (tam) there; да (da) yes; кот (kot) tomcat

Practise Aloud

Вот кот. Вот стол и стул.	Here is a cat. Here are a table and chair.
Дом там? Да, дом там.	Is the house there? Yes, the house is there.
Зал тут? Да, зал тут.	Is the hall here? Yes, the hall is here.

Стол и стул тут?	Are the table and chair here?
Да, стол и стул тут.	Yes, the table and chair are here.
Класс там? Да, класс там.	Is the classroom there? Yes, the classroom is there.

Grammar Notes and Practical Exercises

1. **вот** (here is *or* here are) is used to point out things emphatically. It is usually accompanied by a pointing gesture. It equals the French *voici.* **тут** (here) merely indicates the thing is *here* and not *somewhere else.*
2. The Russian words for *is*, *are*, and *am* are usually omitted.
3. In Russian, questions are most often formed by inflection of the voice without change of word order.

Exercise No. 1. Copy these words, printing the letters. Translate them.

The answers to all exercises are in the Answer Section at the back of the book.

1. класс 2. стол 3. стул 4. зал 5. вот 6. кот 7. дом 8. тут 9. там 10. да 11. и

Exercise No. 2. Translate into Russian. Print your answers.

1. table 2. chair 3. here is 4. here are 5. yes 6. here 7. there 8. tomcat 9. class 10. and 11. hall

CHAPTER 3

Вот слово «ваза»—Here Is the Word "Vase"

More Russian Letters in Words and Sentences

The Vowels A and O in Unaccented Syllables

In Russian the accent in words is very important for correct pronunciation. As in English, there are no rules to tell you which syllable is accented. Dictionaries and beginners' books use an accent mark to show the accented syllable. In the pronunciation key, given with all new words, the accented syllable is preceded by the sign ′.

Let us now see the pronunciation of **a** and **o** in unaccented syllables.

ва́за (′va-zə) vase	сло́во (′slo-və) word
сала́т (sa-′lat) salad	доска́ (das-′ka) board
адвока́т (ad-va-′kat) lawyer	отку́да (at-′ku-də) from where, whence

In unaccented syllables, *after* the accented syllable, both **a** and **o** are pronounced like the English *a* in *sofa* (**ва́за, сло́во**).

In unaccented syllables, directly *before* the accented syllable, both **a** and **o** are pronounced *a* (**сала́т, доска́**).

When either is the first letter of a word, both unaccented **a** and **o** are pronounced *a* (**адвока́т, отку́да**).

In the pronunciation key, the sign ə will always indicate the sound of *a* as in *sofa*.

In the pronunciation key you will at times note a pronunciation indicated not covered by a rule you have learned. Just follow the key and you won't go wrong.

Practise Aloud

Вот ва́за. (′va-zə)	Here is the (a) vase.
Вот сло́во. (′slo-və)	Here is the (a) word.
Вот доска́. (das-′ka)	Here is the (a) board.
Вот сала́т. (sa-′lat)	Here is the (a) salad.
Вот сло́во «отку́да». (at-′ku-də)	Here is the word "whence".
Вот сло́во «адвока́т». (ad-va-′kat)	Here is the word "lawyer".

The Vowel Э (e)

э́то (′e-tə) this (is), that (is)

Э is like English *e* in *bet*. Pronunciation symbol e. Name of the letter э is **e**, the same as its sound.

Remember: the symbol ə represents the sound of Russian unaccented **a** and **o**.

Practise Aloud

Это ва́за? ('e-tə 'va-zə)	Is this a vase?
Да, э́то ва́за.	Yes, this is a vase.
Это дом? ('e-tə dom)	Is that a house?
Да, э́то дом.	Yes, that is a house.
Это адвока́т? ('etə ad-va-'kat)	Is that the lawyer?
Да, э́то адвока́т.	Yes, that is the lawyer.

The Semivowel Й (j)

мой (moj) my; трамва́й (tram-'vaj) tram

Й й is a semivowel. It is like the sound of *y* in *boy*. Name of the letter й is short i. Pronunciation symbol j. Й is used only in combination with other vowels. Thus: ой (oj), ай (aj), уй (uj).

Practise Aloud

Это мой дом. ('e-tə moj dom)	This is my house.
Это мой класс. ('e-tə moj klas)	This is my classroom.
Это мой адвока́т. ('e-tə moj ad-va-'kat)	This is my lawyer.
Это мой стол и стул. ('e-tə moj stol i stul)	This is my table and chair.
Вот сло́во «мой». (vot 'slo-və moj)	Here is the word "my".
Вот сло́во «трамва́й». (tram-'vaj)	Here is the word "tram".

The Consonant Н (en)

Анна ('an-nə) Anna; Ива́н (i-'van) John; Анто́н (an-'ton) Anthony; он (on) he; она́ (a-'na) she; оно́ (a-'no) it; ко́мната ('kom-nə-tə) room; окно́ (ak-'no) window.

NOTE: If the accent falls on a capital letter, no accent mark will be used in this book. Thus: Анна ('an-nə), Ида ('i-də) Ida.

Н н is like English *n* in *net*. Pronunciation symbol n. Name of the letter is en. For Russian н the tongue presses against the upper teeth and its tip points downward, instead of upward as in English *n*. The position of the tongue is the same for Russian д, т, н.

Practise Aloud

1. Анто́н тут? Да, он тут. (an-'ton tut? da, on tut)	1. Is Anthony here? Yes, he is here.
2. Анна тут? Да, она́ тут. ('an-nə tut? da, a-'na tut)	2. Is Anna here? Yes, she is here.
3. Вот окно́. Вот оно́. (vot ak-'no. vot a-'no)	3. Here is the window. Here it is.
4. Вот Ива́н. Вот он. (vot i-'van. vot on)	4. Here is John. Here he is.
5. Вот Луи́за. Вот она́. (vot lu-'i-zə. vot a'na)	5. Here is Louise. Here she is.

6. Вот сло́во. Вот оно́.
   (vot 'slo-və. vot a'no)

6. Here is the word. Here it is.

7. Анто́н, Анна, Луи́за и Ида там.

7. Anthony, Anna, Louise, and Ida are there.

The Consonant Р (err)

рома́н (ra-'man) novel; до́ктор ('dok-tər) doctor; ка́рта ('kar-tə) map; Му́рманск ('mur-mənsk) Murmansk; Варва́ра (var-'va-rə) Barbara; уро́к (u-'rok) lesson; до́ма ('do-mə) at home

Р р is like English trilled *r*, as in the telephone operator's *thrrr-ee*. It is made by vibrating the tip of the tongue against the hard palate, just behind the upper teeth. Pronunciation symbol r. Name of the letter is **err**. Do not confuse Russian **p** with English *p*.

Practise Aloud

1. Вот рома́н. Это мой рома́н.
   (vot ra-'man. 'e-tə moj ra-'man)

1. Here is a novel. This is my novel.

2. Вот ка́рта. Это — Москва́.
   (vot 'kar-tə. 'e-tə mask-'va)

2. Here is a map. This is Moscow.

3. Это — Му́рманск? Да, э́то Му́р-манск.
   ('e-tə 'mur-mənsk? da, 'e-tə 'mur-mənsk)

3. Is this Murmansk? Yes, this is Murmansk.

4. До́ктор до́ма? Да, он до́ма.
   ('dok-tər 'do-mə? da, on 'do-mə)

4. Is the doctor at home? Yes, he is at home.

5. До́ктор Ивано́в — мой до́ктор.
   ('dok-tər i-va-'nof moj 'dok-tər)

5. Doctor Ivanov is my doctor.

6. Варва́ра до́ма? Да, она́ до́ма.
   (var-'va-rə 'do-mə? da, a-'na 'do-mə)

6. Is Barbara at home? Yes, she is at home.

7. Анто́н до́ма? Да, он до́ма.
   (an-'ton 'do-mə? da, on 'do-mə)

7. Is Anthony at home? Yes, he is at home.

8. Это уро́к? Это мой уро́к.
   ('e-tə u-'rok? 'e-tə moj u-'rok)

8. Is this the lesson? It is my lesson.

The Consonant Б (be)

Баку́ (ba-'ku) Baku; Бату́ми (ba-'tu-mi) Batumi; брат (brat) brother; бана́н (ba-'nan) banana

Б б is like English *b* in *ball*. Pronunciation symbol b. Name of the letter is **be.**

Practise Aloud

1. Вот сло́во «брат».
   (vot 'slo-və brat)

1. Here is the word "brother".

2. Мой брат — до́ктор. Он до́ма.
   (moj brat 'dok-tər. on 'do-mə)

2. My brother is a doctor. He is at home.

3. Вот сло́во «бана́н».
(vot 'slo-və ba-'nan)

3. Here is the word "banana".

4. Это — бана́н.
('e-tə ba-'nan)

4. This is a banana.

5. Вот ка́рта. Вот Баку́.
(vot 'kar-tə. vot ba-'ku)

5. Here is a map. Here is Baku.

6. Вот Москва́, Бату́ми, Му́рманск.
(vot mask-'va, ba-'tu-mi, 'mur-mənsk)

6. Here are Moscow, Batumi, Murmansk.

7. Вот мой уро́к.
(vot moj u-'rok)

7. Here is my lesson.

The Consonant П (pe)

парк (park) park; порт (port) port; план (plan) plan; ла́мпа ('lam-pə) lamp
П п is like English *p* in *park* but is not followed by a puff of breath as the English *p* is. Pronunciation symbol p. Name of the letter is **pe**.

Practise Aloud

1. Вот план и ка́рта.
(vot plan i 'kar-tə)

1. Here are a plan and a map.

2. Вот стол, стул и ла́мпа.
(vot stol, stul i 'lam-pə)

2. Here are a table, chair, and lamp.

3. Это — парк? Да, э́то парк.
('e-tə park? da, 'e-tə park)

3. Is this a park? Yes, this is a park.

4. План тут. Ка́рта там.
(plan tut. 'kar-tə tam)

4. The plan is here. The map is there.

5. Сло́во тут? Да, оно́ тут.
('slo-və tut? da, a-'no tut)

5. Is the word here? Yes, it is here.

6. Ла́мпа там? Да, ла́мпа там.
('lam-pə tam? da, 'lam-pə tam)

6. Is the lamp there? Yes, the lamp is there.

7. Анто́н и Варва́ра там?
Да, Анто́н и Варва́ра там.
(an-'ton i var-'va-rə tam?)
(da, an-'ton i var-'va-rə tam)

7. Are Anthony and Barbara there? Yes, Anthony and Barbara are there.

8. Му́рманск — порт? Да, Му́рманск — порт.
('mur-mənsk port? da, 'mur-mənsk port)

8. Is Murmansk a port? Yes, Murmansk is a port.

9. Баку́ — порт? Да, Баку́ — порт.
(ba-'ku port? da, ba-'ku port)

9. Is Baku a port? Yes, Baku is a port.

The Consonant Ф (ef)

факт (fakt) fact; фра́за ('fra-zə) sentence, phrase; Фома́ (fa-'ma) Thomas; Ма́рфа ('mar-fə) Martha

Ф ф is like English *f* in *full*. Pronunciation symbol f. Name of the letter is **ef**.

Practise Aloud

1. **Мой брат — дóктор. Это факт.**
   (moj brat ′dok-tər. ′e-tə fakt)
   1. My brother is a doctor. This is a fact.

2. **Фомá — адвокáт? Да, он адвокáт.**
   (fa-′ma ad-va-′kat? da, on ad-va-′kat)
   2. Is Thomas a lawyer? Yes, he is a lawyer.

3. **Мáрфа — тут? Да, онá тут.**
   (′mar-fə tut? da, a-′na tut)
   3. Is Martha here? Yes, she is here.

4. **Варвáра и Мáрфа — тут.**
   (var-′va-rə i ′mar-fə tut)
   4. Barbara and Martha are here.

5. **Ивáн и Луúза дóма?**
   (i-′van i lu-′i-zə ′do-mə)
   5. Are John and Louise at home?

6. **Мáрфа тут, а Фомá дóма.**
   (′mar-fə tut, a fa-′ma ′do-mə)
   6. Martha is here, and (but) Thomas is at home.

7. **Ивáн — дóктор, а Фомá — адвокáт.**
   (i-′van ′dok-tər, a fa-′ma ad-va-′kat)
   7. John is a doctor, and (but) Thomas is a lawyer.

8. **Это — слóво, а это — фрáза.**
   (′e-tə ′slo-və, a ′e-tə ′fra-zə)
   8. This is a word, and (but) this is a sentence.

Summary of Letters Learned

Vowels	а	о	у	э	и	й
Pronunciation Symbols	(a)	(o)	(u)	(e)	(i)	j — pronounce as *y* in *boy*
Names of Letters		Same as their sounds.				Short i.

Consonants	б	в	д	з	к	л	м
Pronunciation Symbols	(b)	(v)	(d)	(z)	(k)	(l)	(m)
Names of Letters	be	ve	de	ze	ka	el	em

Consonants	н	п	р	с	т	ф
Pronunciation Symbols	(n)	(p)	(r)	(s)	(t)	(f)
Names of Letters	en	pe	err	es	te	ef

Grammar Notes and Practical Exercises

1. The word и means *and*. The word a means *and* or *but*. Use a instead of и for *and* whenever the substitution of *but* for *and* would make sense. Thus: in sentences 4 and 5 *but* would make no sense. Therefore use и. In sentences 6, 7, and 8 *but* makes sense; therefore use a, not и.

2. For clarity a dash is often used in place of the missing link verb (*is, are, am*). Thus: Мой брат — дóктор. My brother is a doctor, Это — слóво. This is a word.

Exercise No. 3. Read aloud. Translate.

1. **вáза**
   (′va-zə)
2. **слóво**
   (′slo-və)
3. **это**
   (′e-tə)
4. **мой**
   (moj)
5. **Анна**
   (′an-nə)
6. **Ивáн**
   (i-′van)
7. **Ида**
   (′i-də)
8. **Луúза**
   (lu′i-zə)

9. ко́мната　　10. Анто́н　　11. окно́　　12. он
('kom-nə-tə)　　(an-'ton)　　(ak-'no)　　(on)

13. она́　　14. оно́　　15. Баку́　　16. рома́н
(a-'na)　　(a-'no)　　(ba-'ku)　　(ra-'man)

17. до́ктор　　18. дом　　19. до́ма　　20. Му́рманск
('dok-tər)　　(dom)　　('do-mə)　　('mur-mənsk)

21. Бату́ми　　22. Москва́　　23. адвока́т　　24. бана́н
(ba-'tu-mi)　　(mask-'va)　　ad-va-'kat)　　(ba-'nan)

25. фра́за　　26. факт　　27. план　　28. парк
('fra-zə)　　(fakt)　　(płan)　　(park)

29. брат　　30. Варва́ра　　31. ка́рта　　32. ла́мпа
(brat)　　(var-'va-rə)　　('kar-tə)　　('lam-pə)

33. Ма́рфа　　34. Фома́　　35. отку́да　　36. трамва́й
('mar-fə)　　(fa-'ma)　　(at-'ku-də)　　(tram-'vaj)

Exercise No. 4. Familiar words in disguise. Read aloud the following examples, some of which you have already met.

парк	мото́р	спорт	аэропо́рт
(park)	(ma-'tor)	(sport)	(a-e-ra-'port)
park	motor	sport	airport
факт	ла́мпа	па́спорт	клуб[1]
(fakt)	('lam-pə)	('pas-pərt)	(klup)
fact	lamp	passport	club
ва́за	кана́л	футбо́л	па́па
('va-zə)	(ka-'nal)	(fut-'bol)	('pa-pə)
vase	canal	football	papa
ро́за	сала́т	тра́ктор	ма́ма
('ro-zə)	(sa-'lat)	('trak-tər)	('ma-mə)
rose	salad	tractor	mama
суп	порт	авиа́тор	до́ктор
(sup)	(port)	(a-vi-'a-tər)	('dok-tər)
soup	port	aviator	doctor

NOTE: 1. When final, б (b) is pronounced like п (p). Thus: клуб (klup).

Exercise No. 5. Translate into Russian. Print your answers. Remember: words for *the, a, is,* and *are* do not appear in Russian. The brackets [ ] indicate words omitted in Russian.

1. Here [is a] vase. 2. Barbara and Martha [are] here, and (but) John and Anna [are] there. 3. [Is] the doctor at home? 4. [Is] Anthony [a] lawyer? 5. This [is a] word, but this [is a] sentence. 6. [Is] this [a] plan? 7. Yes, this [is a] plan. 8. Here [are a] plan and [a] map. 9. This [is] Moscow. 10. [Is] Anna here? 11. Yes, she [is] here. 12. [Is] John there? 13. Yes, he [is] there. 14. Anna and Louise [are] at home. 15. My brother [is a] doctor. 16. This [is a] plan and this [is a] map. 17. Baku [is a] port. 18. He [is a] doctor and she [is a] lawyer. 19. Here [is] my lesson. 20. Here [is] Papa. 21. Here [is] Mama. 22. Here [is the] word "room". 23. This [is] my chair. 24. Here [is the] window. 25. [The] chair [is] there.

CHAPTER 4

Кто дома? Мы дома.—Who Is at Home?
We Are at Home.

More Russian Letters in Words and Sentences

The Vowel ы (i)

мы (mi) we; вы (vi) you; он был (bil) he was; она была (bi-'la) she was; сын (sin) son; кто был? (kto bil) who was?

Ы ы is somewhat like English *i* in *kill*. Pronunciation symbol i.

To make this sound correctly, first say *ee*. Hold the tongue in the *ee* position and try to say *oo*. The result will be the Russian sound ы, which sounds like a throaty *i*. Name of the letter ы is i.

The combination кт as in кто (kto) is found in English at the end of such words as *fact* (fakt), *locked* (lokt), etc.

Practise Aloud

КТО ДОМА? (kto 'do-mə) WHO IS AT HOME?

Мой сын (sin) дома.	My son is at home.
Мой брат (brat) дома.	My brother is at home.
Мой доктор ('dok-tər) дома.	My doctor is at home.
Мой адвокат (ad-va-'kat) дома.	My lawyer is at home.
Мы (mi) дома.	We are at home.
Вы (vi) дома?	Are you at home?

КТО БЫЛ ТАМ? (kto bil tam) WHO WAS THERE?

Иван был (bil) там.	John was there.
Анна была (bi-'la) там.	Anna was there.
Мой сын был (bil) там.	My son was there.
Мой брат был (bil) там.	My brother was there.
Луйза была (bi-'la) там?	Was Louise there?
Да, она была (bi-'la) там.	Yes, she was there.

The Gutturals Г (ge), К (ka), Х (xa)

These letters are called gutturals because they are formed far back in the mouth, near the throat. You are already familiar with к (класс, карта, комната, кто).

The Consonant Г (ge)

го́род ('go-rət) city; бума́га (bu-'ma-gə) paper

Г г is like English *g* in *go*. Pronunciation symbol g. Name of the letter is ge. Do not confuse Russian г (g) with English *r*.

NOTE: Final д is pronounced like т. Thus: го́род ('go-rət).

Practise Aloud

Вот стул, стол и бума́га. (bu-'ma-gə)	Here are a chair, table, and paper.
Вот ка́рта. Вот Москва́.	Here is a map. Here is Moscow.
Москва́ — го́род. (mask-'va 'go-rət)	Moscow is a city.
Баку́ (ba-'ku) Baku	Иркутск (ir-'kutsk) Irkutsk
Бату́ми (ba-'tu-mi) Batumi	Омск (omsk) Omsk
Му́рманск ('mur-mənsk) Murmansk	Но́вгород ('nov-gə-rət) Novgorod

The Consonant X (xa)

пло́хо ('plo-xə) bad, badly; са́хар ('sa-xər) sugar; хо́лодно ('xo-ləd-nə) cold; хор (xor) chorus; Ах! (ax) oh!

X x has no English equivalent. Make it as follows: put the tongue in the position for *k* and breathe out as for English *h*. The result is the Russian sound x. This sound is like Welsh *ch* in *bach* and Scottish *ch* in *loch*. Do not confuse with English *x* in *box*. Pronunciation symbol x. Name of the letter is xa.

Practise Aloud

га	го	гу	ка	ко	ку	ха	хо	ху
(ga)	(go)	(gu)	(ka)	(ko)	(ku)	(xa)	(xo)	(xu)

Это факт? Да, э́то факт.	Is this a fact? Yes, this is a fact.
Это хор? Да, э́то хор.	Is this a chorus? Yes, it is a chorus.
Ах! Это пло́хо. (ax! 'e-tə 'plo-xə)	Oh! That's bad.
Вот са́хар ('sa-xər)	Here is sugar.
Тут хо́лодно. ('xo-ləd-nə)	Here it is cold

The Hiss-Consonants Ж (ʒe), Ч (tʃe), Ш (ʃa), Щ (ʃʃja), Ц (tse)

The Consonant Ж (ʒe)

журна́л (ʒur-'nal) magazine; жа́рко ('ʒar-kə) hot

Ж ж is like English *s* in *pleasure*. Pronunciation symbol ʒ. Name of the letter is ʒe.

Practise Aloud

Тут жа́рко. (tut 'ʒar-kə)	Here it is hot.
Тут хо́лодно. (tut 'xo ləd nə)	Here it is cold.
«Панч» — журна́л и «Экономи́ст» — журна́л.	"Punch" is a magazine and "The Economist" is a magazine.

| Вот журна́л «Панч». | Here is the magazine "Punch". |
| Вот журна́л «Экономи́ст». | Here is the magazine "The Economist". |

The Consonant Ч (tʃe)

чай (tʃaj) tea; врач (vratʃ) physician, doctor; что (ʃto) what

Ч ч is like English *ch* in *cheek*. Pronunciation symbol tʃ. Name of the letter is tʃe. In some words, such as что (ʃto), ч is pronounced like English *sh*.

Practise Aloud

Что́ э́то? (ʃto) What is this (that)? Это чай. This (that) is tea.

чай (tʃaj) tea	фра́за ('fra-zə) sentence, phrase
са́хар ('sa-xər) sugar	стол (stol) table
бума́га (bu-'ma-gə) paper	стул (stul) chair
окно́ (ak-'no) window	ка́рта ('kar-tə) map
дом (dom) house	ла́мпа ('lam-pə) lamp
журна́л (ʒur-'nal) magazine	ко́мната ('kom-nə-tə) room

The Consonant Ш (ʃa)

шко́ла ('ʃko-lə) school; ча́шка ('tʃaʃ-kə) cup; каранда́ш (kə-ran-'daʃ) pencil; хорошо́ (xə-ra-'ʃo) good, fine; наш (naʃ) our; ваш (vaʃ) your

Ш ш is like English *sh* in *short*. Pronunciation symbol ʃ. Name of the letter is ʃa. Do not confuse this symbol ʃ with the letter f.

Practise Aloud

Вот чай. (tʃaj) Вот ча́шка. ('tʃaʃ-kə)	Here is the tea. Here is a cup.
Дом тут, а шко́ла там.	The house is here, and (but) the school is there.
Это ваш (vaʃ) дом?	Is this your house?
Да, э́то наш (naʃ) дом.	Yes, this is our house.
Это ваш каранда́ш?	Is that your pencil?
Да, э́то мой каранда́ш.	Yes, that is my pencil.
Ваш врач — до́ма?	Is your physician at home?
Да, наш врач до́ма.	Yes, our physician is at home.
Это хорошо́. Это пло́хо.	That's good. That's bad.
Кто ваш врач?	Who is your doctor?
Наш врач — до́ктор Блок.	Our doctor is Dr. Block.

The Consonant Щ (ʃʃja)

щи (ʃʃji) cabbage soup; борщ (borʃʃj) beet soup, borsch

Щ щ is like the English *shsh* in such word pairs as po*sh sh*ip, ba*sh sh*in. It is a long *sh* sound followed sometimes by a short *y* (as in *yet*). Pronunciation symbol ʃʃj. (Some speakers pronounce this sound as *shch* in such word pairs as gna*sh ch*eese, fre*sh ch*ips.) Name of the letter is ʃʃja.

Practise Aloud

Вот чай, щи (ʃʃji) и борщ. (borʃʃj)	Here are tea, cabbage soup, and beet soup.
Вот чáшка. ('tʃaʃ-kə)	Here is a cup.

The Consonant Ц (tse)

центр (tsentr) centre; акцéнт (ak-'tsent) accent.

Ц ц is like the English *ts* in *its*. Pronunciation symbol ts. Name of the letter is tse.

We shall learn more about the vowel e (e) in Chapters 5 and 6.

Practise Aloud

ца	цо	цу	цы	це
(tsa)	(tso)	(tsu)	(tsi)	(tse)

Вот центр. (tsentr)	Here is the centre.
Акцéнт (ak-'tsent) тут. Акцéнт там.	The accent is here. The accent is there.
Это — акцéнт? Да, э́то акцéнт.	Is this the accent? Yes, this is the accent.
Вот слóво. Вот акцéнт.	Here is the word. Here is the accent.

Exercise No. 6. Read aloud. Translate.

1. мы (mi)
2. вы (vi)
3. он был (bil)
4. онá былá (bi-'la)
5. мой брат (brat)
6. мой сын (sin)
7. гóрод ('go-rət)
8. бумáга (bu-'ma-gə)
9. сáхар ('sa-xər)
10. что (ʃto)
11. чай (tʃaj)
12. наш (naʃ)
13. ваш (vaʃ)
14. кто (kto)
15. ах (ax)
16. жáрко ('ʒar-kə)
17. щи (ʃʃji)
18. врач (vratʃ)
19. хóлодно ('xo-ləd-nə)
20. плóхо ('plo-xə)
21. шкóла ('ʃko-lə)
22. карандáш (kə-ran-'daʃ)
23. хорошó (xə-ra-'ʃo)
24. журнáл (ʒur-'nal)
25. борщ (borʃʃj)
26. чáшка (tʃaʃ-kə)
27. центр (tsentr)
28. хор (xor)

Exercise No. 7. Familiar words in disguise. Read the Russian words aloud.

шанс	шарф	шкóла	шоколáд
(ʃans)	(ʃarf)	('ʃko-lə)	(ʃə-ka-'lat[1])
chance	scarf	school	chocolate

штат	машúна	багáж	гарáж
(ʃtat)	(ma-'ʃi-[2]nə)	(ba-'gaʃ[3])	(ga-'raʃ)
state	machine	baggage	garage

курáж	гимнáст	какáо	мýзыка
(ku-'raʃ)	(gjim-'nast)	(ka-'ka-o)	('mu-zi-kə)
courage	gymnast	cocoa	music

кóфе	грýппа	бандáж	шпинáт
('ko-fi)	('grup-pə)	(ban-'daʃ)	(ʃpji-'nat)
coffee	group	bandage	spinach

NOTES: 1. Final д is pronounced like т. 2. и is pronounced like ы after ж and ш. 3. Final ж (zh) is pronounced like ш (sh).

Exercise No. 8. Translate into Russian. Print your answers. Remember: words for *the, a, is,* and *are* do not appear in the Russian translation. Make questions in the same word order as in statements, but do not forget the question mark.

1. My son is a doctor. 2. We are at home. 3. My brother is here. 4. He is my lawyer. 5. Is Louise here? 6. Are you at home? 7. Moscow is a city. 8. Is Murmansk a city? 9. "Punch" is a magazine. 10. "The Economist" is a magazine. 11. What is this? 12. This is a window. 13. And (but) what is this? 14. This is a school. 15. Here is a cup. 16. Here is your pencil. 17. Our house is there. 18. That's good. That's bad. 19. Who is your doctor? 20. Who is your lawyer? 21. The window is here. 22. The table is there. 23. The tea is here. 24. The sugar is there. 25. Here is the cup.

CHAPTER 5

Я Яков. Я Ева.—I Am Jacob. I Am Eva.

Hard and Soft Vowels in Words and Sentences

There are two sets of vowels in Russian, the hard vowels and the soft vowels.
Hard Vowels:

а	о	у	э	ы
(a)	(o)	(u)	(e)	(i)

Soft Vowels:

я	ё	ю	е	и	й
(ja)	(jo)	(ju)	(je)	(i)	(j — pron. as y in "boy")

Note that the soft vowels я, ё, ю, е sound exactly like the corresponding
hard vowels а, о, у, э, preceded by the sound *y* as in *yeast*. Thus, there are the
following vowel pairs: а (a) — я (ja); о (o) — ё (jo); у (u) — ю (ju); э (e) — е
(je).

The hard vowel ы (i) and the corresponding soft vowel и (i) are different
sounds, with which you are already familiar. Й (short i) is a soft semi vowel
that is used only in combination with other vowels. Thus: ой = oj; ай = aj;
ий = ij; уй = uj.

Words Illustrating Soft Vowels

я	Яков[1]	яблоко	Ялта
(ja)	('ja-kəf)	('ja-blə-kə)	('jal-tə)
I	Jacob	apple	Yalta

Ева	ест	ёлка	поёт[2]
('je-və)	(jest)	('jol-kə)	(pa-'jot)
Eva	eats	fir tree	sings

моё[2]	моя	юмор	я пою
(ma-'jo)	(ma-'ja)	('ju-mər)	(ja pa-'ju)
my	my	humour	I sing

и	Иван	мой	чай
(i)	(i-'van)	(moj)	(tʃaj)
and	John	my	tea

трамвай
(tram-'vaj)
tram

NOTES: 1. Final в (v) is pronounced like ф (f).
2. The vowel ё is always accented. No accent mark is necessary as a re-
minder.

SPECIAL NOTE

The vowels я (ja), ё (jo), ю (ju), е (je) have the initial j sound only when they begin a word or syllable: Яков ('ja-kəf); Ева ('je-və); моя (ma-'ja); моё (ma-'jo); etc. You will learn more about the soft vowels in Chapter 6.

Practise Aloud

1. Кто вы? Я — Яков. (ja 'ja-kəf)
1. Who are you? I am Jacob.

2. Кто она? Она — Ева. (a-'na 'je-və)
2. Who is she? She is Eva.

3. Кто ест яблоко? (kto jest 'ja-blə-kə)
3. Who is eating an apple?

4. Яков ест яблоко. ('ja-kəf jest 'jab-lə-kə)
4. Jacob is eating an apple.

5. Кто ест масло? (kto jest 'mas-lə)
5. Who is eating butter?

6. Ева ест масло. ('je-və jest mas-lə)
6. Eva is eating butter.

7. Кто хорошо поёт? (kto хə-ra-'ʃo pa-'jot)
7. Who sings well?

8. Я хорошо пою. (ja хə-ra-'ʃo pa-'ju)
8. I sing well.

9. Кто плохо поёт? (kto 'plo-хə pa-'jot)
9. Who sings badly?

10. Ева плохо поёт. ('je-və plo-хə pa-'jot)
10. Eva sings badly.

11. Я пою хорошо, а она поёт плохо.
11. I sing well, but she sings badly.

12. Что это? Это мой карандаш.
12. What is this? It is my pencil.

13. Что это? Это моя бумага.
13. What is this? It is my paper.

14. А что это? Это моё яблоко.
14. And what is this? It is my apple.

15. Вот мой стол и моя лампа.
15. Here are my chair and my lamp.

16. Вот моя комната и моё окно.
16. Here are my room and my window.

17. Вот моё яблоко и моё масло.
17. Here are my apple and my butter.

18. Дом там? Да, он там.
18. Is the house there? Yes, it is there.

19. Школа там? Да, она там.
19. Is the school there? Yes, it is there.

20. Окно там? Да, оно там.
20. Is the window there? Yes, it is there.

Grammar Notes and Practical Exercises

1. Gender of Nouns in Russian

Masculine		Feminine		Neuter	
брат	стол	мама	школа	окно	слово
brother	table	mama	school	window	word

In Russian there are three genders: masculine, feminine, and neuter. The last letter of each noun will as a rule tell you the gender. Thus:

Masculine: Nouns ending in a consonant are masculine.
Feminine: Nouns ending in the letter **a** are feminine.
Neuter: Nouns ending in the letter **o** are neuter.

Persons are either masculine or feminine. Things may have masculine, feminine, or neuter gender.

Some masculine, feminine, and neuter nouns you have met:

Masc. брат врач сын доктор журнал стол зал класс карандаш Батуми
Fem. мама школа карта лампа фраза бумага ваза Москва Ялта
Neut. окно слово яблоко масло

2. Subject Pronouns — Third Person: он, она, оно

	Masculine		Feminine		Neuter	
Noun Pronoun	брат он he	стол он it	мама она she	школа она it	окно оно it	слово оно it

Since **он** may stand for a masculine person or thing, it may be translated *he* or *it*.

Since **она** may stand for a feminine person or thing, it may be translated *she* or *it*.

The pronoun **оно** is always translated *it*.

Practise Aloud

Брат — тут? Да, он тут.   Is brother here? Yes, he is here.
Стул — тут? Да, он тут.   Is the chair here? Yes, it is here.
Мама — тут? Да, она тут.   Is Mama here? Yes, she is here.
Школа — тут? Да, она тут.   Is the school here? Yes, it is here.
Окно — тут? Да, оно тут.   Is the window here? Yes, it is here.

3. The Possessive Adjective мой (moj), моя (ma-'ja), моё (ma-'jo) my

Masculine	Feminine	Neuter
мой брат my brother мой стул my chair	моя мама my mama моя школа my school	моё окно my window моё слово my word

Мой agrees in gender with a masculine noun.
Моя agrees in gender with a feminine noun.
Моё agrees in gender with a neuter noun.

Masc.	мой врач my physician	мой сын my son	мой до́ктор my doctor
Fem.	моя́ ю́бка my skirt	моя́ блу́зка my blouse	моя́ ла́мпа my lamp
Neut.	моё окно́ my window	моё сло́во my word	моё я́блоко my apple
Masc.	мой зал my hall	мой го́род my city	
Fem.	моя́ ко́мната my room	моя́ ча́шка my cup	
Neut.	моё ма́сло my butter		

Exercise No. 9. Translate these nouns.

1. я́блоко 2. стул 3. брат 4. ма́ма 5. адвока́т 6. шко́ла 7. сын
8. ка́рта 9. врач 10. клуб 11. журна́л 12. го́род 13. окно́ 14. ла́мпа
15. ма́сло 16. каранда́ш 17. ко́мната 18. са́хар 19. ю́бка 20. факт
21. ча́шка 22. сло́во 23. му́зыка 24. Москва́ 25. блу́зка 26. ва́за
27. спорт 28. парк

Exercise No. 10. Indicate the gender of each noun in Exercise No. 9 by *m*, *f*, or *n*.

Приме́ры (examples): 1. я́блоко, *n*. 2. стул, *m*.

Exercise No. 11. Translate *he, she,* and *it* in the following sentences with он, она́, or оно́ as needed. Print your answers. Remember, the pronoun *it*, referring to a masculine thing, is он; to a feminine thing, она́; to a neuter thing, оно́.

1. До́ктор до́ма? Да, (he) до́ма. 2. Ма́ма до́ма? Да, (she) до́ма. 3. Анто́н до́ма? Да, (he) до́ма. 4. Ка́рта там? Да, (it) там. 5. Каранда́ш там? Да, (it) там. 6. Ма́сло там? Да, (it) там. 7. Журна́л там? Да, (it) там.
8. Моя́ ла́мпа тут? Да, (it) тут. 9. Моё ма́сло тут? Да, (it) тут. 10. Мой са́хар тут? Да, (it) тут.

Exercise No. 12. Place before each noun the form of мой (*my*) that agrees with the noun in gender. Print your answers.

Приме́ры (examples): 1. мой врач. 2. моя́ ка́рта. 3. моё окно́.

1. врач 2. ка́рта 3. окно́ 4. блу́зка 5. зал 6. адвока́т 7. до́ктор
8. фра́за 9. го́род 10. са́хар 11. ча́шка 12. журна́л 13. дом
14. класс 15. стол 16. ла́мпа 17. я́блоко 18. ма́сло 19. план 20. молоко́ (mə-la-'ko) milk

CHAPTER 6

Вы студент? Нет, я не студент.
Are You a Student? No, I Am Not a Student.

Soft or Palatalized Consonants

Soft or Palatalized Consonants in English

Pronounce the sound of *y* as in *yeast*. Note that as you pronounce this sound the upper part of the tongue is close to the hard palate. For convenience, we shall call this palatal position of the tongue the *yee*-position.

If the consonant is pronounced with the tongue in the *yee*-position it is called "soft".

Otherwise the consonant is called "hard".

Here are some examples of hard and soft consonants in English. The "soft" consonant is pronounced with the tongue in the *yee*-position.

| Hard: | noon | do | tool | loot |
| Soft: | new | dew | tune | lute |

| Hard: | food | moot | pool | soot |
| Soft: | feud | mute | pew | suit |

Soft or Palatalized Consonants in Russian

All Russian consonants, except the hiss-sounds ж (ʒe), ч (tʃe), ш (ʃa), щ (ʃʃja), ц (tse), have both hard and soft sounds.

When followed by a soft vowel (я, ё, ю, е, и) or by the soft sign ь, consonants are "soft", that is to say, they are pronounced with the tongue in the *yee*-position. When not followed by a soft vowel or by the soft sign ь, consonants are "hard".

Practise aloud these hard and soft consonants:

Hard:	да (da)	то (to)	ну (nu)
	бы (bɨ)	ма (ma)	лу (lu)
Soft:	дя (dja)	тё (tjo)	ню (nju)
	би (bji)	мя (mja)	лю (lju)

Hard:	сы (sɨ)	па (pa)	вы (vɨ)
	эм[1] (em)	эп[1] (ep)	эт[1] (et)
Soft:	си (sji)	пя (pja)	ви (vji)
	ме (mje)	пе (pje)	те (tje)

NOTE: 1. The hard vowel э is very rarely used after a consonant.

Some Common Russian Words with Soft Consonants

Practise Aloud

You need not memorize these words at this point. They will appear again many times.

не (nje) not	нет (njet) no	ни ... ни (nji ... nji) neither ... nor	ня́ня ('nja-njə) nursemaid
кни́га ('knji-gə) book	они́ (a-'nji) they	дя́дя ('dja-djə) uncle	де́ти ('dje-tji) children
студе́нт (stu-'djent) student (*m.*)	студе́нтка (stu-'djent-kə) student (*f.*)	ра́дио ('ra-dji-o) radio	тётя ('tjo-tjə) aunt
актёр (ak-'tjor) actor	костю́м (kas-'tjum) suit	мя́со ('mja-sə) meat	перо́ (pji-'ro) pen
Пётр (pjotr) Peter	зда́ние ('zda-nji-ji) building	по́ле ('po-lji) field	лю́ди ('lju-dji) people
и́ли ('ilji) or	журнали́ст (ʒur-na-'ljist) journalist	Фёдор ('fjo-dər) Theodore	мо́ре ('mo-rji) sea
фи́зик ('fji-zjik) physicist	шофёр (ʃa-'fjor) chauffeur	профе́ссор (pra-'fje-sər) professor	фами́лия (fa-'mji-lji-jə) family name
ме́сто ('mjes-tə) place	сестра́ (sjis-'tra) sister	кре́сло ('krjes-lə) armchair	слова́рь (sla-'varj) dictionary
автомоби́ль (af-tə-ma-'bjilj) automobile	дверь *f.* (dvjerj) door	учи́тель (u-'tʃi-tjilj) teacher (*m.*)	мать (matj) mother
учи́тельница (u-'tʃi-tjilj-nji-tsə) teacher (*f.*)	письмо́ (pjisj-'mo) letter		

Pronunciation of the Vowel e in Unaccented Syllables

In unaccented syllables the vowel e is pronounced *i* (not *e*). Thus: перо́ (pji-'ro); сестра́ (sjis-'tra); по́ле ('po-lji).

The word не is usually unaccented and pronounced nji.

Она́ не актри́са. (a-'na nji ak-'trji-sə)   She is not an actress.

But: **Оно́ не́ было там.** (a-'no 'nje bi-lə tam)   It was not there.

Practise Aloud

1. Вы студе́нт? Нет, я не студе́нт.
(vɨ stu-'djent? njet, ja nji stu-'djent)

1. Are you a student? No, I am not a student.

2. Он актёр? Нет, он не актёр.
(on ak-'tjor? njet, on nji ak-'tjor)

2. Is he an actor? No, he is not an actor.

3. Она́ ня́ня? Нет, она́ не ня́ня.
(a-'na 'nja-njə? njet, a-'na nji 'nja-njə)

3. Is she a nursemaid? No, she is not a nursemaid.

4. Они́ де́ти? Нет, они́ не де́ти.
(a-'nji 'dje-tji? njet, a-'nji nji dje-tji)

4. Are they children? No, they are not children.

5. Фёдор меха́ник и́ли шофёр?
('fjo-dər mji-'xa-njik 'i-lji ʃa-'fjor)

5. Is Theodore a mechanic or a chauffeur?

6. Он ни меха́ник, ни шофёр, а инжене́р.
(on nji mji-'xa-njik, nji ʃa-'fjor, a in-ʒi-'njer)

6. He is neither a mechanic nor a chauffeur, but an engineer.

7. Мари́я — студе́нтка?
(ma-'rji-jə stu-'djent-kə)

7. Is Mary a student?

8. Нет, она́ ня́ня.
(njet, a-'na 'nja-njə)

8. No, she is a nursemaid.

9. Вы врач и́ли адвока́т?
(vɨ vratʃ 'i-lji ad-va-'kat)

9. Are you a doctor or a lawyer?

10. Я ни врач, ни адвока́т, а журнали́ст.
(ja nji vrafʃ, nji ad-va-'kat, a ʒur-na-'ljist)

10. I am neither a doctor nor a lawyer, but a journalist.

11. Я — учи́тельница.
(ja u-'tʃi-tjilj-nji-tsə)

11. I am a teacher (*f.*).

12. Моя́ фами́лия — Ню́ман.
(ma-'ja fa-'mji-lji-jə 'nju-mən)

12. My family name is Newman.

13. Я Ольга Ню́ман.
(ja 'olj-gə 'njumən)

13. I am Olga Newman.

14. Моя́ сестра́ актри́са.
(ma-'ja sjis-'tra ak-'trji-sə)

14. My sister is an actress.

КТО ЭТИ ЛЮДИ? (kto 'e-tji 'lju-dji) WHO ARE THESE PEOPLE?

Это мой оте́ц. This is my father.
мой оте́ц (moj a-'tjets) my father
моя́ мать (ma-'ja matj) my mother
мой брат (moj brat) my brother

моя́ сестра́ (ma-'ja sjis-'tra) my sister
мой сын (moj sin) my son
моя́ дочь[1] (ma-'ja dotʃ) my daughter
мой дя́дя[2] (moj 'dja-djə) my uncle

NOTES: 1. The soft mark ь does not affect the pronunciation of the ч in дочь.

2. Дя́дя is masculine because it means a male person, even though the ending я is a feminine ending.

моя́ тётя (ma-'ja tjo'tjə) my aunt
мой учи́тель (moj u-'tʃi-tjilj) my teacher (*m.*)
моя́ учи́тельница (u-'tʃi-tjilj-nji-tsə) my teacher (*f.*)

Ро́берт Нью́ман Robert Newman
Ольга Нью́ман Olga Newman
мой учени́к (u-tʃi-'njik) my pupil

ГДЕ (gdje) ——? WHERE IS (ARE) ——?

мой журна́л (moj ʒur-'nal) my magazine)
моя́ газе́та (ma-'ja ga-'zje-tə) my newspaper
моё перо́ (ma-'jo pji-'ro) my pen
мой автомоби́ль (af-tə-ma-'bjilj) my car
моя́ кни́га (ma-'ja 'knji-gə) my book
моё я́блоко (ma-'jo 'ja-blə-kə) my apple

моё ме́сто (ma-'jo 'mjes-tə) my place
моё мя́со (ma-'jo 'mja-sə) my meat
моё письмо́ (ma-'jo pjisj-'mo) my letter
наш слова́рь (naʃ sla-'varj) our dictionary
ваш костю́м (vaʃ kas-'tjum) your suit
э́ти де́ти ('e-tji 'dje-tji) these children
э́ти лю́ди ('e-tji 'lju-dji) these people

Grammar Note and Practical Exercises

1. More About the Gender of Nouns

Masculine nouns end in:		Feminine nouns end in:		Neuter nouns end in:	
any consonant	класс	-а	шко́ла	-о	сло́во
-й	трамва́й	-я	неде́ля	-е	по́ле
-ь	роя́ль	-ь	дверь		

This chart shows that the gender of a noun may be determined by its ending, unless the ending is the soft sign -ь. Since nouns ending in -ь may be masculine or feminine, the gender of each noun in -ь must be learned with the noun. Masculine nouns in -ь are indicated in the vocabularies by *m.*, feminine nouns by *f.* Thus: роя́ль *m.*, дверь *f.*, автомоби́ль *m.*

Nouns indicating persons always have gender according to sex, no matter what the endings. Thus:

Мужчи́на (mu-'ʃʃji-nə) man, and дя́дя uncle are masculine (although a and я are feminine endings), and they must be referred to by the pronoun он.

Exercise No. 13. Indicate the gender of the following nouns by *m.*, *f.*, or *n.* Consult Gender Chart above.

Приме́ры (examples): 1. журна́л *m.* 2. газе́та *f.*

1. журна́л	8. кре́сло	15. ма́сло	22. тётя	29. ча́шка
2. газе́та	9. по́ле	16. учи́тель	23. письмо́	30. мужчи́на
3. перо́	10. оте́ц	17. ня́ня	24. дверь	31. неде́ля
4. автомоби́ль	11. инжене́р	18. учи́тельница	25. ме́сто	32. дочь
5. кни́га	12. учени́к	19. ра́дио	26. фами́лия	33. окно́
6. костю́м	13. го́род	20. трамва́й	27. мать	34. дя́дя
7. слова́рь	14. зда́ние	21. фра́за	28. чай	35. я́блоко

Exercise No. 14. Complete the answer to each question by supplying the correct subject pronoun он (he, it), она́ (she, it), оно́ (it), or они́ (they).

Приме́р: 1. Фома́ ^{он} адвока́т? Да, он адвока́т.

1. Фома́ — адвока́т? Да, ___он___ адвока́т. 2. Ольга — ня́ня? Нет, ——— не ня́ня. 3. Где моя́ кни́га? ——— тут. 4. Где моё перо́? ——— тут. 5. Ма́рфа до́ма? Да, ——— до́ма. 6. Где слова́рь? Вот ———. 7. Де́ти до́ма? Да, ——— до́ма. 8. Где кре́сло? Вот ———. 9. Где по́ле? Вот ———. 10. Костю́м тут? Да, ——— тут. 11. Газе́та там? Нет, ——— не там. 12. Автомоби́ль там? Да, ——— там. 13. Дя́дя до́ма? Да, ——— до́ма. 14. Мать до́ма? Да, ——— до́ма. 15. Кто э́ти лю́ди? ——— мой брат и моя́ сестра́. 16. Кто э́ти де́ти? ——— мой сын и моя́ дочь.

CHAPTER 7

Revision of Chapters 1–6

The Complete Russian Alphabet

Read the Russian alphabet aloud, naming the letters as indicated. Memorize the alphabet in the order given. You will need to know the alphabet exactly in this order when you look up words in a dictionary or alphabetized vocabulary.

Russian Letters Printed		Names of Letters	Examples with Pronunciation Key
1	**А а**	a	Антóн (an-'ton)
2	**Б б**	be	банáн (ba-'nan)
3	**В в**	ve	вот (vot)
4	**Г г**	ge	гóрод ('go-rət)
5	**Д д**	de	дом (dom)
6	**Е е**	je	Ева ('je-və)
	Ё ё	jo	ёлка ('jol-kə)
7	**Ж ж**	ʒe	журнáл (ʒur-'nal)
8	**З з**	ze	зал (zal)
9	**И и**	i	Ида ('i-də)
10	**Й й**	short i	мой (moj)
11	**К к**	ka	класс (klas)
12	**Л л**	el	лáмпа ('lam-pə)

Russian Letters Printed		Names of Letters	Examples with Pronunciation Key
13	М м	em	мáсло ('mas-lə)
14	Н н	en	наш (naʃ)
15	О о	o	он (on)
16	П п	pe	план (plan)
17	Р р	err	рáдио ('ra-dji-o)
18	С с	es	стол (stol)
19	Т т	te	там (tam)
20	У у	u	урóк (u-'rok)
21	Ф ф	ef	факт (fakt)
22	Х х	xa	хор (xor)
23	Ц ц	tse	центр (tsentr)
24	Ч ч	tʃe	чай (tʃaj)
25	Ш ш	ʃa	шкóла ('ʃko-lə)
26	Щ щ	ʃʃja	щи (ʃʃji)
27	Ъ ъ	hard sign	объéкт (ab-'iekt)
28	Ы ы	i	сын (sin)
29	Ь ь	soft sign	мать (matj)
30	Э э	e	э́то ('e-tə)
31	Ю ю	ju	ю́бка ('jup-kə)
32	Я я	ja	я́блоко ('ja-blə-kə)

The soft vowels я (ja), ё (jo), ю (ju), e (je) have the *j* sound only when they are the first letter in a word or syllable. Thus: я́блоко (′ja-blə-kə), моё (ma-′jo).

All consonants, except ж (ʒe), ч (tʃe), ш (ʃa), щ (ʃʃja), and ц (tse), have both hard and soft (palatalized) sounds. Consonants are soft when followed by a soft vowel (я, ё, ю, e, и) or by the soft sign ь.

The hard sign ъ separates a hard consonant from a soft vowel, thus keeping the consonant hard. Example: объе́кт (ab-′jekt) object. Without the hard sign, this word would be pronounced (a-′bjekt).

When final (the last letter of a word):

б sounds like п	д sounds like т	з sounds like с
в sounds like ф	г sounds like к	ж sounds like ш

Memorize these six words that illustrate the rule:

клуб	Яков	го́род	друг	глаз	гара́ж
(klup)	(′jakəf)	(′gorət)	(druk)	(glas)	(ga-′raʃ)
club	Jacob	city	friend	eye	garage

After ж and ш the vowel и is pronounced ы: жизнь *f.* (ʒiznj) life; маши́на (ma-′ʃi-nə) machine, motor car.

Pronunciation Hints

Pronounce each word or expression using the pronunciation key. If the word has one syllable, emphasize the vowel strongly. If the word has more than one syllable, first pronounce it syllable by syllable. Then repeat the word emphasizing the accented syllable and saying rapidly the unaccented syllables. Finally, cover the key and pronounce the word several times.

In the pronunciation key you will note at times a pronunciation indicated that is not covered by the rules which you have so far learned. Such pronunciation is covered by rules with which you need not burden yourself. Just learn the pronunciation as indicated in the key for each new word and expression.

Russian Handwriting

You are now thoroughly familiar with the Russian printed alphabet. You are ready to learn the written alphabet and practise it by writing, instead of printing, the Russian answers in future exercises. You may start by writing parts of exercises and printing the remainder.

In Appendix 2 (p. 236) you will find the Russian written alphabet with explanations as to its formation. It should not take you long to write fluently if you practise diligently.

Exercise No. 17 (p. 34) is a good place to begin. The first ten words are given in Appendix 2 in Russian handwriting.

Exercise No. 15. The following nouns have appeared many times in the first six chapters. They are arranged in alphabetical order. Practise them aloud. If you have forgotten any words, look them up in the Russian-English vocabulary at the end of this book. Remember: the pronunciation symbol ə is pronounced like *a* in sofa.

адвока́т (ad-va-ˈkat)	актёр (ak-ˈtjor)	блу́зка (ˈblus-kə)	брат (brat)
бума́га (bu-ˈma-gə)	врач (vratʃ)	газе́та (ga-ˈzje-tə)	го́род (ˈgo-rət)
дверь *door* (dvjerj)	де́ти (dje-tji)	дочь (dotʃ)	дя́дя (ˈdja-djə)
журна́л (ʒur-ˈnal)	зал (zal)	зда́ние (zda-ˈnji-ji)	инжене́р (in-ʒi-ˈnjer)
каранда́ш (kə-ran-ˈdaʃ)	ка́рта (ˈkar-tə)	ко́мната (ˈkom-nə-tə)	кре́сло (ˈkrjes-lə)
ла́мпа (ˈlam-pə)	лю́ди (ˈlju-dji)	ма́сло (ˈmas-lə)	мать (matj)
мо́ре *Sea* (ˈmo-rji)	мя́со (ˈmja-sə)	ня́ня (ˈnja-njə)	окно́ (ak-ˈno)
оте́ц (a-ˈtjets)	перо́ (pji-ˈro)	письмо́ (pjisj-ˈmo)	ра́дио (ˈra-dji-o)
сестра́ (sjis-ˈtra)	сло́во (ˈslo-və)	студе́нт (stu-ˈdjent)	студе́нтка (stu-ˈdjent-kə)
сын (sin)	тётя (ˈtjo-tjə)	уро́к (u-ˈrok)	учи́тель (u-ˈtʃi-tjilj)
учи́тельница (u-ˈtʃi-tjilj-nji-tsə)	фами́лия (fa-ˈmji-lji-jə)	центр (tsentr)	чай (tʃaj)
ча́шка (ˈtʃaʃ-kə)	шко́ла (ˈʃko-lə)	шофёр (ʃa-ˈfjor)	щи (ʃʃji)
ю́мор (ˈju-mər)	я́блоко (ˈja-blɔ-kɔ)		

Exercise No. 16. Some family names spelled with Russian letters. Cover the English names and read them in the Russian spelling.

Моя́ фами́лия My family name

До́йл	Doyle	Фа́рмер	Farmer	Эдисон	Edison
Де́йвис	Davis	Эллис	Ellis	Эйнште́йн	Einstein
Бе́йкер	Baker	Вуд	Wood	Ре́зерфорд	Rutherford
Бра́ун	Brown	Мо́рган	Morgan	Ке́ннеди	Kennedy
Нью́ман	Newman	Смит	Smith	Ви́льсон	Wilson

Exercise No. 17. Translate into Russian. Write the first ten. Print the others. See Appendix 2.

1. skirt	10. mother	19. he	28. what
2. pencil	11. sister	20. she	29. not
3. book	12. brother	21. mechanic	30. your
4. meat	13. badly	22. newspaper	31. my
5. uncle	14. good	23. magazine	32. and
6. sugar	15. also	24. armchair	33. no
7. milk	16. hot	25. here is	34. but
8. butter	17. we	26. this is	35. here
9. father	18. you	27. who	36. there

Exercise No. 18. Make questions out of these statements without changing the word order, by using a question mark. Translate each question. Write the answers. See Appendix 2.

Приме́р: 1. **Яков — шофёр?** Is Jacob a chauffeur?

1. **Яков — шофёр.** 2. **Анто́н — инжене́р.** 3. **Ири́на — учи́тельница.** 4. **Москва́ — го́род.** 5. **До́ктор Жу́ков до́ма.** 6. **Ива́н тут.** 7. **Фома́ там.** 8. **Мари́я и Анна до́ма.** 9. **Там жа́рко.** 10. **Там хо́лодно.**

Exercise No. 19. Make these affirmative statements negative. Translate the negative statements.

Приме́р: 1. **Я не журнали́ст.** I am not a journalist.

1. **Я журнали́ст.** 2. **Вы врач.** 3. **Он фи́зик.** 4. **Она́ ня́ня.** 5. **Ива́н до́ма.** 6. **Анна и Ма́рфа до́ма.** 7. **Мой брат — меха́ник.** 8. **Моя́ сестра́ — актри́са.** 9. **Ваш брат — адвока́т.** 10. **Моя́ тётя — учи́тельница.** 11. **Моя́ фами́лия — Эллис.** 12. **Наш оте́ц — инжене́р.**

Exercise No. 20. Complete these sentences with и or a as required. Remember: if you can replace *and* by *but*, and the sentence still makes sense, use a for *and*. Otherwise, translate *and* by и.

1. **Анна тут, (and) Пётр до́ма.** 2. **Где стол (and) стул?** 3. **Где перо́ (and) каранда́ш?** 4. **Мой дя́дя — врач, (and) моя́ тётя — учи́тельница.** 5. **Он не меха́ник, (but) инжене́р.** 6. **Вот дом (and) шко́ла.** 7. **Вот мой оте́ц, моя́ мать (and) моя́ сестра́.** 8. **Он поёт хорошо́, (but) я пою́ пло́хо.** 9. **Яков ест я́блоко, (and) Ева ест мя́со.** 10. **Луи́за (and) Ма́рфа тут.**

Exercise No. 21. Complete each sentence by translating the words in parenthesis. Warning! *Am, is, are, the,* and *a* are not translated.

1. **Это (a book).** 2. **Это (a pen).** 3. **Это (a pencil).** 4. **(What is) э́то?** 5. **Это (my) дом.** 6. **Это (my) шко́ла.** 7. **Это (my) ра́дио.** 8. **(Who is) э́то?** 9. **Это (my) оте́ц.** 10. **Это (my) мать.** 11. **Это (my) брат.** 12. **Это (my) сестра́.** 13. **(I am) учи́тель.** 14. **(You are) до́ктор.** 15. **(He is) инжене́р.** 16. **(She is) учи́тельница.** 17. **Яков (is not) меха́ник.** 18. **Мой друг не врач, (but) адвока́т.** 19. **Ваш друг фи́зик (or) врач?** 20. **Он**

(neither) **физик**, (nor) **врач**, (but) **актёр**. 21. (Where is) **Анна?** 22. (Where are) **Мария и Луиза?** 23. (We are) **тут**. 24. (Are you) **там?** 25. (We are not) **дети**.

Some Useful Words and Expressions

Practise pronouncing these words and expressions aloud. You need not try to memorize them at this point, as they will appear many times in succeeding chapters. Say each word or expression syllable by syllable. Then repeat it many times, emphasizing the accented syllable and saying the other syllables rapidly.

пожалуйста (pa-'ʒa-ləs-tə)[1] please

здравствуйте ('zdrast-vuj-tji)[2] hello

Как вы поживаете? (kak vi pə-ʒi-'va-ji-tji) How are you?

Очень хорошо ('o-tʃinj xə-ra-'ʃo) Very well

до свидания (də-svji-'da-nji-jə) good-bye

спасибо (spa-'sji-bə) thanks; thank you

Добрый день ('dob-rij djenj) Good day, good afternoon

Добрый вечер ('dob-rij 'vje-tʃir) Good evening

Доброе утро ('dob-rə-ji 'u-trə) Good morning

не за что ('nje-zə-ʃtə) (pronounce as one word) you're welcome; don't mention it

Скажите мне (ska-'ʒi-tji mnje) Tell me

товарищ (ta-'va-riʃʃj) comrade, friend (*m.* and *f.*)

господин (gəs-pa-'djin) Mr.[3]

госпожа (gəs-pa-'ʒa) Mrs.[3]

гражданин (grəʒ-da-'njin) citizen (*m.*)

гражданка (graʒ-'dan-kə) citizen (*f.*)

NOTES: 1. Pronounce according to the key. The pronunciation is somewhat irregular.

2. The first **в** is silent. Silent letters are exceptional in Russian.

3. **Господин** and **госпожа** are no longer used in the Soviet Union, except in addressing foreigners. **Товарищ, гражданин**, and **гражданка** are used instead. **Господин** and **госпожа** are, however, used by Russians abroad.

Numbers 1 to 10

1 один (a-'djin)
2 два (dva)
3 три (trji)

4 четыре (tʃi-'ti-rji)
5 пять (pjatj)
6 шесть (ʃestj)

7 семь (sjemj)
8 восемь ('vo-sjimj)
9 девять ('dje-vjitj)
10 десять ('dje-sjitj)[1]

NOTE: 1. Note the pronunciation of **я** in **девять** and **десять**.

Разговор (rəz-ga-'vor) Conversation

[1] — Здравствуйте. Как вы поживаете?

— Очень хорошо, спасибо. А вы?

— Очень хорошо. А как ваша семья?[2]

— Спасибо. Все[3] здоровы.[4]

— До свидания. — До свидания.

Hello. How are you?

Very well, thank you. And you?

And how is your family?

Thanks, all are well.

Good-bye. — Good-bye.

NOTES: 1. The dash indicates a change of speaker. 2. (sji-'mja) family. 3. and 4. (fsje zda-'ro-vi) all [are] well

Exercise No. 22. Reading selection. Read and translate. The pronunciation and meaning of new words are given in the footnotes.

Моя семья́ (ma-'ja sji-'mja) My family

Я не ру́сский.[1] Я англича́нин.[2] Я студе́нт. Моя́ фами́лия — Нью́ман. Я Ро́берт Нью́ман. Я живу́[3] здесь.[4] Я не жена́т.[5]

Мой оте́ц — врач. Моя́ мать — учи́тельница. Мой брат Анто́н — инжене́р. Мой брат Фёдор — адвока́т. Моя́ сестра́ Ольга — студе́нтка. Моя́ сестра́ Анна — стенографи́стка.[6] Мой дя́дя Пётр — актёр. Моя́ тётя Ида — актри́са.

NOTES: 1. ('rus-kji) Russian. 2. (an-glji-'tʃa-njin) Englishman. 3. (ja ʒi-'vu) I live. 4. (zdjesj) here. 5. (ʒi-'nat) married. 6. (stji-nǝ-gra-'fjist-kǝ) stenographer.

CHAPTER 8

Скажите мне, пожалуйста, кто он?
Кто она? Кто они?

Tell Me, Please, Who Is He? Who Is She?
Who Are They?

1. — Здравствуйте.
   Скажите мне, пожалуйста, вы студент?

   — Да, я студент.
   — Как ваша фамилия?
   — Моя фамилия — Дéйвис. Я Роберт Дéйвис.
   — Вы американец или англичанин?

   — Я американец.
2. — Добрый день.
   Скажите мне, пожалуйста, кто он?

   — Он мой друг. Он механик.
   Он теперь работает на фабрике.
   — Он русский?
   — Нет, он англичанин.
   — А ваша жена тоже работает на фабрике?

   — Нет, она медсестра. Она работает в больнице.
3. — Добрый день.
   Скажите мне, пожалуйста, кто она?

   — Она моя подруга, Елена.
   — Она студентка?
   — Нет, она стенографистка и работает в конторе.
   — Как её фамилия?
   — Её фамилия — Бéйкер.
   — Спасибо. До свидания.
4. — Доброе утро.

How do you do?
Tell me, please, are you a student?

Yes, I am a student.
What is your family name?
My family name is Davis. I am Robert Davis.
Are you an American or an Englishman?

I am an American.
Good day.
Tell me, please, who is he?

He is my friend. He is a mechanic.
He now works at the factory.
Is he a Russian?
No, he is an Englishman.
And does your wife also work at the factory?

No, she is a nurse. She works at the hospital.
Good day.
Tell me, please, who is she?

She is my friend Helen.
Is she a student?
No, she is a stenographer and works in the office.
What is her family name?
Her family name is Baker.
Thanks. Good-bye.
Good morning.

Скажи́те мне, пожа́луйста, кто э́ти лю́ди?	Tell me, please, who are these people?
Это мой друг Пётр и моя́ подру́га Со́фья. Они́ брат и сестра́. Их фами́лия — Вуд. Их оте́ц — профе́ссор Вуд. Он профе́ссор в университе́те.	They are my friend Peter and my friend Sophie. They are brother and sister. Their family name is Wood. Their father is Professor Wood. He is a professor at the university.
— Спаси́бо. До свида́ния.	Thank you. Good-bye.
5. — Скажи́те мне, пожа́луйста, как по-ру́сски «female friend»?	Tell me, please, what is "female friend" in Russian?
— По-ру́сски э́то «подру́га».	In Russian it is "подру́га".
— А как по-ру́сски «male friend»?	And what is "male friend" in Russian?
— По-ру́сски э́то «друг».	In Russian it is "друг".

Building Vocabulary

америка́нец (a-mji-rji-′ka-njits) American (man)

больни́ца (balj-′nji-tsə) hospital

в больни́це (vbalj-′nji-tsɨ) in the hospital

англича́нин (an-glji-′tʃa-njin) Englishman

день *m.* (djenj) day

друг (druk) friend (*m.*)

жена́ (ʒi-′na) wife

конто́ра (kan-′to-rə) office (business)

в конто́ре (fkan-′to-rji) in the office

медсестра́ (mjet-sjis-′tra) nurse (for the sick)

меха́ник (mji-′xa-njik) mechanic

ру́сский (′rus-kjij) Russian (man)

подру́га (pa-′dru-gə) friend (*f.*)

фа́брика (′fa-brji-kə) factory

на фа́брике (na ′fa-brji-kji) at the factory

он рабо́тает (on ra-′bo-tə-jit) he works, is working

скажи́те (ska-′ʒi-tji) tell (*imperative*)

тепе́рь (tji-′pjer) now

его́[1] (ji-′vo) his

её[2] (ji-′jo) her

их (ix) their

мне (mnje) me, to me

на (na) on, at

в (v) in, at

NOTES: 1. In some words, such as его́ (ji-′vo), the letter г is pronounced like в. Learn each such word as you meet it.

2. её (ji-′jo) her. Remember: unaccented e is pronounced *i* (*ji*, when initial).

Thus: перо́ (pji-′ro), её (ji-′jo). Accented e is pronounced *e* (*je*, when initial).
Thus: оте́ц (a-′tjets), Ева (′je-və).

Expressions

Как ва́ша фами́лия?
(kak ′va-ʃə fa-′mji-lji-jə)
What is your family name?

Моя́ фами́лия — Бе́йкер.
My family name is Baker.

Его́ (ji-′vo) фами́лия — Нью́ман.
His family name is Newman.

Как по-ру́сски (kak pa-′rus-kji) «please»?
What is "please" in Russian?

По-ру́сски э́то «пожа́луйста». (pa-′ʒa-ləs-tə)
In Russian it is "пожа́луйста".

Grammar Notes and Practical Exercises

1. About Cases in Russian

There are six cases in Russian: the nominative, genitive, dative, accusative, instrumental, and prepositional. The nouns and pronouns you have learned so far have been in the nominative case, singular number.

In this chapter you will learn the formation and use of the prepositional case of nouns in the singular number.

2. The Prepositional Case Singular

The prepositional case is so called because it is used only after prepositions.

Two of the prepositions that are used with this case to indicate "place where" are **на** on *or* at; and **в** in *or* at. Thus:

Где Ива́н? Он в кла́ссе.	Where is John? He is in class.
Где Пётр? Он на фа́брике.	Where is Peter? He is at the factory.

The prepositional case singular ends mostly in **-e**; but sometimes in **-и**.

3. Familiar Nouns in the Nominative and Prepositional

Nom.	стол	дом	класс	стул	зал	студе́нт	Ленингра́д
Prep.	столе́[1]	до́ме	кла́ссе	сту́ле	за́ле	студе́нте	Ленингра́де

Nom.	стена́	шко́ла	ко́мната	кни́га
Prep.	стене́	шко́ле	ко́мнате	кни́ге

Nom.	кре́сло	окно́	сло́во	Москва́
Prep.	кре́сле	окне́	сло́ве	Москве́

NOTE: 1. Observe that the accent in **столе́** shifts to the ending.

Exercise No. 23. Practise these questions and answers aloud. Note the prepositional case in the answers to the **где** questions.

1. Где мой каранда́ш? Он **на** столе́.	Where is my pencil? It is **on the** table.
2. Где моя́ ка́рта? Она́ **на стене́**.	Where is my map? It is **on the wall.**
3. Где моя́ газе́та? Она́ то́же **на** столе́.	Where is my newspaper? It is also on the table.
4. Где де́ти? Они́ **в** шко́ле.	Where are the children? They are **in** school.
5. Где студе́нт? Он **в** кла́ссе.	Where is the student? He is **in the** classroom.
6. Где профе́ссор? Он **в** университе́те.	Where is the professor? He is **at the** university.
7. Где она́ рабо́тает? Она́ рабо́тает **в** конто́ре.	Where does she work? She works **in** the office.

The preposition **в** is always pronounced as part of the next word. Thus: **в шко́ле** (ˈfʃko-lji); **в университе́те** (vu-nji-vjer-sji-ˈtje-tji).

Exercise No. 24. Translate. Practise reading the Russian aloud.

1. — Кто тепе́рь в кла́ссе?[1]
   — Де́ти тепе́рь в кла́ссе.
   — Учи́тельница в кла́ссе?
   — Да, она́ то́же в кла́ссе.
2. — Ваш друг студе́нт в универ-
   сите́те?
   — Нет, он не студе́нт, а меха́-
   ник.
   — Где он рабо́тает?
   — Он рабо́тает на фа́брике.

3. — Москва́ в Евро́пе?[2]
   — Да, Москва́ в Евро́пе.
   — Нью-Йо́рк[3] в Евро́пе?
   — Нет, Нью-Йо́рк в Аме́рике.[4]
4. — Где Кремль?[5]
   — Кремль в Москве́.
   — А где Эрмита́ж?[6]
   — Эрмита́ж в Ленингра́де.

NOTES: 1. pronounced ′fkla-sji 2. Евро́па (jiv-′ro-pə) Europe; в Евро́пе
(vjiv-′ro-pji) 3. Нью-Йо́рк New York 4. Аме́рика (a-′mje-rji-kə) 5.
Кремль (krjemlj) Kremlin 6. Эрмита́ж (er-mji-′taʃ) the Hermitage (famous
art museum in Leningrad)

Exercise No. 25. Translate each phrase using the prepositional case of the
noun. The noun needed for each phrase is given below.

Приме́р: 1. на столе́

1. on the table 2. in the book 3. in the house 4. on the chair 5. in the
armchair 6. in the hospital 7. in the room 8. in the office 9. in the
school 10. in the city 11. in the park 12. on the wall 13. at the factory
14. on the paper 15. in Europe 16. in the newspaper 17. in America
18. in Moscow 19. in Leningrad 20. at the university

1. стол 2. кни́га 3. дом 4. стул 5. кре́сло 6. больни́ца 7. ко́м-
ната 8. конто́ра 9. шко́ла 10. го́род 11. парк 12. стена́ 13. фа́бри-
ка 14. бума́га 15. Евро́па 16. газе́та 17. Аме́рика 18. Москва́
19. Ленингра́д 20. университе́т

4. The Possessive Adjectives: мой (moj) my; наш (naʃ) our; ваш (vaʃ) your;
его́ (ji-′vo) his; её (ji-′jo) her; их (ix) their.

Study these expressions:

Masculine Singular		*Feminine Singular*	
мой оте́ц	my father	моя́ сестра́	my sister
наш стул	our chair	на́ша шко́ла	our school
ваш класс	your class	ва́ша ка́рта	your map
его́ зал	his hall	его́ кни́га	his book
её дом	her house	её бума́га	her paper
их кот	their cat	их ла́мпа	their lamp

Neuter Singular	
моё окно́	my window
на́ше ра́дио	our radio
ва́ше ме́сто	your place
его́ сло́во	his word
её ма́сло	her butter
их мя́со	their meat

a. мой my, наш our, ваш your, have masculine, feminine, and neuter forms, and agree in gender and number with the nouns they possess.

b. егó his, её her, их their, do not change in form, no matter what may be the gender and number of the nouns they modify.

c. Concerning the pronunciation of егó (ji-'vo) and её (ji-'jo) see Vocabulary Notes 1 and 2 of this chapter.

d. There is no difference in pronunciation between нáша (na-ʃə) and нáше (na-ʃə), or between вáша ('va-ʃə) and вáше (va-ʃə).

Exercise No. 26. Translate the possessive adjectives in parenthesis. Be sure to use the forms of мой, наш, and ваш that agree in gender with the nouns they modify. Егó, её and их will not change in form.

1. (my) дом	11. (her) лáмпа	21. (my) тётя
2. (our) зал	12. (their) контóра	22. (our) письмó
3. (your) стол	13. (my) окнó	23. (his) газéта
4. (his) стул	14. (our) слóво	24. (her) журнáл
5. (her) карандáш	15. (your) крéсло	25. (their) учи́тельница
6. (their) гóрод	16. (his) стенá	26. (my) бумáга
7. (my) шкóла	17. (her) перó	27. (his) дя́дя
8. (our) кни́га	18. (their) рáдио	28. (our) друг
9. (your) кáрта	19. (our) сестрá	29. (our) подрýга
10. (his) бумáга	20. (your) мать	30. (my) мать

Exercise No. 27. Practise aloud. Translate.

1. Где вáша сестрá? Моя́ сестрá дóма. 2. Где рабóтает ваш брат? Мой брат рабóтает на фáбрике. 3. Где ваш отéц и вáша мать? Мой отéц в университéте, а моя́ мать дóма. 4. Вáша тётя — врач? Нет, моя́ тётя — актри́са. 5. Их учи́тель — рýсский? Нет, их учи́тель — англичáнин. 6. Где вáша кáрта? Нáша кáрта на стенé. 7. Где её сын? Её сын тепéрь в Москвé. 8. Егó брат — журнали́ст? Нет, он врач. 9. Егó сестрá — стенографи́стка? Нет, онá медсестрá. 10. Где моё перó? Вáше перó на столé. 11. Где вáше рáдио? Моё рáдио в кóмнате. 12. Их брат адвокáт и́ли инженéр? Их брат ни адвокáт, ни инженéр. Он актёр.

Exercise No. 28. Вопрóсы (va-'pro-si) questions; отвéты (at-'vie-ti) answers. Read silently and aloud each question and answer. Translate into English.

1. Рóберт — студéнт в университéте?
   Да, он студéнт в университéте.
2. Он америкáнец и́ли англичáнин?
   Он америкáнец.
3. Как егó фами́лия?
   Егó фами́лия — Дéйвис.
4. Кто механи́к?
   Мой друг Ивáн — механи́к.

5. Где он тепéрь рабóтает?
   Он тепéрь рабóтает на фáбрике.
6. Он англичáнин и́ли рýсский?
   Он англичáнин.
7. Где егó женá тепéрь рабóтает?
   Онá тепéрь рабóтает в больни́це.
8. Елéна Бéйкер — вáша подрýга?
   Да, онá моя́ подрýга.

9. Она́ стенографи́стка?
   Да, она́ стенографи́стка в кон-
   то́ре.
10. Пётр Вуд — ваш друг?
    Да, он мой друг.

11. Его́ сестра́ — ва́ша подру́га?
    Да, она́ моя́ подру́га.
12. Их оте́ц — инжене́р?
    Нет, он профе́ссор.

CHAPTER 9

Кто работает? Кто играет? Кто читает?
Who Works (Is Working)? Who Plays (Is Playing)? Who Reads (Is Reading)?

1. Этот человек работает на фабрике.
   Он механик. Его брат — инженер.
   Они работают весь день.
2. Эта женщина работает в больнице.
   Она — медсестра. Её муж — врач.
   Они работают весь день.
3. Этот молодой человек работает в банке.
   Он кассир. Он работает весь день.
4. Эта девушка работает в конторе.
   Она — стенографистка.
   Её сестра тоже стенографистка.
5. Вера играет на рояле.
   Она — пианистка. Она играет очень хорошо. Её отец тоже пианист.
6. Дети играют в парке.

   Виктор и Яков играют в теннис.

   Они играют очень хорошо.
   Павел и Пётр играют в футбол.

7. Все читают.
   Я читаю журнал.
   Ева читает роман.
   Мария читает письмо.
8. Антон и Иван теперь делают урок.
   Я тоже делаю урок.

---

1. This man works at the factory.

   He is a mechanic. His brother is an engineer.
   They work all day.
2. This woman works in the hospital.

   She is a nurse. Her husband is a doctor.
   They work all day.
3. This young man works in the bank.
   He is a cashier. He works all day.
4. This girl works in an office.
   She is a stenographer.
   Her sister is also a stenographer.
5. Vera plays the piano.
   She is a pianist. She plays very well.
   Her father is also a pianist.
6. The children are playing in the park.
   Victor and Jacob are playing tennis.

   They play very well.
   Paul and Peter are playing football.

7. Everybody is reading.
   I am reading a magazine.
   Eva is reading a novel.
   Mary is reading a letter.
8. Anthony and John are now doing the lesson.
   I, also, am doing the lesson.

Building Vocabulary

Ве́ра ('vje-rə) Vera
Ви́ктор ('vjik-tər) Victor
же́нщина ('ʒen-ʃʃji-nə) woman
де́вушка ('dje-vuʃ-kə) girl
касси́р (kas-'sjir) cashier
муж (muʃ) husband
Па́вел ('pa-vjil) Paul
пиани́ст (pji-a-'njist) pianist (*m.*)
рома́н (ra-'man) novel
роя́ль (ra-'jalj) (grand) piano (*m.*)
челове́к (tʃi-la-'vjek) person, man
они́ де́лают ('dje-lə-jut) they do, are doing
он, она́ игра́ет (i-'gra-jit) he, she plays, is playing

они́ игра́ют (i-'gra-jut) they play, are playing
они́ рабо́тают (ra-'bo-tə-jut) they work, are working
я чита́ю (tʃi-'ta-ju) I read, am reading
он, она́ чита́ет (tʃi-'ta-jit) he, she reads, is reading
они́ чита́ют (tʃi-'ta-jut) they read, are reading
молодо́й (mə-la-'doj) young
молодо́й челове́к young man
о́чень ('o-tʃinj) very
весь (vjesj) all
все (fsje) everybody

Выраже́ния (vi-ra-'ʒe-nji-jə) Expressions

весь день (vjezj-djenj) all day
Он рабо́тает весь день. He works all day.
все рабо́тают (fsje ra-'bo-tə-jut) everybody works, is working

Она́ игра́ет на роя́ле. (a-'na i-'gra-jit na ra-'ja-lji) She plays, is playing the piano.
Он игра́ет в те́ннис.[1] (on i-'gra-jit 'fte-njis) He plays, is playing tennis,

NOTE: 1. Те́ннис never changes its form.

Grammar Notes and Practical Exercises

1. The Demonstrative Adjective э́тот ('e-tət)

Study these sentences and note the singular forms of the demonstrative adjective э́тот this.

Э́тот челове́к рабо́тает.	This man works (is working).
Э́та же́нщина то́же рабо́тает.	This woman also works (is working).
Э́то перо́ — его́.	This pen [is] his.

The demonstrative adjective э́тот ('e-tət) *this*, agrees in gender and number with the noun it modifies.

Observe that the endings of э́тот (э́та, э́то) are like those of masculine, feminine, and neuter nouns; and also like the endings of third person pronouns. Thus:

	Masculine (Ends in a consonant)	Feminine (Ends in -a)	Neuter (Ends in -o)
Noun	стол	кни́га	окно́
Dem. adj.	э́тот стол	э́та кни́га	э́то окно́
Third pers. pron.	он	она́	оно́

2. The Use of э́то

The form э́то, as you have seen, can be used in the sense of *this is, that is*. When used in this sense, э́то is unchangeable and can introduce nouns of any gender. Thus:

Это — дом.		Этот дом — мой.[1]
This [is a] house.		This house [is] mine.
Это — кни́га.	but	Эта кни́га — на́ша.
This [is a] book.		This book [is] ours.
Это — перо́.		Это перо́ — ва́ше.
This [is a] pen.		This pen [is] yours.

NOTE: 1. мой   моя́   моё = my *or* mine   его́ = his
            наш   на́ша   на́ше = our *or* ours   её = her *or* hers
            ваш   ва́ша   ва́ше = your *or* yours   их = their *or* theirs

Exercise No. 29. Practise these sentences aloud. Translate them.

1. Кто э́тот челове́к? Он мой брат.
2. Кто э́та же́нщина? Она́ моя́ сестра́.
3. Кто э́тот ма́льчик?[1] Он мой сын.
4. Кто э́та де́вочка?[2] Она́ моя́ до́чка.
5. Этот меха́ник рабо́тает на фа́брике.
6. Эта медсестра́ рабо́тает в больни́це.
7. Этот касси́р рабо́тает в ба́нке.
8. Эта стенографи́стка рабо́тает в конто́ре.
9. Это — мой каранда́ш.
10. Этот каранда́ш — мой.
11. Это — моя́ ла́мпа.
12. Эта ла́мпа — моя́.
13. Это — ва́ше перо́.
14. Это перо́ — ва́ше.
15. Это — его́ дом.
16. Этот дом — его́.
17. Это — её блу́зка.
18. Эта блу́зка — её.
19. Это — на́ша шко́ла.
20. Эта шко́ла — на́ша.

NOTES: 1. ма́льчик ('malj-tʃik) boy 2. де́вочка ('dje-vətʃ-kə) little girl; де́вушка ('dje-vuʃ-kə) girl; до́чка ('dotʃ-kə) little daughter

Exercise No. 30. Place the correct form of э́тот (this) before each noun.

Приме́ры: 1. э́тот дом 2. э́та шко́ла 3. э́то окно́

1. дом 2. шко́ла 3. окно́ 4. ко́мната 5. ра́дио 6. ма́льчик 7. де́вочка 8. автомоби́ль *m.* 9. актёр 10. ня́ня 11. медсестра́ 12. го́род 13. дверь *f.* 14. муж 15. каранда́ш 16. зал 17. журна́л 18. газе́та 19. студе́нт 20. студе́нтка 21. друг 22. подру́га 23. сло́во 24. кни́га 25. кре́сло 26. молоко́ 27. америка́нец 28. де́вушка

3. About Verb Endings in Russian

The infinitive of Russian verbs generally ends in -ть:

чита́ть to read; рабо́тать to work; говори́ть to speak

That part of the verb which remains after the ending has been removed is called the *stem*. Thus, the stem of чита́ть is чита́-; of говори́ть, the stem is говори́-.

Two sets of personal endings are used in forming the present tense of Russian verbs. On the basis of these endings the verbs fall into two conjugations, Conjugation I and Conjugation II. This chapter introduces Conjugation I with the verb **читáть** to read.

4. Present Tense of читáть (tʃi-'tatj) to read — Conjugation I

я читá-ю (tʃi-'ta-ju)	I read; I am reading
ты читá-ешь (tʃi-'ta-jiʃ)	you read; you are reading
он, онá, онó читá-ет (tʃi-'ta-jit)	he, she, it reads; is reading
мы читá-ем (tʃi-'ta-jim)	we read; are reading
вы читá-ете (tʃi-'ta-ji-tji)	you read; are reading
они́ читá-ют (tʃi-'ta-jut)	they read; are reading

a. The present tense of the verb **читáть** is formed by adding to the stem **читá-** the personal endings:

Singular: -ю, -ешь, -ет   Plural: -ем, -ете, -ют

b. Note carefully that the vowel e appears in all the personal endings except the first singular and third plural.

c. Verbs conjugated like **читáть** will be designated in the vocabularies by the Roman numeral I. Thus:

читáть I to read; **рабóтать** I to work; **игрáть** I to play

5. Ты — you, вы — you

Ты is used only in addressing a near relative, a friend, or a child. It is the familiar form of address. **Ты** corresponds to French *tu*, German *du*, and old English *thou*. **Вы** is used in addressing one person (not a relative, friend, or child) or more than one person. It is the polite form of address. **Вы** corresponds to French *vous*.[1]

Ты читáешь хорошó, Пётр.	You read well, Peter.
Вы читáете хорошó, дéти.	You read well, children.
Вы читáете хорошó, господи́н Смит.	You read well, Mr. Smith.

NOTE: 1. The possessive adjective pronouns that correspond to the familiar **ты** and the polite **вы** are: familiar **твой** *m.*, **твоя** *f.*, **твоё** *n.*, and polite **ваш** *m.*, **вáша** *f.*, **вáше** *n.*

Где твой карандáш, Ивáн?	Where is your pencil, John?
Где вáша кни́га, господи́н Смит?	Where is your book, Mr. Smith?

Pronunciation: **твой** (tvoj); **твоя** (tva-'ja); **твоё** (tva-'jo)

6. The Interrogative and Negative of Verbs

The interrogative is usually formed by inflection of the voice without changing the word order of the affirmative.

The negative is formed by placing **не** before the verb.

Affirmative	Анна читáет хорошó.	Anna reads well.
Interrogative	Анна читáет хорошó?	Does Anna read well?
Negative	Анна не читáет хорошó.	Anna does not read well.

7. Other Conjugation I Verbs in the Present Tense

рабóтать I (ra-'bo-tətj) to work

я рабóтаю (ra-'bo-tə-ju)	мы рабóтаем (ra-'bo-tə-jim)
ты рабóтаешь (ra-'bo-tə-jiʃ)	вы рабóтаете (ra-'bo-tə-ji-tji)
он рабóтает (ra-'bo-tə-jit)	они́ рабóтают (ra-'bo-tə-jut)

игрáть I (i-'gratj) to play

я игрáю (i-'gra-ju)	мы игрáем (i-'gra-jim)
ты игрáешь (i-'gra-jiʃ)	вы игрáете (i-'gra-ji-tji)
он игрáет (i-'gra-jit)	они́ игрáют (i-'gra-jut)

дéлать I ('dje-lətj) to do, to make

я дéлаю ('dje-lə-ju)	мы дéлаем ('dje-lə-jim)
ты дéлаешь ('dje-lə-jiʃ)	вы дéлаете ('dje-lə-ji-tji)
он дéлает ('dje-lə-jit)	они́ дéлают ('dje-lə-jut)

Note carefully the accented syllable in each verb. Accentuate it strongly as you say the verb form aloud. Thus: я читáю, etc.; я игрáю, etc.; but я рабóтаю, etc.; я дéлаю, etc.

Exercise No. 31. Practise aloud.

Я читáю ромáн.	Мы читáем в клáссе.
Ты читáешь журнáл.	Вы читáете дóма.
Он читáет письмó.	Они́ читáют в контóре.
Онá читáет хорошó.	Кто не читáет?

Я рабóтаю на фáбрике.	Мы рабóтаем в шкóле.
Ты рабóтаешь в больни́це.	Вы рабóтаете в гóроде.
Он рабóтает в контóре.	Они́ рабóтают в кóмнате.

Я игрáю в тéннис.	Мы игрáем плóхо.
Ты игрáешь в футбóл.	Вы игрáете дóма.
Он игрáет на рóяле.	Они́ игрáют в пáрке.

Exercise No. 32. Complete the verbs in these sentences with the correct verb endings.

Приме́ры: 1. Чтó вы дéлаете? 2. Я читáю ромáн.

1. Чтó вы дéла——? 2. Я читá—— ромáн. 3. Чтó Éва дéла——? 4. Онá игрá—— на рояле. 5. Чтó ты дéла——? 6. Я рабóта—— дóма. 7. Вáша подрýга игрá—— в тéннис? 8. Онá игрá—— óчень хорошó. 9. Дéти игрá—— в футбóл. 10. Они́ игрá—— в футбóл. 11. Кто рабóта—— на фáбрике? 12. Мы там рабóта——. 13. Кто читá—— журнáл? 14. Еле́на читá—— журнáл. 15. Вы рабóта—— в контóре? 16. Мы не рабóта—— в контóре. 17. Я не игрá—— на рояле. 18. Они́ не игрá—— в тéннис. 19. Я читá—— хорошó. 20. Они́ читá—— плóхо.

Exercise No. 33. Вопро́сы (va-'pro-si) questions. **Отве́ты** (at-'vje-ti) answers.

Read each question and answer silently and aloud. Translate into English.

1. Где рабо́тает э́тот челове́к?
   Он рабо́тает на фа́брике.
2. Кто рабо́тает в больни́це?
   Эта же́нщина там рабо́тает.
3. Где рабо́тает э́тот молодо́й челове́к?
   Он рабо́тает в ба́нке.
4. Где рабо́тает э́та стенографи́стка?
   Эта стенографи́стка рабо́тает в конто́ре.
5. Её сестра́ то́же стенографи́стка?
   Да, она́ то́же стенографи́стка.

6. Что́ де́лает Ве́ра?
   Ве́ра игра́ет на роя́ле.
7. Как она́ игра́ет?
   Она́ игра́ет о́чень хорошо́.
8. Что́ де́лают де́ти?
   Они́ игра́ют в па́рке.
9. Что́ вы чита́ете?
   Я чита́ю журна́л.
10. Что́ чита́ет Ева?
    Она́ чита́ет рома́н.
11. Что́ де́лают Анто́н и Ива́н?
    Они́ де́лают уро́к.
12. Что́ вы де́лаете?
    Я то́же де́лаю уро́к.

Exercise No. 34. Translate into Russian.

1. What is he doing? 2. He is reading a novel. 3. Who is playing the piano? 4. Anna plays the piano very well. 5. Where do you work? 6. I work at home. 7. Does your mother play tennis? 8. The man works at the factory, but his wife works in the hospital. 9. We do not work here. 10. They work all day. 11. The children are doing the lesson. 12. She is reading a letter. 13. Where do they work? 14. We do not work in the bank. 15. What are you reading, Annie?[1] 16. I am reading this magazine. 17. What are you doing, Johnny?[2] 18. Maisie,[3] here are your[5] pencil and your[6] pen. 19. Pete,[4] here is your[7] book.

NOTES: 1. Annie Аня short for Anna Анна. 2. Johnny Ва́ня short for John Ива́н. 3. Maisie Ма́ша short for Mary Мари́я. 4. Pete Пе́тя short for Peter Пётр. 5, 6, 7. Use the correct form of the familiar possessive adjective твой, твоя́, твоё.

CHAPTER 10

Павел Браун изучает русский язык
Paul Brown Is Studying the Russian Language

1. — Здравствуйте. Вы говорите по-русски?
2. — Да, я немного говорю по-русски.
3. — Как ваша фамилия?
4. — Моя фамилия — Браун. Я Павел Браун.
5. — Вы очень хорошо говорите по-русски.
6. — Вы думаете? Я изучаю русский язык здесь в школе. Я хочу хорошо говорить по-русски.
7. — Ваш учитель говорит по-русски в классе?
8. — Конечно! Наш учитель говорит по-русски и по-английски. Он свободно говорит по-русски.
9. — Вы читаете в классе по-русски?
10. — Конечно, мы читаем по-русски. Мы много говорим и много читаем.
11. — Вы понимаете, когда учитель говорит по-русски?
12. — Мы понимаем, когда он говорит медленно. Мы не понимаем, когда он говорит быстро.
13. — Вы говорите по-русски дома?
14. — Конечно, нет! Мой отец, моя мать, мой брат и моя сестра не говорят по-русски. Они говорят только по-английски

1. Hello. Do you speak Russian?
2. Yes, I speak Russian a little.
3. What is your family name?
4. My family name [is] Brown. I am Paul Brown.
5. You speak Russian very well.
6. You think so? I am studying Russian here in school. I want to speak Russian well.
7. Does your teacher speak Russian in class?
8. Of course! Our teacher speaks Russian and English. He speaks Russian fluently.
9. Do you read Russian in class?
10. Of course we read Russian. We speak a great deal and we read a great deal.
11. Do you understand when the teacher speaks Russian?
12. We understand when he speaks slowly. We do not understand when he speaks fast.
13. Do you speak Russian at home?
14. Of course not! My father, my mother, my brother, and my sister do not speak Russian. They speak only English.

Поэ́тому, мы до́ма говори́м то́лько по-англи́йски.	Therefore, we speak only English at home.
15. — Вы говори́те по-ру́сски о́чень хорошо́!	15. You speak Russian very well!
16. — Большо́е спаси́бо.	16. Thank you very much.

Building Vocabulary

язы́к (ji-'zik) language	бы́стро ('bi-strə) fast
ру́сский язы́к the Russian language	здесь (zdjesj) here
говори́ть II (gə-va-'rjitj) to speak	немно́го (nji-'mno-gə) a little
он говори́т (gə-va-'rjit) he speaks, is speaking	ме́дленно ('mjcd-ljin-nə) slowly
вы говори́те (gə-va-'rji-tji) you speak, are speaking	мно́го ('mno-gə) much, a great deal
ду́мать I ('du-mətj) to think	свобо́дно (sva-'bod-nə) fluently
изуча́ть I (iz-u-'tʃatj) to study	то́лько ('tolj-kə) only
понима́ть I (pə-nji-'matj) to understand	когда́ (kag-'da) when
я хочу́ (xa-'tʃu) I want	поэ́тому (pa-'e-tə-mu) therefore
он хо́чет ('xo-tʃit) he wants	что (ʃtə) *conjunction* that (when что means "that" it is always unstressed)
	Я ду́маю, что он врач. I think that he is a doctor.

Выраже́ния

по-ру́сски (pa-'rus-kji) *adv.* in Russian	Он говори́т по-англи́йски. He speaks English.
по-англи́йски (pə an-'glji-skji) *adv.* in English	Большо́е спаси́бо (balj-'ʃo-ji spa-'sji-bə) Thank you very much.
Я говорю́ по-ру́сски. I speak Russian.	

Grammar Notes and Practical Exercises

1. **Present Tense of говори́ть** (gə-va-'rjitj) **to speak, to talk, to say — Conjugation II Verb**

я говор-ю́ (gə-va-'rju)	I speak, am speaking
ты говор-и́шь (gə-va-'rjiʃ)	you speak, are speaking
он ⎫	he ⎫
она́ ⎬ говор-и́т (gə-va-'rjit)	she ⎬ speaks, is speaking
оно́ ⎭	it ⎭
мы говор-и́м (gə-va-'rjim)	we speak, are speaking
вы говор-и́те (gə-va-'rji-tji)	you speak, are speaking
они́ говор-я́т (gə-va-'rjat)	they speak, are speaking

Compare the endings of a Conjugation I verb (**чита́ть**) with those of a Conjugation II verb (**говори́ть**).

	Singular			Plural		
Conjugation I	-ю	-ешь	-ет	-ем	-ете	-ют
Conjugation II	-ю	-ишь	-ит	-им	-ите	-ят

In the first person singular, both Conjugation I and Conjugation II regularly end in **-ю**. In the third person plural, Conjugation I ends in **-ют**, Conjugation II in **-ят**.

In Conjugation I, the distinguishing vowel in the verb endings is **e**; in Conjugation II, the distinguishing vowel is **и**.

To tell whether a verb is in Conjugation I or Conjugation II, it is necessary to know the second person singular (**-ешь** or **-ишь**).

All verbs of Conjugation II will be designated in the vocabularies by Roman numeral II.

2. Omission of Subject Pronouns

Subject pronouns are often omitted in short answers. Since every subject pronoun has a corresponding verb ending, the meaning is always clear. Thus:

Вы понима́ете? Понима́ю.	Do you understand? I understand.
Они́ игра́ют? Игра́ют.	Are they playing? They are playing.
Они́ говоря́т? Говоря́т.	Are they speaking? They are speaking.

Exercise No. 35. Practise aloud and translate.

1. Я говорю́ по-ру́сски.
2. Ты говори́шь по-англи́йски.
3. Он говори́т ме́дленно.
4. Она́ говори́т бы́стро.
5. Мы говори́м свобо́дно.
6. Вы говори́те немно́го по-ру́сски.
7. Они́ говоря́т и чита́ют по-ру́сски.
8. Я ду́маю, что он врач.
9. Ты ду́маешь, что он адвока́т.
10. Он ду́мает, что она́ медсестра́.
11. Она́ ду́мает, что я учи́тель.
12. Мы ду́маем, что он инжене́р.
13. Вы ду́маете, что он актёр.
14. Они́ ду́мают, что она́ актри́са.

Exercise No. 36. Practise aloud and translate.

1. Вы изуча́ете ру́сский язы́к?
   Да, я изуча́ю ру́сский язы́к.
   (vɪ i-zu-'tʃa-ji-tji 'rus-kjij ji-'zɪk)
   (da, ja i-zu-'tʃa-ju 'rus-kjij ji-'zik)

2. Вы ду́маете, что он говори́т хорошо́?
   Нет, я ду́маю, что он говори́т пло́хо.
   (vɪ 'du-mə-ji-tji, ʃtə on gə-va-'rjit xə-ra-'ʃo)
   (njet, ja 'du-mə-ju, ʃtə on gə-va-'rjit 'plo-xə)

3. Что он де́лает?
   Я ду́маю, что он де́лает уро́к.
   (ʃto on 'dje-lə-jit)
   (ja 'du mə ju, ʃtə on 'djo lə jit u 'rolk)

4. Вы понима́ете, когда́ я говорю́ ме́дленно?
   Я понима́ю о́чень хорошо́.
   (vɪ pə-nji-'ma-ji-tji, kag-'da ja gə-va-'rju 'mjed-ljin-nə)
   (ja pə-nji-'ma-ju 'o-tʃinj xə-ra-'ʃo)

Exercise No. 37. Complete these sentences with the correct verb endings.

Приме́р: 1. Я говорю́ по-ру́сски.

1. Я говор―― по-ру́сски. 2. Она́ не говор―― по-англи́йски. 3. Мы говор―― по-ру́сски и по-англи́йски. 4. Они́ изуча́―― ру́сский язы́к. 5. Вы понима́――, когда́ я говор―― бы́стро? 6. Мы не понима́――. 7. Кто говор―― свобо́дно? 8. Учи́тель говор―― свобо́дно. 9. Как

говор—— студе́нтка? 10. Она́ говор—— ме́дленно. 11. А́нна и О́льга изуча́———— ру́сский язы́к. 12. Мы то́же изуча́—— ру́сский язы́к. 13. Вы ду́ма——, что он врач? 14. Нет, я ду́ма——, что он инжене́р. 15. Они́ чита́—— по-ру́сски. 16. Что́ вы де́ла——? 17. Я де́ла—— уро́к. 18. Что́ Бори́с де́ла——? 19. Она́ игра́—— на рои́ле. 20. Де́ти игра́—— в те́ннис.

Exercise No. 38. Read the Russian questions and answers aloud. Translate them.

О чём? (a tʃom) about what? О ком? (a kom) about whom?

1. О[1] чём[2] вы говори́те?
   Мы говори́м о шко́ле.
2. О чём он говори́т?
   Он говори́т о кни́ге.
3. О чём она́ говори́т?
   Она́ говори́т о костю́ме.
4. О чём они́ говоря́т?
   Они́ говоря́т о теа́тре.
5. О чём ты говори́шь?
   Я говорю́ об[3] уро́ке.
6. О ком[2] ма́ма говори́т?
   Она́ говори́т о ма́льчике.
7. О ком па́па говори́т?
   Он говори́т о де́вушке.
8. О ком вы говори́те?
   Мы говори́м о бра́те.
9. О ком учи́тель говори́т?
   Он говори́т об[3] Анто́не.
10. О ком учи́тельница говори́т?
    Она́ говори́т об[3] О́льге.

NOTES: 1. **О** (about, concerning) is a preposition that nearly always takes the prepositional case. You are familiar with the prepositions **на** (on, at) and **в** (in, at), which take the prepositional case in answer to **где** (where) questions. 2. **Чём** (what) is the prepositional case of **что** what. **Ком** (whom) is the prepositional case of **кто** who. 3. **О** becomes **об** before vowels.

3. Various Ways of Expressing Questions

a. By inflection of voice, as you have already learned:
   Он свобо́дно говори́т по-ру́сски? Does he speak Russian fluently?
b. By means of a question word: **кто, что, когда́**, etc.
   Кто свобо́дно говори́т по-ру́сски? Who speaks Russian fluently?
c. By placing verb before subject:
   Игра́ют они́ сего́дня? Are they playing today?
d. Questions with **ли**:
   In questions of the type in sentence c, the little word **ли** is often added, generally after the verb:
   Говори́т ли он свобо́дно по-ру́сски? Does he speak Russian fluently?
   Observe various questions with **ли** in the following Exercise.

Exercise No. 39. Вопро́сы. Reread the text, «Па́вел Бра́ун изуча́ет ру́сский язы́к». Then answer these questions.

1. Кто изуча́ет ру́сский язы́к? 2. Где он изуча́ет ру́сский язы́к? 3. Говори́т ли он свобо́дно по-ру́сски? 4. Понима́ет ли Па́вел Бра́ун, когда́ учи́тель говори́т ме́дленно[1]? 5. Понима́ет ли он, когда́ учи́тель говори́т бы́стро? 6. Говоря́т ли та́кже по-ру́сски оте́ц, мать, брат и сестра́? 7. Как по-ру́сски «Thank you very much»? 8. Как по-ру́сски «fluently»?

NOTE: 1. Adverbs usually precede the verb, but this is not a hard and fast rule. The position of adverbs is often a matter of emphasis.

CHAPTER 11

Что вы видите? Что вы покупаете?
Сколько это стоит?

What Do You See? What Are You Buying?
How Much Does It Cost?

В ГОРОДЕ

Вот теа́тр, кинотеа́тр, универ-ситéт, музéй, трамва́й, зда́ние и шко́ла.

Я ви́жу теа́тр, кинотеа́тр, универ-ситéт, музéй, трамва́й, зда́ние и шко́лу.

IN THE CITY

Here are a theatre, cinema, univer-sity, museum, tram, building, and school.

I see a theatre, cinema, university, museum, tram, building, and school.

НА УЛИЦЕ

Вот авто́бус, автомоби́ль и трам-ва́й.

Мы ви́дим авто́бус, автомоби́ль и трамва́й.

IN THE STREET

Here are a bus, car, and a tram.

We see a bus, a car, and a tram.

В КОМНАТЕ

Вот стол, стул, ла́мпа, дива́н, зе́ркало, карти́на, окно́ и дверь.

Я ви́жу стол, стул, ла́мпу, дива́н, зе́ркало, карти́ну, дверь и окно́.

IN THE ROOM

Here are a table, chair, lamp, sofa, mirror, picture, window, and door.

I see a table, chair, lamp, sofa, mirror, picture, door, and window.

НА СТОЛЕ

Вот журна́л, каранда́ш, ру́чка, бума́га, газе́та и кни́га.

Мы ви́дим журна́л, каранда́ш, ру́чку, бума́гу, газе́ту и кни́гу.

ON THE TABLE

Here are a magazine, a pencil, a pen, paper, a newspaper, and a book.

We see a magazine, a pencil, a pen, paper, a newspaper, and a book.

НА КАРТЕ

Вот Му́рманск, Ленингра́д, Бату́ми, Ялта и Москва́.

Мы ви́дим Му́рманск, Ленин-гра́д, Бату́ми, Ялту и Москву́.

ON THE MAP

Here are Murmansk, Leningrad, Batumi, Yalta, and Moscow.

We see Murmansk, Leningrad, Batumi, Yalta, and Moscow.

В МАГАЗИНЕ	IN THE SHOP
Вот костюм, пальто, рубашка, платье, юбка, блузка, шляпа и шарф.	Here are a suit, overcoat, shirt, dress, skirt, blouse, hat, and scarf.
Я покупаю этот костюм, это пальто, эту рубашку и эту шляпу.	I am buying this suit, this overcoat, this shirt, and this hat.

СКОЛЬКО ЭТО СТОИТ?	HOW MUCH DOES IT COST?
Один рубль. Два рубля, три рубля, четыре рубля.	One rouble. Two roubles, three roubles, four roubles.
Пять рублей, шесть рублей, семь рублей, восемь рублей, девять рублей, десять рублей.	Five roubles, six roubles, seven roubles, eight roubles, nine roubles, ten roubles.
Это дёшево. Это дорого.	It is cheap. It is expensive (dear).

Building Vocabulary

здание[1] ('zda-nji-ji) building
зеркало ('zjer-kə-lə) mirror
картина (kar-'tji-nə) picture
музей (mu-'zjej) museum
пальто (palj-'to) overcoat
платье[1] ('pla-tji) dress
рубашка (ru-'baʃ-kə) shirt
улица ('u-lji-tsə) street
ручка, авторучка ('rutʃ-kə, af-ta-'rutʃ-kə) (fountain) pen

шляпа ('ʃlja-pə) hat
видеть II ('vji-djitj) to see
  (вижу, видишь; видят)
покупать I (рə-ku-'patj) to buy
  (покупаю, покупаешь; покупают)
дёшево ('djo-ʃi-və) cheap
дорого ('do-rə-gə) dear, expensive
сколько ('skolj-kə) how much?

NOTE: 1. Remember: nouns ending in -o and -e in the nominative case are neuter.

Выражения

Сколько это стоит? ('skolj-kə 'e-tə 'sto-jit) How much does it cost?
один рубль (a-'djin rublj) one rouble
два рубля (dva rub-'lja) two roubles
три рубля (trji rub-'lja) three roubles
четыре рубля (tʃi-'ti-rji rub'lja) four roubles
пять рублей (pjatj rub-'ljej) five roubles

шесть рублей (ʃestj rub-'ljej) six roubles
семь рублей (sjemj rub-'ljej) seven roubles
восемь рублей ('vo-sjimj rub-'ljej) eight roubles
девять рублей ('dje-vjitj rub-'ljej) nine roubles
десять рублей ('dje-sjitj rub-'ljej) ten roubles

Note that the Russian for *rouble* after один is рубль; for *roubles* after the numbers два, три, четыре it is рубля; for *roubles* after пять, шесть, семь, восемь, девять, десять it is рублей. You will learn the reason for this later. In the meantime memorize the Russian numbers 1 to 10 with the words for *rouble* and *roubles*.

Grammar Notes and Practical Exercises

1. Present Tense of ви́деть II ('vji-djitj) to see

я ви́жу ('vji-ʒu)	мы ви́дим ('vji-djim)
ты ви́дишь ('vji-'djiʃ)	вы ви́дите ('vji-dji-tji)
он	
она́ }ви́дит ('vji-djit)	они́ ви́дят ('vji-djət)
оно́	

Note the irregular first person singular ви́жу.

To form the present tense of a verb it is necessary to know two key forms:

a. The first person singular, the stem of which often differs from the stem of the infinitive, as is the case with ви́жу.

b. The second person singular, which tells you whether the verb has Conjugation I endings (-ешь, -ет, -ем, -ете, -ют) or Conjugation II endings (-ишь, -ит, -им, -ите, -ят) in the remaining persons.

These key forms, and also the third person plural, will be given in the vocabularies for all new verbs. Thus:

ви́деть ('vji-djitj) to see	покупа́ть (pə-ku-'patj) to buy
(ви́жу, ви́дишь; ви́дят)	(покупа́ю, покупа́ешь; покупа́ют)

Important Spelling Rule! The soft vowels ю and я are never written after the hiss-consonants ж, ч, ш, щ. The vowel ю is replaced by у, and the vowel я by а. This explains the ending -у (ви́жу) instead of the usual -ю (говорю́).

2. Thing-Nouns and Animate Nouns

In Russian it is necessary to distinguish between "thing-nouns" and animate nouns.

A thing-noun is one that stands for a thing: каранда́ш, кни́га, ру́чка, зал, окно́, etc. Included under thing-nouns are abstract nouns such as красота́ beauty, ра́дость joy, *f.*

An animate noun stands for a living creature, that is a person or an animal. Thus: челове́к person, man; мужчи́на (mu-'ʃʃji-nə) man; же́нщина woman; ма́льчик boy; кот tomcat; ко́шка cat (*f.*).

3. The Nominative and Accusative Singular of Thing-Nouns

The nominative is the case of the subject of a verb.

The accusative is the case of the direct object of a verb.

Note the forms of the nominative and accusative of some familiar thing-nouns:

	Masculine			Feminine		Neuter	
Nom.	стол	трамва́й	слова́рь	шко́ла	ру́чка	окно́	по́ле
Acc.	стол	трамва́й	слова́рь	шко́лу	ру́чку	окно́	по́ле

a. Masculine thing-nouns are alike in the nominative and accusative singular. Later you will see that this is *not* true of masculine animate nouns.

b. All neuter nouns are alike in the nominative and accusative singular.

c. All feminine nouns change -а to -у and -я to -ю to form the accusative singular.

Read Aloud

Acc. Masc. Я ви́жу стол; класс; дом; трамва́й; слова́рь; автомоби́ль.
Acc. Neut. Ты ви́дишь окно́; сло́во; ме́сто; по́ле; зда́ние; пла́тье.
Acc. Fem. Он ви́дит шко́лу; ла́мпу; бума́гу; карти́ну; ру́чку.

4. The Nominative and Accusative Singular of э́тот (э́та, э́то) with Thing-Nouns

	Masculine	Feminine	Neuter
Nom.	э́тот стол	э́та шко́ла	э́то окно́
Acc.	э́тот стол	э́ту шко́лу	э́то окно́

a. The nominative masculine (э́тот) and the accusative masculine (э́тот) used with thing-nouns are alike.

b. The nominative neuter (э́то) and the accusative neuter (э́то) used with thing-nouns are alike.

c. The nominative feminine э́та becomes э́ту in the accusative.

Read Aloud

Acc. Masc. Мы ви́дим э́тот стол; э́тот стул; э́тот дом; э́тот автомоби́ль.
Acc. Neut. Вы ви́дите э́то окно́; э́то ме́сто; э́то зда́ние.
Acc. Fem. Они́ ви́дят э́ту шко́лу; э́ту карти́ну; э́ту шля́пу; э́ту ру́чку.

5. The Accusative Singular of the Possessive Adjectives мой, твой, наш, ваш with Thing-Nouns

	Masculine					Feminine			
Nom.	мой	твой	наш	ваш		моя́	твоя́	на́ша	ва́ша
Acc.	мой	твой	наш	ваш		мою́	твою́	на́шу	ва́шу

	Neuter			
Nom.	моё	твоё	на́ше	ва́ше
Acc.	моё	твоё	на́ше	ва́ше

a. The masculine and neuter forms of мой, твой, наш, and ваш with thing-nouns are alike in the nominative and accusative.

b. Only the feminine forms change in the accusative. Моя́ → мою́, твоя́ → твою́, на́ша → на́шу, ва́ша → ва́шу.

REMEMBER: э́тот, мой, твой, наш, ваш all agree in gender, number, and case with the nouns they modify.

Он чита́ет э́ту (мою́, ва́шу) кни́гу. He is reading this (my, your) book.

Exercise No. 40. Practise aloud. Translate.

1. Что́ вы ви́дите?
2. Я ви́жу окно́.
3. Ты ви́дишь шко́лу.
4. Он ви́дит теа́тр.
5. Она́ ви́дит музе́й.
6. Мы ви́дим карти́ну.
7. Вы ви́дите магази́н.
8. Они́ ви́дят по́ле.
9. Что́ вы покупа́ете?
10. Я покупа́ю э́тот костю́м.
11. Ты покупа́ешь э́ту шля́пу.
12. Он покупа́ет э́ту руба́шку.

13. Она́ покупа́ет э́то пла́тье. 15. Вы покупа́ете зе́ркало.
14. Мы покупа́ем э́тот автомоби́ль. 16. Они́ покупа́ют э́то зда́ние.

Exercise No. 41. Complete these sentences by translating the word in parenthesis.

Приме́р: 1. Я ви́жу ваш автомоби́ль.

1. Я ви́жу ваш (car).
2. Ты ви́дишь мой (house)?
3. Он ви́дит на́шу (school).
4. Она́ ви́дит твою́ (map).
5. Мы ви́дим ва́шу (picture).
6. Вы ви́дите мою́ (hat)?
7. Они́ ви́дят на́ше (building).
8. Я чита́ю его́ (letter).
9. Ты чита́ешь её (book).
10. Он чита́ет на́шу (newspaper).
11. Она́ чита́ет (plan).
12. Мы чита́ем (novel).
13. Вы чита́ете (sentence).
14. Они́ чита́ют (magazine).
15. Я понима́ю (word).
16. Я покупа́ю (building).
17. Она́ покупа́ет (dress).
18. Они́ покупа́ют (mirror).

Exercise No. 42. Complete each sentence by inserting in place of the dash the correct form of the demonstrative adjective э́тот (this).

Приме́р: 1. Я покупа́ю э́ту кни́гу.

1. Я покупа́ю —— кни́гу. 2. Ты покупа́ешь —— ру́чку. 3. Он покупа́ет —— шля́пу. 4. Она́ покупа́ет —— пальто́. 5. Мы покупа́ем —— автомоби́ль. 6. Вы покупа́ете —— карти́ну. 7. Они́ покупа́ют —— роя́ль *m.* 8. Кто покупа́ет —— ю́бку? 9. Ты понима́ешь —— фра́зу? 10. Он понима́ет —— сло́во. 11. Мы понима́ем — план. 12. Вы понима́ете —— кни́гу? 13. Вы ви́дите —— зда́ние? 14. Кто ви́дит —— дверь *f.*? 15. Они́ ви́дят —— пла́тье.

Exercise No. 43. Write the number of roubles in Russian.

Приме́р: 1. Э́то сто́ит пять рубле́й.

Э́то сто́ит ... 1. five roubles 2. one rouble 3. three roubles; two roubles 4. four roubles; five roubles 5. seven roubles; ten roubles 6. eight roubles; nine roubles 7. six roubles; four roubles 8. three roubles; ten roubles 9. five roubles; six roubles 10. one rouble

Exercise No. 44. Вопро́сы. Answer each question, using the correct case of the thing-nouns in parenthesis.

Remember: nominative masculine = accusative masculine; nominative neuter = accusative neuter; nominative feminine endings -a and -я become accusative feminine endings -y and -ю.

Приме́р: 1. В го́роде я ви́жу теа́тр и шко́лу.

1. Что́ вы ви́дите в го́роде? (теа́тр и шко́ла)
2. Что́ вы ви́дите на у́лице? (авто́бус и автомоби́ль)
3. Что́ вы ви́дите в ко́мнате? (окно́ и стена́)
4. Что́ вы ви́дите на столе́? (журна́л и газе́та)

5. Что́ вы ви́дите на стене́? (ка́рта и карти́на)
6. Что́ вы ви́дите на ка́рте? (Ленингра́д и Москва́)
7. Что́ вы покупа́ете в магази́не? (э́тот костю́м и э́то пальто́)
8. Что́ он покупа́ет в магази́не? (э́та руба́шка и э́та шля́па)
9. Что́ она́ покупа́ет в магази́не? (э́то пла́тье и э́та блу́зка)
10. Что́ они́ покупа́ют в магази́не? (э́тот шарф и э́то пальто́)

CHAPTER 12

Кого вы хотите видеть?—Whom Do You Want To See?

1. — Добрый день. Я хочу видеть доктора Жукова. Вы знаете, где он?
   — Я думаю, что он в больнице.
2. — Доброе утро. Я студент. Я хочу видеть профессора Никитина.
   — Сегодня нельзя его видеть. Профессор Никитин работает в лаборатории.
   — Когда можно его видеть?
   — Завтра утром.
3. — Здравствуйте. Я хочу видеть Анну Петрову. Вы её знаете?

   — Да, я её знаю. Анна Петрова стенографистка. Она там.
4. — Я хочу видеть механика.
   — Он сегодня не работает. Он дома.
   — Почему он сегодня не работает?

   — Он не работает, потому что он болен.
   — Где он живёт?
   — Не знаю.
5. — Я хочу видеть директора. Вы знаете, где он?
   — Он в кабинете, но он сейчас занят.
   — Когда можно его видеть?
   — Завтра утром.
6. — Простите, я хочу видеть учительницу.
   — Она сейчас в классе.
   — Можно войти? (vaj-'tji)
   — Можно.

1. — Good day. I want to see Dr. Zhukov. Do you know where he is?
   — I think that he is at the hospital.
2. — Good morning. I am a student. I want to see Professor Nikitin.

   — It's impossible to see him today. Professor Nikitin is working in the laboratory.
   — When is it possible to see him?
   — Tomorrow morning.
3. — How do you do! I want to see Anna Petrova. Do you know her?
   — Yes, I know her. Anna Petrova is a stenographer. There she is.
4. — I want to see the mechanic.
   — He is not working today. He is at home.
   — Why is he not working today?

   — He is not working, because he is ill.
   — Where does he live?
   — I do not know.
5. — I want to see the director. Do you know where he is?
   — He is in his study, but he is busy now.
   — When is it possible to see him?
   — Tomorrow morning.
6. — Pardon (me), I want to see the teacher (f.).
   — She is in the classroom now.
   — May I go in?
   — You may.

Building Vocabulary

дире́ктор (dji-'rjek-tər) director
Жу́ков ('ʒu-kəf) Zhukov (family name, male)
кабине́т (kə-bji-'njet) study, office (not a business office)
лаборато́рия (lə-bə-ra-'to-rji-jə) laboratory
в лаборато́рии[1] (vlə-bə-ra-'to-rji-ji) in the laboratory
Ники́тин (nji-'kji-tjin) Nikitin (family name, male)
Петро́ва (pji-'tro-və) Petrova (family name, female)
жить I (ʒitj) to live
(живу́, живёшь; живу́т)

знать I (znatj) to know
(зна́ю, зна́ешь; зна́ют)
я хочу́ (xa-'tʃu) I want
вы хоти́те (xa-'tji-tji) you want
бо́лен ('bo-ljin) sick, ill
за́нят ('za-njət) busy
за́втра ('zaf-trə) tomorrow
сего́дня (sji-'vod-njə)[2] today
сейча́с (sjij-'tʃas) now, right away
у́тром ('u-trəm) in the morning
но (no) but[3]
почему́ (pə-tʃi-'mu) why
потому́ что (pə-ta-'mu ʃtə) because

NOTES: 1. Words ending in -ия have the ending -и in the prepositional case instead of the usual -e. 2. In сего́дня (sji-'vod-njə) the letter г (g) is pronounced like в (v). 3. The conjunction, a, as you have seen, means *but* or *and*. Ho only means *but*.

Выраже́ния

мо́жно ('moʒ-nə) it is possible to; one (you) may; one is permitted to
Мо́жно его́ ви́деть? May I see him?
Его́ мо́жно ви́деть. You may see him.
Мо́жно её ви́деть? May I see her?
Её мо́жно ви́деть. You may see her.
Мо́жно войти́. One (you) may go in.
Здесь мо́жно игра́ть. One may play (playing is permitted) here.

нельзя́ (njilj-'zja) it is impossible to; one (you) cannot; it is not permitted; one must not
Сего́дня нельзя́ его́ ви́деть. It is impossible to see him today.
Утром нельзя́ её ви́деть. It is impossible to see her in the morning.
Здесь игра́ть нельзя́. One may not play here. (Playing is not permitted here.)
прости́те (pras-'tji-tji) pardon (me)

Grammar Notes and Practical Exercises

1. Present Tense of жить I (ʒitj) to live

я живу́ (ʒi-'vu)
ты живёшь (ʒi-'vjoʃ)
он
она́ ⎱живёт (ʒi-'vjot)
оно́ ⎰

мы живём (ʒi-'vjom)
вы живёте (ʒi-'vjotji)

они́ живу́т (ʒi-'vut)

Some verbs in Conjugation I have the ending -y in the first person singular (живу́) and the ending -ут in the third person plural (живу́т).
Some verbs in Conjugation I have their endings accented. In these verbs the

e of the ending becomes ё. Thus: the verbs of Conjugation I have one of the following ending patterns:

	Singular			*Plural*		
Unaccented	-ю (or -у)	-ешь	-ет	-ем	-ете	-ют (or -ут)
Accented	-ю́ (or -у́)	-ёшь	-ёт	-ём	-ёте	-ю́т (or -у́т)

Exercise No. 45. Practise aloud.

Я живу́ в Ло́ндоне.	Я зна́ю его́ сестру́.
Ты живёшь в Гла́зго.	Ты зна́ешь его́ дя́дю.[3]
Он живёт в Москве́.	Он зна́ет э́то ме́сто.
Она́ живёт в Ленингра́де.	Она́ зна́ет э́тот дом.
Мы живём в го́роде.	Мы зна́ем э́ту кни́гу.
Вы живёте в дере́вне.[1]	Вы зна́ете э́то письмо́.
Они́ живу́т в при́городе.[2]	Они́ зна́ют вопро́сы и отве́ты.
Где живёт Ива́н Петро́в?	Кого́[4] вы здесь зна́ете?

NOTES: 1. дере́вня (dji-′rjev-njə) country (opposite of city)   2. при́город (′pri-gə-rət) suburbs   3. Note that дя́дя (uncle), although masculine in gender, has feminine endings (*see Chapter* 6, *Grammar Note* 2, p. 26).   4. кого́ (ka-′vo) whom, accusative of кто who.

2. The Accusative Case Singular of Animate Nouns (Persons, Animals)

Animate Nouns — Masculine

Nom.	Студе́нт тепе́рь чита́ет.	The student is now reading.
Acc.	Я ви́жу студе́нта.	I see the student.
Nom.	Учи́тель гро́мко говори́т.	The teacher is speaking loudly.
Acc.	Я зна́ю учи́теля.	I know the teacher.

Masculine animate nouns that end in a consonant in the nominative singular add the hard vowel **-a** to form the accusative. If the masculine nominative ends in the soft sign **-ь** (-ль, -ть, -нь, etc.), the accusative ends in **-я** (-ля, -тя, -ня).

Nom.	студе́нт	учи́тель	до́ктор	Ива́н
Acc.	студе́нта	учи́теля	до́ктора	Ива́на[1]
Nom.	профе́ссор	Жу́ков	Ники́тин	
Acc.	профе́ссора	Жу́кова[1]	Ники́тина[1]	

Animate Nouns — Feminine

Nom.	Сестра́ игра́ет в те́ннис.	Sister is playing tennis.
Acc.	Мы ви́дим сестру́.	We see sister.
Nom.	На́ша тётя сего́дня до́ма.	Our aunt is at home today.
Acc.	Мы зна́ем ва́шу тётю.	We know your aunt.

NOTE: 1. Proper names, in general, take the same case endings as common nouns.

Feminine animate nouns form their accusative case singular exactly like thing-nouns. That is, the nominative ending -a becomes -y in the accusative; the nominative ending -я becomes -ю in the accusative.

Nom. сестра́ тётя Анна Мари́я студе́нтка де́вушка Петро́ва
Acc. сестру́ тётю Анну[1] Мари́ю[1] студе́нтку де́вушку Петро́ву[1]

NOTE: 1. Proper names, in general, take the same case endings as common nouns.

Exercise No. 46. Complete the sentences in A and B by putting each numbered noun in the accusative case. Remember: the accusative case of masculine animate nouns ends in -a (or -я).

The nominative and accusative of thing-nouns are alike.

Приме́ры: A (1). Я ви́жу до́ктора. B. (1). Я ви́жу дом.

A. Я ви́жу . . . 1. до́ктор 2. де́вушка 3. ма́льчик 4. сын 5. сестра́ 6. брат 7. же́нщина 8. врач 9. медсестра́ 10. тётя 11. семья́ 12. студе́нт 13. Анна Петро́ва 14. учи́тель 15. учи́тельница 16. инжене́р 17. адвока́т 18. жена́ 19. ня́ня 20. челове́к

B. Я ви́жу . . . 1. дом 2. шко́ла 3. го́род 4. кни́га 5. журна́л 6. газе́та 7. теа́тр 8. музе́й 9. больни́ца 10. костю́м 11. фа́брика 12. конто́ра 13. ме́сто 14. окно́ 15. сло́во 16. фра́за 17. письмо́ 18. рома́н 19. Москва́ 20. Ленингра́д

3. The Direct Object Pronouns его́ him, её her, их them

You have learned the use of его́ his, её her or hers, and их their or theirs as possessive adjectives. Thus:

Это — его́ ка́рта.
This is his map.
Это — её стол.
This is her table.
Это — их дом.
This is their house.

Эта ка́рта — его́.
This map is his.
Этот стол — её.
This table is hers.
Этот дом — их.
This house is theirs.

Его́, её, and их are also used as direct object pronouns. When so used, его́ = him, it; её = her, it; их = them; and they are in the accusative case.

Вы ви́дите ма́льчика? Да, я его́ ви́жу.
Do you see the boy? Yes, I see him.
Вы чита́ете журна́л? Да, я его́ чита́ю.
Do you read the magazine? Yes, I read it.
Вы ви́дите де́вушку? Да, я её ви́жу.
Do you see the girl? Yes, I see her.
Вы чита́ете кни́гу? Да, я её чита́ю.
Do you read the book? Yes, I read it.
Вы зна́ете сло́во? Да, я его́ зна́ю.
Do you know the word? Yes, I know it.
Вы зна́ете отве́ты? Да, я их зна́ю.
Do you know the answers? Yes, I know them.

The position of the direct object pronoun is generally before the verb. However, you will find it quite frequently after the verb, where it is also correct.

Nominative and Accusative Case — Third Person

Nom. он he, it   она́ she, it   оно́ it   они́ they
Acc. его́ him, it   её her, it   его́ it   их them
    Pronunciation: его́ (ji-′vo), её (ji-′jo), их (ix).

Exercise No. 47. Complete the answers to these questions, putting the correct object pronoun (его́, её, их) in place of the dash. Приме́р: 1. **Я его́ ви́жу.** I see him.

1. Вы ви́дите ма́льчика? Да, я —— ви́жу.
2. Кто зна́ет сло́во? Я —— зна́ю.
3. Кто зна́ет Анну? Мы —— зна́ем.
4. Он чита́ет газе́ту? Да, он —— чита́ет.
5. Она́ чита́ет рома́н? Да, она́ —— чита́ет.

6. Вы зна́ете профе́ссора? Да, я —— зна́ю.
7. Кто ви́дит Анто́на и Мари́ю? Я —— ви́жу.
8. Вы чита́ете журна́л? Да, мы —— чита́ем.
9. Вы понима́ете вопро́сы? Да, мы ——понима́ем.
10. Они́ понима́ют учи́теля? Да, они́ —— понима́ют.

4. The Interrogative Pronouns что, кто — Nominative and Accusative

Что́ на столе́? Что́ вы ви́дите?

What is on the table? What do you see?

Кто чита́ет письмо́? Кого́ вы зна́ете?

Who is reading a letter? Whom do you know?

Nom. что what   кто who
Acc. что what   кого́ whom

   Pronunciation: кого́ (ka-′vo). Other examples of г (g) pronounced like в (v) you have met are его́ (ji-′vo) and сего́дня (sji-′vod-njə).

Exercise No. 48. Complete the answer to each question by putting the noun in parenthesis in the accusative case. Приме́р: 1. **Я ви́жу инжене́ра.**

1. Кого́ вы ви́дите на фа́брике?
2. Кого́ вы ви́дите в больни́це?
3. Кого́ вы зна́ете в конто́ре?
4. Кого́ вы хорошо́ понима́ете?
5. Кого́ вы хоти́те ви́деть?
6. Что́ Анна чита́ет?
7. Что́ Ива́н чита́ет?
8. Что́ Ма́рфа де́лает?
9. Что́ вы понима́ете?
10. Что́ ты ви́дишь на столе́?

1. Я ви́жу (инжене́р).
2. Я ви́жу (медсестра́).
3. Я зна́ю (стенографи́стка).
4. Я хорошо́ понима́ю (учи́тель).
5. Я хочу́ ви́деть (адвока́т).
6. Она́ чита́ет (рома́н).
7. Он чита́ет (газе́та).
8. Она́ де́лает (уро́к).
9. Я понима́ю (фра́за).
10. Я ви́жу (письмо́).

Exercise No. 49. Вопро́сы и отве́ты.

Reread silently and aloud the text, «Кого́ вы хоти́те ви́деть?» at the beginning of this chapter.

Read the following questions and answers, first silently, then aloud. Translate.

1. — Доктор Жуков дома?
   — Нет. Он, вероятно,[1] в больнице.
2. — Можно видеть профессора Никитина?
   — Сегодня нельзя его видеть.
3. — Вы знаете Анну Петрову?
   — Ах да! Она стенографистка.

4. — Почему ваш механик сегодня не работает?
   — Мой механик не работает, потому что он болен.
5. — Почему нельзя видеть директора?
   — Он очень занят.
6. — Где учительница? Я хочу её видеть.
   — Она сейчас в классе.

NOTE: 1. вероятно (vji-ra-ʹjat-nə) probably

CHAPTER 13

Revision of Chapters 8–12

Vocabulary Revision

1. Cover up the English words. Read one Russian word at a time aloud and give the English meaning. Uncover the English word with the same number and check your answer.

2. Cover up the Russian words. Say aloud, one at a time, the Russian for each English word. Uncover the Russian word of the same number and check your answer.

3. Write the words you have trouble remembering several times.

Nouns

Masculine endings: consonants; -й; sometimes -ь

1. америка́нец	6. кабине́т	11. уро́к	15. музе́й
2. англича́нин	7. учени́к	12. челове́к	16. трамва́й
3. авто́бус	8. муж	13. шарф	17. день *m.*
4. дире́ктор	9. ма́льчик	14. язы́к	18. роя́ль *m.*
5. друг	10. рома́н		

1. American	6. study, office	11. lesson	15. museum
2. Englishman	7. pupil	12. person, man	16. tram
3. bus	8. husband	13. scarf	17. day
4. director	9. boy	14. language	18. piano
5. friend	10. novel		

Feminine endings: -а, -я; sometimes -ь

1. больни́ца	5. конто́ра	9. шля́па	13. фами́лия
2. жена́	6. медсестра́	10. фа́брика	14. дверь *f.*
3. же́нщина	7. лаборато́рия	11. у́лица	15. мать
4. карти́на	8. руба́шка	12. семья́	16. ру́чка

1. hospital	5. office	9. hat	13. family name
2. wife	6. nurse	10. factory	14. door
3. woman	7. laboratory	11. street	15. mother
4. picture	8. shirt	12. family	16. pen

NOTE: A small number of nouns, signifying male persons, end in -а or -я. These are masculine in gender, despite the feminine endings. Among them are: э́тот дя́дя this uncle; э́тот мужчи́на this man.

Neuter endings: -o, -e

1. зе́ркало	3. ме́сто	6. я́блоко	8. пла́тье
2. молоко́	4. мя́со	7. зда́ние	9. по́ле
	5. пальто́		

1. mirror	3. place	6. apple	8. dress
2. milk	4. meat	7. building	9. field
	5. overcoat		

Verbs

1. де́лать I	5. изуча́ть I	9. чита́ть I	13. я хочу́
2. ду́мать I	6. покупа́ть I	10. жить I	14. он хо́чет
3. знать I	7. понима́ть I	11. говори́ть II	15. вы хоти́те
4. игра́ть I	8. рабо́тать	12. ви́деть II	

1. to do, make	5. to study	9. to read	13. I want
2. to think	6. to buy	10. to live	14. he wants
3. to know	7. to understand	11. to speak	15. you want
4. to play	8. to work	12. to see	

Чита́ть to read, Conjugation I

Говори́ть to speak, talk, say, Conjugation II

я чита́ю	мы чита́ем
ты чита́ешь	вы чита́ете
он чита́ет	они́ чита́ют

я говорю́	мы говори́м
ты говори́шь	вы говори́те
он говори́т	они́ говоря́т

Жить to live, Conjugation I

я живу́	мы живём
ты живёшь	вы живёте
он живёт	они́ живу́т

Ви́деть to see, Conjugation II

я ви́жу	мы ви́дим
ты ви́дишь	вы ви́дите
он ви́дит	они́ ви́дят

Adjectives

1. молодо́й[1]	3. дёшево	5. бо́лен
2. ру́сский	4. до́рого	6. за́нят

1. young	3. cheap	5. sick
2. Russian	4. dear	6. busy

NOTE: 1. Adjectives agree in number, gender, and case with the nouns they modify. You will later learn in detail the system of adjective endings used to show such agreement.

Adverbs

1. бы́стро	5. немно́го	10. ско́лько
2. здесь	6. о́чень	11. то́лько
3. ме́дленно	7. свобо́дно	12. у́тром
4. мно́го	8. сего́дня	13. то́же, та́кже
	9. сейча́с	

1. fast	5. a little	10. how much
2. here	6. very	11. only
3. slowly	7. fluently	12. in the morning
4. much	8. today	13. also
	9. now	

Выраже́ния

1. по-ру́сски; по-англи́йски	1. Russian (in Russian); English (in English)
2. Вы говори́те по-ру́сски?	2. Do you speak Russian?
3. Как ва́ша фами́лия?	3. What is your family name?
4. Моя́ фами́лия Бе́йкер.	4. My family name is Baker.
5. Она́ игра́ет на роя́ле.	5. She plays the piano.
6. Он игра́ет в те́ннис.	6. He plays tennis.
7. Как по-ру́сски «Excuse me»?	7. What is "Excuse me" in Russian?
8. По-ру́сски э́то «Прости́те».	8. In Russian it is "Прости́те".
9. Мо́жно.	9. One (you) may, can.
10. Мо́жно его́ ви́деть?	10. May (can) one see him?
11. Его́ мо́жно ви́деть.	11. You may (can) see him.
12. Нельзя́.	12. It is impossible; you may not, cannot.
13. Сего́дня нельзя́ её ви́деть.	13. It is impossible to see her today.
14. Ско́лько э́то сто́ит?	14. How much does this cost?
15. Оди́н рубль.[1] Два рубля́. Пять рубле́й.	15. One rouble. Two roubles. Five roubles.
16. Это дёшево. Это до́рого.	16. It is cheap. It is expensive.

NOTE: 1. Use **рубль** after 1 (**оди́н**); use **рубля́** after 2 (**два**), 3 (**три**), and 4 (**четы́ре**); use **рубле́й** after 5 (**пять**), 6 (**шесть**), 7 (**семь**), 8 (**во́семь**), 9 (**де́вять**), and 10 (**де́сять**).

Exercise No. 50. From Group II select the opposite of each word in Group I.

Group I

Приме́р: 1. j. здесь — там

1. здесь	5. бы́стро	9. мужчи́на
2. отве́ты	6. мно́го	10. пло́хо
3. день	7. оте́ц	11. тётя
4. дёшево	8. брат	12. ма́льчик

Group II

a. сестра́	e. же́нщина	i. немно́го
b. вопро́сы	f. дя́дя	j. там
c. до́рого	g. де́вушка	k. ме́дленно
d. ночь	h. хорошо́	l. мать

Exercise No. 51. Complete these sentences with the correct Russian expression.

1. (Pardon me), где музе́й?
2. Я не говорю́ (English).
3. Вы понима́ете (Russian)?
4. (May we) здесь игра́ть в футбо́л?

5. (You may not) здесь игра́ть.
6. Эта шля́па сто́ит (10 roubles).
7. Я не зна́ю (how much it costs).
8. Этот журна́л сто́ит (2 roubles).
9. Прости́те, (what is your family name)?
10. (My family name is) Смит.

11. Она́ хорошо́ игра́ет (piano).
12. Мы хорошо́ игра́ем (tennis).
13. Это (expensive).
14. Это не (cheap).
15. Профе́ссор (is busy).
16. (You may not) его́ ви́деть.

Grammar Revision and Practical Exercises

1. Nouns and Interrogative Pronouns: Nominative, Accusative, and Prepositional Cases Singular

Interrogative Pronoun

Nom.	что?	what?	класс
Acc.	что?	what?	класс
Prep.	о чём?	about what?	о кла́ссе

Thing-Nouns

Nom.	стол	шко́ла	тётя
Acc.	стол	шко́лу	тётю
Prep.	о столе́	о шко́ле	о тёте

Interrogative Pronoun

Nom.	кто?	who?
Acc.	кого́?	whom?
Prep.	о ком?	about whom?

Animate Nouns (Persons, Animals)

Nom.	студе́нт	учи́тель	жена́	слова́рь
Acc.	студе́нта	учи́теля	жену́	слова́рь
Prep.	о студе́нте	об учи́теле	о жене́	о словаре́

Note especially that masculine thing-nouns are identical in the nominative and accusative, but that masculine animate nouns add the hard vowel -a to form the accusative if the nominative ends in a consonant (*nom.* студе́нт, *acc.* студе́нта). They add the soft vowel -я if the nominative ends in the soft sign -ь (*nom.* учи́тель, *acc.* учи́теля).

The preposition o, or об before a vowel (about, concerning), takes the prepositional case. На (on, at) and в (in, at) take the prepositional case in answer to the question Где?

Exercise No. 52. Translate.

1. What is it? 2. This is a classroom, a chair, a table, a room, a window, a building, a street, a lesson, a map, a museum. 3. What do you see? 4. I see a house, a mirror, a book, a magazine, a newspaper, a pen, a study (office), a shirt, a laboratory, a tram.

Exercise No. 53. Translate.

1. Who is this? 2. It is a man (person), a woman, an Englishman, a student (*m.*), a student (*f.*), a teacher (*m.*), a teacher (*f.*), a boy, a girl, a friend (*m.*) 3. Whom do you see? 4. I see the man, the boy, the professor, the director, the teacher (*m.*), the husband, the wife, the sister, the girl, the aunt.

2. Possessive Adjectives: Nominative and Accusative Singular

	Masculine	Feminine	Neuter
Nom.	мой	моя́	моё
Acc.	мой	мою́	моё
Nom.	наш	на́ша	на́ше
Acc.	наш	на́шу	на́ше
Nom.	ваш	ва́ша	ва́ше
Acc.	ваш	ва́шу	ва́ше

The possessive adjectives (мой, твой, наш, ваш) agree in number, gender, and case with the nouns they possess. Твой has the same changes as мой.

The possessive adjectives его́ (his, its), её (her, hers, its), их (their, theirs) never change their forms.

3. Demonstrative Adjectives: э́тот this, тот that

Demonstrative adjectives agree in number, gender, and case with the nouns they modify. Э́тот points out things near at hand; тот points out things farther off. Э́тот and тот have exactly the same endings in the singular.

	Masc.	Fem.	Neut.	Masc.	Fem.	Neut.
Nom.	э́тот	э́та	э́то	тот	та	то
Acc.	э́тот	э́ту	э́то	тот	ту	то

4. Third Person Pronouns: Nominative and Accusative

Nom. он (he, it) она́ (she, it) оно́ (it) они́ (they)
Acc. его́ (him, it) её (her, it) его́ (it) их (them)

Note that the object pronouns его́, её, их are like the possessive adjectives его́ (his or its), её (her, hers, or its), их (their or theirs), in form.

Exercise No. 54. Complete the sentences by translating the words in parenthesis.

Приме́р: 1. Он чита́ет мою́ кни́гу.

1. Он чита́ет (my) кни́гу.
2. Она́ покупа́ет (this) шля́пу.
3. Мы ви́дим (that) окно́.
4. Они́ изуча́ют (this) язы́к.
5. Вы ви́дите (that) шко́лу?
6. Где (your) автомоби́ль?
7. Вот (your) учи́тель.
8. Почему́ вы покупа́ете (this) пальто́?
9. Вы зна́ете, где (my) сестра́?
10. Я не зна́ю, где (your) сестра́.
11. Где (my) кни́га? На (the table).
12. Где (his) жена́? В (the library).
13. Где (your) друг? В (the theatre).

14. Где (her) газе́та? На (the chair).
15. Где (she) рабо́тает? На (the factory).
16. Где (she) чита́ет? В (the study).
17. Где (they) игра́ют? На (the street).
18. Я (it) зна́ю.
19. Вы зна́ете (that) же́нщину? Я (her) не зна́ю.
20. (Whom) вы зна́ете? Мы (them) зна́ем.

Exercise No. 55. Translate.

1. I am an Englishman. I live in the city. 2. Our school is in the city. 3. I am studying Russian in school. 4. In class we speak, read, and write Russian. 5. Our teacher (*m.*) speaks Russian fluently. 6. We speak Russian a little. 7. We understand the teacher when he speaks slowly. 8. We do not understand him when he speaks fast. 9. In the classroom there is a map. 10. On the map we see Leningrad and Moscow. 11. Do you (*polite*) live in the city? 12. Are you studying Russian?

Разгово́р (rəz-ga-'vor) Conversation

— Вы ру́сский?
— Нет, я англича́нин.
— Вы говори́те по-ру́сски о́чень хорошо́!
— Спаси́бо. Вы о́чень любе́зны. (lju-'bjez-ni)

— Are you a Russian?
— No, I am an Englishman.
— You speak Russian very well.
— Thank you. You are very kind.

Exercise No. 56. Текст для чте́ния ('tʃtje-nji-jə) Reading text (*lit.* Text for Reading)

Па́вел Бра́ун получа́ет[1] письмо́ из[2] Гла́зго[3].

Здра́вствуйте. Я учени́к.

Моё и́мя — Па́вел. Моя́ фами́лия — Бра́ун. Я живу́ в Бра́дфорде. В шко́ле изуча́ю ру́сский язы́к. Я немно́го уме́ю[4] говори́ть, чита́ть и писа́ть по-ру́сски и хорошо́ понима́ю.

Мой друг, Пётр Смит, живёт не в Бра́дфорде, а в Гла́зго.[3] Он мне ча́сто[5] пи́шет по-англи́йски. Когда́ он де́лает успе́хи[6] в кла́ссе, он мне пи́шет письмо́. И я, когда́ де́лаю успе́хи, ему́[7] пишу́.

А вот сюрпри́з! Сего́дня получа́ю от него́[8] письмо́. Вы ду́маете, что э́то письмо́ по-англи́йски? Нет. Он пи́шет не по-англи́йски, а по-ру́сски. Вот письмо́. Вот то, что[9] он пи́шет.

NOTES:
1. получа́ть I (рə-lu-'tʃatj) to receive (получа́ю, получа́ешь; получа́ют)
2. из (iz) from, out of (a place)
3. Foreign names ending in a vowel never change their ending.
4. уме́ть I (u-'mjetj) to know how, to be able to (уме́ю, уме́ешь; уме́ют)
5. ча́сто ('tʃas-tə) often
6. де́лать успе́хи ('dje-lətj u-'spje-xi) to make progress
7. ему́ (ji-'mu) to him
8. от него́ (at nji-'vo) from him
9. то, что ('to-ʃtə) what (that which)

Exercise No. 57. Текст для чтения: Вот письмо!

Ми́лый друг,[1]

Сего́дня мой учи́тель говори́т: — «Я зна́ю, что ваш друг в Бра́дфорде изуча́ет ру́сский язы́к. Напиши́те[2] ему́ письмо́ по-ру́сски. Это хоро́шая иде́я». Я говорю́: — «Очень хоро́шая иде́я!»

Я хочу́ писа́ть об учи́теле. Он — ру́сский. Он роди́лся[3] в Москве́. Коне́чно,[4] он свобо́дно говори́т по-ру́сски. В кла́ссе он говори́т: — «До́брый день, как вы пожива́ете?» Мы говори́м: — «Очень хорошо́, спаси́бо, а вы?»

В кла́ссе мы говори́м, чита́ем и пи́шем по-ру́сски. Когда́ учи́тель говори́т по-ру́сски, нельзя́ говори́ть по-англи́йски. В кла́ссе мо́жно говори́ть по-англи́йски, когда́ учи́тель говори́т по-англи́йски. Мы о́чень хорошо́ понима́ем, когда́ учи́тель ме́дленно говори́т, но мы не понима́ем, когда́ он говори́т бы́стро.

Скажи́[5] мне: — Ты[6] игра́ешь в футбо́л? Ты игра́ешь в те́ннис? Ты игра́ешь на роя́ле? Ты игра́ешь в ша́хматы?[7]

Ну, дово́льно[8] на сего́дня. До свида́ния,

Твой друг
Пётр

NOTES:

1. ми́лый друг ('mji-lij druk) dear friend
2. напиши́те (nə-pji-'ʃi-tji) write
3. он роди́лся (on ra-'djil-sə) he was born
4. коне́чно (ka-'njeʃ-nə) of course
5. скажи́ (ska-'ʒi) tell
6. ты (ti). Naturally Peter is using the familiar ты in addressing his friend.
7. игра́ть в ша́хматы (i-'gratj 'ʃʃax-mə-ti) to play chess
8. дово́льно (da-'volj-nə) enough

CHAPTER 14

Кто господин Морган? — Who Is Mr. Morgan?

1. Господи́н Мо́рган — англича́нин.
2. Его́ и́мя Ви́ктор.
3. Он — фи́зик.
4. Он — профе́ссор в университе́те в Ло́ндоне.
5. Одна́ко, он не живёт в го́роде.
6. У него́ дом в при́городе.
7. Профе́ссор Мо́рган жена́т. У него́ семья́.
8. У него́ жена́ и де́ти.
9. В семье́ пять челове́к: оте́ц, профе́ссор Ви́ктор Мо́гран; мать, госпожа́ Еле́на Мо́рган; де́ти: Анна, Па́вел и Фили́пп.
10. Госпожа́ Мо́рган — англича́нка.
11. Она́ рабо́тает до́ма.
12. Профе́ссор Мо́рган е́здит в го́род по́ездом.
13. Там у него́ кабине́т и лаборато́рия.
14. Он чита́ет ле́кции в аудито́рии.
15. Он мно́го рабо́тает в лаборато́рии.
16. Он ча́сто чита́ет и пи́шет в кабине́те.
17. Иногда́ он чита́ет в библиоте́ке.
18. Он весь день за́нят.

1. Mr. Morgan [is] an Englishman.
2. His first name is Victor.
3. He [is] a physicist.
4. He [is] a professor at a university in London.
5. However, he does not live in the city.
6. He has a house in the suburbs.
7. Professor Morgan is married. He has a family.
8. He has a wife and children.
9. There are five persons in the family: the father, Professor Victor Morgan; the mother, Mrs. Helen Morgan; the children: Anna, Paul and Philip.
10. Mrs. Morgan is an English woman.
11. She works at home.
12. Professor Morgan goes to the city by train.
13. There he has a study and a laboratory.
14. He gives lectures in the lecture room.
15. He works a lot in the laboratory.
16. He often reads and writes in the office.
17. Sometimes he reads in the library.
18. He is busy all day.

Building Vocabulary

аудито́рия[1] (au-dʲɪ-'to-rʲɪ-jə) lecture room
и́мя[1] ('i-mjə) first name
лаборато́рия[1] (lə-bə-ra-'tʊ-rʲl-jə) laboratory
при́город ('pri-gə-rət) suburb

женáт (ʒi-'nat) married
иногдá (i-nag-'da) sometimes
мнóго ('mno-gə) much, a great deal
пóезд ('po-jist) train

пóездом ('po-jiz-dəm) by train
éздит ('jez-djit) he, she, it goes (by vehicle), rides, travels
чáсто ('tʃas-tə) often

NOTE: 1. Nouns ending in -я are, as a rule, feminine. Those ending in -мя are neuter. There are ten neuter nouns in -мя, the most important of which are и́мя and врéмя ('vrje-mjə) time.

Выражéния

Как вáше и́мя? What is your first name? (*lit.* How [is] your first name?)

Моё и́мя — Ивáн. My first name is John.

Как егó и́мя? What is his first name?

Егó и́мя — Ви́ктор. His first name is Victor.

Как вáша фами́лия? What is your family name?

Моя́ фами́лия — Ники́тин. My family name is Nikitin.

Как егó фами́лия? What is his family name?

Егó фами́лия — Мóрган. His family name is Morgan.

читáть лéкции ('ljek-tsi-ji) to give lectures, to lecture (*lit.* to read lectures)

Он чáсто читáет лéкции в университéте. He often lectures at the university.

весь день (vjezj djenj) all day

кáждый день ('kaʒ-dij djenj) every day

Grammar Notes and Practical Exercises

1. Present Tense of éздить II ('jez-djitj) to go (by vehicle), to ride, to travel

я éзжу ('je-ʒu)	мы éздим ('jez-djim)
ты éздишь ('jez-djiʃ)	вы éздите ('jez-dji-tji)
он éздит ('jez-djit)	они́ éздят ('jez-djət)

Note the first person singular, éзжу. As in я ви́жу, the ending is -у instead of -ю because the letter ю may never follow the letters ж, ч, ш, щ, ц.

The second person singular gives you the clue to the remaining forms, which are those of a Conjugation II verb.

2. The Prepositions на and в with the Accusative Case

You have learned that на (on, at) and в (in, at) take the prepositional case in answer to the question где? (where?).

Now note that на (on, to) and в (to, into) take the accusative case in answer to the question кудá? (where?) in the sense of *to what place*, *whither*. In such sentences the verb always indicates *motion towards* something.

Где живёт профéссор Мóрган?	Where does Professor Morgan live?
Он живёт в при́городе. (*prep.*)	He lives in a suburb.
Кудá он éздит пóездом?	Where does he go by train?
Он éздит в гóрод. (*acc.*)	He goes to (into) the city.
Где рабóтает Ивáн?	Where does John work?
Он рабóтает на фáбрике. (*prep.*)	He works at the factory.
Кудá вы éздите кáждый день?	Where do you go every day?
Я éзжу на фáбрику. (*acc.*)	I go to the factory.

Exercise No. 58. Practise aloud.

Куда? Where (to what place)?	**Где?** Where (in what place)?
Я ча́сто[1] е́зжу в Ло́ндон.	Я тепе́рь живу́ в го́роде.
Ты иногда́ е́здишь в Гла́зго.	Ты тепе́рь живёшь в дере́вне.
Он всегда́ е́здит в дере́вню.[2]	Он живёт в Евро́пе.[1]
Мы ре́дко е́здим в теа́тр.	Мы живём в Ло́ндоне.
Вы ре́дко е́здите в кино́.[3]	Вы живёте в Москве́?
Они́ е́здят ка́ждый день в го́род.	Они́ живу́т в Ленингра́де.

NOTES: 1. ча́сто ('tʃas-tə) often, иногда́ (i-nag-'da) sometimes, всегда́ (fsjig-'da) always, ре́дко ('rjet-kə) seldom, are adverbs. In Russian, adverbs usually precede the verb. 2. дере́вня (dji-'rjev-njə) country. 3. кино́ (kji-'no) cinema (the ending of кино́ does not change, regardless of case). 4. Евро́па (jiv-'ro-pə) Europe.

Exercise No. 59. Supply the correct case (accusative or prepositional) for each noun in parenthesis.

Remember: masculine and neuter thing-nouns remain unchanged in the accusative.

Feminine nouns with the ending -а or -я in the nominative have -у or -ю in the accusative.

Приме́ры: 1. Кни́га всегда́ на столе́. 2. Мы иногда́ е́здим в дере́вню.

1. Кни́га всегда́ на (стол).
2. Мы иногда́ е́здим в (дере́вня).
3. Мы е́здим ка́ждый день в (го́род).
4. Вот карти́на на (стена́).
5. Он ча́сто е́здит в (теа́тр).
6. Актёр и актри́са тепе́рь в (теа́тр).
7. Он е́здит на (фа́брика) по́ездом.
8. Де́ти всегда́ игра́ют в (парк).
9. Что́ они́ де́лают в (ко́мната)?
10. Они́ тепе́рь живу́т в (Евро́па).
11. Она́ ча́сто е́здит в (Евро́па).
12. Я живу́ в (при́город), и ка́ждый день е́зжу в (го́род).
13. Почему́ вы не живёте в (го́род)?
14. Мы не живём в (дере́вня), но мы ча́сто е́здим в (дере́вня).

Exercise No. 60. Make questions of the following statements using где or куда́ as needed.

Приме́ры: 1. Куда́ вы е́здите ка́ждый день? 2. Где он всегда́ рабо́тает?

1. Мы е́здим ка́ждый день в мага́зи́н.
2. Он всегда́ рабо́тает на фа́брике.
3. Она́ иногда́ е́здит в Евро́пу.
4. Де́ти игра́ют в па́рке.
5. Я ча́сто е́зжу в дере́вню.
6. Профе́ссор Мо́рган ре́дко е́здит в теа́тр.
7. Этот ма́льчик изуча́ет ру́сский язы́к в шко́ле.
8. Госпожа́ Мо́рган ре́дко е́здит в го́род.
9. Ива́н и Ольга живу́т в СССР.[1]

NOTE: 1. СССР (es-es-es-'er) U.S.S.R., Union of Soviet Socialist Republics.

3. "Having" in Russian

There is a Russian verb **имéть** I to have, but it is used only under special circumstances which you will learn later. Generally the idea of having or possessing is expressed in the following roundabout way, by use of the preposition **у** (in the possession of) plus a pronoun.

Russian	Literal Translation	Correct English
У меня́ (есть) кни́га.	In the possession of me (there is) a book.	I have a book.
У тебя́ (есть) урóк.	In the possession of you (there is) a lesson.	You have a lesson.
У вас (есть) сад.	In the possession of you (there is) a garden.	You have a garden.
У нас (есть) друг.	In the possession of us (there is) a friend.	We have a friend.
У негó (есть) семья́.	In the possession of him (there is) a family.	He has a family.
У неё (есть) брат.	In the possession of her (there is) a brother.	She has a brother.
У них (есть) дéти.	In the possession of them (there are) children.	They have children.
У когó (есть) мéсто?	In the possession of whom (is there) a seat?	Who has a seat?

a. Pronunciation: **меня́** (mji-′nja); **тебя́** (tji-′bja); **вас** (vas); **нас** (nas); **негó** (nji-′vo); **неё** (nji-′jo); **них** (njix); **когó** (ka-′vo).

b. **Есть** *there is* or *there are* is used to emphasize the idea of ownership by somebody. Otherwise it is generally omitted.

У негó есть дом.	He has (owns) a house.
У негó словáрь.	He has the dictionary.

c. Questions may be formed with **у когó** or by intonation and a question mark.

У когó есть автомобúль?	Who has a car?
У меня́ есть автомобúль.	I have a car.
У вас есть автомобúль?	Have you a car?
Да, у меня́ есть автомобúль.	Yes, I have a car.
Да, у меня́ есть.	Yes, I have.

d. **У тебя́** is the familiar form used for persons whom you address with **ты**. **У вас** is the polite form used for persons whom you address with **вы**.

Ты éздишь в Глáзго? У тебя́ есть автомобúль?
Вы éздите в Глáзго? У вас есть автомобúль?

Exercise No. 61. Complete the unfinished word in each Russian sentence.

Примéр: 1. У меня́ есть журнáл.

1. I have a magazine.	У м—— есть журнáл.
2. They have a house.	У н—— есть дом.

3. He has a seat.   У н—— есть ме́сто.
4. She has a hat.   У н—— есть шля́па.
5. You have a sofa.   У в—— есть дива́н.
6. You (*fam.*) have a pen.   У т—— есть ру́чка.
7. Who has a car?   У к—— есть автомоби́ль?
8. I have a car.   У м—— есть автомоби́ль.
9. He has a wife and children.   У н—— жена́ и де́ти.
10. She has children.   У н—— де́ти.
11. Today we have a lesson.   Сего́дня у н—— уро́к.
12. Have you my map?   У в—— моя́ ка́рта?
13. Who has our dictionary?   У к—— наш слова́рь?
14. I have your dictionary.   У м—— ваш слова́рь.

Exercise No. 62. Вопро́сы. Reread the text, «Кто господи́н Мо́рган?» Then answer these questions in Russian.

1. Господи́н Мо́рган — англича́нин?
2. Как его́ и́мя?
3. Где он рабо́тает?
4. Он живёт в го́роде и́ли в при́городе?
5. У него́ жена́ и де́ти?
6. Госпожа́ Мо́рган — англича́нка?
7. Где она́ рабо́тает?
8. Куда́ е́здит профе́ссор Мо́рган ка́ждый день?
9. У него́ кабине́т в университе́те?
10. Что́ он де́лает в аудито́рии?
11. Где он мно́го рабо́тает?
12. Где он иногда́ чита́ет?

CHAPTER 15

Почему профессор Морган изучает русский язык?

Why Is Professor Morgan Studying the Russian Language?

1. Профéссор Мóрган — фúзик.

2. Он — англичáнин. Он не рýсский.
3. Он не говорúт по-рýсски.
4. Он не читáет по-рýсски.
5. Он не пúшет по-рýсски.
6. Но он хóчет говорúть, читáть и писáть по-рýсски.
7. Лéтом он éдет в СССР.

8. Он éдет в Москвý и в Ленингрáд.
9. В СССР он хóчет говорúть по-рýсски.
10. Он хóчет читáть рýсские кнúги, газéты и журнáлы.
11. Вот почемý профéссор Мóрган изучáет рýсский язык.
12. У негó хорóший учúтель.
13. Егó зовýт Борúс Кузнецóв.
14. Он родúлся в Москвé.
15. Однáко, он тепéрь британский гражданúн.
16. Господúн Кузнецóв живёт в прúгороде.
17. Профéссор Мóрган — хорóший ученúк.
18. У негó есть учéбник, словáрь и тетрáдь.
19. Он мнóго рабóтает и дéлает большúе успéхи.

1. Professor Morgan [is] a physicist.
2. He [is] an Englishman. He [is] not a Russian.
3. He does not speak Russian.
4. He does not read Russian.
5. He does not write Russian.
6. But he wants to speak, read, and write Russian.
7. In the summer he is going to the U.S.S.R.
8. He is going to Moscow and Leningrad.
9. In the U.S.S.R. he wants to speak Russian.
10. He wants to read Russian books, newspapers, and magazines.
11. That is why Professor Morgan is studying the Russian language.
12. He has a good teacher.
13. His name is Boris Kuznetsov.
14. He was born in Moscow.
15. However, he is now a British citizen.
16. Mr. Kuznetsov lives in the suburbs.
17. Professor Morgan [is] a good pupil.
18. He has a textbook, a dictionary, and a notebook.
19. He works a great deal and is making great progress.

Building Vocabulary

газéты (ga-'zje-tɨ) newspapers; *plur.* of газéта
журнáлы (ʒur-'na-lɨ) magazines; *plur.* of журнáл
тетрáдь *f.* (tji-'tratj) note book
учéбник (u-'tʃeb-njik) textbook
писáть I (pji-'satj) to write
(пишý, пи́шешь; пи́шут)

кни́ги ('knji-gji) books; *plur.* of кни́га
лéто ('lje-tə) summer
лéтом ('lje-təm) in the summer
хорóший[1] (xa-'ro-ʃij) *adj.* good, fine, nice
однáко (ad-'na-kə) however

NOTE: 1. Хорóший is the masculine singular form of this adjective. You will learn more about adjectives in later chapters.

Выражéния

он роди́лся (on ra-'djil-sə) he was born
Он дéлает больши́е успéхи. (balj-'ʃi-ji u-'spje-xi) He is making good progress.
Как вас зовýт? (kak vas za-'vut) What is your name? *lit.* How do they call you?
Меня́ (mji-'nja) зовýт Ви́ктор Мóрган. My name is Victor Morgan. *lit.* They call me Victor Morgan.

Как егó зовýт? (kak ji-'vo za-'vut) What is his name? *lit.* How do they call him?
Егó зовýт Бори́с Кузнецóв. His name is Boris Kuznetsov. *lit.* They call him Boris Kuznetsov.
Как её зовýт? (kak ji-'jo za-'vut) What is her name? *lit.* How do they call her?
Её зовýт Áнна Мóрган. Her name is Anna Morgan. *lit.* They call her Anna Morgan.

Grammar Notes and Practical Exercises

1. Present Tense of писáть I (pji-'satj) to write

я пишý (pji-'ʃu)
ты пи́шешь ('pji-ʃiʃ)
он пи́шет ('pji-ʃit)

мы пи́шем ('pji-ʃim)
вы пи́шете ('pji-ʃi-tji)
они́ пи́шут ('pji-ʃut)

Remember: the vowel ю is never written after ш. The vowel у must take its place. Therefore: пишý, пи́шут.

Note that the accent is on the stem пи́ш- in all forms except the first person singular.

2. Present Tense of хотéть I, II (xa-'tjetj) to want

я хочý (xa-'tʃu)
ты хóчешь ('xo-tʃiʃ)
он хóчет ('xo-tʃit)

мы хоти́м (xa-'tjim)
вы хоти́те (xa-'tji-tji)
они́ хотя́т (xa-'tjat)

The endings of хотéть are mixed. In the singular are Conjugation I endings; in the plural, Conjugation II endings.

Note that the accent is on the ending, except in the second and third person singular, where it is on the stem.

Exercise No. 63. Practise aloud. Translate.

Я пишу́ письмо́.
Что́ он пи́шет?
Он пи́шет рома́н.
Она́ пи́шет сло́во.
Что́ вы пи́шете?
Мы пи́шем приме́р.
Они́ пи́шут по-ру́сски.

Я хочу́ жить тут.
Ты хо́чешь ви́деть э́ту ру́чку.
Он хо́чет чита́ть газе́ту.
Мы хоти́м чита́ть э́тот рома́н.
Вы хоти́те писа́ть по-ру́сски.
Они́ хотя́т писа́ть по-англи́йски.

Exercise No. 64. Complete these sentences with the correct form of писа́ть.

Приме́ры: 1. Что́ вы пи́шете? 2. Я пишу́ письмо́.

1. Что́ вы ——? 2. Я —— письмо́. 3. Он —— письмо́? 4. Нет, он —— уро́к. 5. Кто —— рома́н? 6. Ольга —— о́чень хорошо́. 7. Де́ти тепе́рь —— уро́к. 8. Он —— ме́дленно. 9. Мы —— бы́стро. 10. Бори́с чита́ет, а Мари́я ——. 11. Вы не пло́хо ——. 12. Я хочу́ —— весь день. 13. Мы о́чень мно́го ——. 14. Ты ча́сто ——? 15. Да, я ча́сто ——.

Exercise No. 65. Complete these sentences with the correct form of хоте́ть.

1. Что́ вы ——? 2. Я —— ви́деть слова́рь. 3. Что́ он ——? 4. Он —— чита́ть кни́гу. 5. Мы —— ви́деть автомоби́ль. 6. Де́ти —— игра́ть весь день. 7. Кто —— говори́ть по-ру́сски? 8. Ты —— жить тут? 9. Профе́ссор Мо́рган —— е́хать ле́том в СССР. 10. Кого́ вы — ви́деть? 11. Анна —— говорить по-англи́йски. 12. Она́ —— жить в го́роде. 13. Где они́ —— жить? 14. Мы —— ви́деть до́ктора. 15. Я —— хорошо́ писа́ть.

3. The Present Tense of е́хать I ('je-xətj) to go (by vehicle), to ride, to travel.

я е́ду ('je-du)
ты е́дешь ('je-djiʃ)
он е́дет ('je-djit)

мы е́дем ('je-djim)
вы е́дете ('je-dji-tji)
они́ е́дут ('je-dut)

4. The Use of е́здить and е́хать

The verb е́здить, as you have learned, means to go (by some means of transportation—car, train, boat, etc.), to ride, to travel. The verb е́хать has the same meaning as е́здить. What then is the difference?

е́здить is used when the going (riding, travelling) is repeated or habitual. This verb may be accompanied by such adverbs and expressions as обы́чно (a-'bitʃ-nə) usually; ча́сто ('tʃas-tə) often; всегда́ (fsjig-'da) always; ре́дко ('rjet-kə) seldom; иногда́ (i-nag-'da) sometimes; никогда́ (nji-kag-'da) never; ка́ждый день every day; ка́ждый год every year.

е́хать is used when the going (riding, travelling) is a single, continuing action in one direction, and generally the place of destination is either stated or clear from the context. This verb may be accompanied by such expressions as тепе́рь (tji-'pjerj) now; сейча́с (sjij-'tʃas) now, right away; сего́дня (sji-'vod-njə) today; за́втра ('zaf-trə) tomorrow.

éздить — Repeated or Habitual Action

Он всегда́ éздит на метро́.[1]	He always rides on the underground.
Они́ éздят ка́ждый день в го́род.	They go (ride) to the city every day.
Мы ча́сто éздим в музе́й.	We often go to the museum.
Она́ éздит в Евро́пу ка́ждый год.	She goes (travels) to Europe every year.
Я éзжу на фа́брику на автомоби́ле.	I ride to the factory in a car.
Вы éздите туда́ на метро́ и́ли на авто́бусе?	Do you go (ride) there by underground or bus?
Куда́ вы обы́чно éздите ле́том?	Where do you usually go in the summer?

NOTE: 1. **Метро́**, like **кино́**, is invariable regardless of case.

éхать — Single Continuing Action in One Direction

Куда́ вы éдете?	Where are you going (riding)?
Я éду в Москву́. Вы то́же éдете туда́?[1]	I am going (riding) to Moscow. Are you also going there?
Мы тепе́рь éдем о́чень бы́стро.	We are now going (riding) very fast.
Тепе́рь мы éдем ме́дленно.	Now we are going slowly.
Почему́ вы сего́дня éдете на метро́?	Why are you riding in the underground today?
Я за́втра éду домо́й.[2]	Tomorrow I am going home.
Он éдет в СССР ле́том.	He is going to the U.S.S.R. in the summer.
Я éду пря́мо в Москву́.	I am going straight to Moscow.

NOTES: 1. **туда́** = there, in the sense of *thither, to that place*. Not to be confused with **там** = there, in the sense of *in* or *at that place*. **Куда́** and **туда́** are used with verbs indicating motion to a place. 2. **домо́й** (da-ʹmoj) home (to one's home), homewards. **Я éду домо́й** I am going home. **До́ма** (ʹdo-mə) at home. **Я — до́ма**. I [am] at home.

Exercise No. 66. Complete each sentence by selecting the correct verb from the parenthesis.

Приме́р: 1. Мы ча́сто éздим в теа́тр на автомоби́ле.

1. Мы ча́сто —— в теа́тр на автомоби́ле.
(éздим, éдем)
2. Они́ —— в дере́вню ка́ждое ле́то.
(éздят, éдут)
3. Куда́ вы тепе́рь ——?
(éздите, éдете)
4. Я ре́дко —— в Ленингра́д.
(éзжу, éду)
5. Мы тепе́рь —— о́чень бы́стро.
(éздим, éдем)
6. Мы иногда́ —— ме́дленно.
(éздим, éдем)
7. Она́ ре́дко —— на авто́бусе.
(éздит, éдет)
8. Куда́ ты сейча́с ——?
(éздишь, éдешь)
9. Я сейча́с —— домо́й.
(éзжу, éду)
10. Кто —— ка́ждый день в библиоте́ку?
(éздит, éдет)

11. Сего́дня они́ не —— в парк.
    (е́здят, е́дут)
12. Куда́ вы обы́чно —— ле́том?
    (е́здите, е́дете)
13. Почему́ вы сего́дня —— на метро́?
    (е́здите, е́дете)
14. Я обы́чно —— на метро́.
    (е́зжу, е́ду)
15. Мы всегда́ —— в го́род на автомоби́ле.
    (е́здим, е́дем)
16. Мы —— за́втра на авто́бусе.
    (е́здим, е́дем)
17. Сего́дня я —— в дере́вню.
    (е́зжу, е́ду)
18. Я —— туда́ ка́ждый день.
    (е́зжу, е́ду)
19. Вы —— в Ялту ка́ждый год?
    (е́здите, е́дете)
20. Мы —— туда́ за́втра. (е́здим, е́дем)

Exercise No. 67. In the following questions use где (where, at what place) or куда́ (where, to what place) as required.

Приме́р: 1. Куда́ е́здит Мо́рган ка́ждый день?

1. —— е́здит Мо́рган ка́ждый день? 2. —— вы живёте, в го́роде и́ли в дере́вне? 3. —— вы е́дете ле́том? 4. —— де́ти сейча́с гуля́ют? 5. —— рабо́тает э́тот челове́к? 6. —— он роди́лся? 7. —— они́ е́дут на авто́бусе? 8. —— госпожа́ Мо́рган покупа́ет шля́пу? 9. —— мы сего́дня е́дем? В музе́й. 10. —— профе́ссор чита́ет ле́кции?

Exercise No. 68. Вопро́сы. Reread the text, «Почему́ профе́ссор Мо́рган изуча́ет ру́сский язы́к?» Then answer these questions.

1. Профе́ссор Мо́рган ру́сский и́ли англича́нин?
2. Он говори́т, чита́ет и пи́шет по-ру́сски?
3. Куда́ он е́дет ле́том?
4. Он хо́чет говори́ть по-англи́йски в СССР?
5. Что он хо́чет чита́ть?
6. Кто его́ учи́тель?
7. Он хоро́ший учи́тель?
8. Где он роди́лся?
9. Он граждани́н СССР?
10. Где он тепе́рь живёт?
11. Профе́ссор Мо́рган — хоро́ший учени́к?
12. У него́ есть уче́бник, слова́рь и тетра́дь?
13. Он де́лает больши́е успе́хи?
14. Как по-англи́йски «Он де́лает больши́е успе́хи»?

CHAPTER 16

О городе и пригороде—About the City and the Suburbs

Кабинéт профéссора Мóргана. В кабинéте есть стол и стул, крéсло и дивáн. На столé — кни́ги, тетрáди, бумáга, карандаши́, и рýчка.

Профéссор Мóрган сиди́т на дивáне. Господи́н Кузнецóв сиди́т в крéсле. Они́ разговáривают по-рýсски.

К : Вы живёте в при́городе, а рабóтать éздите в гóрод. Вы предпочитáете жить в при́городе?

М: Ну да! Я предпочитáю жить там. Но я тáкже люблю́ гóрод.

К : Почемý вы лю́бите гóрод?

М: В гóроде есть библиотéки, теáтры, музéи, университéт и т.д. (и так дáлее).

К : Но тóже и фáбрики, автóбусы, автомоби́ли. Вездé тóлпы и шум.

М: Совершéнно вéрно. Вот почемý я предпочитáю жить в при́городе, хотя́ и рабóтаю в гóроде. В при́городе — ти́хо; вóздух—свéжий.

К : А вáша женá лю́бит жизнь в при́городе?

М: Óчень лю́бит. Однáко, онá и́зредка éздит в гóрод покупáть одéжду и други́е вéщи.

К : У вáс хорóшие шкóлы?

М: Ну да. И дéти лю́бят шкóлу.

К : Отли́чно, профéссор Мóрган! Вы хорошó говори́те по-рýсски. Вы дéлаете больши́е успéхи.

М: Спаси́бо. Я люблю́ рýсский язы́к.

The study of Professor Morgan. In the study there are a table and chair, an armchair and sofa. On the table are books, notebooks, paper, pencils, and a pen.

Professor Morgan is seated on the sofa. Mr. Kuznetsov is seated in the armchair. They are conversing in Russian.

K : You live in the suburbs, but go to the city to work. Do you prefer to live in the suburbs?

M: Oh, yes! I prefer to live there. But I also like the city.

K : Why do you like the city?

M: In the city there are libraries, theatres, museums, the university, etc. (and so forth).

K : But there are also factories, buses, and cars. Everywhere there are crowds and noise.

M: Quite right. That is why I prefer to live in the suburbs, although I do work in the city. In the suburbs it is quiet; the air is fresh.

K : And does your wife like life in the suburbs?

M: She likes it very much. However, now and then she goes to the city to buy clothes and other things.

K : Do you have good schools?

M: Well, yes. And the children love school.

K : Excellent, Professor Morgan! You are speaking Russian well. You are making great progress.

M: Thank you. I love Russian. (*lit.* the Russian language)

К : Это хорошо́. Дово́льно на сего́дня. Мне пора́ идти́. Споко́йной но́чи!

К : That's fine. Enough for today. It's time for me to go. Good night!

М: Споко́йной но́чи, господи́н Кузнецо́в.

М: Good night, Mr. Kuznetsov.

Building Vocabulary

во́здух ('voz-dux) air
вещь *f.* (vjeʃʃj) thing
жизнь *f.* (ʒiznj) life
оде́жда (a-'djeʒ-də) clothing
толпа́ (tal-'pa) crowd
  то́лпы ('tol-pɪ) crowds
шум (ʃum) noise
люби́ть II (lju-'bjitj) to love, to like
  (люблю́, лю́бишь; лю́бят)
предпочита́ть I (prjit-pə-tʃi-'tatj) to prefer (*see Grammar Note* 3)
разгова́ривать I (rəz-ga-'va-rji-vətj) to talk, to converse

сиде́ть II (sji-'djetj) to sit
  (сижу́, сиди́шь; сидя́т)
други́е (dru-'gji-ji) *adj. nom. plur.,* other, another
све́жий ('svje-ʒij) *adj. nom. masc. sing.,* fresh
хоро́шие (xa-'ro-ʃi-ji) *adj., nom. plur.,* good, fine
ти́хо ('tji-xə) *adj., neut. sing.,* quiet (short form of ти́хое); *also adv.,* quietly
везде́ (vjiz-'dje) everywhere
и́зредка ('iz-rjet-kə) now and then
хотя́ (xa-'tja) although

Выраже́ния

Мне пора́ идти́. (mnje pa-'ra i-'tji) It's time for me to go.
Отли́чно! (at-'ljitʃ-nə) Excellent!
и т. д. = и так да́лее (i tak 'da-lji-ji) etc., and so forth
соверше́нно ве́рно (sə-vjir-'ʃen-nə 'vjer-nə) quite true

Споко́йной но́чи! (spa-'koj-nəj 'no-tʃi) Good night!
ну (nu) well; ну да! oh yes!
и (and) sometimes means *too, also;* or it may be used just for emphasis: Хотя́ и рабо́таю в го́роде. Although I *do* work in the city.

Grammar Notes and Practical Exercises

1. The Present Tense of сиде́ть II (sji-'djetj) to sit

я сижу́ (sji-'ʒu)	мы сиди́м (sji-'djim)
ты сиди́шь (sji-'djiʃ)	вы сиди́те (sji-'dji-tji)
он сиди́т (sji-'djit)	они́ сидя́т (sji-'djat)

Note that the pattern for сиде́ть, in the present tense, is exactly like that of ви́деть, except that for сиде́ть the accent falls on the endings, while for ви́деть it falls on the stem (ви́жу, ви́дишь, etc.).

Practise both verbs aloud, emphasizing the accented syllable in all forms.

2. The Present Tense of люби́ть II (lju-'bjitj) to love, to like, to be fond of

я люблю́ (lju-'blju)	мы лю́бим ('lju-bjim)
ты лю́бишь ('lju-bjiʃ)	вы лю́бите ('lju-bji-tji)
он лю́бит ('lju-bjit)	они́ лю́бят ('lju-bjət)

Note the irregular form, люблю́, in which an л is inserted before the ending. You will meet other verbs like люби́ть.

3. The Present Tense of предпочитáть I (prjit-pə-tʃi-'tatj) **to prefer; разго-
вáривать I** (rəz-ga-'va-rji-vətj) **to converse**

Both these verbs are regular Conjugation I verbs (like читáть), but they are
given in full because they are rather long. Practise them aloud and be sure to
accent only one syllable in each form, passing rapidly over the unaccented
syllables.

REMEMBER: the letter ə, in the pronunciation key, sounds like the *a* in *sofa*.

я предпочитáю	я разговáриваю
(prjit-pə-tʃi-'ta-ju)	(rəz-ga-'va-rji-və-ju)
ты предпочитáешь	ты разговáриваешь
он предпочитáет	он разговáривает
мы предпочитáем	мы разговáриваем
вы предпочитáете	вы разговáриваете
они предпочитáют	они разговáривают

Exercise No. 69. Practise these conversations aloud. Translate them.

Разговóры

— О чём они разговáривают?
— Они разговáривают о гóроде и
при́городе.
— Где вы живёте, в гóроде и́ли в
при́городе?
— Я живý в при́городе.
— Вы лю́бите игрáть в тéннис?
— Очень. А вы?
— Я предпочитáю игрáть в футбóл.
Я тóже люблю́ игрáть в баскет-
бóл.

— Где Ольга?
— Онá сиди́т в кабинéте и читáет.
— Чтó онá читáет?
— Онá читáет рýсский ромáн.
— Где дéти?
— Они сидя́т на дивáне и смóтрят[1]
телеви́зор.[2]
— Вы лю́бите смотрéть телеви́зор?
— Нет. Я предпочитáю слýшать[1]
рáдио.

NOTES: 1. смотрéть (sma-'trjetj) to look at; смóтрят ('smo-trjət) they are
looking at 2. телеви́зор (tji-lji-'vji-zər) television set 3. слýшать ('slu-ʃətj)
to listen to

4. Nominative Plural of Nouns

a. Masculine nouns ending in a consonant and feminine nouns ending in
-a take the ending -ы in the plural.

Nom. Sing.	класс	теáтр	журнáл	стол	шкóла
Nom. Plur.	клáссы	теáтры	журнáлы	столы́	шкóлы
Nom. Sing.	кáрта	газéта	кóмната		
Nom. Plur.	кáрты	газéты	кóмнаты		

But: after the gutturals к, г, х and after the hiss-sounds ж, ч, ш, щ the ending -и takes the place of -ы.

Nom. Sing.	кни́га	дéвушка	товáрищ	карандáш	гарáж (ga-'raʃ)
Nom. Plur.	кни́ги	дéвушки	товáрищи	карандаши́	гаражи́ (gə-ra-'ʒi)

b. Masculine nouns ending with the soft sign -ь or the soft semi vowel -й, the feminine nouns ending with the soft sign -ь or the soft vowel -я, take -и in and plural.

Nom. Sing.	рояль *m.*	музей (mu-'zjej)
Nom. Plur.	рояли	музеи (mu-'zje-ji)
Nom. Sing.	тетрадь *f.*	семья́ тётя
Nom. Plur.	тетради	семьи тёти

c. Neuter nouns in -o take the ending -a in the plural, usually with a shift of accent.

Nom. Sing.	окно́	письмо́	сло́во
Nom. Plur.	о́кна	пи́сьма	слова́
Nom. Sing.	ме́сто	зе́ркало	кре́сло
Nom. Plur.	места́	зеркала́	кре́сла

d. Neuter nouns in -e or -ие take the ending -я or -ия in the plural.

Nom. Sing.	по́ле ('po-lji)	пла́тье ('pla-tji)	зда́ние ('zda-nji-ji)
Nom. Plur.	поля́ (pa-'lja)	пла́тья ('pla-tjə)	зда́ния ('zda-nji-jə)

5. The Accusative Plural of Thing-Nouns
The accusative plural of thing-nouns is like the nominative plural.

Nom. Plur. **На столе́ кни́ги и газе́ты.**
On the table are books and newspapers.

Acc. Plur. **Они́ чита́ют кни́ги и газе́ты.**
They are reading books and newspapers.

6. The Nominative and Accusative Plural of э́тот, мой, твой, наш, ваш
Э́тот (э́та, э́то); мой (моя́, моё); твой (твоя́, твоё); наш (на́ша, на́ше); ваш (ва́ша, ва́ше), all end in -и in the nominative plural. They also end in -и in the accusative plural when they modify thing-nouns.

Nom. Sing.	э́тот стол	э́та кни́га	мой класс
Nom. Plur.	э́ти столы́	э́ти кни́ги	мои́ кла́ссы
Acc. Plur.	э́ти столы́	э́ти кни́ги	мои́ кла́ссы
Nom. Sing.	твоя́ карта́	наш зал	ва́ше окно́
Nom. Plur.	твои́ ка́рты	на́ши за́лы	ва́ши о́кна
Acc. Plur.	твои́ ка́рты	на́ши за́лы	ва́ши о́кна

Pronunciation: мои́ (ma-'i); твои́ (tva-'i); ва́ши ('va-ʃi); на́ши ('na-ʃi).

Его́ his; её her, hers; их their, theirs, do not change in form, no matter what the gender or number of the nouns they modify.

его́ класс	его́ кла́ссы	её стол
his class	his classes	her table
её столы́	их окно́	их о́кна
her tables	their window	their windows

7. A Most Important Spelling Rule!

The gutturals к, г, х, and hiss-sounds ж, ч, ш, щ cannot be followed by the vowels я, ю, or ы. The vowel я must be replaced by а, the vowel ю by у, the vowel ы by и.

Memorize this chart:

After г к х and ж ч ш щ		
я is replaced by **a**	ю is replaced by **у**	ы is replaced by **и**

This rule, as you have seen, explains the ending -у instead of -ю in the verb forms я ви́жу, я сижу́, я пишу́ and они́ пи́шут.

This rule also explains the ending -и (instead of -ы) in the plurals кни́ги, де́вушки, карандаши́, това́рищи, гаражи́, and in many other nouns that have a guttural or a hiss-sound before the ending.

You will find that this rule explains the spelling of many noun, verb, and adjective forms that look irregular but are really quite regular.

Exercise No. 70. Change the nouns to the plural. Be careful with the accent marks!

Приме́р: 1. Вот столы́ и кре́сла.

1. Вот стол и кре́сло. 2. Вот журна́л и газе́та. 3. Вот кни́га и бума́га. 4. Вот уче́бник и тетра́дь. 5. Вот карти́на и зе́ркало. 6. Где ма́льчик и де́вочка? 7. Где ю́бка и блу́зка? 8. Где музе́й и библиоте́ка? 9. Где студе́нт и студе́нтка? 10. Где план и ка́рта? 11. Вы покупа́ете шля́пу? 12. Вы ви́дите зда́ние? 13. Они́ пи́шут письмо́. 14. Мы чита́ем рома́н. 15. Я хочу́ чита́ть письмо́. 16. Я ви́жу роя́ль.

Exercise No. 71. Change the nouns to the plural. Make any necessary changes in the demonstrative adjectives and the possessives which precede the nouns. REMEMBER: его́, её, их do not change.

Приме́р: 1. Она́ покупа́ет э́ти шля́пы.

1. Она́ покупа́ет э́ту шля́пу. 2. Вы зна́ете э́тот теа́тр? 3. Мы покупа́ем э́тот костю́м. 4. Он лю́бит э́то ме́сто. 5. Они́ лю́бят э́ту шко́лу. 6. Мы лю́бим э́тот парк. 7. Он чита́ет моё письмо́. 8. Вот на́ша газе́та. 9. Где ваш журна́л? 10. Где его́ уче́бник? 11. Вот её тетра́дь. 12. Вот их ко́мната. 13. Вы хоти́те ви́деть мой каранда́ш? 14. Вот её пла́тье. 15. Где его́ руба́шка? 16. Вот ва́ша кни́га.

Exercise No. 72. Complete the Russian sentences by adding the necessary nouns.

Приме́р: 1. У вас есть места́?

1. Do you have seats?   У вас есть ——?
2. Do you have maps?   У вас есть ——?
3. Who has my notebooks?   У кого́ мой ——?

4. Who has your pictures? У когó есть вáши ——?
5. He has these hats. У негó э́ти ——.
6. They have my books. У них мой ——.
7. I have his newspapers. У меня́ егó ——.
8. She has the pencils. У неё ——.
9. You have our seats. У вас нáши ——.
10. They have armchairs. У них ——.
11. Have you the magazines, John? Есть у тебя́ ——, Ивáн?
12. I have textbooks. У меня́ есть ——.

Exercise No. 73. Вопрóсы. Reread the text, «О гóроде и при́городе». Then answer these questions.

1. Где тетрáди, бумáга, карандаши́ и ру́чка?
2. Где сиди́т профéссор Мóрган?
3. Кто сиди́т в крéсле?
4. Они́ разговáривают по-ру́сски и́ли по-англи́йски?
5. Где живёт профéссор Мóрган?
6. Кудá он éздит рабóтать?
7. Он лю́бит гóрод?
8. Где библиотéки, теáтры, музéи и т.д.?
9. В гóроде тóлпы и шум?
10. Где ти́хо?
11. Кто и́зредка éздит в гóрод?
12. Чтó онá покупáет в гóроде?
13. Кто лю́бит ру́сский язы́к?
14. Как по-англи́йски «Мне порá идти́»?

CHAPTER 17

Кабинет профессора Моргана[1] — The Study of Professor Morgan

1. Профе́ссор Мо́рган живёт в при́городе.
2. Его́ дом не но́вый, но о́чень краси́вый.
3. В до́ме есть гости́ная, столо́вая, ку́хня, три спа́льни, ва́нная и кабине́т. Вот кабине́т.
4. Кабине́т ма́ленький, но удо́бный.
5. Напра́во стои́т дли́нный стол.
6. На столе́ — бе́лая ла́мпа, бума́га, карандаши́ и ру́чка.
7. Здесь сиди́т профе́ссор, когда́ он пи́шет.
8. Нале́во стоя́т по́лки. Там стоя́т кни́ги. Там лежа́т газе́ты и журна́лы.
9. В ко́мнате стоя́т голубо́й дива́н и удо́бное кре́сло, где профе́ссор иногда́ сиди́т, когда́ он чита́ет.
10. На стене́ — больша́я ка́рта СССР и краси́вый ру́сский календа́рь.
    В кабине́те всё в поря́дке.
11. Вы зна́ете, что профе́ссор е́дет в СССР ле́том.
12. Профе́ссор и его́ учи́тель ча́сто сидя́т в кабине́те и разгова́ривают по-ру́сски.
13. Но сего́дня никто́ не сиди́т в кабине́те.
14. То́лько молода́я, чёрная ко́шка лежи́т на дива́не и спит!

1. Professor Morgan lives in the suburbs.
2. His house is not new, but it is very beautiful.
3. In the house there are a living room, a dining room, a kitchen, three bedrooms, a bathroom, and a study. Here is the study.
4. The study is small but comfortable.
5. On the right stands a long table.
6. On the table are a white lamp, paper, pencils, and a pen.
7. Here the professor sits when he writes.
8. On the left stand shelves. There stand books. There lie magazines and newspapers.
9. In the room stand a blue divan and a comfortable armchair where the professor sometimes sits when he is reading.
10. On the wall there are a large map of the U.S.S.R. and a beautiful Russian calendar. In the study everything is in order.
11. You know that the professor is going to the U.S.S.R. in the summer.
12. The professor and his teacher often sit in the study and converse in Russian.
13. But today nobody is sitting in the study.
14. Only a young black cat is lying on the divan and sleeping!

15. Другáя кóшка лежúт на полý.[2] Онá тóже спит.	15. Another cat is lying on the floor. She is also sleeping.

NOTES: 1. This is the genitive or "of" case. The ending -a added to профéссор and Мóрган here means *of*. You will learn more about the genitive case in Chapter 21.

2. Some masculine nouns take the ending -y (instead of -e) in the prepositional case after the prepositions на and в. Thus: пол (pol) floor; на полý on the floor; сад (sat) garden; в садý in the garden. In such cases the y is accented.

Building Vocabulary

вáнная ('van-nə-jə) bathroom
гостúная (ga-'stji-nə-jə) living room
кýхня ('kux-njə) kitchen
календáрь *m.* (kə-ljin-'darj) calendar
кóшка ('koʃ-kə) cat (*f.*)
пóлка ('pol-kə) shelf
бéлый,[1] '-ая, '-ое ('bje-lij) white
длúнный, '-ая, '-ое ('dljin-nij) long
красúвый, '-ая, '-ое (kra-'sji-vij) beautiful
удóбный, '-ая, '-ое (u-'dob-nij) comfortable
чёрный, '-ая, '-ое ('tʃor-nij) black
другóй, -áя, -óe (dru-'goj) other
спáльня ('spalj-njə) bedroom
столóвая (sta-'lo-və-jə) dining room

лежáть II (lji-'ʒatj) to lie
(лежý, лежúшь; лежáт)
спать II (spatj) to sleep
(сплю, спишь; спят)
стоя́ть II (sta-'jatj) to stand
(стою́, стои́шь; стоя́т)
мáленький, '-ая, '-ое ('ma-ljinj-kjij) small
голубóй, -áя, -óe (gə-lu-'boj) blue
молодóй, -áя, -óe (mə-la-'doj) young
большóй, -áя, -óe (balj-'ʃoj) big
налéво (na-'lje-və) on the left
напрáво (na-'pra-və) on the right
никтó (nji-'kto) nobody
ничегó[2] (nji-tʃi-'vo) nothing

NOTES: 1. For explanation of adjective endings see Grammar Note 2 of this chapter. 2. The Russians are very fond of the word ничегó and use it with various meanings according to the context. Thus it may mean: nothing, all right, it doesn't matter, no harm done, etc.

Выражéния

A double negative is used in Russian negative expressions.

никтó (njik'to) nobody
Никтó не сидúт в кабинéте.
Nobody is sitting in the study. (*lit.*
Nobody not is sitting in the study)
никогдá (nji-kag-'da) never
Онú никогдá не игрáют в пáрке.
They never play in the park.
Он никогó не вúдит в кабинéте.
He sees nobody in the study.

ни … ни neither … nor
Ни он, ни онá не говорúт по-рýсски.
Neither he nor she speaks Russian.
ничтó (nji-'ʃto) *subj.* nothing
ничегó (nji-tʃi-'vo) *object*, nothing
Он ничегó не дéлает. He is doing nothing.
Всё в поря́дке. (fpa-'rjat-kji) Everything is in order.

Grammar Notes and Practical Exercises

1. Present Tense of стоя́ть II (sta-ˈjatj) to stand; лежа́ть II (lji-ˈʒatj) to lie; спать II (spatj) to sleep

стоя́ть	лежа́ть	спать
я стою́ (sta-ˈju)	лежу́[2] (lji-ˈʒu)	сплю[1] (splju)
ты стои́шь (sta-ˈjiʃ)	лежи́шь (lji-ˈʒiʃ)	спишь (spjiʃ)
он стои́т (sta-ˈjit)	лежи́т (lji-ˈʒit)	спит (spjit)
мы стои́м (sta-ˈjim)	лежи́м (lji-ˈʒim)	спим (spjim)
вы стои́те (sta-ˈji-tji)	лежи́те (lji-ˈʒi-tji)	спи́те (spji-ˈtji)
они́ стоя́т (sta-ˈjat)	лежа́т (lji-ˈʒat)	спят (spjat)

NOTES: 1. Do not confuse стои́т (sta-ˈjit) it stands; сто́ит (ˈsto-jit) it costs.

2. After the letter ж, the vowel у must replace ю, and the vowel а must replace я. See Spelling Rule 1, Chapter 16, Grammar Note 7.

3. Like люблю́, лю́бишь, etc. (*See Chapter* 16, *Grammar Note* 2, p. 83.)

Exercise No. 74. Complete the verbs сиде́ть, стоя́ть, лежа́ть, and спать in these sentences. Be sure to indicate the stressed syllables.

Приме́р: 1. Оте́ц сиди́т в кре́сле.

1. Оте́ц сид—— в кре́сле.
2. Де́ти не сп—— в спа́льне.
3. Кот и ко́шка леж—— на полу́.
4. Роя́ль сто—— нале́во.
5. В ку́хне сто—— стол и стул.
6. Бума́ги и карандаши́ леж—— на столе́.
7. Где сто—— по́лки?
8. Где леж—— ко́шка?
9. Я не спл—— хорошо́.
10. Где ты сид——?
11. Мы сид—— тут. Они́ сид—— там.
12. Я не спл—— на дива́не.
13. Журна́лы леж—— на столе́.
14. Где сто—— ла́мпы?
15. Никто́ не леж—— на дива́не.
16. Ко́шка не сто—— на столе́.

Exercise No. 75. Translate.

1. I am sitting. 2. He is standing. 3. Are they lying? 4. Is she sleeping? 5. It stands. 6. They sit. 7. It lies. 8. They are not sleeping. 9. We are not standing. 10. Who is sleeping? 11. The boy stands. 12. We are sitting here. 13. The lamp stands on the table. 14. Where do the children sleep? 15. The book is lying here.

2. Agreement of Descriptive Adjectives

Adjectives agree in gender, number, and case with the nouns they modify. Adjectives have special endings to show this agreement. You will note in the types of adjective agreement which follow that the adjective endings have two letters. Before proceeding to the study of adjective agreement, bear in mind the classification of vowels:

Hard Vowels: а, о, у, э, ы   Soft Vowels: я, ё, ю, е, и

3. Hard Adjectives. The но́вый Type. The голубо́й Type. Nominative Case

Certain adjectives are called "hard" because the first letter in all their endings is a hard vowel.

a. The но́вый type: accent on the stem.

Masc. Sing.	*Fem. Sing.*	*Neut. Sing.*	*Plural, All Genders*
но́вый класс	но́вая шко́ла	но́вое сло́во	но́вые { кла́ссы / шко́лы / слова́
a new class	a new school	a new word	new classes, schools, words

b. The голубо́й type: accent on the ending.

Masc. Sing.	*Fem. Sing.*	*Neut. Sing.*	*Plural, All Genders*
голубо́й дива́н	голуба́я ю́бка	голубо́е окно́	голубы́е { дива́ны / ю́бки / о́кна
a blue sofa	a blue skirt	a blue window	blue sofas, skirts, windows

Chart of endings: Nominative Case

	Masc. Sing.	*Fem. Sing.*	*Neut. Sing.*	*Plural, All Genders*
но́вый type:	'-ый	'-ая	'-ое	'-ые
голубо́й type:	-о́й	-а́я	-о́е	-ы́е

The endings of the но́вый and голубо́й types differ only in the masculine singular.

Common adjectives of the но́вый and голубо́й types are:

но́вый, '-ая, '-ое; '-ые new	удо́бный, '-ая, '-ое; '-ые comfortable
ста́рый, '-ая, '-ое; '-ые old	
дли́нный, '-ая, '-ое; '-ые long	краси́вый, '-ая, '-ое; '-ые beautiful
бе́лый, '-ая, '-ое; '-ые white	голубо́й, -а́я, -о́е; -ы́е blue
чёрный, '-ая, '-ое; '-ые black	молодо́й, -а́я, -о́е; -ы́е young
ка́ждый, '-ая, '-ое; '-ые each	

4. Mixed Adjectives. The ру́сский Type: The большо́й Type. Nominative Case

"Mixed" adjectives are variations of "hard" adjectives of the но́вый and голубо́й types. Differences are due to the operation of the spelling rule given in Chapter 16, Grammar Note 7. According to this rule the hard vowel ы must be replaced by the soft vowel и after г, к, х; ж, ч, ш, щ.

Compare the endings of ру́сский and большо́й with those of но́вый and голубо́й. A star indicates where the soft vowel и replaces the hard vowel ы.

	Masc.	*Fem.*	*Neut.*	*Plural*
Hard Adjective	но́вый	но́вая	но́вое	но́вые
Mixed Adjective	ру́сский*	ру́сская	ру́сское	ру́сские*
Hard Adjective	голубо́й	голуба́я	голубо́е	голубы́е
Mixed Adjective	большо́й	больша́я	большо́е	больши́е*

Some common mixed adjectives of the ру́сский and большо́й types are:

ма́ленький, '-ая, '-ое; '-ие small
коро́ткий, '-ая, '-ое; '-ие short
англи́йский, '-ая, '-ое; '-ие English
америка́нский, '-ая, '-ое; '-ие American

друго́й, -а́я, -о́е; -и́е other
плохо́й, -а́я, -о́е; -и́е bad
како́й, -а́я, -о́е; -и́е what, what kind
of

Ру́сский may be used both as an adjective and as a noun.

Вот ру́сский журна́л.	Here is a Russian magazine
Вот ру́сская газе́та.	Here is a Russian newspaper.
Он — ру́сский. Она́ — ру́сская.	He is a Russian. She is a Russian.

Pronunciation

но́вый ('no-vij), но́вая ('no-və-jə), но́вое ('no-və-ji), но́вые ('no-vi-ji). Unaccented endings are very weak.
голубо́й (gə-lu-'boj), голуба́я (gə-lu-'ba-jə), голубо́е (gə-lu-'bo-ji), голубы́е
(gə-lu-'bi-ji). Adjectives in -ой always accent the endings.

5. Position of Adjectives

Adjectives precede the noun they modify unless they are predicate adjectives. As predicate adjectives they follow the noun, and some form of the verb
to be is understood.

но́вый автомоби́ль	Э́тот автомоби́ль — но́вый.
a new car	This car is new (*or* a new one).
больши́е ка́рты	Э́ти ка́рты — больши́е.
big maps	These maps are big (*or* big ones).
ма́ленькая ко́мната	Э́та ко́мната — ма́ленькая.
a small room	This room is small (*or* a small one).

Exercise No. 76. Practise the Russian sentences aloud.

1. Како́й слова́рь лежи́т на по́лке?

   Там лежи́т ру́сский слова́рь.

1. What dictionary is lying on the shelf?
   The Russian dictionary is lying there.

2. Како́е кре́сло стои́т в кабине́те?

   Там стои́т ста́рое кре́сло.

2. What armchair is standing in the study?
   The old armchair is standing there.

3. Каки́е газе́ты лежа́т здесь?
   Здесь лежа́т ру́сские газе́ты.

3. What newspapers are lying here?
   The Russian newspapers are lying here.

4. Где но́вый учи́тель?
   Но́вый учи́тель в кла́ссе.

4. Where is the new teacher?
   The new teacher is in the class-room.

5. Что́ де́лает молодо́й учени́к?
   Он пи́шет ру́сский уро́к.
6. Одна́[1] ко́шка лежи́т на полу́.
   Друга́я ко́шка лежи́т на дива́не.

5. What is the young pupil doing?
   He is writing the Russian lesson.
6. One cat is lying on the floor.
   Another cat is lying on the sofa.

NOTE: 1. Оди́н agrees in gender and number with the noun it modifies. Thus: оди́н челове́к, одна́ же́нщина, одно́ окно́.

Exercise No. 77. Translate these expressions.

1. како́й го́род
2. ка́ждое ле́то
3. но́вая руба́шка
4. бе́лые шля́пы
5. ру́сский язы́к
6. большо́е окно́
7. ста́рые ка́рты
8. чёрная ру́чка
9. молодо́й челове́к
10. удо́бные ко́мнаты
11. дли́нный стол
12. коро́ткий уро́к
13. голубо́й дом
14. друга́я ко́шка
15. краси́вая де́вушка
16. плохи́е карандаши́
17. на́ша но́вая шко́ла
18. мо́й молодо́й друг
19. ваш но́вый автомоби́ль
20. его́ ста́рые кни́ги
21. э́тот коро́ткий каранда́ш
22. э́та но́вая шко́ла
23. э́то большо́е окно́
24. э́ти ма́ленькие де́ти

Exercise No. 78. Complete each expression with the correct adjective ending.

1. ма́леньк―― ва́за
2. бе́л―― бума́га
3. больш―― фа́брики
4. краси́в―― де́вушка
5. молод―― де́ти
6. бе́л―― ла́мпа
7. дли́нн―― по́лки
8. ста́р―― челове́к
9. чёрн―― ко́шка
10. плох―― карандаши́
11. но́в―― ру́чка
12. ка́жд―― день
13. голуб―― руба́шки
14. коро́тк―― у́лица
15. ма́леньк―― ко́мната
16. ру́сск―― журна́л
17. ру́сск―― газе́ты
18. удо́бн―― кабине́т
19. ка́жд―― автомоби́ль
20. ста́р―― дом
21. как―― шко́ла
22. как―― окно́
23. как―― кни́ги
24. друг―― челове́к

Exercise No. 79. Вопро́сы. Reread the text, «Кабине́т профе́ссора Мо́ргана». Then answer the questions in Russian.

1. Где живёт профе́ссор Мо́рган? 2. Его́ дом но́вый и́ли ста́рый? 3. Како́й стол в кабине́те? 4. Кака́я ла́мпа стои́т на столе́? 5. Где стоя́т по́лки? 6. Дива́н голубо́й и́ли чёрный? 7. Кре́сло удо́бное? 8. Кто иногда́ сиди́т в кре́сле? 9. Где краси́вый ру́сский календа́рь и ка́рта СССР? 10. Ка́рта ма́ленькая и́ли больша́я? 11. Куда́ е́дет профе́ссор ле́том? 12. Где лежи́т чёрная ко́шка? 13. Эта ко́шка молода́я и́ли ста́рая? 14. Кабине́т большо́й и́ли ма́ленький?

CHAPTER 18

Расскажите мне что-нибудь о себе, профессор

Tell Me Something About Yourself, Professor

Кабинет профессора Моргана.
Профессор сидит на диване.
Его учитель сидит в кресле.
Оба курят. Профессор курит трубку.
Учитель курит сигарету.
Они разговаривают по-русски.

Учитель: Расскажите мне, пожалуйста, что-нибудь о себе, профессор.

Профессор: Я предпочитаю отвечать на вопросы. Это легче.

У : Ну ладно. Я спрашиваю. Вы отвечаете. Начнём. Вы учёный, не правда ли?

П : Да, я физик. Я профессор в университете в Лондоне.

У : Что вы делаете в университете?

П : Читаю лекции в аудитории. Я также много работаю в лаборатории.

У : Я вижу, что вы весь день очень заняты.

П : Да, это правда.

У : Вы ездите в город на поезде или на автомобиле?

П : Я обычно езжу на поезде.

У : Вы ходите на станцию пешком, не правда ли?

П : Я обычно хожу пешком. Это псдалско. Когда же погода плохая, я езжу на автомобиле. Но, вообще, предпочитаю ходить пешком.[1]

The study of Professor Morgan.
The professor is sitting on the divan.
His teacher is sitting in the armchair.
Both are smoking. The professor is smoking a pipe. The teacher is smoking a cigarette.
They are conversing in Russian.

Teacher: Tell me, please, something about yourself, Professor.

Professor: I prefer to answer questions. That is easier.

T : O.K. I ask. You answer. Let's begin. You are a scientist, aren't you?

P : Yes, I am a physicist. I am a professor at a university in London.

T : What do you do at the university?

P : I lecture in the lecture room. I also work a great deal in the laboratory.

T : I see that you are very busy all day.

P : Yes, that is true.

T : Do you go to the city by train or by car?

P : I usually go on the train.

T : You go to the station on foot, don't you?

P : I usually go on foot. It is not far. When the weather is bad, I go by car. But in general I prefer to walk.

У : Вот хорошо́! Вы хоро́ший учени́к. Вы отли́чно отвеча́ете на мои́ вопро́сы. А тепе́рь отвеча́йте на э́ти вопро́сы:

Ва́ши де́ти хо́дят пешко́м и́ли е́здят в шко́лу?

П : Они́ обы́чно хо́дят пешко́м. Если же погода плоха́я, то они́ е́здят на авто́бусе.

У : Ва́ша жена́ хо́дит в магази́н пешко́м?

П : Иногда́ она́ хо́дит, но иногда́ е́здит на автомоби́ле.

У : Вот как хорошо́! Вы де́лаете больши́е успе́хи.

П : Спаси́бо! Вы прекра́сный учи́-тель. Вот почему́ я де́лаю успе́хи.

У : Вы о́чень любе́зны.[1] А тепе́рь мне пора́ идти́ домо́й. До свида́ния!

П : До свида́ния !

T : That's fine! You are a good pupil. You answer my questions excellently. But now, answer these questions:

Do your children walk or do they ride to school?

P : They usually walk. If, however, the weather is bad, then they go by bus.

T : Does your wife walk to the shops?

P : Sometimes she walks, but sometimes she goes in a car.

T : That's fine! You are making great progress.

P : Thanks! You are an excellent teacher. That is why I am making progress.

T : You are very kind. But now it is time for me to go home. Good-bye.

P : Good-bye!

NOTE: 1. As вы is a plural pronoun, the adjective must also be in the plural, although only one person is addressed.

Building Vocabulary

сигаре́та (sji-ga-ʹrje-tə) cigarette
пого́да (pa-ʹgo-də) weather
ста́нция (ʹstan-tsi-jə) station (small)
тру́бка (ʹtrup-kə) pipe
учёный (u-ʹtʃo-nij) scientist, scholar
отвеча́ть I (at-vji-ʹtʃatj) to answer (отвеча́ю, отвеча́ешь; отвеча́ют)
спра́шивать I (ʹspra-ʃi-vətj) to ask (спра́шиваю, спра́шиваешь; спра́-шивают)
кури́ть II (ku-ʹriiti) to smoke (курю́, ку́ришь; ку́рят)
идти́ I (it-ʹtji) to go (on foot), to walk (иду́, идёшь; иду́т)
ходи́ть II (xa-ʹdjitj) to go (on foot), to walk (хожу́, хо́дишь; хо́дят)

любе́зный, ʹ-ая, ʹ-ое; ʹ-ые (lju-ʹbjez-nij) kind
прекра́сный, ʹ-ая, ʹ-ое; ʹ-ые (prji-ʹkras-nij) excellent
вообще́ (va-ap-ʹʃʃje) in general, generally
бли́зко (ʹbljis-kə) near
далеко́ (də-lji-ʹko) far, far away
ле́гче (ʹljex-tʃə) easier
лу́чше (ʹlu-tʃə) better
та́кже (ʹtag-ʒə) also
мне (mnje) me, to me, for me
о́ба (ʹo-bə) both
что́-нибудь (ʹʃto-nji-butj) something
о себе́ (a sji-ʹbje) about yourself (oneself, myself, himself, herself, themselves)

Выраже́ния

на автомоби́ле (na af-tə-ma-ʹbji-lji) in a car
Вот как хорошо́! That's very fine!

мы все (mɨ fsje) all of us (*lit.* we all)
Ла́дно! О.К.! Very well!

же (зэ) however, but. An important use of же is to emphasize the preceding word.

Мы живём здесь же. We live right here.

Я отвечаю на вопросы. I answer questions.

Начнём! (natʃ-'njom) Let's begin!

расскажите (rə-ska-'ʒi-tji) tell, relate

ходить пешком to go on foot

идти пешком to go on foot

Не правда ли? Is it not so? Isn't it? Doesn't it?

Grammar Notes and Practical Exercises

1. **The Present Tense of** ходить **to go (on foot), to walk;** идти **to go (on foot), to walk**

ходить II (xa-'djitj)	идти I (it-'tji)
я хожу (xa-'ʒu)	я иду (i-'du)
ты ходишь ('xo-dji ʃ)	ты идёшь (i-'djoʃ)
он ходит ('xo-djit)	он идёт (i-'djot)
мы ходим ('xo-djim)	мы идём (i-'djom)
вы ходите ('xo-dji-tji)	вы идёте (i-'djo-tji)
они ходят ('xo-djət)	они идут (i-'dut)

2. **The Uses of** ходить **and** идти

The verbs ходить and идти both mean to go (on foot), to walk. What is the difference between them?

Ходить is used when the act of walking is repeated or habitual.

Идти is used when the act of walking is one continued action in one direction.

The difference in use between ходить and идти is therefore the same as the difference in use between ездить and ехать. Like ездить, ходить is used when the action is repeated or habitual. Like ехать, идти is used when the action is one continued action in one direction.

But remember: ездить and ехать mean to go (by vehicle), to ride, to travel. Ходить and идти mean to go (on foot), to walk.

Study these examples. Read them aloud.

ходить — Repeated or habitual action (*See Grammar Note* 4, *Chapter* 15, p. 79)

Он часто ходит в кино.	He often goes to the cinema.
Мы всегда ходим быстро.	We always walk fast.
Я хожу в клуб почти каждый вечер.	I go to the club almost every evening.
Дети ходят в школу.	The children go to school.

идти — One continuing action in one direction

Куда вы идёте?	Where are you going?
Я иду в кино.	I am going to the cinema.
Мы идём на концерт.	We are going to the concert.
Дети идут в школу.	The children are going to school. (They are on their way. They are walking.)

3. Some Special Uses of идти

a. With future meaning:
Он идёт в музей за́втра.   He is going (will go) to the museum tomorrow.

b. Indicating "raining" or "snowing":
Идёт дождь. Идёт снег.   It is raining. It is snowing.

c. Going to bed (to sleep):
Де́ти иду́т спать в де́вять часо́в.   The children go to bed at nine o'clock.

d. What's playing? Going on?
Кака́я карти́на (пье́са) идёт сего́дня?   What film (play) is on today?
Здесь идёт уро́к.   Here a lesson is going on.

Exercise No. 80. Разгово́ры. Read aloud. Translate.

В метро́
— Вы обы́чно е́здите на фа́брику на автомоби́ле, не пра́вда ли?
— Да, но сего́дня я е́ду на метро́.[1]

На у́лице
— Куда́ вы идёте?
— Я иду́ в музе́й.
— Вы ча́сто хо́дите в музе́й?
— Я хожу́ туда́ ка́ждый вто́рник.[3]

В аэропорту́
— Ле́том вы обы́чно е́здите в дере́вню, не пра́вда ли?
— Да, но в э́том году́[2] мы е́дем в Евро́пу.

В па́рке
— Вы ча́сто хо́дите в парк?
— Я хожу́ в парк почти́[4] ка́ждый день.
— Куда́ вы тепе́рь идёте?
— Я иду́ домо́й.

В авто́бусе
— Здра́вствуйте. Куда́ вы е́дете?
— Еду в теа́тр. А куда́ вы е́дете?
— Еду в библиоте́ку.

В рестора́не[5]
— Куда́ вы идёте?
— Я иду́ в кино́.
— Кака́я карти́на идёт сего́дня в кино́?
— Идёт интере́сный ру́сский фи́льм.

NOTES: 1. на метро́ (mji-'tro) by underground. Like кино́, метро́ is invariable in form. 2. в э́том году́ ('ve-təm ga-'du) this year 3. вто́рник ('ftor-njik) Tuesday 4. почти́ (patʃ-'tji) almost 5. рестора́н (rji-sta-'ran) restaurant

Exercise No. 81. Complete each sentence by selecting the correct verb from the parenthesis.

Приме́р: 1. Почему́ вы идёте так бы́стро?

1. Почему́ вы —— так бы́стро? (идёте, хо́дите)

2. Сего́дня ве́чером я —— в кино́. (иду́, е́ду)

3. Он всегда —— пешком, когда
погода прекрасная.
(идёт, ходит)

4. Почему вы —— так медленно?
(идёте, ходите)

5. Его жена часто —— в магазин
на автомобиле. (ездит, едет)

6. Дети теперь —— спать.
(идут, ходят)

7. Мне пора —— домой.
(идти, ходить)

8. Скажите мне, куда вы ——.
(идёте, ходите)

9. Я обычно —— в университет.
(иду, хожу)

10. Сегодня я —— на метро.
(езжу, еду)

11. Она редко —— в школу.
(идёт, ходит)

12. Завтра они —— в Москву.
(ездят, едут)

13. Он всегда —— на станцию.
(идёт, ходит)

14. Они часто —— в театр.
(идут, ходят)

15. Что —— в кино? (идёт, ходит)

16. Иногда мы —— на метро.
(ездим, едем)

4. The Imperative

To form the imperative drop the ending from the second person singular,
present tense; if the stem ends in a consonant, add -й for the singular and -йте
for the plural.

Present	*Imperative Sing. (fam.)*	*Imperative Plural or Polite Sing*
ты пиш-ешь	пиши! write!	пишите! write!
ты ид-ёшь	иди! go!	идите! go!
ты говор-ишь	говори! speak!	говорите! speak!

If the stem ends in a vowel, add -й for the singular and -йте for the plural.

ты чита-ешь	читай! read!	читайте! read!
ты отвеча-ешь	отвечай! answer!	отвечайте! answer!

Exercise No. 82. Give the familiar and polite imperative forms of the
verbs in parenthesis.

Пример: 1. работай, работайте

1. Не (работать) весь день. 2. (Говорить) кратко, пожалуйста. 3. Не
(отвечать) на эти вопросы. 4. (Писать) письмо и (идти) в библиотеку.
5. (Играть) в парке. 6. (Сидеть) в кресле. 7. Не (лежать) на диване.
8. (Делать) уроки каждый вечер. 9. (Читать) быстро. 10. Не (спрашивать), где они. 11. (Слушать) внимательно.[1] 12. Не (курить) здесь.

NOTE: внимательно (vnji-′ma-tjilj-nə) attentively

5. The хороший Type of Mixed Adjective

Masc.	*Fem.*	*Neut.*	*Plural*	
хороший	хорошая	хорошее	хорошие	good, fine
свежий	свежая	свежее	свежие	fresh

Note the soft ending -ee in the neuter, instead of the usual hard ending -oe.
The stem of the хороший type of adjective always ends in a hiss-consonant
(ж, ч, ш, щ).
The accent is always on the stem.

Exercise No. 83. Before each of the following nouns put the correct form of хоро́ший or све́жий as indicated.

Приме́р: 1. хоро́шая шко́ла, хоро́шие шко́лы

Хоро́ший: 1. шко́ла, шко́лы 2. студе́нт, студе́нты 3. учени́к, ученики́ 4. письмо́, пи́сьма 5. слова́рь, словари́ 6. кни́га, кни́ги 7. журна́л, журна́лы 8. газе́та, газе́ты 9. сло́во, слова́ 10. окно́, о́кна

Све́жий: 11. во́здух 12. вода́ 13. мя́со 14. молоко́ 15. хлеб bread 16. ма́сло butter 17. сыр cheese 18. ры́ба

Exercise No. 84. Вопро́сы. Reread the text, «Расскажи́те мне что́-нибудь о себе́, профе́ссор». Then answer the questions in Russian.

1. Где сидя́т профе́ссор Мо́рган и его́ учи́тель? 2. Кто ку́рит тру́бку? 3. Что ку́рит Кузнецо́в? 4. Кто задаёт вопро́сы,[1] и кто отвеча́ет? 5. Кто учёный? 6. Профе́ссор е́здит в го́род на по́езде и́ли на автомоби́ле? 7. Он хо́дит и́ли е́здит на ста́нцию? 8. Это далеко́ и́ли бли́зко? 9. Когда́ пого́да плоха́я, профе́ссор хо́дит пешко́м на ста́нцию? 10. Куда́ де́ти обы́чно хо́дят пешко́м? 11. Они́ хо́дят пешко́м, когда́ погода плоха́я? 12. Жена́ всегда́ хо́дит в магази́н пешко́м? 13. Кто прекра́сный учи́тель? 14. Кто де́лает больши́е успе́хи?

NOTE: 1. задава́ть вопро́сы to ask (put) questions (задаю́, задаёшь; задаю́т); спра́шивать to ask (somebody). Учени́к спра́шивает учи́теля: «Где ру́сский слова́рь?» The pupil asks the teacher, "Where is the Russian dictionary?"

CHAPTER 19

Revision of Chapters 14–18

Vocabulary Revision

1. во́здух	8. ко́шка *f.*	15. спа́льня
2. по́езд	9. оде́жда	16. столо́вая
3. пол	10. по́лка	17. вещь *f.*
4. при́город	11. толпа́	18. жизнь *f.*
5. уче́бник	12. ва́нная	19. тетра́дь *f.*
6. пла́тье	13. гости́ная	20. ле́то
7. календа́рь *m.*	14. ку́хня	21. и́мя[1]

1. air	8. cat *f.*	15. bedroom
2. train	9. clothes	16. dining room
3. floor	10. shelf	17. thing
4. suburb	11. crowd	18. life
5. textbook	12. bathroom	19. notebook
6. dress	13. living room	20. summer
7. calendar	14. kitchen	21. first name

NOTE: 1. Nouns ending in -я are feminine. Nouns ending in -мя (и́мя, вре́мя time) are neuter.

Remember: и́мя = first name (Ива́н, Анна, etc.); фами́лия = family name (Кузнецо́в, Ники́тин, etc.).

Verbs

чита́ть I	спра́шивать I	разгова́ривать I
to read	to ask	to converse
чита́ю	спра́шиваю	разгова́риваю
чита́ешь	спра́шиваешь	разгова́риваешь
чита́ют	спра́шивают	разгова́ривают
сиде́ть II	спать II	люби́ть II
to sit	to sleep	to love
сижу́	сплю	люблю́
сиди́шь	спишь	лю́бишь
сидя́т	спят	лю́бят
писа́ть I	отвеча́ть I	предпочита́ть I
to write	to answer	to prefer
пишу́	отвеча́ю	предпочита́ю
пи́шешь	отвеча́ешь	предпочита́ешь
пи́шут	отвеча́ют	предпочита́ют

стоя́ть II	лежа́ть II	хоте́ть[1] I-II
to stand	to lie	to want
стою́	лежу́	хочу́
стои́шь	лежи́шь	хо́чешь
стоя́т	лежа́т	хотя́т

NOTE: 1. хоте́ть has Conjugation I endings in the singular, and Conjugation II endings in the plural.

Adjectives

'-ый, '-ая, '-ое; '-ые

1. но́вый	6. кра́сный	1. new	6. red
2. ста́рый	7. краси́вый	2. old	7. beautiful
3. бе́лый	8. удо́бный	3. white	8. comfortable
4. чёрный	9. дли́нный	4. black	9. long
5. ка́ждый	10. прекра́сный	5. each	10. excellent

'-ий, '-ая, '-ое; '-ие

11. ру́сский	13. ма́ленький	11. Russian	13. small
12. коро́ткий	14. ти́хий	12. short	14. quiet

-о́й, -а́я, -о́е; -ы́е

15. молодо́й	16. голубо́й	15. young	16. blue

-о́й, -а́я, -о́е; -и́е

17. большо́й	19. како́й	17. big	19. what, what kind of
18. друго́й	20. плохо́й	18. other	20. bad

'-ий, '-ая, '-ее; '-ие

21. хоро́ший	22. све́жий	21. good, fine	22. fresh

Adverbs

1. вообще́	6. ча́сто	11. нале́во
2. далеко́	7. хорошо́	12. напра́во
3. бли́зко	8. пло́хо	13. ре́дко
4. мно́го	9. ме́дленно	14. немно́го
5. иногда́	10. бы́стро	15. никогда́

1. generally	6. often	11. to the left
2. far	7. well	12. to the right
3. near	8. badly	13. seldom
4. much	9. slowly	14. a little
5. sometimes	10. fast	15. never

Выраже́ния

1. Как ва́ше и́мя?	7. Вот как хорошо́!
2. Моё и́мя Ива́н.	8. Ла́дно!
3. Как ва́ша фами́лия?	9. Отли́чно!
4. Моя́ фами́лия Ники́тин.	10. Идёт дождь.
5. Как вас зову́т?[1]	11. Соверше́нно ве́рно.
6. Меня́ зову́т Ви́ктор Мо́рган.	12. Споко́йной но́чи!

13. Довóльно на сегóдня.
14. Он роди́лся в Москвé.
15. Он чита́ет лéкции.
16. Он отвеча́ет на вопрóсы.
17. Он дéлает больши́е успéхи.
18. Начнём!

19. Расскажи́те!
20. Всё в поря́дке.
21. идти́ (ходи́ть) пешкóм
22. Не прáвда ли?
23. Мне порá идти́.
24. и т.д. (и так дáлее)

1. What is your first name?
2. My first name is John.
3. What is your family name?
4. My family name is Nikitin.
5. What is your name?[1]
6. My name is Victor Morgan.[1]
7. That's very fine!
8. Very well! O.K.!
9. Excellent!
10. It is raining.
11. Quite true.
12. Good night!

13. Enough for today
14. He was born in Moscow.
15. He lectures.
16. He answers questions.
17. He is making great progress.
18. Let's begin!
19. Tell!
20. Everything is in order.
21. to go on foot, to walk
22. Isn't it true?
23. It's time for me to go.
24. etc. (and so forth)

NOTE: 1. *lit.* How do they call you? They call me Victor Morgan.

Exercise No. 85. In Group II find the opposite of each word in Group I.

GROUP I

1. чёрный
2. стáрый
3. большóй
4. корóткий
5. хорошó
6. напрáво
7. далекó
8. чáсто
9. мнóго
10. всегдá
11. мéдленно
12. здесь

GROUP II

a. бéлый
b. плóхо
c. молодóй
d. рéдко
e. немнóго
f. налéво
g. мáленький
h. никогдá
i. там
j. бли́зко
k. дли́нный
l. бы́стро

Exercise No. 86. Complete these sentences in Russian.

1. (My family name) — Макáров. 2. (My first name) — Влади́мир.
3. (I live) в Москвé. 4. (I am learning) англи́йский язы́к. 5. (My teacher)
óчень хорошó говори́т по-англи́йски. 6. Он задаёт (questions), а мы
отвеча́ем. 7. Мы дéлаем (much progress). 8. (When) мы хорошó отве-
ча́ем, учи́тель говори́т: ("That's very fine."). 9. (What is your name?)
10. (Tell me) чтó-нибудь о себé. 11. (Do you have) автомоби́ль? 12. (Do
you walk) в шкóлу? 13. Лóндон — (a beautiful city)? 14. Довóльно (for
today). 15. (Good-bye.).

Exercise No. 87. Pair each word in Group II with a word in Group I to
which it is related. Translate each pair.

Пример: 1. муж — мужчи́на husband — man

GROUP I

1. муж
2. жена́
3. учи́тель
4. отве́т
5. жизнь
6. студе́нт
7. англича́нин
8. америка́нец
9. учени́к
10. спа́льня
11. стол
12. письмо́

GROUP II

1. америка́нка
2. жить
3. мужчи́на
4. спать
5. учи́тельница
6. писа́ть
7. учени́ца
8. же́нщина
9. отвеча́ть
10. студе́нтка
11. столо́вая
12. англича́нка

Grammar Revision and Exercises

1. The Nominative Plural. Nouns and Adjectives

In the Plural:

Nouns (*masc.* and *fem.*) end in -ы or -и: кла́ссы, шко́лы, кни́ги, словари́, тёти, роя́ли

Nouns (*neut.*) end in -a or -я: о́кна, слова́, места́, поля́, зда́ния, пла́тья

Descriptive adjectives end in -ые or -ие: но́вые, (голубы́е, ру́сские, больши́е) кни́ги

Этот, мой, твой, наш, ваш end in и: э́ти (мои́, твои́, на́ши, ва́ши) кни́ги

Exercise No. 88. Change these adjective expressions to the plural.

1. э́та больша́я шко́ла
2. моя́ но́вая руба́шка
3. наш голубо́й каранда́ш
4. ваш кра́сный автомоби́ль
5. э́то ма́ленькое окно́
6. э́то ру́сское сло́во
7. э́тот молодо́й челове́к
8. ва́ше ста́рое пальто́
9. э́та краси́вая карти́на
10. э́тот дли́нный стол
11. э́тот ру́сский слова́рь
12. мой хоро́ший учи́тель
13. э́та хоро́шая де́вушка.
14. э́то хоро́шее ме́сто

Exercise No. 89. Complete these sentences by translating the adjective expressions.

1. (This good boy) сиди́т на дива́не.
2. Этот (young man) — мой брат.
3. Эта (pretty girl) — моя́ сестра́.
4. Эти (Russian books) — мои́.
5. В кабине́те (a comfortable armchair).
6. В ко́мнате (long tables).
7. На стене́ (a beautiful map).
8. На столе́ стои́т (a large lamp).
9. На по́лке стоя́т (old books).
10. У вас есть (Russian dictionary)?
11. У него́ есть (a large map)?
12. У неё есть (a new dress)?
13. У нас есть (a comfortable house).
14. У них есть (a new automobile).
15. (A pretty girl) сиди́т в кре́сле.
16. Где мой (red pencil)?
17. Где моя́ (black pen)?
18. Где моя́ (white shirt)?
19. (A black cat, *f.*) лежи́т на полу́.
20. (Another cat, *f.*) лежи́т на дива́не.

2. The "Going" Verbs

ходи́ть		идти́		е́здить		е́хать	
хожу́	хо́дим	иду́	идём	е́зжу	е́здим	е́ду	е́дем
хо́дишь	хо́дите	идёшь	идёте	е́здишь	е́здите	е́дешь	е́дете
хо́дит	хо́дят	идёт	иду́т	е́здит	е́здят	е́дет	е́дут

Ходи́ть and идти́ both mean to go (on foot), to walk. (*See Chapter* 18, *Grammar Note* 2, p. 96.)

Е́здить and е́хать both mean to go (by vehicle), to ride, to travel. (*See Chapter* 15, *Grammar Note* 4, p. 79.)

Ходи́ть and е́здить are used when the action is repeated (done often, done habitually, done usually).

Идти́ and е́хать are used when the action is continuing (actually going on) in one direction.

3. The Prepositions на and в (во before certain combinations of letters). The Question Words где and куда́

На (on, onto) and в (in, into) take the prepositional case to express location. The question word is где? Where (place in *or* at which)?

На (on, at, in) and в (in, at) take the accusative case to express motion towards. The question word is куда́? Where (to what place, whither)?

Где он рабо́тает? На фа́брике.	Where is he working? At the factory.
Куда́ он идёт? На фа́брику.	Where is he going? To the factory.
Где де́ти? В па́рке.	Where are the children? In the park.
Куда́ иду́т де́ти? В парк.	Where are the children going? To the park.

Exercise No. 90. Translate these sentences. In sentences 1 to 12, (C) is to remind you that the action is "continuing" and (R) that the action is "repeated".

1. Where are you going (walking)? (C) 2. I am going to the cinema. (C) 3. Do you often go (walk) to the cinema? (R) 4. I go almost every day. (R) 5. Where are you going (riding)? (C) 6. I am going to the museum. (C) 7. Do you often go (ride) there?[1] (R) 8. I go there almost every morning (R) 9. Are you going to Europe in the summer? (C) 10. Yes, I am going to Europe. (C) 11. You usually go to the country, don't you? (R) 12. Sometimes I do not go there. (R) 13. Where are you working? 14. I am working at the factory. 15. Where is she working? At the hospital. 16. Where are the children playing? On the street.

NOTE: 1. там = there (*in* or *at* a place) туда́ = there (*thither, to* a place)

4. The Negatives никто́ nobody; ничто́, ничего́ nothing; никогда́ never; ни ... ни neither ... nor

Negative expressions are double; that is, the negative expression + не.

Exercise No. 91. Complete these sentences by translating the words in parenthesis.

1. Он (never) не хо́дит на конце́рт. 2. Она́ (nothing) не де́лает весь день.
3. (Nobody) не живёт здесь. 4. Мы почти́ (never) не ви́дим его́. 5. (Nobody knows), куда́ вы идёте. 6. (The children never play in the park), когда́ идёт дождь. 7. (I understand nothing), когда́ он бы́стро говори́т.
8. Сего́дня (nobody is working). 9. (Neither) Мари́я, (nor) Анна не говоря́т по-ру́сски.

Коро́ткие разгово́ры	Brief Conversations
— Куда́ вы идёте?	— Where are you going?
— Я иду́ в магази́н де́лать поку́пки.	— I am going to the store to shop.[1]
— Мо́жно идти́ с ва́ми?	— May I go with you?
— С удово́льствием.	— With pleasure.
— Скажи́те, пожа́луйста, как пройти́ на у́лицу Го́рького?	— Tell me, please, how to get to Gorki Street?
— Пря́мо до угла́, а зате́м нале́во.	— Straight ahead to the corner, and then to the left.
— А далеко́ э́то отсю́да?	— Is it far from here?
— Нет, недалеко́.	— No, not far.
— Большо́е спаси́бо.	— Thanks very much.
— Пожа́луйста.[2]	— Don't mention it.

NOTES: 1. *lit.* to make purchases. 2. **Пожа́луйста** may mean "Please", "You are welcome", or "Don't mention it".

Exercise No. 92. Текст для чте́ния.

СЕМЬЯ МОРГАНОВ[1]

THE MORGAN FAMILY

Профе́ссор Ви́ктор Мо́рган — англича́нин. Он фи́зик, и преподаёт[2] в университе́те в Ло́ндоне. Одна́ко, он живёт не в го́роде, а в при́городе. У него́ удо́бный дом, краси́вая жена́, два ма́льчика, Па́вел и Фили́пп, и де́вочка, Анна. Анна хо́дит в де́тский сад,[3] а други́е де́ти хо́дят в шко́лу.

Профе́ссор Мо́рган е́дет в СССР ле́том. Поэ́тому он изуча́ет ру́сский язы́к.

У него́ прекра́сный учи́тель. Его́ зову́т Бори́с Па́влович Кузнецо́в. Он роди́лся в Росси́и, но тепе́рь он брита́нский граждани́н. Он свобо́дно говори́т по-ру́сски и по-англи́йски.

Профе́ссор Мо́рган отли́чный[4] учени́к и де́лает больши́е успе́хи. Он уже́ говори́т по-ру́сски дово́льно[5] хорошо́, чита́ет ещё лу́чше[6] и немно́го пи́шет.

Профе́ссор Мо́рган е́здит в го́род по́ездом.[7] Когда́ пого́да хоро́шая, он хо́дит на ста́нцию пешко́м. Когда́ же[1] пого́да плоха́я, он е́здит автомоби́лем.[7]

Де́ти хо́дят пешко́м в шко́лу, но е́здят авто́бусом,[7] когда́ идёт дождь и́ли снег.

Госпожа́ Мо́рган иногда́ е́здит в го́род, что́бы[1] покупа́ть оде́жду, но обы́чно она́ предпочита́ет покупа́ть всё то, что[11] ей ну́жно[11], в при́городе. Она́ предпочита́ет ходи́ть в магази́ны при́города и там де́лать поку́пки.

NOTES:

1. *lit.* family of the Morgans
2. преподава́ть I (prji-pə-da-'vatj) to teach
   (преподаю́, преподаёшь; преподаю́т)
3. де́тский сад ('djet-skjij sat) kindergarten
4. отли́чный, '-ая, '-ое; '-ые (at-'ljitʃ-nij) excellent
5. дово́льно (da-'volj-nə) quite, rather
6. лу́чше ('lu-tʃə) better
7. по́ездом ('po-jiz-dəm) by train. автомоби́лем (af-tə-ma-'bji-ljim) by car, авто́бусом (af-'to-bu-səm) by bus
8. же is often used to emphasize the preceding word
9. что́бы ('ʃto-bɨ) in order to
10. всё то, что ('fsjo-tə-ʃtə) all that (which)
11. ей ну́жно she needs (*lit.* to her is necessary)

CHAPTER 20

Друг навещает профессора Моргана
A Friend Visits Professor Morgan

1. У профе́ссора Мо́ргана есть кабине́т в университе́те. Э́тот кабине́т бо́льше, чем его́ кабине́т до́ма, но ме́нее удо́бный.
2. Иногда́ он чита́ет ле́кции в кабине́те.
3. О́коло окна́ в кабине́те стои́т больша́я доска́.
4. На доске́ профе́ссор ча́сто пи́шет зада́чи ме́лом.
5. Студе́нты де́лают заме́тки карандашо́м и́ли ру́чкой.
6. Одна́жды профе́ссор сиди́т за столо́м и пи́шет письмо́.
7. Вдруг кто́-то открыва́ет дверь и вхо́дит в кабине́т.
8. Э́то ста́рый друг, и Мо́рган всегда́ о́чень рад его́ ви́деть.
9. Э́тот друг свобо́дно говори́т по-ру́сски.
10. Он зна́ет, что Мо́рган уже́ не́которое вре́мя изуча́ет[1] ру́сский язы́к, и хо́чет знать, каки́е он де́лает успе́хи.
11. Поэ́тому он сра́зу начина́ет говори́ть по-ру́сски.
12. Вот их разгово́р:

Друг: Здра́вствуй. Как ты[2] пожива́ешь?

Мо́рган: Очень хорошо́, спаси́бо. А ты?

Д : Ничего́. А как твои́ семья́?

М: Спаси́бо, все здоро́вы.

1. Professor Morgan has a study at the University. This study is larger than his study at home, but less comfortable.
2. Sometimes he lectures in the study.
3. Near the window in the study stands a large blackboard.
4. On the blackboard Professor Morgan often writes problems with chalk.
5. The students take notes with pencil or pen.
6. One day the professor is sitting at the table and is writing a letter.
7. Suddenly someone opens the door and enters the study.
8. It is an old friend, and Morgan is always very glad to see him.
9. This friend speaks Russian fluently.
10. He knows that Morgan has already been studying[1] Russian for some time, and wants to know how he is progressing.
11. Therefore, he at once begins to speak Russian.
12. Here is their conversation:

Friend: Hello. How are you?

Morgan: Very well, thank you. And you?

F : So-so. And how is your family?

M: Thanks, all are well.

Д : Кстáти, я слы́шу, что ты ужé нéкоторое врéмя изучáешь рýсский язы́к.

F : By the way, I hear that you have been studying Russian for some time now.

М: Это прáвда. Я хочý говори́ть, читáть и писáть по-рýсски.

M: That's true. I want to speak, read, and write Russian.

Д : Ты нахóдишь, что рýсский язы́к трýдный?

F : Do you find that the Russian language is difficult?

М: Довóльно трýдный; но я дéлаю успéхи. Мáло-помáлу я лýчше говорю́, читáю и пишý.

M: Quite difficult; but I am making progress. Little by little I am speaking, reading, and writing better.

Д : Это ви́дно! У тебя́ хорóший учи́тель?

F : That is evident. Have you a good teacher?

М: У меня́ óчень хорóший учи́тель.

M: I have a very good teacher.

Д : Как егó зовýт?

F : What is his name?

М: Егó и́мя — Бори́с; егó óтчество — Пáвлович; и егó фами́лия — Кузнецóв. Итáк егó зовýт: Бори́с Пáвлович Кузнецóв.

M: His first name is Boris; his patronymic is Pavlovich; and his family name is Kuznetsov. And so his name is Boris Pavlovich Kuznetsov.

Он роди́лся в СССР, но тепéрь он граждани́н Великобритáнии.

He was born in the U.S.S.R. but he is now a citizen of Great Britain.

Он живёт недалекó от меня́ и чáсто прихóдит ко мне, чтóбы давáть урóки.

He lives not far from me, and often comes to give me lessons.

Д : У тебя́ есть учéбник?

F : Do you have a textbook?

М: У меня́ óчень хорóший учéбник и прекрáсная кни́га для чтéния.

M: I have a very good textbook, and an excellent reading book.

Д : Ты дýмаешь éхать в СССР лéтом?

F : Are you thinking of going to the U.S.S.R. in the summer?

М: Да, я éду тудá лéтом.

M: Yes, I am going there in the summer.

Д : Отли́чно! Ты ужé óчень хорошó говори́шь по-рýсски.

F : Excellent! You are already speaking Russian well.

М: Спаси́бо! Я хочý говори́ть ещё лýчше.

M: Thanks! I want to speak it still better.

Д : Счастли́вого пути́!

F : Happy voyage!

М: До скóрого свидáния!
Друг выхóдит из кабинéта.

M: Hope to see you soon again.
The friend goes out of the study.

NOTES: 1. An action begun in the past and continuing in the present is expressed in Russian by the present tense. 2. Since Morgan and his visitor are old friends they use the familiar form of address in their conversation.

Building Vocabulary

кни́га для чтéния ('tʃtʃe-nʃl-jə) reading book (*lit.* book for reading)
доскá (das-'ka) board, blackboard

задáча (za-'da-tʃə) problem, task
мел (mjel) chalk

слы́шать II ('sli-ʃətj) to hear
(слы́шу, слы́шишь; слы́шат)
здоро́вый, '-ая, '-ое; '-ые (zda-'ro-vij) well, healthy
рад, ра́да, ра́до; ра́ды glad
пра́вда ('prav-də) truth
входи́ть[1] II (fxa-'djitj) to go in
выходи́ть[1] II (vi-xa-'djitj) to go out
находи́ть[1] II (nə-xa-'djitj) to find
начина́ть I (nə-tʃi-'natj) to begin
(начина́ю, начина́ешь; начина́ют)
открыва́ть I (at-kri-'vatj) to open
(открыва́ю, открыва́ешь; открыва́ют)
навеща́ть I (nə-vji-'ʃʃjatj) to visit
(навеща́ю, навеща́ешь; навеща́ют)
приходи́ть[1] (prji-xa-'djitj) II to come

тру́дный, '-ая, '-ое; '-ые ('trud-nij) difficult
бо́льше чем ('bolj-ʃə tʃem) greater than
ме́нее ('mje-nji-ji) less
вдруг (vdruk) suddenly
дово́льно (da-'volj-nə) rather, enough
кста́ти ('ksta-tji) by the way
одна́жды (ad-'naʒ-di) once, one day
сра́зу ('sra-zu) at once, immediately
так (tak) so
та́к что (tak-ʃtə) so that
Великобрита́ния Great Britain
Шотла́ндия Scotland
А́нглия England
Уэ́льс Wales
Ирла́ндия Ireland

NOTE: 1. *conjugated like* ходи́ть (*See Grammar Note 5 in this chapter*).

Выраже́ния

Это ви́дно. ('vji-dnə) That's evident.
Ка́к же! ('kag-ʒə) Why yes! To be sure!
ма́ло-пома́лу ('ma-lə pa-'ma-lu) little by little
ле́том ('lje-təm) in the summer
до ско́рого свида́ния (da 'sko-rə-və svji-'da-nji-jə) see you soon (*lit.* until the soon meeting)

за столо́м (zə sta-'lom) at the table
приходи́ть на уро́к to come for a lesson
Он прихо́дит ко мне на уро́к. He comes to me for a lesson.
счастли́вого пути́! (ʃʃjis-'lji-və-və pu-'tji) happy voyage!
не́которое вре́мя ('nje-kə-tə-rə-ji 'vrje-mjə) for some time

и́мя ('i-mjə) о́тчество ('ot-tʃist-və) фами́лия (fa-'mji-lji-jə)

Every Russian has three names: a first name (и́мя), a middle name (о́тчество); and a family name (фами́лия).

The о́тчество, or paternal name, is the father's first name plus the ending -ович or -евич (meaning "son of"), or the father's first name plus the ending -овна or -евна (meaning "daughter of"). Thus:

Бори́с Па́влович Кузнецо́в — Boris (son of Paul) Kuznetsov
Мари́я Па́вловна Кузнецо́ва — Mary (daughter of Paul) Kuznetsov
Ива́н Никола́евичНики́тин — John (son of Nicolas) Nikitin
А́нна Никола́евнаНики́тина — Anna (daughter of Nicolas) Nikitin

The Russians are fond of familiar forms for common first names (as in English—John, Johnny; Anna, Annie). Thus:

Ива́н	John	Ва́ня	А́нна	Anna	А́ня, Анну́шка
Бори́с	Boris	Бо́ря	Варва́ра	Barbara	Ва́ря
Влади́мир	Vladimir	Воло́дя	Мари́я	Maria	Ма́ша

Николай	Nicolas	Коля	Ольга	Olga	Оля
Пётр	Peter	Петя	Наталья	Natalie	Наташа
Григорий	Gregory	Гриша	Софья	Sophie	Соня

NOTE: Names of males with the feminine endings -я or -a are of course masculine in gender.

Grammar Notes and Practical Exercises

1. The Instrumental Case without a Preposition, Singular

The instrumental case, without a preposition, is used to indicate the instrument, means, or agent by which something is done.

In English the prepositions *with* and *by* are used to indicate the instrument or agent. Thus:

Чем студенты делают заметки?	With what do the students take notes?
Карандашом или ручкой?	With pencil or with pen?
Анна ест мясо вилкой.	Anna eats meat with a fork.
Профессор сегодня едет в город автомобилем.	Today the professor is going to town by car.

The instrumental case is formed as follows:
Masculine nouns ending in a consonant (т, л, н, с, etc.) add -ом.
Those ending in the soft sign -ь drop the -ь and add -ем.

студент	класс	стул	стол	рояль	автомобиль
студентом	классом	стулом	столом	роялем	автомобилем

Feminine nouns ending in -a drop -a and add -ой. Those ending in -я drop -я and add -ей.

ручка	вилка	школа	карта	шляпа
ручкой	вилкой	школой	картой	шляпой
книга	неделя	тётя	няня	
книгой	неделей	тётей	няней	

Neuter nouns ending in -o and -e add -м.

слово	окно	место	поле	здание
словом	окном	местом	полем	зданием

Note that masculine and neuter nouns have like endings in the instrumental case.

Chart of Endings in the Instrumental Case

a. Hard endings. When the nominative ends in a hard consonant (т, л, н, с, etc.), or in a hard vowel (a, o)

	Masculine		Feminine	Neuter
Nominative	класс	студент	школа	слово
Instrumental	классом	студентом	школой	словом

b. Soft endings. When the nominative ends in the soft sign **ь** (**ть, ль, нь, сь**, etc.), or in a soft vowel (**я, е**)

	Masculine	Feminine	Neuter
Nominative	рояль учитель	неделя	поле
Instrumental	роялем учителем	неделей	полем

Practise the nominative and instrumental forms of the following nouns. Note the accented syllables and say them strongly.

инструмент	инструментом (in-stru-ʹmjen-təm)	with an instrument
карандаш	карандашо́м (kə-rən-da-ʹʃom)	with a pencil
нож	ножо́м (na-ʹӡom)	with a knife
мел	ме́лом (ʹmje-ləm)	with chalk
самолёт	самолётом (sə-ma-ʹljo-təm)	by plane
парохо́д	парохо́дом (pə-ra-ʹxo-dəm)	by steamer
по́езд	по́ездом (ʹpo-jiz-dəm)	by train
автобус	авто́бусом (af-ʹto-bu-səm)	by bus
автомоби́ль	автомоби́лем (af-tə-ma-ʹbji-ljim)	by car
ло́жка	ло́жкой (ʹloʃ-kəj)	with a spoon
ру́чка	ру́чкой (ʹrutʃ-kəj)	with a pen
ви́лка	ви́лкой (ʹvjil-kəj)	with a fork
слова́рь	словарём (slə-va-ʹrjom)	with a dictionary

Exercise No. 93. Complete the Russian sentences with the correct words.

1. Ребёнок ест —— и ——.
2. Вы пи́шете ——?
3. Я пишу́ ——.
4. Они́ всегда́ е́здят туда́ ——.
5. Вы е́дете в Евро́пу ——?

6. Нет, мы е́дем ——.
7. Мы обы́чно е́здим в го́род ——.
8. Но сего́дня мы е́дом ·
9. —— легко́ писа́ть?
10. Ребёнок тепе́рь ест ——.

1. The child is eating with a knife and fork.
2. Are you writing with chalk?
3. I am writing with a pen.
4. They always go there by train.
5. Are you going to Europe by steamer?
6. No, we are going by plane.
7. We usually go to the city by bus.
8. But today we are going by car.
9. Is it easy to write with a pencil?
10. The child is now eating with a spoon.

2. The Instrumental Case with the Prepositions с, за

The preposition **с**, meaning *with* in the sense of *together with*, takes the instrumental case. **За** (behind) takes the instrumental in the sense of *place where*.

С кем вы игра́ете?	With whom are you playing?
Я игра́ю с Ива́ном.	I am playing with John.
Я е́ду в го́род с подру́гой.	I am going to the city with [my] friend (*f.*).

Он ест хлеб с маслом.   He eats bread with butter.
Где он стоит? За домом.   Where is he standing? Behind the
                                        house.

Note that the instrumental case of **кто** is **кем**; and the instrumental of **что** is **чем**. **Чем вы пишете? Я пишу ручкой.** With what are you writing? I am writing **with a pen.**

Exercise No. 94. Translate. Be careful to use the instrumental without a preposition to indicate the instrument or agent; and the instrumental with **c** if the meaning is *together with.*

1. I usually write with a pen. 2. Now I am writing with a pencil. 3. With whom is he speaking? 4. He is speaking with the teacher. 5. With what is she writing? 6. She is writing with chalk. 7. With whom are you going (riding) to the city? 8. I am going with the professor. 9. Are you going by train? 10. No, we are going by bus. 11. With what are you writing? 12. With whom are you going (walking)?

3. Instrumental of Personal and Interrogative Pronouns

я со[1] мной	ты с тобой	мы с нами	вы с вами	он, оно с ним
with me	with you	with us	with you	with him, it

она с ней	они с ними	кто с кем	что с чем
with her, it	with them	with whom	with what

NOTE: 1. **C** becomes **co** before certain combinations of consonants.

Exercise No. 95. Complete these exercises by translating the pronouns indicated.

1. **Вы идёте с** (him), **Анна Николаевна?** 2. **Нет. Я иду с** (her). 3. **С** (whom) **ты идёшь, Оля?** 4. **Я иду с** (them). 5. **Аня стоит за** (me). 6. **Кто сидит за** (you *fam.*), **Ваня?** 7. **Что с** (you *pol.*), **Борис Павлович?** 8. **Я не знаю, что со** (me). 9. (With what) **ты играешь, Наташа?** 10. **С** (whom) **вы говорите, Мария Павловна?**

4. Shortened Adjectives

Most adjectives have long and short forms.

The short forms are made by dropping the whole ending from the masculine singular and the second letter only from the feminine, neuter, and plural endings of the forms. Thus:

Long Forms	здоро́вый	здоро́вая	здоро́вое	здоро́вые
Short Forms	здоро́в	здоро́ва	здоро́во	здоро́вы

The short forms may be used only as predicate adjectives. They may not be used when the adjective precedes the noun.

Adjectives before Nouns

здоро́вый ма́льчик	a healthy boy
здоро́вая де́вушка	a healthy girl
здоро́вые де́ти	healthy children
краси́вая де́вушка	a pretty girl
молоды́е студе́нты	young students

Predicate Adjectives (*Short Forms*)

Ма́льчик — здоро́в.	The boy is healthy.
Де́вушка — здоро́ва.	The girl is healthy.
Де́ти — здоро́вы.	The children are healthy.
Де́вушка — краси́ва.	The girl is pretty.
Студе́нты — мо́лоды.	The students are young.

5. Ходи́ть with Prefixes: входи́ть, выходи́ть, приходи́ть, находи́ть

Prefixes added to the verb ходи́ть modify or change its meaning. Thus: входи́ть to go into, to enter; выходи́ть to go out; приходи́ть to come, to arrive; находи́ть to find (to come upon).

All compounds of ходи́ть are conjugated like ходи́ть.

Practise aloud:

Я вхожу́ в кабине́т.	Я всегда́ прихожу́ с бра́том.
Ты вхо́дишь в класс.	Ты обы́чно прихо́дишь с сестро́й.
Он вхо́дит в теа́тр.	Она́ ча́сто прихо́дит с учи́телем.
Мы вхо́дим в кино́.	Мы всегда́ ра́но прихо́дим.
Вы вхо́дите в музе́й.	Вы ре́дко по́здно прихо́дите.
Они́ вхо́дят в ко́мнату.	Они́ всегда́ ра́но прихо́дят на конце́рт.

Exercise No. 96. Вопро́сы. Reread the text, «Друг навеща́ет профе́ссора Мо́ргана». Then answer each question in Russian.

1. Кто навеща́ет профе́ссора? 2. Кабине́т в университе́те бо́льше или ме́ньше, чем[1] его́ кабине́т до́ма? 3. Где стои́т доска́? 4. Доска́ больша́я или ма́ленькая? 5. Чем профе́ссор пи́шет зада́чи на доске́? 6. Чем студе́нты де́лают заме́тки? 7. Кто вдруг открыва́ет дверь кабине́та? 8. Профе́ссор рад его́ ви́деть? 9. Этот друг говори́т по-ру́сски? 10. Кто уже́ не́которое вре́мя изуча́ет ру́сский язы́к? 11. Его́ друг сра́зу начина́ет говори́ть по-англи́йски? 12. Профе́ссор нахо́дит, что ру́сский язы́к тру́дный? 13. У него́ есть уче́бник? 14. У него́ есть хоро́ший учи́тель?

NOTE: 1. ме́ньше ('mjenj-ʃə) чем smaller than, less than; бо́льше чем larger than, more than

CHAPTER 21

Гостиная профессора Моргана
The Living Room of Professor Morgan

1. Как вы уже́ зна́ете, у профе́ссора Мо́ргана краси́вый дом. В до́ме есть гости́ная, столо́вая, ку́хня, ва́нная, кабине́т и три спа́льни. Вот гости́ная.

1. As you already know, Professor Morgan has a beautiful house. In the house there are a living room, a dining room, a kitchen, a bathroom, a study, and three bedrooms. Here is the living room.

2. Эта гости́ная дово́льно больша́я.

2. This living room is quite large.

3. В ко́мнате есть одно́ большо́е окно́.

3. In the room there is one large window.

4. Из окна́ мо́жно смотре́ть на краси́вый сад.

4. From the window one can look at a beautiful garden.

5. Нале́во от окна́ стои́т роя́ль.

5. To the left of the window stands a piano.

6. У роя́ля стои́т высо́кая ла́мпа, а на роя́ле лежа́т но́ты.

6. At the piano stands a tall lamp, and on the piano lies some music.

7. На стене́ о́коло роя́ля портре́т жены́ профе́ссора. Она́ краси́вая же́нщина.

7. On the wall near the piano is a portrait of the professor's wife. She is a beautiful woman.

8. Еле́на Мо́рган — прекра́сная пиани́стка, и та́кже о́чень хорошо́ поёт.

8. Helen Morgan is an excellent pianist and also sings very well.

9. Профе́ссор не игра́ет на роя́ле, но лю́бит му́зыку. Он ча́сто хо́дит на конце́рты.

9. The professor does not play the piano, but he loves music. He often goes to concerts.

10. Напра́во от окна́ стоя́т телеви́зор и ра́дио.

Профе́ссор и его́ жена́ о́чень не лю́бят смотре́ть телеви́зор, но де́ти лю́бят смотре́ть телеви́зор.

10. To the right of the window stand a television set and a radio.

The professor and his wife dislike watching television but the children love to watch television.

11. Вдоль стены́ — дива́н. О́коло дива́на — сто́лик.

11. Along the wall there is a divan. Near the divan is a little table.

12. На сто́лике — тру́бка, сигаре́-
ты, спи́чки и пе́пельница. Про-
фе́ссор ку́рит то́лько тру́бку.

13. Вдоль стены́, напро́тив дива́на,
стоя́т кни́жные по́лки.

14. В ко́мнате два кре́сла, одно́ —
о́коло телеви́зора, друго́е —
о́коло дива́на.

15. На полу́ лежи́т краси́вый кра́с-
ный ковёр.

16. Де́ти лю́бят сиде́ть на ковре́,
когда́ они́ смо́трят телеви́зор.

17. Ко́шки профе́ссора Мо́ргана
лю́бят лежа́ть на ковре́.

12. On the little table there are a
pipe, cigarettes, matches, and an
ashtray. The professor smokes
only a pipe.

13. Along the wall opposite the divan
stand bookshelves.

14. In the room there are two armchairs, one near the television
set, the other near the divan.

15. On the floor lies a beautiful red
carpet.

16. The children like to sit on the
carpet when they watch television.

17. Professor Morgan's cats like to
lie on the carpet.

Building Vocabulary

ковёр (ka-'vjor) carpet
  на ковре́ on the carpet
му́зыка ('mu-zi-kə) music
но́ты ('no-ti) music sheet, notes
пе́пельница ('pje-pjilj-nji-tsə) ashtray
портре́т (par-'trjet) portrait
пиани́стка (pji-a-'njist-kə) pianist (*f.*)
сто́лик ('sto-ljik) little table
телеви́зор (tji-lji-'vji-zər) television
  set
петь I (pjetj) to sing
  (пою́, поёшь; пою́т)
смотре́ть II (sma-'trjetj) to look
  (смотрю́, смо́тришь; смо́трят)
слу́шать I ('slu-ʃətj) to listen
  (слу́шаю, слу́шаешь; слу́шают)

высо́кий, '-ая, '-ое; '-ие (vi-'so-kjij)
high
кни́жный, '-ая, '-ое; '-ые ('knjiʒ-nij)
book *adj.*
та́кже ('tag-ʒə) = то́же also
уже́ (u-'ʒe) already
вдоль (vdolj) *prep.* + *gen.* along
от (ot) *prep.* + *gen.* from
нале́во от to the left of
напра́во от to the right of
из (is) *prep.* + *gen.* out of, from
о́коло ('o-kə-lə) *prep.* + *gen.* near,
next to
напро́тив (na-'pro-tjif) *prep.*+*gen.*
opposite
у (u) *prep.* + *gen.* at, near, by, at the
house of

Выраже́ния

о́чень не люби́ть to dislike
Я о́чень не люблю́ смотре́ть телеви́-
зор. I dislike watching television.

ходи́ть на конце́рт (в теа́тр) to go
to a concert (to the theatre)
Они́ ча́сто хо́дят на конце́рт и в
теа́тр. They often go to a concert
and to the theatre.

Grammar Notes and Practical Exercises

1. The Genitive Case

The genitive case in Russian has a number of important uses. In this chapter you will learn the forms of the noun in the genitive singular and two uses of the genitive: 1) to show possession; 2) with prepositions.

2. Genitive Case Singular of Nouns — Possessive or "of" Use:

Masculine	*Feminine*	*Neuter*
дом студе́нта	стена́ шко́лы	длина́ сло́ва
the home of the student	the wall of the school	the length of the word
ко́мната учи́теля	дни неде́ли	цвет по́ля
the room of the teacher, the teacher's room	the days of the week	the colour of the field

The genitive case is formed as follows:

Masculine nouns ending in a consonant (п, т, н, с, etc.) add -a to form the genitive.

Nom.	студе́нт	профе́ссор	класс	стул	стол	каранда́ш
Gen.	студе́нта	профе́ссора	кла́сса	сту́ла	стола́	карандаша́

Masculine nouns ending in the soft sign -ь (ль, ть, нь, сь, etc.) drop -ь and add the soft vowel -я to form the genitive.

Nom.	учи́тель	слова́рь	рои́ль	день	рубль
Gen.	учи́теля	словаря́	рои́ля	дня[1]	рубля́

Feminine nouns ending in -a change to -ы to form the genitive singular; those ending in -я change to -и.

Nom.	шко́ла	ко́мната	жена́	стена́	семья́	тётя	ня́ня
Gen.	шко́лы	ко́мнаты	жены́	стены́	семьи́	тёти	ня́ни

Neuter nouns change hard -o to -a and soft -e to -я to form the genitive.

Nom.	окно́	сло́во	ме́сто	я́блоко	по́ле	зда́ние
Gen.	окна́	сло́ва	ме́ста	я́блока	по́ля	зда́ния

Note that both masculine and neuter nouns end in -a or -я in the genitive singular.

NOTE: 1. Certain nouns that have an e or o in the nominative case drop the e or o before case endings. Memorize such nouns as you meet them. Thus: *Nom.* день, *Gen.* дня, *Dat.* дню, *Acc.* день, *Inst.* днём, *Prep.* дне.

Chart of Noun Endings in the Genitive Singular

a. Hard endings. When the nominative case ends in a hard consonant (т, л, н, с, etc.), or in a hard vowel (a, o).

	Masculine		*Feminine*	*Neuter*
Nominative	класс	студе́нт	шко́ла	сло́во
Genitive	кла́сса	студе́нта	шко́лы	сло́ва

b. Soft endings. When the nominative case ends in the soft sign -ь (ть, ль, нь, сь, etc.), or in a soft vowel (я or e).

	Masculine	Feminine	Neuter
Nominative	роя́ль учи́тель	неде́ля	по́ле
Genitive	роя́ля учи́теля	неде́ли	по́ля

If the stem of the feminine noun ends in г, к, х; ж, ч, ш, щ, the genitive ending -ы must be replaced by -и according to the Spelling Rule (*see Chapter 16, Grammar Note* 7, p. 86).

Nom. кни́га де́вушка фа́брика руба́шка ю́бка
Gen. кни́ги де́вушки фа́брики руба́шки ю́бки

Exercise No. 97. Translate the following expressions:

1. the teacher's brother (the brother of the teacher) 2. the colour of the book 3. a friend of the professor 4. the student's sister (the sister of the student) 5. the theatres of the city 6. the living room of the house 7. the windows of the room 8. the wife's portrait (the portrait of the wife) 9. the colour of the pencil 10. the colour of the pen 11. a friend of the girl

3. Genitive with Prepositions

a. The majority of prepositions take the genitive case. You have met the following:

1. вдоль along
2. из from, out of
3. о́коло near
4. от from, away from

5. напра́во от to the right of
6. нале́во от to the left of
7. у at, near, by, at the house of

Thus: у окна́ (at, near) by the window; у до́ктора at the doctor's (house or consulting room); у профе́ссора at the professor's (house or office).

b. The preposition у in expressions of "having".

You have already learned the expressions of "having" with personal pronouns. In such expressions the pronouns and nouns are in the genitive case after the preposition у. Thus:

У меня́ есть кни́га.	I have a book. *lit.* In the possession of me there is a book.
У тебя́ есть кни́га.	You (*fam.*) have a book. *lit.* In the possession of you there is a book.
У профе́ссора есть кабине́т.	The professor has a study. *lit.* In the possession of the professor there is a study.
У сестры́ есть но́вая шля́па.	Sister has a new hat. *lit.* In the possession of sister there is a new hat.

Exercise No. 98. Practise the phrases and sentences aloud. Translate them.

1. из окна́ 2. вдоль стены́ 3. у врача́ 4. у учи́теля 5. у роя́ля 6. нале́во от стола́ 7. нале́во от фа́брики 8. далеко́ от го́рода 9. вдоль у́лицы 10. о́коло теа́тра 11. напра́во от шко́лы 12. из дере́вни 13. У меня́ есть автомоби́ль. 14. У тебя́ есть тетра́дь? 15. У него́ есть больша́я тетра́дь. 16. У неё есть бе́лая шля́па. 17. У нас есть но́вый дом. 18. У вас хоро́ший учи́тель. 19. У них хоро́шая учи́тельница? 20. У кого́ есть голубо́й каранда́ш?

4. The Genitive and Accusative of Animate Nouns and Personal Pronouns

You have learned that the accusative case singular of masculine animate nouns (persons, animals) ends in a -a or -я (*Chapter* 12, *Grammar Note* 2 p. 61).

Thus the genitive singular and accusative singular of masculine animate nouns are identical in form. Personal pronouns and the interrogative кто have identical forms in the genitive and accusative.

Animate Nouns

Nom.	студе́нт	профе́ссор	ма́льчик	брат	учи́тель
Gen.	студе́нта	профе́ссора	ма́льчика	бра́та	учи́теля
Acc.	студе́нта	профе́ссора	ма́льчика	бра́та	учи́теля

Personal Pronouns   Interrogative

Nom.	я	ты	мы	вы	он	она́	оно́	они́		кто
Gen.	меня́	тебя́	нас	вас	его́	её	его́	их		кого́
Acc.	меня́	тебя́	нас	вас	его́	её	его́	их		кого́

After prepositions, его́, её, and их become него́, неё, них. Thus: от него́ from him; о́коло неё near her; от них from them. У него́ есть уче́бник. He has a textbook (*lit.* In the possession of him there is a textbook).

5. The Possessive Interrogative Adjective, "Whose"

Masc.	Чей э́то стол?	Это мой стол.	Это стол профе́ссора.
	Whose table is this?	It is my table.	It is the professor's table. (the table of the professor)
Fem.	Чья э́то кни́га?	Это моя́ кни́га.	Это кни́га ма́льчика.
	Whose book is this?	It is my book.	It is the boy's book. (the book of the boy)
Neut.	Чьё э́то ме́сто?	Это моё ме́сто.	Это ме́сто де́вочки.
	Whose seat is this?	It is my seat.	It is the girl's seat.
Pl.	Чьи э́то кни́ги?	Это мои́ кни́ги.	Это кни́ги ученика́.
	Whose books are these?	They are my books.	They are the pupil's books.

Pronunciation: чей (tʃej) чья (tʃja) чьё (tʃjo) чьи (tʃji).

Чей, like мой, твой, наш, ваш, has three singular forms, one for each gender, and one plural form. It must agree in gender and number with the noun to which it refers.

Exercise No. 99. Complete these sentences with the accusative of the given masculine animate noun. Приме́р: 1. Я ви́жу ма́льчика.

1. Я ви́жу ——. (ма́льчик)
2. Ты ви́дишь ——. (до́ктор)
3. Он ви́дит ——. (студе́нт)
4. Она́ ви́дит ——. (адвока́т)
5. Кто ви́дит ——? (учи́тель)
6. Мы ви́дим ——. (профе́ссор)
7. Вы ви́дите ——. (брат)
8. Они́ ви́дят ——. (врач)
9. Вы ви́дите ——? (инжене́р)
10. Кто ви́дит ——? (машини́ст)

Exercise No. 100. Complete these sentences by translating the given pronoun in the accusative case. Приме́р: 1. Я смотрю́ на него́.

1. Я смотрю́ на (him).
2. Мы зна́ем (her).
3. Он лю́бит (us).
4. Они́ лю́бят (you *fam.*).
5. Я зна́ю (you *pol.*).
6. Мы смо́трим на (them).
7. Она́ зна́ет (me).
8. Мы зна́ем (her).
9. (Whom) вы зна́ете?

Exercise No. 101. Complete the Russian sentences with the correct pronoun in the genitive case. Приме́р: 1. Нале́во от меня́ стоя́т кни́жные по́лки.

1. Нале́во от —— стоя́т кни́жные по́лки.
2. Он сиди́т напра́во от ——.
3. Она́ тепе́рь у ——.
4. Они́ живу́т напро́тив ——.
5. У —— но́вая шля́па.
6. У —— но́вый автомоби́ль.
7. У —— но́вое пла́тье.
8. У —— хоро́ший учи́тель?
9. У —— больша́я ко́мната.
10. У —— есть чёрная ко́шка?

1. To the left of me are bookshelves.
2. He is sitting to the left of you (*pol.*)
3. She is now at the doctor's.
4. They live opposite us.
5. I have a new hat.
6. They have a new car.
7. She has a new dress.
8. Have you (*fam.*) a good teacher?
9. We have a large room.
10. Who has a black cat?

Exercise No. 102. Вопро́сы. Reread the text, «Гости́ная профе́ссора Мо́ргана». Then answer each question in Russian.

1. У кого́ есть хоро́ший дом? 2. Гости́ная больша́я и́ли ма́ленькая? 3. Что́ стои́т нале́во от окна́? 4. Что́ стои́т у роя́ля? 5. Где но́ты? 6. Где портре́т жены́ профе́ссора? 7. Кто прекра́сная пиани́стка? 8. Профе́ссор игра́ет на роя́ле? 9. Где стоя́т телеви́зор и ра́дио? 10. Кто о́чень не лю́бит смотре́ть телеви́зор? 11. Где стои́т дива́н? 12. Где сигаре́ты и спи́чки? 13. В ко́мнате два и́ли три кре́сла? 14. Что́ лежи́т на полу́? 15. Где сидя́т де́ти, когда́ смо́трят телеви́зор? 16. Ко́шки лю́бят лежа́ть на ковре́?

CHAPTER 22

Морган и Кузнецов пьют чай

Morgan and Kuznetsov Drink Tea

1. Столо́вая — дово́льно больша́я ко́мната.
2. Посреди́ ко́мнаты стои́т кру́глый стол. Вокру́г стола́ стоя́т сту́лья.[1]
3. Над столо́м — электри́ческая ла́мпа.
4. Вдоль стены́, нале́во от стола́, стои́т буфе́т.
5. На стене́, напро́тив буфе́та — зе́ркало и две карти́ны.
6. На столе́ — краси́вый ча́йник, са́харница, кувши́н с молоко́м, ча́шки, блю́дца, ча́йные ло́жки, ви́лки и таре́лка с то́ртом.
7. Мо́рган и Кузнецо́в сидя́т за столо́м.

М: Вы пьёте чай с молоко́м и́ли с лимо́ном?

К : Я предпочита́ю с лимо́ном и са́харом.

М: Пить чай из стака́на вме́сто ча́шки — ру́сский обы́чай, не пра́вда ли?

К : Пра́вда. В СССР пьют чай из стака́на. В Великобрита́нии пьют чай из ча́шки. Ру́сские кипятя́т во́ду для ча́я в ча́йнике.

М : У вас есть самова́р?

К : Нет, у меня́ нет самова́ра

Мо́рган налива́ет из ча́йника две ча́шки ча́ю.

Они́ пьют чай и еди́т торт.

К : Како́й вку́сный торт !

1. The dining room is quite a large room.
2. In the middle of the room stands a round table. Around the table stand chairs.
3. Above the table is an electric lamp.
4. Along the wall, to the left of the table, stands a buffet.
5. On the wall, opposite the buffet, are a mirror and two pictures.
6. On the table are a beautiful teapot, a sugar bowl, a jug with milk, cups, saucers, teaspoons, forks, and a plate with a cake.
7. Morgan and Kuznetsov are sitting at the table.

M: Do you drink tea with milk or with lemon?

K : I prefer it with lemon and sugar.

M: Drinking tea out of a glass instead of a cup is a Russian custom, isn't it?

K : Right. In the U.S.S.R. they drink tea out of a glass. In Great Britain they drink tea out of a cup. The Russians boil the water for tea in a kettle.

M: Do you have a samovar?

K: No, I do not have a samovar.[2]

Morgan pours two cups of tea from the teapot.

They drink tea and eat cake.

K: What tasty cake!

M: Вы хоти́те ещё кусо́к, и ещё ча́шку ча́ю?[2]

K : Да, спаси́бо. Всё о́чень вку́сно. И, зна́ете, вы говори́те по-ру́сски всё лу́чше и лу́чше!

M: За э́то я до́лжен благодари́ть вас.

K : Вы о́чень любе́зны.

Оба говоря́т «до свида́ния», и Кузнецо́в ухо́дит.

M: Do you want another piece, and another cup of tea?

K : Yes, thanks. Everything is very tasty. And you know, you are speaking Russian better and better.

M: For that I must thank you.

K : You are very kind.

Both say good-bye, and Kuznetsov goes away.

NOTES: 1. **стул** *pl.* **сту́лья.** This is an irregular plural. The regular plural of masculine nouns ending in a consonant is, as you have learned, **-ы** (**стол —** **столы́**).

2. Some masculine nouns have a special genitive in **-у (-ю)** instead of **-а (-я)** after words of quantity. Thus: **ча́шка ча́ю** (instead of the regular genitive **ча́я**).

Building Vocabulary

блю́дце (′blut-tsə) saucer
буфе́т (bu-′fjet) buffet, sideboard
ви́лка (′vjil-kə) fork
вода́ (va-′da) water
кувши́н (kuf-′ʃin) jug
кусо́к (ku-′sok) piece
лимо́н (lji-′mon) lemon
ло́жка (′loʃ-kə) spoon
обы́чай (a-′bi-tʃəj) custom
самова́р (sə-ma-′var) samovar
са́харница (′sa-xər-nji-tsə) sugar bowl
стака́н (sta-′kan) glass
таре́лка (ta-′rjel-kə) dish
ча́йник (′tʃaj-njik) teapot (*also used for* kettle)
торт (tort) cake
благодари́ть II (blə-gə-da-′rjitj) to thank
  (благодарю́, благодари́шь; благодаря́т)
кипяти́ть II (kji-pji-′tjitj) to boil
  (кипячу́, кипяти́шь; кипятя́т)

налива́ть I (nə-lji-′vatj) to pour
  (налива́ю, налива́ешь; налива́ют)
пить I (pjitj) to drink
  (пью, пьёшь; пьют)
уходи́ть II (u-xa-′djitj) to go away
  (ухожу́, ухо́дишь; ухо́дят)
вку́сный, ′-ая, ′-ое; ′-ые (′fkus-nij) tasty
до́лжен (′dol-ʒin) (должна́, должно́; должны́) must, should, ought
кру́глый, ′-ая, ′-ое; ′-ые (′krug-lij) round
вме́сто (′vmjes-tə) *prep.* + *gen.* instead of
вокру́г (va-′kruk) *prep.* + *gen.* around
за (za) *prep.* + *instr.* behind; за столо́м at the table
за *prep.* + *acc.* for, in exchange for; за э́то for that
посреди́ (pə-srji-′dji) *prep.* + *gen.* in the middle
над (nat) *prep.* + *instr.* over

Some uses of ещё (ji-′ʃʃjo)

Она́ ещё живёт в при́городе.
Ма́льчики ещё не рабо́тают.
Вы хоти́те ещё оди́н стака́н?
Да́йте мне ещё одно́ я́блоко!

She is still living in the suburbs.
The boys are not working yet.
Do you want another glass?
Give me another apple!

Note that **ещё** means another (one more) and **другóй** another (a different one).

Он хóчет читáть ещё одйн журнáл.	He wants to read another (one more) paper.
У негó тóлько одйн.	He has only one.
У вас есть другóй карандáш? Этот пйшет плóхо.	Have you another (a different) pencil? This one writes poorly.

Grammar Notes and Practical Exercises

1. Present Tense of есть *irr.* (jestj) to eat

Есть is one of three irregular verbs which do not belong to either Conjugation I or II.

я ем (jem)	мы едйм (ji-'djim)
ты ешь (jeʃ)	вы едйте (ji-'dji-tji)
он ест (jest)	они едя́т (ji-'djat)

The verb **кýшать** I also means *to eat*, but **есть** is more commonly used. **Кýшать** is usually used in the second person: **Вы кýшаете сегóдня в ресторáне?** Are you eating in a restaurant today? The verb **есть** (*to eat*) has nothing to do with **есть** *there is* (*are*).

2. Some Other Uses of the Genitive Case

a. Genitive after expressions of quantity.

скóлько молокá? how much (of) milk?	**скóлько мя́са?** how much (of) meat?
мнóго молокá much (of) milk	**мнóго мя́са** much (of) meat
чáшка молокá a cup of milk	**кусóк тóрта** a piece of cake
скóлько водьý how much (of) water?	**кусóк хлéба** a piece of bread
стакáн водьý a glass of water	**бутьýлка вóдки** a bottle of vodka

The regular genitive of **чай** is **чáя**. The special form **чáю** is used after an expression of quantity. Thus: **чáшка чáю** a cup of tea.

b. Genitive to express "some".

Acc.	Дáйте мне молокó.	Give me the milk.
Gen.	Дáйте мне молокá.	Give me some milk.
Acc.	Дáйте мне мя́со.	Give me the meat.
Gen.	Дáйте мне мя́са.	Give me some meat.
Acc.	Дáйте мне хлеб.	Give me the bread.
Gen.	Дáйте мне хлéба.	Give me some bread.
Acc.	Дáйте мне винó.	Give me the wine.
Gen.	Дáйте мне винá.	Give me some wine.

c. Genitive in negative expressions of "having".

У вас есть самовáр?	Have you a samovar?
У меня́ есть самовáр.	I have a samovar.
У меня́ нет самовáра.	I haven't a samovar.[1]
У негó есть автомобйль.	He has a car.
У негó нет автомобйля.	He does not have a car.[2]

NOTES: 1. *lit*. In the possession of me there is not *of* samovar.　2. *lit*. In the possession of him there is not *of* car.

есть = there is or there are; **нет** = there is not or there are not.

d. Genitive as direct object of a verb in the negative.

The direct object of a verb in the negative is usually in the genitive case.

Он покупа́ет костю́м.	He is buying the suit.
Он не покупа́ет костю́ма.	He is not buying the suit.
Я ви́жу карти́ну.	I see the picture.
Я не ви́жу карти́ны.	I do not see the picture.

Exercise No. 103. Make these sentences negative. **Приме́р: 1. У меня́ нет ка́рты.**

1. У меня́ есть ка́рта.　2. У нас есть слова́рь.　3. У них есть дом в го́роде.　4. У профе́ссора есть дом в го́роде.　5. У неё есть каранда́ш.　6. У тебя́ есть ру́чка.　7. У жены́ есть ла́мпа.　8. У ма́льчика есть я́блоко.　9. У де́вочки есть стака́н и ча́шка.　10. У до́ктора есть кабине́т.

Exercise No. 104. Change these sentences to the negative.

Приме́р: 1. Он не покупа́ет костю́ма сего́дня.

1. Он покупа́ет костю́м сего́дня.　2. Я ви́жу ка́рту.　3. Мы понима́ем сло́во.　4. Учени́к де́лает уро́к.　5. Де́ти лю́бят шко́лу.　6. Оте́ц чита́ет газе́ту.　7. Мать пи́шет письмо́.　8. Вы зна́ете отве́т.　9. Мы лю́бим теа́тр.　10. Он хо́чет кни́гу.　11. Мари́я открыва́ет окно́.

Exercise No. 105. Practise aloud. Translate.

Я ем я́блоко.	Я пью чай из стака́на.
Ты ешь мно́го мя́са.	Ты пьёшь ко́фе из ча́шки.
Он ест кусо́к то́рта.	Он пьёт молоко́ из буты́лки.[2]
Мы еди́м немно́го хле́ба.	Мы пьём во́ду из стака́на.
Вы еди́те мно́го ма́сла.	Вы пьёте вино́[3] и пи́во.[4]
Они́ едя́т мно́го ры́бы.[1]	Они́ пьют пи́во и во́дку.[5]
Что́ вы ку́шаете?	Что́ вы пьёте?

NOTES: 1. ры́ба ('ri-bə) fish　2. буты́лка (bu-'til-kə) bottle　3. вино́ (vji-'no) wine　4. пи́во ('pji-və) beer　5. во́дка ('vot-kə) vodka

3. До́лжен ('dol-ʒin), должна́ (dalʒ-'na), должно́ (dalʒ-'no); должны́ (dalʒ-'ni) must, should, be obliged to, ought

До́лжен is used only as a predicate adjective with short forms. It agrees in gender and number with the subject that precedes it. It expresses the idea of obligation or compulsion. In English this idea is expressed by *must, should, be obliged to, ought*.

Masculine	*Feminine*	*Neuter*	*Plural, All Genders*
я, ты, он	я, ты, она́	оно́	мы, вы, они́
до́лжен	должна́	должно́	должны́
I, you, he must	I, you, she must	It must	we, you, they must

он до́лжен ча́сто писа́ть   He must (ought to) write often.
она́ должна́ идти́ домо́й   She must (ought to) go home.
они́ должны́ слу́шать   They must (ought to) listen.

Exercise No. 106. Complete these sentences with the correct form of до́лжен. Be sure to accent each form correctly.

Приме́р: 1. Я должна́ идти́ домо́й.

1. Я (*f.*) —— идти́ домо́й. 2. Я (*m.*) —— игра́ть здесь. 3. Ты (*m.*) —— рабо́тать весь день. 4. Ты (*f.*) —— де́лать уро́ки ка́ждый день. 5. Он —— ча́сто е́здить в го́род. 6. Она́ —— всегда́ есть в рестора́не. 7. Мы —— е́здить на метро́. 8. Вы —— всегда́ говори́ть по-ру́сски в кла́ссе. 9. Они́ —— ча́сто писа́ть пи́сьма. 10. Кто —— идти́ домо́й?

Exercise No. 107. Translate.

1. I want some milk. 2. Do you want some bread and butter? 3. Do you drink coffee? 4. No, but I drink beer. 5. We drink tea with milk. 6. The lamp is over the table. 7. The cat is behind the armchair. 8. She is eating a piece of cake. 9. He is drinking a glass of beer. 10. Do you want a bottle of milk? 11. I have a pen. 12. I haven't a pencil. 13. He has a knife, but he hasn't a fork. 14. We are obliged to work all day. 15. They must go home.

Exercise No. 108. Вопро́сы. Reread the text, «Мо́рган и Кузнецо́в пьют чай». Then answer each question in Russian.

1. Столо́вая больша́я и́ли ма́ленькая? 2. Како́й стол стои́т там? 3. Где стоя́т сту́лья? 4. Кака́я ла́мпа над столо́м? 5. Что стои́т нале́во от стола́? 6. Что стои́т на столе́? 7. Где сидя́т Мо́рган и Кузнецо́в? 8. Что они́ пьют и едя́т? 9. Кузнецо́в предпочита́ет чай с молоко́м и́ли с лимо́ном? 10. Из чего́ ру́сские пьют чай? 11. У профе́ссора Мо́ргана есть самова́р? 12. Кто налива́ет две ча́шки ча́ю? 13. Кузнецо́в хо́чет ещё кусо́к то́рта? 14. Этот торт вку́сный? 15. Кто ухо́дит?

CHAPTER 23

Аня больна — Annie is ill

Тепе́рь февра́ль. Идёт снег и дово́льно хо́лодно. Кузнецо́в прихо́дит к профе́ссору.

Фили́пп, ста́рший ма́льчик профе́ссора, идёт в пере́днюю и открыва́ет дверь.

Он говори́т: «До́брый ве́чер, господи́н Кузнецо́в. Входи́те! Да́йте мне, пожа́луйста, ва́шу шля́пу и ва́ше пальто́. Па́па вас ждёт в кабине́те».

Кузнецо́в говори́т: «Спаси́бо», даёт ма́льчику шля́пу и пальто́ и идёт в кабине́т, где его́ ждёт профе́ссор.

То́тчас же они́ начина́ют говори́ть по-ру́сски.

М: Как вы пожива́ете?

К : О́чень хорошо́, спаси́бо. А вы и ва́ша семья́?

М: Я здоро́в, спаси́бо, но моя́ до́чка, Аня, больна́.

К : Как жаль! Что с ней?

М: До́ктор говори́т, что у неё на́сморк и си́льный жар.

Аня должна́ лежа́ть в посте́ли.[1] Она́ мо́жет пить фрукто́вый сок и мо́жет есть то́лько ка́шу и поджа́ренный хлеб с молоко́м. Она́ тепе́рь споко́йно спит.

К : Э́то хорошо́. Аня хо́дит в шко́лу?

М: Нет. Она́ сли́шком мала́. Други́е де́ти хо́дят в шко́лу.

Мо́рган и Кузнецо́в продолжа́ют говори́ть о семье́ Мо́ргана. Наконе́ц Кузнецо́в говори́т: «Мне пора́ идти́ домо́й.»

It is now February. It is snowing and is quite cold. Kuznetsov comes to the professor's house.

Philip, the elder boy of the professor, goes to the entrance hall and opens the door.

He says, "Good evening, Mr. Kuznetsov. Come in! Please give me your hat and coat. Daddy is waiting for you in the study."

Kuznetsov says, "Thanks", gives the boy his hat and coat and goes to the study, where the professor is awaiting him.

Immediately they begin to talk in Russian.

M: How are you?

K : Very well, thank you. And how are you and your family?

M: I am well, thank you, but my little daughter, Annie, is ill.

K : What a pity! What is the matter with her?

M: The doctor says that she has a cold and high fever.

Annie must stay in bed. She may drink juice, and may eat only cooked cereal[2] and toast with milk. She is now sleeping quietly.

K : That's good. Does Annie go to school?

M: No. She is too young (lit. small). The other children go to school.

Morgan and Kuznetsov continue talking about Morgan's family. Finally Kuznetsov says, "It's time for me to go home."

Фили́пп идёт с учи́телем в пере́д-
нюю и подаёт ему́ шля́пу и пальто́.

Philip goes to the hall with the
teacher and gives him [his] hat and
coat.

Кузнецо́в благодари́т ма́льчика,
говори́т «споко́йной но́чи» и ухо́дит.

Kuznetsov thanks the boy, says
"good night", and leaves (*lit.* goes
away).

NOTE: 1. The prepositional case of feminine nouns ending in -ь ends in -и
instead of -е. Thus: дверь *f.* о две́ри; посте́ль *f.* в посте́ли.   2. Ка́ша has no
exact equivalent in English. It is most often eaten at breakfast, and can be
made of milk, buckwheat, semolina, or rice. The last two forms of it are not
unlike semolina pudding and rice pudding.

Building Vocabulary

Аня ('a-njə) Annie
до́чка ('dotʃ-kə) little daughter
жар (ʒar) fever
ка́ша ('ka-ʃə) cooked cereal, gruel,
   porridge
на́сморк ('na-smərk) head cold
пере́дняя (pji-'rjed-njə-jə) vestibule
посте́ль *f.* (pas-'tjelj) bed
ребёнок (rji-'bjo-nək) child
   де́ти (*plur.*) children
сок (sok) juice
хлеб (xljep) bread
поджа́ренный (pad-'ʒa-rjin-nij) хлеб
   toast
февра́ль *m.* (fjiv-'ralj) February
был (bil) was
дава́ть I (da-'vatj) to give
   (даю́, даёшь; даю́т)
подава́ть I (pə-da-'vatj) to give, to
   help on with, serve
ждать I (ʒdatj) to wait for, await
   (жду, ждёшь; ждут)

мочь I (motʃ) to be able, can, may
   (могу́, мо́жешь; мо́гут)
продолжа́ть I (prə-dal-'ʒatj) to continue (продолжа́ю, продолжа́ешь;
   продолжа́ют)
больно́й, -а́я, -о́е; -ы́е (balj-'noj) sick
   short forms: бо́лен, больна́, боль-
   но́; больны́
здоро́вый, '-ая, '-ое; '-ые (zda-'ro-
   vij) healthy
си́льный, '-ая, '-ое; '-ые ('sjilj-nij)
   strong
ста́рший, '-ая, '-ее; '-ие ('star-ʃij)
   older
ма́лый, '-ая, '-ое; '-ые ('ma-lij)
   small, little
фрукто́вый, '-ая, '-ое; '-ые (fruk-
   'to-vij) fruit (*adj.*)
наконе́ц (nə-ka-'njets) finally
то́тчас ('tot-tʃəs) at once
то́тчас же immediately; же (ʒə) is
   added for emphasis
сли́шком ('sljiʃ-kəm) too

Выраже́ния

сего́дня у́тром (sji-'vod-njə 'u-trəm)
   this morning
сего́дня ве́чером ('vje-tʃi-rəm) this
   evening
Как жаль! (kak ʒalj) What a pity!;
   I'm sorry!
Что́ с ней? (ʃto snjej) What's the
   matter with her?

У неё на́сморк. (u nji-'jo 'na-smərk)
   She has a cold.
У неё жар. (u nji-'jo ʒar) She has a
   fever.
Идёт снег. (i-'djot snjek) It is snowing.
лежа́ть в посте́ли (lji-'ʒatj fpas-'tje-
   lji) to stay in bed

Grammar Notes and Practical Exercises

1. Present Tense of мочь to be able, can, may

я могу́ (ma-'gu)	мы мо́жем ('mo-ʒim)
ты мо́жешь ('mo-ʒiʃ)	вы мо́жете ('mo-ʒi-tji)
он мо́жет ('mo-ʒit)	они́ мо́гут ('mo-gut)

2. The Dative Case

The dative case is the case of the indirect or "to" object. It indicates the person *to* whom an action is directed. The dative is also used after the prepositions **к** *to*, **по** *along, through, about*, and a few others. Study the following examples of the dative case.

Кому́ он даёт ру́чку?	**To whom** is he giving the pen?
Он даёт ру́чку студе́нту.	He is giving the pen **to the student**.
Он даёт ру́чку учи́телю.	He is giving the pen **to the teacher**.
Он даёт ру́чку де́вушке.	He is giving the pen **to the girl**.
Ребёнок идёт к окну́.	The child is going **to the window**.
Он идёт по у́лице.	He is walking **along the street**.

The dative case is formed as follows:

a. Masculine nouns ending in a hard consonant (т, л, н, с, etc.) add -у.
Masculine nouns ending in the soft sign -ь (ть, ль, нь, сь, etc.) drop -ь and add -ю.

Nom.	студе́нт	учи́тель	роя́ль	профе́ссор	ма́льчик	оте́ц	стол
Dat.	студе́нту	учи́телю	роя́лю	профе́ссору	ма́льчику	отцу́	столу́

b. Feminine nouns ending in -a or -я change -a or -я to -e.

Nom.	де́вушка	сестра́	шко́ла	жена́	тётя	ня́ня	семья́
Dat.	де́вушке	сестре́	шко́ле	жене́	тёте	ня́не	семье́

c. Neuter nouns ending in -o or -e change -o to -y and -e to -ю.

Nom.	окно́	перо́	ме́сто	я́блоко	зе́ркало	по́ле	зда́ние
Dat.	окну́	перу́	ме́сту	я́блоку	зе́ркалу	по́лю	зда́нию

NOTE: Masculine and neuter nouns both end in -y or -ю in the dative singular.

Chart of Endings in the Dative Case

When the nominative ends in a hard consonant (т, л, н, с, etc.) or in a hard vowel (a, o)

	Masculine		Feminine	Neuter
Nominative	класс	студе́нт	шко́ла	сло́во
Dative	кла́ссу	студе́нту	шко́ле	сло́ву

When the nominative ends in the soft sign -ь (ть, ль, нь, сь, etc.) or in a soft vowel (я, е)

	Masculine		Feminine	Neuter
Nominative *Dative*	ро́яль	учи́тель	неде́ля	по́ле
	ро́ялю	учи́телю	неде́ле	по́лю

3. Some Common Verbs That May Take Indirect Objects

дава́ть I to give   писа́ть I to write   говори́ть II to speak
отвеча́ть I to answer   посыла́ть I to send (посыла́ю, посыла́ешь; посы-
ла́ют)

Exercise No. 109. Complete each sentence with the dative case of the noun in parenthesis.

Приме́р: 1. Мы даём карти́ну учи́телю.

1. Мы даём карти́ну ——. (учи́тель) 2. Они́ даю́т каранда́ш ——. (ма́льчик) 3. Я даю́ ру́чку ——. (де́вушка) 4. Мы идём к ——. (до́ктор) 5. Они́ иду́т к ——. (окно́) 6. Мы пи́шем письмо́ ——. (оте́ц) 7. Он прихо́дит к —— на уро́к. (профе́ссор) 8. Да́йте кни́гу ——. (учи́тельница) 9. Да́йте э́ту карти́ну ——. (тётя) 10. Да́йте э́ту тетра́дь ——. (учи́тель) 11. Я посыла́ю письмо́ ——. (оте́ц) 12. Что́ он говори́т ——? (дире́ктор) 13. Я даю́ э́тот уче́бник ——. (Анна) 14. Мы посыла́ем карти́ну ——. (сестра́)

4. Dative with the Preposition к

К means "to" or towards a person or thing with verbs of motion. You have learned that на and в with verbs of motion also mean "to". What is the difference?

На and в mean *to* in the sense of *into* and take the accusative. К means *up to* or *towards*, never *into*. К may also mean *to the house of.*

Куда́ вы идёте?	Where are you going?
Я иду́ в парк.	I am going to (into) the park.
Я иду́ на фа́брику.	I am going to (into) the factory.
but:	
Я иду́ к столу́.	I am going to (towards, up to) the table.
Я иду́ к до́ктору.	I am going to the doctor's (the home of the doctor).
Я иду́ к сестре́.	I am going to (my) sister's (sister's house).

Before certain combinations of consonants к becomes ко.

Они́ прихо́дят ко мне.   They are coming to me (to my house, office, etc.).

5. Dative of Personal and Interrogative Pronouns

Nom.	я	ты	мы	вы	он
Dat.	мне	тебе́	нам	вам	ему́
	(to) me	(to) you	(to) us	(to) you	(to) him

Nom.	она́	они́	кто	что
Dat.	ей	им	кому́	чему́
	(to) her	(to) them	(to) whom	(to) what

After prepositions, ему́, ей, им become нему́, ней, ним.

Мы идём к нему́ (к ней, к ним). We are going to him (to her, to them).

Exercise No. 110. Complete each sentence by translating the word in parenthesis.

Приме́р: 1. Я ему́ даю́ кни́гу.

1. Я (him) даю́ кни́гу. 2. Он посыла́ет (her) шля́пу. 3. (To whom) вы посыла́ете э́то письмо́? 4. Да́йте (them) мою́ ру́чку! 5. Вы (me) говори́те пра́вду? 6. Они́ (us) посыла́ют но́вый костю́м? 7. Да́йте (me) карандаши́! 8. Я (you, *fam.*) даю́ э́ту газе́ту. 9. Она́ даёт (you, *pol.*) э́тот журна́л. 10. Мы (them) даём хлеб с ма́слом. 11. Мать (her) даёт поджа́ренный хлеб. 12. До́ктор сего́дня прихо́дит к (him). 13. Вы идёте к (them)? 14. К (whom) вы идёте? 15. Ма́льчик хорошо́ отвеча́ет (him).

Exercise No. 111. Translate.

1. Anna is ill. 2. She is the little daughter of Professor Morgan. 3. She has a fever. 4. She must stay in bed. 5. She may eat some bread with milk. 6. Boris Kuznetsov comes to the professor's house. 7. He sees him in the study. 8. But today there is no lesson. 9. Mr. Kuznetsov says to the professor: "It's time for me to go." 10. Philip goes to the door with the teacher. He gives him [his] hat and coat. 11. The teacher says "good night" to the boy. 12. Then he leaves.

Exercise No. 112. Вопро́сы. Read the text, «Аня больна́». Then answer these questions in Russian.

1. Како́й тепе́рь ме́сяц?[1] 2. Кака́я сего́дня пого́да? 3. Кто прихо́дит к профе́ссору Мо́ргану? 4. Кто идёт в пере́днюю? 5. Кто открыва́ет дверь? 6. Кому́ Кузнецо́в даёт пальто́ и шля́пу? 7. Кого́ па́па ждёт в кабине́те? 8. Они́ начина́ют говори́ть по-англи́йски? 9. Аня здоро́ва? 10. Что́ она́ мо́жет есть? 11. Что́ она́ мо́жет пить? 12. Она́ должна́ лежа́ть в посте́ли? 13. Аня хо́дит в шко́лу? 14. С кем Фили́пп идёт в пере́днюю? 15. Что́ Кузнецо́в говори́т ма́льчику?

NOTE: 1. ме́сяц ('mje-sjəts) month. What month is it now?

CHAPTER 24

Revision of Chapters 20–23

Vocabulary Revision

Nouns

1. блю́дце	13. посте́ль f.	1. saucer	13. bed
2. буфе́т	14. пра́вда	2. sideboard	14. truth
3. ви́лка	15. ребёнок	3. fork	15. child
4. вода́	16. сад	4. water	16. garden
5. доска́	17. стака́н	5. blackboard	17. glass
6. зада́ча	18. сто́лик	6. problem	18. little table
7. кусо́к	19. таре́лка	7. piece	19. dish
8. лимо́н	20. телеви́зор	8. lemon	20. television
9. ло́жка	21. торт	9. spoon	21. cake
10. мел	22. хлеб	10. chalk	22. bread
11. му́зыка	23. ча́йник	11. music	23. teapot
12. портре́т	24. ча́шка	12. portrait	24. cup

Verbs

открыва́ть I to open	навеща́ть I to visit	дава́ть I to give	ждать I to wait	петь I to sing
открыва́ю	навеща́ю	даю́	жду	пою́
открыва́ешь	навеща́ешь	даёшь	ждёшь	поёшь
открыва́ют	навеща́ют	даю́т	ждут	пою́т
благодари́ть II to thank	смотре́ть II to look	слы́шать II to listen	мочь I to be able	есть[1] irr. to eat
благодарю́	смотрю́	слы́шу	могу́	ем
благодари́шь	смо́тришь	слы́шишь	мо́жешь	ест
благодаря́т	смо́трят	слы́шат	мо́гут	едя́т
ходи́ть[2] II to go	входи́ть[2] II to go in	выходи́ть[2] II to go out	находи́ть[2] II to find	уходи́ть[2] II to go away

NOTES: 1. There are two verbs for "to eat" in Russian: есть (ем, ешь, ест; еди́м, еди́те, едя́т); and ку́шать I. When the subject is вы, the verb ку́шаете is used instead of еди́те. 2. Conjugated like ходи́ть: хожу́, хо́дишь, хо́дит; хо́дим, хо́дите, хо́дят.

Adjectives

1. больно́й	6. кни́жный	11. си́льный
2. высо́кий	7. кру́глый	12. ста́рший
3. вку́сный	8. ма́лый	13. тру́дный
4. до́лжен[1]	9. прия́тный	14. фрукто́вый
5. здоро́вый	10. рад[2]	15. электри́ческий

1. sick	6. book	11. strong
2. high	7. round	12. older
3. tasty	8. small	13. difficult
4. obliged	9. pleasant	14. fruit
5. healthy	10. glad	15. electric

NOTES: 1. до́лжен, должна́, должно́; должны́ (*see Chapter* 22, *Grammar Note* 3, p. 123). 2. рад, ра́да, ра́до, ра́ды. This adjective has no long forms.

Adverbs

1. вдруг	4. кста́ти	8. сли́шком	11. та́кже
2. дово́льно	5. наконе́ц	9. сра́зу	12. уже́
3. ещё	6. одна́жды	10. так	13. то́тчас
	7. ско́ро		

1. suddenly	4. by the way	8. too	11. also
2. enough	5. finally	9. immediately	12. already
3. still, yet	6. one day	10. so	13. at once
	7. soon		

Выраже́ния

1. Это ви́дно.
2. Что́ с ней?
3. У неё на́сморк.
4. Как жаль!
5. Она́ должна́ лежа́ть в посте́ли.
6. ещё оди́н стул
7. ходи́ть на конце́рт
8. ходи́ть в теа́тр
9. о́чень не люби́ть
10. ма́ло-пома́лу
11. не́которое вре́мя
12. сего́дня у́тром
13. сего́дня ве́чером
14. До ско́рого свида́ния!
15. Счастли́вого пути́!

1. That's evident.
2. What is the matter with her?
3. She has a cold.
4. What a pity!
5. She must stay in bed.
6. one more chair
7. to go to a concert (often)
8. to go to the theatre (often)
9. to dislike
10. little by little
11. for some time
12. this morning
13. this evening
14. See you soon!
15. Happy voyage!

Exercise No. 113. Many (not all) English words ending in -*ion* have corresponding words in Russian, ending in -ия. Translate the following words:

Приме́р: квалифика́ция — qualification

1. на́ция	5. амби́ция	9. опера́ция	13. комбина́ция
2. по́рция	6. иллю́зия	10. экску́рсия	14. конститу́ция
3. ста́нция	7. фу́нкция	11. федера́ция	15. цивилиза́ция
4. реа́кция	8. профе́ссия	12. револю́ция	

Exercise No. 114. Translate into Russian the English words in parenthesis.

1. Я не ду́маю, что (that's evident). 2. У него́ на́сморк, (what a pity!)
3. (This morning) он до́лжен лежа́ть в посте́ли. 4. (This evening) я не хочу́
рабо́тать. 5. Вы е́дете в СССР? (Happy voyage!) 6 Там стои́т (one more
chair). 7. Кто ча́сто (goes to the concert)? 8. (Little by little) они́ начи-
на́ют понима́ть. 9. (They dislike) слу́шать ра́дио. 10. Счастли́вого пути́,
(see you soon!)

Grammar Revision and Exercises

1. About Noun Declensions

You now know the six cases of nouns in the singular and most of their uses.
When all the cases of any noun are given together, they are usually arranged
in the following order: Nominative, Genitive, Dative, Accusative, Instrumental, Prepositional (abbreviated N, G, D, A, I, P). This arrangement is
called a **declension,** and the noun is said to be **declined.**

There are two noun declensions in Russian. The first consists of masculine
and neuter nouns; the second consists of feminine nouns.

Each declension has two classes of nouns, hard and soft. The vowels in the
endings of the hard class are hard (except the prepositional ending **e** or **и**).
For each hard ending of the hard class, the soft class has the corresponding
soft ending.

Here are typical declensions in the singular of familiar nouns. Memorize
them!

2. Nouns First Declension, Singular

The first declension is made up of masculine (hard and soft) nouns and of
neuter (hard and soft) nouns.

	Masculine Hard Ending in a consonant	*Masculine Soft* Ending in the soft sign -ь	Ending in the vowel -й
N.	класс	роя́ль	музе́й
G.	кла́сса	роя́ля	музе́я
D.	кла́ссу	роя́лю	музе́ю
A.	класс	роя́ль	музе́й
I.	кла́ссом	роя́лем	музе́ем
P.	о кла́ссе	о роя́ле	о музе́е

	Neuter Hard Ending in the hard vowel -о	*Neuter Soft* Ending in the soft vowel -е	Ending in the soft vowels -ие
N.	сло́во	по́ле	зда́ние
G.	сло́ва	по́ля	зда́ния
D.	сло́ву	по́лю	зда́нию
A.	сло́во	по́ле	зда́ние
I.	сло́вом	по́лем	зда́нием
P.	о сло́ве	о по́ле	о зда́нии

The endings of masculine thing-nouns are like those of all neuter nouns in all cases except the nominative and accusative. (Compare класс with слово; роя́ль with по́ле.)

The accusative of masculine thing-nouns and of neuter nouns is always like the nominative.

The accusative of masculine animate nouns is always like the genitive. Thus:

N.	студе́нт	ма́льчик	учи́тель	писа́тель writer
G.	студе́нта	ма́льчика	учи́теля	писа́теля
A.	студе́нта	ма́льчика	учи́теля	писа́теля

Nouns in -ие (зда́ние) end in -ии in the prepositional.

3. Nouns Second Declension, Singular

The second declension is made up of feminine nouns (hard and soft).

	Feminine Hard Ending in -a	Feminine Soft Ending in -я	Special Feminine Soft Ending in -ь
N.	шко́ла	неде́ля	дверь
G.	шко́лы	неде́ли	две́ри
D.	шко́ле	неде́ле	две́ри
A.	шко́лу	неде́лю	дверь
I.	шко́лой	неде́лей	две́рью
P.	о шко́ле	о неде́ле	две́ри

NOTE: Like дверь are declined: тетра́дь *f.* notebook, жизнь *f.* life, вещь *f.* thing.

Exercise No. 115. Complete each sentence with the correct case of the noun in parenthesis.

1. Где тетра́дь (of the teacher, *m.*)?
2. Де́ти лю́бят (teacher, *f.*).
3. Где конто́ра (of the director)?
4. Вот портре́т (of his wife).
5. Мы изуча́ем (mathematics).
6. Он е́здит в го́род (by car).
7. Я зна́ю его́ (last name).
8. Он то́же зна́ет ме́сяцы (of the year).
9. Не открыва́йте (the door)![2]
10. Он зна́ет (the lawyer).[1]
11. Де́ти едя́т (some bread).[4]
12. Я хочу́ пить стака́н (of vodka).[5]
13. Она́ посыла́ет кни́гу (to the girl).
14. Ребёнок ест ка́шу (with a spoon).
15. Цвет (of the pencil) голубо́й.
16. Она́ пи́шет письмо́ (to the brother).
17. Почему́ вы не пи́шете (with a pen)?
18. Вы зна́ете и́мя (of the boy)?
19. Ребёнок зна́ет дни[6] (of the week).
20. Они́ ви́дят (student, *m.*).[1]
21. Учени́к не де́лает (the lesson).[2]
22. Я покупа́ю три (shirts).[3]
23. Они́ то́же пьют (some milk).[4]
24. У (the boy) есть но́вый нож.

NOTES: 1. Animate noun, acc. 2. Gen. for direct object of negative verbs. 3. Gen. after numbers 2, 3, 4. 4. Gen. meaning *some*. 5. Gen. after expressions of quantity. 6. День drops the е in all cases after the nom. sing.

4. Summary of Familiar Prepositions

a. With genitive:

вдоль along	óколо near, around	для for
вмéсто instead of	напрóтив opposite, against	от from
вокрýг around	посредú in the middle of	из out of, from

у at, by, near, at the home of; у in expressions of having

b. With dative: К (ко)[1] to, towards, to the house of; по along, through, about

c. With accusative: На on, onto, в (во)[1] in, into, are used with the accusative when the verb indicates *motion towards*. Question word кудá? where, whither (*to what place*)?

d. With instrumental: С (со)[1] with, together with; над over; за behind; под under (when it indicates *place where*). Question word где? where?

e. With prepositional: О (об, óбо)[2] about, concerning; на on, at, в in, at, when they are used with verbs indicating *place where*. Question word где? where?

NOTES: 1. Many prepositions (к, в, с, под, над, от, из) add -o when they precede certain combinations of consonants. Thus: ко мне to me, со мной with me, нáдо мной above me.

2. The preposition o becomes об before a vowel (об окнé about the window), and óбо before certain combinations of consonants (óбо мне about me).

5. Declension of Interrogative Pronouns

You have already learned to use all of these forms:

N. кто?	Кто рабóтает здесь?	Who works here?
G. когó?	У когó есть автомобúль?	Who has a car?
D. комý?	Комý он читáет лéкцию?	To whom does he give (*lit.* read) a lecture?
A. когó?	Когó вы вúдите в кабинéте?	Whom do you see in the study?
I. кем?	С кем ты игрáешь?	With whom are you playing?
P. ком?	О ком онú говоря́т?	About whom are they speaking?
N. чтó?	Чтó стоúт на столé?	What is standing on the table?
G. чегó?	Для чегó э́то?	For what is this?
D. чемý?	К чемý вы идёте?	To what are you going?
A. чтó?	Чтó онá покупáет?	What is she buying?
I. чем?	Чем ест ребёнок?	With what is the child eating?
P. чём?	О чём онú говоря́т?	About what are they speaking?

6. Declension of Personal Pronouns

You have already learned to use the nominative, genitive, dative, accusative, and instrumental cases of the personal pronouns. Now learn the complete declension of these pronouns. Note that the genitive and the accusative of the personal pronouns are alike.

N.	я I	ты you	он, онó he, it
G.	меня́	тебя́	(н)егó
D.	мне	тебé	(н)емý
A.	меня́	тебя́	(н)егó
I.	мной	тобóй	(н)им
P.	óбо мне	о тебé	о нём

N.	онá she	мы we	вы you	они́ they
G.	(н)её	нас	вас	(н)их
D.	(н)ей	нам	вам	(н)им
A.	(н)её	нас	вас	(н)их
I.	(н)ей	нáми	вáми	(н)и́ми
P.	о ней	о нас	о вас	о них

When the third person pronouns are preceded by a preposition, they must add **н**. Thus:

У негó есть дом.	He has a house.
У неё нет тетрáди.	She hasn't a notebook.
Мы чáсто хóдим к немý.	We often go to him (to his house).
Чтó с ней (с ни́ми)?	What's the matter with her (with them)?
Чтó говоря́т о нём (о ней, о них)?	What are they saying about him (about her, about them)?

Exercise No. 116. Complete each phrase with the correct case of the noun in parenthesis.

1. вдоль (ýлица)
2. над (стол)
3. у (дóктор)
4. к (учи́тельница)
5. со (студéнт)
6. о (поéздка)
7. óколо (окнó)
8. за (дивáн)
9. посреди́ (зал)
10. из (гóрод)
11. по (дерéвня)
12. для (отéц)
13. вокрýг (сад)
14. вмéсто (мáльчик)
15. об (актёр)
16. в (пóезд) — где?
17. в (здáние) — кудá?
18. на (роя́ль) — где?
19. на (фáбрика) — кудá?
20. напрóтив (буфéт)
21. мы с (женá) (= my wife and I)

Exercise No. 117. Complete each sentence by translating the pronoun in parenthesis.

1. Я даю́ кни́гу (to him).
2. Мы пи́шем (to her).
3. Они́ идýт с (us).
4. Чтó с (her)?
5. Эта карти́на для (us).
6. Ктó идёт к (him)?
7. Ивáн спрáшивает (them).
8. Скажи́те (me) прáвду!
9. Я говорю́ (you) прáвду.
10. Скажи́те (them) прáвду!
11. Мари́я идёт вмéсто (me).
12. Он стои́т за (you *pol.*).

13. Они́ ду́мают о (us).
14. Мы ду́маем о (him).
15. Я не ви́жу (him).
16. Вы зна́ете (them).
17. Я люблю́ (you *fam.*).

18. У (whom) есть но́вый дом?
19. (To whom) оте́ц даёт нож?
20. О (whom) де́ти говоря́т?
21. Для (what) э́тот инструме́нт?

Коро́ткие разгово́ры	Brief Conversations
—Я чу́вствую себя́ пло́хо.	I feel bad.
—Что с тобо́й?	What's the matter with you?
—У меня́ боли́т голова́.	My head aches.
—У тебя́ есть аспири́н?	Have you an aspirin?
—Нет, у меня́ аспири́на нет.	No, I haven't any aspirin.
—Как ваш па́па? Здоро́в ли он тепе́рь?	How is your father[4]? Is he well now?
—Нет. Он чу́вствует себя́ нехорошо́.	No. He isn't feeling well.
—Что с ним?	What's the matter with him?
—У него́ на́сморк и жар.	He has a cold and fever.
—Почему́ вы не посыла́ете за[2] до́ктором?	Why don't you send for the doctor?
—Что за иде́я! Он совсе́м не[1] лю́бит до́кторов.[3]	What an idea! he doesn't like doctors at all.

NOTES: 1. совсе́м не not at all. 2. посыла́ть за + *instr.* case to send for 3. *gen. pl.* of до́ктор 4. *lt.* "dad, daddy", the familiar forms па́па and ма́ма are used much more frequently in Russian than the English equivalents.

Exercise No. 118. Текст для чте́ния.

Профе́ссор Мо́рган бо́лен

В четве́рг в во́семь часо́в ве́чера[1] Бори́с Па́влович Кузнецо́в идёт к профе́ссору Мо́ргану на ру́сский уро́к.

Ста́рший[2] сын профе́ссора открыва́ет дверь. Они́ иду́т в кабине́т, где Мо́рган обы́чно ждёт учи́теля. Но сего́дня ве́чером в кабине́те никого́ нет.

Бори́с Па́влович спра́шивает ма́льчика: — Где твой па́па?

Ма́льчик отвеча́ет: — Па́па бо́лен, он не мо́жет занима́ться[3] сего́дня ве́чером.

— Что с ним?

— Сего́дня у па́пы боли́т голова́[4] и у него́ жар. Он себя́ пло́хо чу́вствует.[5] Сего́дня у́тром здесь был до́ктор. До́ктор говори́т, что па́па бо́лен гри́ппом.[6] Он до́лжен лежа́ть в посте́ли[7] о́коло[7] неде́ли.

Кузнецо́в отвеча́ет: — Мне о́чень жаль. Переда́й па́пе от меня́ приве́т[9] и скажи́,[10] что я наде́юсь,[11] что он ско́ро бу́дет здоро́в.

NOTES:

1. в во́семь часо́в ве́чера at 8 o'clock in the evening
2. ста́рший oldest
3. занима́ться to study

4. **у па́пы боли́т голова́** Daddy has a headache (*lit.* by Daddy aches the head)
5. **себя́ чу́вствовать** to feel (oneself)
6. **грипп** "grippe", flu; **он бо́лен гри́ппом** he has flu.
7. **в посте́ли** in bed
8. **о́коло** about
9. **переда́й** (*pol.* **переда́йте**) **па́пе от меня́ приве́т** give my regards to Daddy (*lit.* give to Daddy from me a greeting)
10. **скажи́** say
11. **я наде́юсь** I hope

CHAPTER 25

Как профессор Морган проводит время на поезде

How Professor Morgan Passes the Time on the Train

Кузнецóв снóва у профéссора Мóргана. Как обы́чно, они́ сидя́т в кабинéте. Они́ говоря́т по-рýсски. Учи́тель спрáшивает профéссора, как он прово́дит врéмя на пóезде.

К : Скажи́те мне, пожáлуйста, вам прáвится ежеднéвная поéздка пóездом?

М: Ничегó! На пóезде я провожý óколо чáса. Я обы́чно читáю газéту, но иногдá я читáю кни́гу и́ли журнáл.

К : Какáя вáша люби́мая газéта?

М: Моя́ люби́мая газéта — «Таймс».

К : А какóй ваш люби́мый журнáл?

М: Иногдá я люблю́ читáть «Панч» и́ли «Экономи́ст». Но мои́ люби́мые журнáлы — наýчные.

К : Есть извéстный совéтский наýчный журнáл «Наýка и жи́знь». Вы знáете, чтó э́то знáчит по-англи́йски?

М: Это знáчит «Science and Life». Когдá я бýду свобóдно читáть по-рýсски, я бýду регуля́рно читáть

Kuznetsov is again at the house of Professor Morgan. As usual they are sitting in the study. They are speaking in Russian. The teacher is asking the professor how he passes the time on the train.

K : Tell me, please, do you like your daily trip by train?

M: Quite well. I spend about an hour on the train. Usually I read a newspaper, but sometimes I read a book or a magazine.

K : What is your favourite newspaper?

M: My favourite newspaper is "The Times".

K : And what is your favourite magazine?

M: Sometimes I like to read "Punch" or "The Economist". But my favourite magazines are scientific ones.

K : There is a famous Soviet scientific magazine "na-'u-kə i ʒiznj".

Do you know what that means in English?

M: It means "Science and Life". When I read Russian fluently, I shall read this magazine regularly. I shall

э́тот журна́л. Я та́кже бу́ду чита́ть сове́тские журна́лы «Но́вый мир» и «Культу́ра¹ и жизнь».

К : Я уве́рен, что вы ско́ро бу́дете их чита́ть.

И ско́ро вы бу́дете чита́ть сове́тские газе́ты «Пра́вда¹» и «Изве́стия». Вы зна́ете, что́ э́ти слова́ зна́чат?

М: «Пра́вда» зна́чит «truth», а «изве́стия» зна́чит «news».

К : Отли́чно! Вы ско́ро бу́дете чита́ть по-ру́сски статьи́ о космона́вте Гага́рине и об его́ полёте вокру́г земли́ на корабле́-спу́тнике «Восто́к». Та́кже о космона́вте Тито́ве и его́ полёте.

М: Чем скоре́е, тем лу́чше.

К : Ну, дово́льно на сего́дня. Наш сле́дующий уро́к бу́дет в четве́рг.

М: Пра́вильно! До свида́ния. До четверга́.

К : До свида́ния.

Кузнецо́в выхо́дит из кабине́та.

also read the Soviet magazines "New World" and "Culture and Life".

K : I am sure you will soon be reading them.

And soon you will be reading the Soviet newspapers "Pravda" and "Izvestia". Do you know what these words mean?

M: "Pravda" means "truth" and "izvestia" means "news".

K : Excellent! Soon you will be reading articles in Russian about the cosmonaut Gagarin and about his flight around the earth in the spaceship "Vostok". Also about the cosmonaut Titov and his flight.

M: The sooner the better.

K : Well, enough for today. Our next lesson will be on Thursday.

M: Right! Good-bye until Thursday.

K : Good-bye.

Kuznetsov leaves the study.

NOTE: 1. When used in conjunction with the words газета or журнал the name of the newspaper or magazine remains in the nominative.

Building Vocabulary

восто́к (vas-'tok) east
вре́мя ('vrje-mjə) time
земля́ (zjim-'lja) earth
изве́стия (iz-'vjes-tji-jə) *pl.* news
космона́вт (kəs-ma-'naft) cosmonaut
мир (mjir) world, peace
пое́здка (pa-'jest-kə) trip
полёт (pa-'ljot) flight
нау́ка (na-'u-kə) science
час (tʃas) hour
статья́ (statj-'ja) article
проводи́ть II (prə-va-'djitj) to spend (time) (провожу́, прово́дишь; прово́дят)
бу́ду ('bu-du) I shall
сле́дующий, '-ая, '-ее; '-ие ('slje-du-ju-ʃʃjij) next

как обы́чно as usual
ежедне́вный, '-ая, '-ое; '-ые (ji-ʒi-'dnjev-nij) daily
люби́мый, '-ая, '-ое; '-ые (lju-'bji-mij) favourite
нау́чный, '-ая, '-ое; '-ые (na 'utʃ nij) scientific
сове́тский, '-ая, '-ое; '-не (sa-'vjet-skjij) Soviet (*adj.*)
уве́ренный, '-ая, '-ое; '-ые (u-'vje-rji-nij) sure
уве́рен *short form, masc.*
сно́ва ('sno-və) again
регуля́рно (rji-gu-'ljar-nə) regularly
ско́ро ('sko-rə) soon
о́коло ('o-kə-lə) about near, next to *prep.* + *gen.*

Выраже́ния

пра́вильно ('pra-vjilj-nə) right
Что́ зна́чит э́то сло́во? What does this word mean?
Чем скоре́е, тем лу́чше. (tʃem ska-'rje-jə, tjem 'lu-tʃə) The sooner the better.

кора́бль-спу́тник (ka-'rablj-'sput-njik) spaceship
вам нра́вится? ('nra-vji-tsə) do you like? (*lit.* is it pleasing to you?)

Дни неде́ли (dnji nji-'dje-lji) Days of the Week

понеде́льник (pə-nji-'djelj-njik) Monday
вто́рник ('ftor-njik) Tuesday
среда́ (srji-'da) Wednesday
четве́рг (tʃit-'vjerk) Thursday
пя́тница ('pjat-nji-tsə) Friday
суббо́та (su-'bo-tə) Saturday
воскресе́нье (vəs-krji-'sjenj-ji) Sunday
Како́й сего́дня день? What day is it today?

в понеде́льник on Monday
во вто́рник on Tuesday
в сре́ду on Wednesday
в четве́рг on Thursday
в пя́тницу on Friday
в суббо́ту on Saturday
в воскресе́нье on Sunday
в како́й день on what day

Grammar Notes and Practical Exercises

1. The Future Tense of быть (bitj) to be

я бу́ду ('bu-du)	I shall be	мы бу́дем ('bu-djim)	we shall be
ты бу́дешь ('bu-djiʃ)	you will be	вы бу́дете ('bu-dji-tji)	you will be
он бу́дет ('bu-djit)	he will be	они́ бу́дут ('bu-dut)	they will be

2. The Compound Future of чита́ть

я бу́ду чита́ть	I shall read, I shall be reading
ты бу́дешь чита́ть	you will read, you will be reading
он бу́дет чита́ть	he will read, he will be reading
мы бу́дем чита́ть	we shall read, we shall be reading
вы бу́дете чита́ть	you will read, you will be reading
они́ бу́дут чита́ть	they will read, they will be reading

The compound future of a verb is formed by the future of быть plus the infinitive of the verb.

3. Use of the Compound Future

The compound future is used to express continuing or repeated action in future time.

Он бу́дет рабо́тать весь день.   He will be working all day.
Она́ бу́дет рабо́тать ка́ждый день.   She will work every day.

Later you will learn another form of the future tense that is used to express actions "completed" in the future.

4. Some Expressions Indicating Continuing Action

весь день (vjezj djenj) all day
весь вечер (vjezj 'vje-tʃir) all evening
весь месяц ('mje-sjəts) all month
весь год (got) all year
всю ночь (fsju notʃ) all night

всю неделю (fsju nji-'dje-lju) all week
всё утро (fsjo 'u-trə) all morning
всё время (fsjo 'vrje-mjə) all the time

5. Some Expressions Indicating Repeated Action

часто ('tʃas-tə) often
всегда (fsjig-'da) always
редко ('rjet-kə) seldom
иногда (i-nag-'da) sometimes
обычно (a-'bitʃ-nə) usually
каждый день (djenj) every day

каждый месяц ('mje-'sjəts) every month
каждую неделю (nji-'dje-lju) every week
каждое утро ('u-trə) every morning
каждый вечер ('vje-tʃir) every evening

6. Some Expressions of Future Time

завтра ('zaf-trə) tomorrow
послезавтра day after tomorrow
завтра утром ('u-trəm) tomorrow morning
на будущей неделе ('bu-du-ʃʃij nji-'dje-lji) next week

завтра днём (dnjom) tomorrow afternoon
завтра вечером ('vje-tʃi-rəm) tomorrow evening
в будущем году ('vbu-du-ʃʃjim ga-'du) next year

Exercise No. 119. Translate.

1. Что вы будете читать во время поездки на поезде? 2. Я буду читать «Таймс». 3. Как долго вы будете читать? 4. Я буду читать около часа. 5. Они скоро будут читать русские газеты. 6. Она будет всё время говорить по-русски. 7. Я буду вам писать каждый день. 8. Он часто ему будет писать из Москвы. 9. В будущем году мы будем жить в пригороде. 10. Дети будут смотреть телевизор весь вечер. 11. Мы будем кушать в ресторане. 12. Где вы будете кушать? 13. В четверг мы будем говорить о жизни в городе. 14. Семья будет слушать музыку весь вечер. 15. Завтра они будут работать весь день. 16. Мой друг будет здесь в среду. 17. Скоро вы будете говорить совсем хорошо. 18. Где ты будешь в субботу? 19. В субботу я буду дома. 20. На будущей неделе мы будем читать и писать по-русски каждый день.

Exercise No. 120. Change these sentences to the compound future.

Пример: 1. Он будет сидеть в кабинете.

1. Он сидит в кабинете. 2. Она свободно читает по-русски. 3. Они живут в Москве. 4. Я пишу письма каждый день. 5. Мы всегда играем в парке. 6. Мой друг живёт там. 7. Они говорят в кабинете. 8. Профессор его ждёт. 9. В воскресенье мы читаем «Обсервер». 10. Каждый вечер эти ученики готовят[1] уроки.

NOTE: 1. готовить II (готовлю, готовишь; готовят) to prepare

Exercise No. 121. Translate.

1. I shall be at the house of Professor Morgan. 2. We shall be sitting in the study. 3. We shall speak Russian. 4. During the trip in the train I shall read. 5. This is my favourite newspaper. 6. I shall read "The Times" every day. 7. What newspaper will you read every day? 8. I know that soon I shall be reading Russian. 9. What will you be doing all morning? 10. I shall be working in the library.

Exercise No. 122. Вопро́сы. Reread the text, «Как профе́ссор Мо́рган прово́дит вре́мя на по́езде». Then answer these questions in Russian.

1. У кого́ Кузнецо́в сно́ва? 2. О чём он спра́шивает профе́ссора? 3. Нра́вится профе́ссору ежедне́вная пое́здка на по́езде? 4. Ско́лько вре́мени[1] прово́дит Мо́рган на по́езде? 5. Что́ профе́ссор обы́чно чита́ет на по́езде? 6. А что́ он иногда́ чита́ет? 7. Кака́я его́ люби́мая англи́йская газе́та? 8. Каки́е его́ люби́мые англи́йские журна́лы? 9. Како́й сове́тский нау́чный журна́л бу́дет он регуля́рно чита́ть? 10. Каки́е сове́тские газе́ты бу́дет он ско́ро чита́ть? 11. Что́ зна́чит: «Чем скоре́е, тем лу́чше»? 12. Когда́ бу́дет сле́дующий уро́к? 13. Что́ зна́чит «космона́вт»? 14. Кто пе́рвый[2] в ми́ре космона́вт? (Юрий Алексе́евич Гага́рин.)

NOTES: 1. Ско́лько вре́мени *lit.* How much of time? Вре́мя (*gen.* вре́мени) 2. пе́рвый ('pjer-vij), '-ая, '-ое; '-ые first.

CHAPTER 26

Расскажите мне о себе, Борис Павлович![1]
Tell Me About Yourself, Boris Pavlovich!

М: Сегодня расскажите мне, пожалуйста, что-нибудь о себе.

К: Хорошо! Вы будете мне задавать вопросы?

М: Нет, вы будете рассказывать. Время от времени я буду вам задавать вопросы.

К: Прекрасно! Как вы уже знаете, я родился в России,[2] но сейчас я гражданин Великобритании. Вы также знаете, что я живу в пригороде, недалеко от вас.

М: Вы женаты?

К: Как же! У меня жена и (один) ребёнок.

М: Какая у вас профессия?

К: Я учитель. Я преподаю в средней школе,[3] недалеко отсюда.

М: Что вы преподаёте?

К: Я преподаю русский язык и французский язык.

М: О! Вы преподаёте французский язык!

К: Да. Я свободно говорю, читаю и пишу по-французски. Я жил три года в Париже.

М: Когда вы были в Париже?

К: Четыре года тому назад.

М: А что вы там делали?

К: Я работал в конторе переводчиком и стенографистом.

М: А вот мой последний вопрос: Как вы обычно проводите день с утра до вечера?

К: Но уже поздно. Мне пора. В

M: Today please tell me something about yourself.

K: Good! Will you ask me questions!

M: No, you will do the talking. From time to time I shall ask you questions.

K: Excellent! As you already know, I was born in Russia, but now I am a citizen of Great Britain. You also know, that I live in the suburbs not far from you.

M: Are you married?

K: Why yes! I have a wife and one child.

M: What is your profession?

K: I am a teacher. I teach in a secondary school not far from here.

M: What do you teach?

K: I teach Russian and also French.

M: Oh! You teach French!

K: Yes. I speak, read, and write French fluently. I lived in Paris three years.

M: When were you in Paris?

K: Four years ago.

M: And what were you doing there?

K: I worked in an office as a translator and stenographer.

M: And here is my last question: how do you usually spend the day from morning until evening?

K: But it is already late. It is time

четве́рг, мо́жет быть, те́ма разгово́ра бу́дет: «Как я обы́чно провожу́ день», и́ли «Бу́дний день Бори́са Кузнецо́ва».

М: Прекра́сно! Эта те́ма меня́ интересу́ет, и к тому́ же э́то хоро́шая те́ма для разгово́ра.

К: В тако́м слу́чае, несомне́нно, бу́дем разгова́ривать на э́ту те́му.

for me to go. Perhaps the topic for Thursday will be "How I Usually Spend the Day", or "A Working Day of Boris Kuznetsov".

M: Excellent! This topic interests me, and besides, it is good topic for conversation.

K: In that case, we shall without doubt converse on that topic.

NOTES: 1. A usual form of address in Russian is the first name and the patronymic (paternal name).

2. Росси́я, в Росси́и. Nouns ending in -ия take -и instead of -е in the prepositional case.

3. Prepositional feminine of the adjective сре́дний. Сре́дняя шко́ла (*lit.* middle school) is roughly equivalent to our secondary or grammar school.

Building Vocabulary

Пари́ж (pa-'rjiʃ) Paris
перево́дчик (pji-rji-'vot-tʃik) translator
профе́ссия (pra-'fje-sji-jə) profession
стенографи́ст (stji-nə-gra-'fjist) stenographer (*m.*)
те́ма ('tje-mə) topic, theme
жил (ʒil) lived, was living; *past tense* (*m.*) of жить
рабо́тал (ra-'bo-təl) worked, was working; *past tense* (*m.*) of рабо́тать
бу́дний, '-яя, '-ее; '-ие ('bud-njij) working day, weekday (*adj.*)
задава́ть I (zə-da-'vatj) (вопро́сы) to ask (questions) (задаю́, задаёшь; задаю́т)
преподава́ть I (prji-pə-da-'vatj) to teach (преподаю́, преподаёшь; преподаю́т)
интересова́ть I (in-tji-rji-sa-'vatj) to interest (интересу́ю, интересу́ешь; интересу́ют)

расска́зывать I (ra-'ska-zi-vətj) to relate, tell (расска́зываю, расска́зываешь; расска́зывают)
был (bil) was; *past tense* (*m.*) of быть
де́лал ('dje-ləl) did, was doing; *past tense* (*m.*) of де́лать
после́дний, '-яя, '-ее; '-ие (pa-'sljed-njij) last
сре́дний, '-яя, '-ее; '-ие ('srjed-njij) middle
недалеко́ (nji-də-lji-'ko) not far, near
несомне́нно (nji-sa-'mnjen-nə) undoubtedly
по́здно ('poz-nə) late
отсю́да (at-'sju-də) from here
с (*prep.* + *gen.*) from
до (*prep.* + *gen.*) until, up to
с (*prep.* + *instr.*) with, together with
жена́т *sg.* жена́ты *pl.* married (referring to a man)

Выраже́ния

задава́ть вопро́сы to ask questions
Я ему́ задаю́ вопро́сы. I am asking him questions.
мне пора́ = мне пора́ идти́ it's time for me to go

тому́ наза́д (ta-'mu na-'zat) ago
Мы жи́ли в Пари́же де́сять лет тому́ наза́д. We were living in Paris ten years ago.

мо́жет быть ('mo-ʒit bitj) perhaps (*lit.* it may be)

в тако́м слу́чае (fta-'kom 'slu-tʃə-ji) in that case

с утра́ до ве́чера (su-'tra da 'vje-tʃi-rə) from morning until night (evening)

к тому́ же (kta-'mu ʒə) besides

Grammar Notes and Practical Exercises

1. The Past Tense of чита́ть to read

I read, I was reading; you read, you were reading, etc.

я чита́л	я (*f.*) чита́ла	мы чита́ли
ты чита́л	ты (*f.*) чита́ла	вы чита́ли
он чита́л		
она́ чита́ла		они́ чита́ли
оно́ чита́ло		

The past tense of most verbs is formed by dropping the ending from the infinitive and adding the past tense endings:

-л   when the subject is masculine singular
-ла   when the subject is feminine singular
-ло   when the subject is neuter singular
-ли   when the subject is plural

If я or ты refer to a male, the verb will take the ending -л.
If я or ты refer to a female, the verb will take the ending -ла.

Я (Ива́н) чита́л.   I (John) was reading.
Я (А́нна) чита́ла.   I (Anna) was reading.

2. Past Tense of быть to be

я был(а́)	I was		мы бы́ли	we were
ты был(а́)	you were		вы бы́ли	you were
он был	he was			
она́ была́	she was		они́ бы́ли	they were
оно́ бы́ло	it was			

The past tense of быть has regular endings, but note that the feminine ending is accented (была́).

3. Use of the Past Tense

The past tense is used to express actions repeated or continuing in past time.

Он чита́л журна́л.   He was reading a magazine.
Она́ ча́сто писа́ла пи́сьма.   She often wrote letters.

Later you will learn another form of the past tense, which is used to express action completed in past time.

4. Some Expressions of Time Used with the Past Tense

вчерá (ftʃi-'ra) yesterday

вчерá вéчером ('vje-tʃi-rəm) yesterday evening

вчерá ýтром ('u-trəm) yesterday
morning

позавчерá (pə-zaf-tʃi-'ra) day before
yesterday

Exercise No. 123. Indicate the past tense of these verbs.

Примéр: 1. рабóтал, рабóтала, рабóтало, рабóтали

1. рабóтать	4. покупáть	7. отвечáть	10. ходúть
2. говорúть	5. писáть	8. любúть	11. готóвить
3. дéлать	6. спать	9. вúдеть	12. давáть

Exercise No. 124. Write these sentences in the present and past tense, using the correct forms of the verbs in parenthesis.

Примéр: 1. Онú говоря́т по-рýсски. Онú говорúли по-рýсски.

1. Онú —— по-рýсски. (говорúть)
2. Мы всегдá —— нáши урóки. (дéлать)
3. Лáмпа —— на столé. (стоя́ть)
4. Дéти —— весь день. (игрáть)
5. Онá —— телевúзор. (смотрéть)
6. Мы —— рáдио. (слýшать)

7. Я обы́чно —— хорошó. (отве-чáть)
8. Онá всегдá —— в кабинéте. (сидéть)
9. Что вы —— кáждое ýтро? (дéлать)
10. Как дóлго вы —— кáждый день? (рабóтать)

Exercise No. 125. Read aloud and translate.

1. О чём говорúли дéти? Онú го-ворúли о шкóле.
2. Что вы дéлали вчерá ýтром? Я игрáла в тéннис.
3. Ивáн, где ты был вчерá? Я был в клýбе. В клýбе был концéрт.
4. Где онá жилá два гóда томý назáд? Онá жилá в Глáзго.[1]

5. Вы чáсто ходúли в теáтр, когдá вы бы́ли в Лóндоне?
   Ах да! Я тáкже ходúл на кон-цéрт, и на óперу.[2]
6. Ты всегдá понимáл егó, когдá он говорúл по-рýсски? Я егó пони-мáл, когдá он говорúл мéдленно.

NOTES: 1. Foreign names ending in -o are invariable. Thus в Чикáго, в Тóкио, etc.   2. óпера ('o-pji-rə).

5. The Genitive Case with the Numbers 2, 3, 4

After the numbers два (две before feminine nouns), три, четы́ре, the genitive singular of the noun is used. The Russian says literally, two *of* year, three *of* week, four *of* window. Thus:

одúн год one year	однá недéля one week	однó окнó one window
два гóда two years	две недéли two weeks	два окнá two windows
три гóда three years	три недéли three weeks	три окнá three windows
четы́ре гóда four years	четы́ре недéли four weeks	четы́ре окнá four win-dows

Exercise No. 126. Revise the genitive singular of nouns (*Chapter* 21, *Grammar Note* 2, p. 116). Then write the genitive case of the noun after the numbers 2, 3, 4.

Приме́ры: 1. два ма́льчика   2. три де́вушки   3. четы́ре окна́

1. оди́н ма́льчик	два ——		9. оди́н рубль *m.*	четы́ре ——
2. одна́ де́вушка	три ——		10. одно́ я́блоко	два ——
3. одно́ окно́	четы́ре ——		11. одно́ по́ле	четы́ре ——
4. оди́н год	два ——		12. одна́ тётя	две ——
5. одна́ карти́на	две ——		13. оди́н учи́тель	два ——
6. одно́ ме́сто	два ——		14. оди́н стул	три ——
7. одна́ сестра́	две ——		15. одна́ неде́ля	две ——
8. оди́н день[1] *m.*	три ——		16. оди́н ме́сяц	четы́ре ——

NOTE: 1. День (*gen.* дня) drops the e in all cases after the nominative.

6. Soft Adjectives. The после́дний Type

Adjectives of this type are called "soft" because all the vowels in the endings are soft.

Compare the soft adjective endings of the soft adjective после́дний with the hard adjective endings of the hard adjective но́вый.

Masc. Sing.	*Fem. Sing.*	*Neut. Sing.*	*Plural*
но́вый	но́вая	но́вое	но́вые
после́дний	после́дняя	после́днее	после́дние

Note that the soft adjective has as the first vowel of its endings the soft equivalent of the hard vowel of the hard adjective:

Sing.   -и for -ы   -я for -a   -e for -o   *Plural* -и for -ы

Other soft adjectives are:

Masc. Sing.	*Fem. Sing.*	*Neut. Sing.*	*Plural*	
си́ний	си́няя	си́нее	си́ние	dark blue
вече́рний	вече́рняя	вече́рнее	вече́рние	evening
ле́тний	ле́тняя	ле́тнее	ле́тние	summer
сре́дний	сре́дняя	сре́днее	сре́дние	middle
бу́дний	бу́дняя	бу́днее	бу́дние	workday

Exercise No. 127. Complete these adjective expressions in the nominative case with the correct soft endings.

Приме́р: 1. после́дняя кни́га

1. после́дн—— кни́га	7. си́н—— кни́ги
2. вече́рн—— конце́рт	8. си́н—— шля́па
3. си́н—— костю́м	9. си́н—— кре́сло
4. после́дн—— зада́ча	10. после́дн—— кла́ссы
5. сре́дн—— карти́на	11. после́дн—— де́вочка
6. после́дн—— столы́	12. вече́рн—— класс

Exercise No. 128. Вопро́сы. Reread the text, «Расскажи́те мне о себе́, Бори́с Па́влович!» Then answer these questions in Russian.

1. Кто бу́дет говори́ть о себе́? 2. Кто бу́дет, вре́мя от вре́мени, задава́ть вопро́сы? 3. Где роди́лся Кузнецо́в? 4. Он далеко́ живёт от Мо́ргана? 5. Он жена́т? 6. У него́ есть де́ти? 7. Кака́я у него́ профе́ссия? 8. Что он преподаёт? 9. Как до́лго он жил в Пари́же? 10. Когда́ он был в Пари́же? 11. Что он там де́лал? 12. Како́й был после́дний вопро́с Мо́ргана? 13. В четве́рг кака́я бу́дет те́ма? 14. Что зна́чит по-англи́йски «вре́мя от вре́мени»?

CHAPTER 27

Будний день Бориса Кузнецова
A Working Day of Boris Kuznetsov

М: Расскажи́те мне, пожа́луйста, как вы проводи́те бу́дний день.

К : С удово́льствием! В те дни,[1] когда́ я хожу́ в шко́лу, я встаю́ о́чень ра́но, в семь часо́в.

Я бы́стро умыва́юсь и одева́юсь.

М: А ва́ша жена́ встаёт ра́но?

К : Да, моя́ жена́ та́кже встаёт ра́но, и мы за́втракаем вме́сте.

Э́то мне о́чень нра́вится.[2]

М: Что́ вы ку́шаете на за́вртак?

К : На за́втрак я обы́чно ем поджа́ренный хлеб и я́йца и пью апельси́новый сок и ко́фе.

Иногда́ я ещё ем ка́шу.

Вы зна́ете ру́сскую посло́вицу: «Щи да ка́ша — пи́ща на́ша»?

М: Я её не знал, а тепе́рь зна́ю. А что́ вы де́лаете по́сле за́втрака?

К : По́сле за́втрака я е́зжу автомоби́лем в шко́лу. Иногда́, когда́ хоро́шая пого́да, я хожу́ пешко́м.

М: В кото́ром часу́ начина́ются заня́тия?

К : Заня́тия начина́ются в де́вять часо́в утра́. Утром я преподаю́ францу́зский язы́к. У меня́ три уро́ка.

В двена́дцать часо́в я обы́чно ем бутербро́д и фру́кты и пью ча́шку молока́ и́ли ко́фе.[3]

M: Tell me, please, how you spend a working day.

K : With pleasure. On those days when I go to school, I get up very early, at seven o'clock.

I wash (myself) and dress (myself) quickly.

M: And does your wife also get up early?

K : Yes, my wife also gets up early, and we breakfast together.

I like that very much.

M: What do you eat for breakfast?

K : For breakfast I usually eat toast and eggs, and drink orange juice and coffee.

Sometimes I eat cooked cereal as well.

Do you know the Russian proverb: "Cabbage soup and cooked cereal are our food"?

M: I did not know it, but now I do. And what do you do after breakfast.

K : After breakfast, I go to school by car. Sometimes I walk, when the weather is good.

M: At what time do classes begin?

K : Classes begin at nine o'clock. In the morning I teach French. I have three lessons.

At twelve, I usually eat a sandwich and fruit, and drink a cup of milk or coffee.

М: У вас есть заня́тия по́сле обе́да?

М: Have you classes in the afternoon (*lit.* after dinner)?

К : По́сле обе́да я преподаю́ ру́сский язы́к. У меня́ два уро́ка.

К : After dinner I teach Russian. I have two lessons.

М: В кото́ром часу́ конча́ются ва́ши заня́тия?

М: When do your classes end?

К : В три часа́.[4] Тогда́ я е́ду домо́й.

К : At three o'clock. Then I go home.

М: А что́ вы де́лаете до́ма?

М: And what do you do at home?

К : Я рабо́таю в саду́ и́ли игра́ю с ребёнком.

К : I work in the garden or play with my child.

М: А ве́чером?

М: And in the evening?

К : В шесть часо́в мы у́жинаем. По́сле у́жина мы с жено́й мо́ем посу́ду, пока́ ребёнок смо́трит телеви́зор и́ли гото́вит уро́ки.

К : At six o'clock we eat supper. After supper my wife and I wash the dishes, while our child watches television or does homework.

В де́вять часо́в ребёнок идёт спать.

At nine o'clock, our child goes to sleep.

Тогда́ мы с жено́й чита́ем и́ли слу́шаем му́зыку.

Then my wife and I read or listen to music.

М: В кото́ром часу́ вы ложи́тесь спать?

М: At what time do you go to bed?

К : Мы обы́чно ложи́мся спать в оди́ннадцать часо́в.

К : We usually go to bed at eleven o'clock.

М: И так конча́ется ваш день! Э́то была́ прекра́сная те́ма для разгово́ра.

М: And so your day ends! It was an excellent topic for conversation.

К : Я то́же так ду́маю. А тепе́рь уже́ де́сять часо́в. Мне пора́. До вто́рника.

К : I think so too. But now it is ten o'clock. It's time for me to go. Until Tuesday.

NOTES: 1. Дни, accusative plural of день. In expressions of time в takes the accusative. Те, *nom. and acc. plur.* of тот that.

2. *Lit.* To me this is very pleasing (*see Grammar Note* 3 *of this chapter*).

3. Some Russian words, borrowed from other languages, take no case endings. Among these are пальто́ overcoat, кино́ cinema, метро́ underground, ко́фе coffee.

4. After два, три, четы́ре the gen. of час is часа́, *cf.* о́коло ча́са.

Building Vocabulary

бутербро́д (bu-ter-ʹbrot) sandwich

заня́тие[1] (za-ʹnja-tji-jə) class, lesson, task

ка́ша[2] (ʹka-ʃə) gruel, cooked cereal, porridge

обе́д (a-ʹbjet) dinner

посло́вица (pa-ʹslo-vji-tsə) proverb

посу́да (pa-ʹsu-də) dishes, washing up

у́жин (ʹu-ʒin) supper

яйцо́ (jij-ʹtso) egg

конча́ть I (kan-ʹtʃatj) to end, finish (конча́ю, конча́ешь; конча́ют)

начина́ть I (nə-tʃi-ʹnatj) to begin (начина́ю, начина́ешь; начина́ют)

у́жинать I (ʹu-ʒi-nətj) to have supper (у́жинаю, у́жинаешь; у́жинают)

мыть I (mïtj) to wash
(мо́ю, мо́ешь; мо́ют)
встава́ть I (fsta-'vatj) to get up
(встаю́, встаёшь; встаю́т)
гото́вить II (ga-'to-vjitj) to prepare
(гото́влю, гото́вишь; гото́вят)
за́втракать I ('zaf-trə-kətj) to have
breakfast (за́втракаю, за́втрака-
ешь; за́втракают)

слу́шать I ('slu-ʃətj) to listen to
(слу́шаю, слу́шаешь; слу́шают)
апельси́новый, '-ая, '-ое; '-ые (a-
pjilj-'sji-nə-vij) orange (*adj.*)
ра́но ('ra-nə) early
по́сле ('pos-lji) *prep.* + *gen.* after

NOTE: 1. Уро́к and заня́тие are synonyms. Both mean *lesson, class.* However, for universities, use only заня́тие. 2. See note on ка́ша, chapter 23,
page 126.

Выраже́ния

с удово́льствием (su-da-'volj-stvji-
jim) with pleasure
по́сле обе́да ('pos-lji a-'bje-də) after
dinner, in the afternoon
гото́вить уро́ки (ga-'to-vjitj u-'ro-
kji) to do homework (*lit.* to prepare
lessons)

в кото́ром часу́ (fka-'to-rəm tʃi-'su)
at what time
мы с жено́й (miʒ-ʒi-'noj) my wife and
I

Посло́вица (pa-'slo-vji-tsə) Proverb

Щи да ка́ша — пи́ща на́ша. (ʃʃji də 'ka-ʃə 'pji-ʃʃjə 'na-ʃə) Cabbage soup and
gruel are our food. Да sometimes means *and.*

Expressions with уро́к

Учи́тель даёт уро́к.
Я иду́ на уро́к.
Здесь идёт уро́к.
Ива́н был на уро́ке.

The teacher is giving a lesson.
I am going to the lesson (class).
Here a lesson (class) is going on.
John was at the lesson (in class).

Grammar Notes and Practical Exercises

1. Reflexive Verbs, Present, Past, Future

The reflexive pronoun in Russian is себя́ (sjI-'bja) oneself, myself, yourself,
himself, herself, itself, ourselves, yourselves, themselves.

The reflexive verb is formed by adding -ся, a contraction of себя́, to the infinitive of an ordinary verb. Thus:

умыва́ть to wash (someone)   умыва́ться (u-mi-'vat-sə) to wash (oneself)
одева́ть to dress (someone)   одева́ться (a-dji-'vat-sə) to dress (oneself)

Present Tense of умыва́ться I

я умыва́юсь   (u-mi-'va-jusj)   I wash (myself)
ты умыва́ешься   (u-mi-'va-jiʃ-sə)   you wash (yourself)

он			he washes (himself)
она́ }умыва́ется	(u-mi-′va-jit-sə)		she washes (herself)
оно́			it washes (itself)
мы умыва́емся	(u-mi-′va-jim-sə)		we wash (ourselves)
вы умыва́етесь	(u-mi-′va-ji-tjisj)		you wash (yourself, yourselves)
они́ умыва́ются	(u-mi-′va-jut-sə)		they wash (themselves)

The reflexive ending -ся is added when the verb form ends in a consonant. The reflexive ending becomes -сь when the verb form ends in a vowel (умыва́юсь, умыва́етесь).

Past Tense

я,	ты,	он	умыва́лся	(u-mi-′val-sə)
я,	ты,	она́	умыва́лась	(u-mi-′va-ləsj)
		оно́	умыва́лось	(u-mi-′va-ləsj)
мы,	вы,	они́	умыва́лись	(u-mi-′va-ljisj)

Future Tense

я бу́ду	умыва́ться	мы бу́дем	умыва́ться
ты бу́дешь	умыва́ться	вы бу́дете	умыва́ться
он бу́дет	умыва́ться	они́ бу́дут	умыва́ться

2. Verbs Reflexive in Form But Not in Meaning

In Russian there are many verbs that are reflexive in form but are not translated by a reflexive verb in English. Among these are:

a. Reflexive verbs that are intransitive (take no object).
The ordinary form of such verbs is transitive (takes an object).

начина́ть I to begin (something)	начина́ться I to begin (no object)
конча́ть I to end (something)	конча́ться I to end, finish (no object)
Мы начина́ем но́вый уро́к.	Но́вый уро́к начина́ется.
We are beginning the new lesson.	The new lesson is beginning.
Они́ конча́ют но́вый уро́к.	Но́вый уро́к конча́ется.
They are finishing the new lesson.	The new lesson is ending.

b. Other important reflexive verbs.

ложи́ться II (la-′ʒit-sə) to lie down	сади́ться II (sa-′djit-sə) to sit down
ложу́сь, ложи́шься, ложи́тся	сажу́сь, сади́шься, сади́тся
ложи́мся, ложи́тесь, ложа́тся	сади́мся, сади́тесь, садя́тся
наде́яться I (na-′dje-jət-sə) to hope	занима́ться I (zə-nji-′mat-sə) to be
наде́юсь, наде́ешься, наде́ется	busy (with)
наде́емся, наде́етесь, наде́ются	занима́юсь, занима́ешься, зани-ма́ется
	занима́емся, занима́етесь, зани-ма́ются

c. The verbs **учи́ть** to teach, to learn; **учи́ться** to learn, to study.

учу́, у́чишь, у́чит	учу́сь, у́чишься, у́чится
у́чим, у́чите, у́чат	у́чимся, у́читесь, у́чатся

учи́ть (to teach) means to teach *somebody* (acc. case).

Учи́тель у́чит ученика́.   The teacher teaches the pupil.

учи́ть (to learn) means to learn *something* (acc. case).

Учени́к у́чит уро́к.   The pupil learns the lesson.

учи́ться to (study, learn) never takes a direct object.

Где вы у́читесь?   Where are you studying?
Я учу́сь в университе́те.   I am studying at the university.

d. **занима́ться** (to occupy oneself with, to be busy with, to study) takes the instrumental case.

Чем вы занима́етесь?   With what are you occupying yourself?

Я занима́юсь уро́ком.   I am occupied with (studying) the lesson.

Exercise No. 129. Разгово́ры. Read aloud. Translate.

1. — Профе́ссор Мо́рган чем занима́ется?
— Он чита́ет ле́кции в университе́те.
— А Бори́с Кузнецо́в чем занима́ется?
— Он преподаёт в сре́дней шко́ле.
2. — Что́ де́лают де́ти?
— Они́ смо́трят телеви́зор.
— Не пора́ ли ложи́ться спать?
— Коне́чно. Уже́ по́здно.

3. — В кото́ром часу́ вы встаёте?
— Я встаю́ в шесть часо́в.
— А когда́ вы ложи́тесь спать?
— Я ложу́сь спать в оди́ннадцать часо́в ве́чера.
4. — Когда́ вы бу́дете в Москве́, вы бу́дете ходи́ть на конце́рт?
— Я наде́юсь ча́сто ходи́ть на конце́рт, а та́кже в теа́тр и на бале́т.

Exercise No. 130. Add the correct reflexive ending to each verb. Translate each sentence.

Приме́р: 1. Я занима́юсь весь день. I am busy all day.

1. Я занима́ю—— весь день.
2. Экза́мены конча́ют—— в четы́ре часа́.
3. Экза́мены начина́ют—— в два часа́.
4. Де́ти ложа́т—— спать в де́сять часо́в.
5. Они́ сего́дня не занима́ют—— уро́ком.
6. Он сади́т—— за́ стол.[1]

7. Мы по́здно ложи́м—— спать.
8. Вы ра́но ложи́те—— спать?
9. Вы занима́ете—— уро́ком?
10. Я наде́ю—— его́ ви́деть.
11. Вы наде́ете—— ча́сто ходи́ть на конце́рт?
12. Мы наде́ем—— ходи́ть на конце́рт ка́ждый ме́сяц.
13. Де́ти у́чат—— чита́ть.
14. Вы у́чите—— игра́ть в те́ннис?

NOTE: 1. сиде́ть за столо́м to sit at the table; сади́ться за́ стол to sit down at the table. За takes the accusative when the verb indicates place *to which;* за takes the instrumental when the verb indicates place *where.*

3. **нра́виться** ('nra-vjit-sǝ) **to like** (*lit.* **to be pleasing to**)

This reflexive verb expresses the idea "to like" in a roundabout way.

Кни́га мне нра́вится.	I like the book.	*lit.* The book is pleasing to me.
Кни́га тебе́ нра́вится.	You like the book.	*lit.* The book is pleasing to you.
Кни́га ему́ нра́вится.	He likes the book.	*lit.* The book is pleasing to him.
Кни́га ей нра́вится.	She likes the book.	*lit.* The book is pleasing to her.
Кни́га нам нра́вится.	We like the book.	*lit.* The book is pleasing to us.
Кни́га вам нра́вится.	You like the book.	*lit.* The book is pleasing to you.
Кни́га им нра́вится.	They like the book.	*lit.* The book is pleasing to them.

If the subject in the Russian sentence is plural, then the verb must of course be plural.

Кни́ги мне нра́вятся. I like the books. (The books are pleasing to me.)

The subject in the Russian sentence may follow the verb. Thus:

Мне нра́вится кни́га. I like the book. (To me is pleasing the book.)

4. **нра́виться to like; люби́ть to like, love, be fond of**

In the sense of "to like" there is little difference between **нра́виться** and **люби́ть.** Thus:

Я люблю́ э́ту карти́ну. = Эта карти́на мне нра́вится = I like this picture.

In the sense of "like to do something" **люби́ть** is always used.

Я люблю́ чита́ть по-ру́сски. I like to read Russian.

Exercise No. 131. Complete these sentences with the correct present tense form of the verb in parenthesis.

Приме́р: 1. Экза́мен начина́ется в два часа́.

1. Экза́мен —— в два часа́. (начи-на́ться)
2. Мы —— бы́стро. (умыва́ться)
3. Когда́ вы —— спать? (ложи́ть-ся)
4. Вы —— ра́но? (встава́ть)
5. Когда́ экза́мен ——? (конча́ть-ся)
6. Я —— спать в де́сять часо́в. (ложи́ться)
7. Они́ тепе́рь —— экза́мен. (начина́ть)
8. Он —— в библиоте́ке. (зани-ма́ться)
9. Мы —— рабо́тать у́тром. (наде́яться)
10. Он тепе́рь —— за́ стол. (сади́ть-ся)
11. Оте́ц —— в кре́сле. (сиде́ть)
12. Ему́ —— э́та карти́на. (нра́вить-ся)
13. Мы —— игра́ть в те́ннис. (люби́ть)
14. Мать —— ребёнка. (одева́ть)

15. Дети быстро ——. (одеваться)
16. Чем он ——? (заниматься)
17. Вы —— читать? (любить)
18. Вам —— эти рубашки? (нравиться)

19. Мы —— играть в теннис. (учиться)
20. Они —— писать по-русски (учиться)

Exercise No. 132. Вопросы. Reread the text, «Будний день Бориса Кузнецова». Then answer these questions.

1. В котором часу встаёт Кузнецов? 2. Он умывается и одевается быстро или медленно? 3. Жена Кузнецова встаёт рано или поздно? 4. Кузнецов завтракает вместе с женой? 5. Нравится это Кузнецову? 6. Что он ест на завтрак? 7. Что он пьёт? 8. Что значит по-английски русская пословица: «Щи да каша — пища наша»? 9. В котором часу кончаются занятия? 10. В котором часу Кузнецов едет домой? 11. Что он делает дома, после школы? 12. В котором часу ужинает семья? 13. Что делают Кузнецов и жена после ужина? 14. Что делает ребёнок после ужина? 15. В котором часу ребёнок идёт спать?

CHAPTER 28

Какая плохая погода!
What Bad Weather!

Восемь часов вечера.
Идёт сильный дождь.
Кузнецов приходит к профессору Моргану на урок.
В этот раз Павел, младший сын Моргана, открывает дверь и говорит:
«Добрый вечер. Какая плохая погода! Входите скорее! Дайте мне плащ, зонтик и калоши.»
Кузнецов подаёт ему плащ, зонтик и калоши и говорит:
«Большое спасибо. Идёт сильный дождь, и очень ветрено. Папа дома?»
Павел отвечает:
«Да, он вас ждёт, как обычно, в кабинете. Но вот он сам!»

М: Добрый вечер, Борис Павлович. Я рад вас видеть, но в такую плохую погоду нельзя выходить! Должно быть, вам холодно.[1] Чашка чаю с ромом вам будет полезна. И пока мы пьём чай с ромом, будем говорить о погоде. Это обычная тема для разговора.
К: Вы знаете, что когда мы не знаем о чём говорить, мы говорим о погоде.
М: А сейчас разговор о погоде очень кстати.

Они входят в столовую. Потом входит жена Моргана.
Она приносит две чашки с блюдцами, чайник, полный чаю, чайные

It is eight o'clock in the evening.
It is raining hard.
Kuznetsov comes to Professor Morgan's house for a lesson.
This time Paul, Morgan's younger son, opens the door and says:
"Good evening. What bad weather! Come in quickly! Give me your raincoat, umbrella, and galoshes."
Kuznetsov gives him his raincoat, umbrella, and galoshes, and says:
"Thanks very much. It's raining hard, and it's very windy. Is Daddy home?"
Paul answers:
"Yes, he is waiting for you as usual in his study. But here he is himself!"

M: Good evening, Boris Pavlovich. I am glad to see you, but in such bad weather one should not go out! You must be cold. A cup of tea with rum will be good for you. And while we are drinking tea with rum we will talk about the weather. That's a common topic for conversation.
K: You know that when we don't know what to talk about, we talk about the weather.
M: But just now a conversation about the weather is very appropriate.

They go into the dining room. Then Morgan's wife enters.
She brings two cups and saucers, a teapot full of tea, teaspoons, and a

ло́жечки и са́харницу. Она́ их ста́вит на стол с буты́лкой ро́ма, кото́рую[2] она́ берёт с буфе́та.

Зате́м она́ ухо́дит.

Мо́рган налива́ет две ча́шки ча́ю и налива́ет в ка́ждую ча́шку немно́го ро́ма.

Кузнецо́в уже́ чу́вствует себя́ лу́чше.

Пока́ они́ пьют чай с ро́мом, они́ продолжа́ют разгова́ривать о пого́де.

На дворе́ продолжа́ет идти́ дождь.

sugar bowl. She sets them on the table with a bottle of rum, which she takes from (off) the sideboard.

Then she leaves.

Morgan pours two cups of tea and pours into each cup some rum.

Kuznetsov already feels better.

While they are drinking tea with rum, they continue to converse about the weather.

Outside it goes on raining.

NOTES: 1. *lit.* It must be to you cold. 2. The relative pronoun **кото́рый** (who, which) has forms like the **но́вый** type of adjective. It agrees in number and gender with its antecedent, but gets its case from its use in the clause.

Building Vocabulary

буты́лка (bu-'til-kə) bottle
плащ (plaʃʃj) raincoat
зо́нтик ('zon-tjik) umbrella
кало́ши (ka-'lo-ʃi) galoshes (these are still quite common in the U.S.S.R.)
кли́мат ('klji-mət) climate
ром (rom) rum
приноси́ть II (prji-na-'sjitj) to bring (приношу́, прино́сишь; прино́сят)
ста́вить II ('sta-vjitj) to stand, to put (ста́влю, ста́вишь; ста́вят)
чу́вствовать I ('tʃust-və-vətj) to feel (чу́вствую, чу́вствуешь; чу́вствуют)
поле́зный, '-ая, '-ое; '-ые (pa-'ljez-nij) useful, good
мла́дший, '-ая, '-ее; '-ие ('mlat-ʃij) younger

обы́чный, '-ая, '-ое; '-ые (a-'bitʃ-nij) common, usual
по́лный, '-ая, '-ое; '-ые ('pol-nij) full
си́льный, '-ая, '-ое; '-ые ('sjilj-nij) strong, heavy
си́льно ('sjilj-nə) strongly, greatly, very hard
тако́й, -а́я, -о́е;[1] -и́е (ta-'koj) such
зате́м (za-'tjem) then, after that
с *prep.* + *gen.* from (off); do not confuse with с *prep.* + *instr.* with, together with
пока́ (pa-'ka) while
сам, сама́, само́; са́ми self *m., f., n.; plur.* selves
подава́ть I (подаю́, -ёшь) to give; *also* to serve (at table)

NOTE: 1. **Что́ э́то тако́е?** = **Что́ э́то?** What is that?

Выраже́ния

раз (ras) time, one time, once
ещё раз (ji-'ʃʃjo ras) once more
два ра́за (dva 'ra-zə) twice
три ра́за (trji 'ra-zə) three times

четы́ре ра́за (tʃi-'ti-rji 'ra-zə) four times
в э́тот раз ('ve-tət ras) this time
на дворе́ (na dva-'rje) outside

О пого́де   About the Weather

Кака́я сего́дня пого́да? (ka-'ka-jə sji-'vod-njə pa-'go-də)	What's the weather like today?
Сего́дня хоро́шая пого́да.	Today the weather is nice.
Сего́дня плоха́я пого́да.	Today the weather is bad.
Сего́дня о́чень прия́тно.	Today it is very pleasant.
(Сего́дня) хо́лодно. (Сего́дня) жа́рко.	It is cold (today). It is hot (today).
(Сего́дня) тепло́. (Сего́дня) ве́трено.	It is warm (today). It is windy (today).
Дождь идёт. Снег идёт.	It is raining. It is snowing.
Со́лнце ('son-tsə) я́рко све́тит.	The sun is shining brightly.

Grammar Notes and Practical Exercises

1. Accusative of Adjectives Modifying Thing-Nouns

	Masc.	Fem.	Neut.	Plural
Nom.	но́вый класс	но́вая шко́ла	но́вое сло́во	но́вые ⎰ кла́ссы шко́лы слова́
Acc.	но́вый класс	но́вую шко́лу	но́вое сло́во	но́вые ⎰ кла́ссы шко́лы слова́

a. The nominative masculine form of adjectives, as well as of nouns, is identical with the accusative form when the adjectives modify thing-nouns.

b. The nominative neuter form of adjectives, as well as of nouns, is identical with the accusative neuter form.

c. The nominative feminine form of adjectives ending in -ая changes -ая to -ую in the accusative, and -яя to -юю.

d. In the plural, the nominative and accusative forms of adjectives are identical when the adjectives modify thing-nouns.

General Rule for the Accusative Singular of Feminine Nouns and Adjectives:

Hard -a of the nominative ending becomes hard -y in the accusative.
Soft -я of the nominative ending becomes soft -ю in the accusative.

Nom.	э́та но́вая шко́ла	моя́ больша́я ко́мната	ва́ша си́няя шля́па
Acc.	э́ту но́вую шко́лу	мою́ большу́ю ко́мнату	ва́шу си́нюю шля́пу

2. Accusative of Adjectives Modifying Animate Nouns

The endings of adjectives modifying animate nouns differ from the endings of adjectives modifying thing-nouns, in the masculine accusative singular. Here the endings are -ого or -его. Later we shall see that there are also differences in the accusative plural.

Adjectives with Thing-Nouns

Nom.	э́тот класс	мой дом	наш стол	ваш стул	но́вый зал
Acc.	э́тот класс	мой дом	наш стол	ваш стул	но́вый зал

Adjectives with Animate Nouns

Nom.	э́тот до́ктор	мой сын	наш брат
Acc.	э́того до́ктора	моего́ сы́на	на́шего бра́та
Nom.	ваш врач	но́вый друг	
Acc.	ва́шего врача́	но́вого дру́га	

Pronunciation: The г in the endings **-oгo** and **-eгo** is always pronounced like **в.**

но́вого ('no-və-və)   **моего́** (ma-ji-'vo)   **ва́шего** ('va-ʃi-və)

3. Adjectives Used as Nouns

Some adjectives are used as nouns. The examples below are feminine because the word **ко́мната** is understood after them: **столо́вая (ко́мната)** dining room, etc. The case endings of these adjective-nouns change according to the same rules that apply to other adjectives:

	dining room	bathroom	hall	living room
Nom.	столо́вая	ва́нная	пере́дняя	гости́ная
Acc.	столо́вую	ва́нную	пере́днюю	гости́ную

Я вхожу́ в столо́вую.	I am going into the dining room.
Он вхо́дит в пере́днюю.	He is going into the vestibule.

Exercise No. 133. Translate. Be careful to translate the tenses correctly.

1. Она́ ста́вила краси́вый ча́йник на стол. 2. Наш профе́ссор сиде́л за столо́м и писа́л дли́нное письмо́. 3. Они́ смотре́ли большу́ю ка́рту на стене́. 4. Я регуля́рно бу́ду чита́ть э́ту ру́сскую газе́ту. 5. Этот ста́рый друг ча́сто навеща́л профе́ссора Мо́ргана. 6. Жена́ профе́ссора Мо́ргана ча́сто слу́шала хоро́шую му́зыку по ра́дио.[1] 7. Мне о́чень нра́вится э́тот но́вый журна́л. 8. Он преподава́л францу́зский язы́к. 9. Кака́я прекра́сная те́ма! 10. Я о́чень люблю́ э́ту удо́бную гости́ную. 11. Учи́тель задава́л тру́дные вопро́сы. 12. Я бу́ду ка́ждый день покупа́ть э́ту газе́ту. 13. Он мне посыла́ет четы́ре кни́ги. 14. Мой друг Ива́н живёт недалеко́ от меня́ в го́роде. 15. Я ка́ждый день ви́дел э́того дру́га. 16. У вас но́вый учи́тель? 17. Вы зна́ете э́того молодо́го челове́ка? 18. Этот молодо́й челове́к — мой брат. 19. Мы зна́ем э́того ма́ленького ма́льчика. 20. Он — сын профе́ссора Мо́ргана.

NOTE: 1. по ра́дио on the radio

Exercise No. 134. Give the accusative case of these adjectival expressions If there is no change write S (for "same"). If there is a change write out the accusative in full. Watch out for the animate masculine nouns! **Приме́ры:**
1. S old house 2. но́вого дру́га new friend

1. ста́рый дом
2. но́вый друг
3. но́вые ка́рты
4. ка́ждый стака́н
5. ка́ждая ча́шка

6. большо́е окно́
7. бе́лая шля́па
8. си́няя руба́шка
9. но́вый профе́ссор
10. хоро́ший до́ктор

11. ста́рый адвока́т
12. молодо́й челове́к
13. краси́вая де́вушка
14. кака́я пого́да
15. ру́сские уро́ки
16. после́днее ме́сто
17. како́й голубо́й ча́йник

18. ва́ша но́вая ю́бка
19. на́ше большо́е зе́ркало
20. мой брат
21. моя́ сестра́
22. э́тот коро́ткий стол
23. э́та кра́сная буты́лка
24. э́та плоха́я пого́да

Exercise No. 135. Вопро́сы. Reread the text, «Кака́я плоха́я пого́да!» Then answer these questions.

1. Кака́я э́то пого́да? 2. К кому́ прихо́дит Кузнецо́в? 3. Кто в э́тот раз открыва́ет дверь? 4. Что́ Кузнецо́в подаёт ма́льчику? 5. Что́ им бу́дет поле́зно? 6. О чём они́ бу́дут говори́ть, пока́ пьют чай с ро́мом? 7. Когда́ мы говори́м о пого́де? 8. Кака́я о́чень обы́чная те́ма для разгово́ра? 9. Мо́рган и Кузнецо́в вхо́дят в кабине́т и́ли в столо́вую? 10. Кто ста́вит на стол ча́йник и буты́лку ро́ма? 11. Отку́да она́ берёт буты́лку ро́ма? 12. Жена́ Мо́ргана остаётся[1] в ко́мнате? 13. Кузнецо́в уже́ чу́вствует себя́ лу́чше? 14. О чём Мо́рган и Кузнецо́в продолжа́ют разгова́ривать?

NOTE: 1. остава́ться (a-sta-ʹvat-sə) to remain (остаю́сь, -ёшься, -ётся; -ёмся, -ётесь, -ю́тся)

CHAPTER 29

О климате в Великобритании
About the Climate in Great Britain

В прошлый вторник вечером Морган и Кузнецов говорили о погоде.

Эта тема разговора была очень кстати, потому что погода была очень плохая. Шёл сильный дождь и было довольно холодно.

Как вы помните, они пили чай с ромом, пока они разговаривали.

Сегодня вечером они говорят о климате у нас в Великобритании.

К: У нас в Великобритании четыре времени[1] года — весна, лето, осень и зима.

Каждое время года разное.

М: Это правда. Летом — тепло, иногда жарко. Зимой — холодно, часто очень холодно. Время от времени идёт снег.

К: Но весна прекрасна, не правда ли?

М: Правда. Весной погода становится лучше, солнце ярко светит, но часто идёт дождь, как сегодня вечером. Иногда холодно. Вдруг становится тепло. Какое время года вы предпочитаете?

К: Я предпочитаю осень. Осенью воздух свежий и прохладный. Иногда очень ветрено. В деревне деревья — красные и золотые.

А вы? Какое время года вы предпочитаете?

М: Я предпочитаю весну, когда мало-помалу всё зеленеет. Весной,

Last Tuesday evening, Morgan and Kuznetsov were speaking about the weather.

The topic of conversation was very appropriate because the weather was very bad. It was raining hard and it was quite cold.

As you remember, they were drinking tea with rum while they were conversing.

This evening they are talking about the climate here in Great Britain.

K: Here in Great Britain we have four seasons—spring, summer, autumn, and winter. Each season is different.

M: That is true. In summer, it is warm, sometimes hot. In winter it is cold, often very cold. From time to time it snows.

K: But spring is splendid, isn't it?

M: That's true. In spring the weather gets better, the sun shines brightly, but it often rains, like this evening. Sometimes it is cold. Suddenly it becomes warm. What season do you prefer?

K: I prefer autumn. In autumn the air is fresh and cool. Sometimes it is very windy. In the country the trees are red and gold.

And you? What season do you prefer?

M: I prefer spring, when little by little everything becomes green. In

ка́жется, всю́ду начина́ется но́вая жизнь.

К: Вы лю́бите ле́то?

М: Коне́чно, я люблю́ ле́то. Это — сезо́н кани́кул.

К: Когда́ у вас в университе́те ле́тние кани́кулы?

М: С середи́ны ию́ня до середи́ны сентября́.

А тепе́рь дава́йте говори́ть о кли́-мате в СССР.

К: Это не лёгкая те́ма для разгово́ра, потому́ что СССР — огро́мная страна́, и кли́мат там о́чень разнообра́зный. Мо́жет быть, что мы по́зже бу́дем продолжа́ть говори́ть на э́ту те́му.

М: Хорошо́! Тем вре́менем я бу́ду чита́ть интере́сную главу́ о кли́мате в СССР в моём уче́бнике.

spring, it seems, new life begins everywhere.

K: Do you like summer?

M: Of course I like summer. It is the holiday season. (*lit.* season of holiday)

K: When do you have summer vacation at the university?

M: From the middle of June to the middle of September.

But now let's talk about the climate in the U.S.S.R.

K: That is not an easy topic of conversation, because the U.S.S.R. is a huge country, and the climate there is very varied. Perhaps we will continue to speak on this topic later.

M: Good! In the meantime I shall be reading an interesting chapter about the climate of the U.S.S.R. in my textbook.

NOTE: 1. вре́мени *irregular gen. sing. of* вре́мя

Building Vocabulary

де́рево ('dje-rji-və) tree; *pl.* дере́вья

сезо́н (sji-'zon) season (period); сезо́н кани́кул holiday season

середи́на (sji-rji-'dji-nə) middle

страна́ (stra-'na) country

зелене́ть I (zji-lji-'njetj) to become green (зелене́ю, зелене́ешь; зелене́ют)

по́мнить II ('pom-njitj) to remember (по́мню, по́мнишь; по́мнят)

станови́ться II (stə-na-'vjit-sə) to become (становлю́сь, стано́вишься; стано́вятся)

пил, пила́, пи́ло; пи́ли (pjil) drank, past tense of пить to drink

шёл, шла, шло; шли (ʃol) went, past tense of идти́ to go (*see Grammar Note* 1)

огро́мный, '-ая, '-ое; '-ые (a-'grom-nij) huge

прохла́дный, '-ая, '-ое; '-ые (pra-'xlad-nij) cool

ра́зный, '-ая, '-ое; '-ые ('raz-nij) different

всю́ду ('fsju-du) everywhere

по́зже ('po-ʒə) later

глава́ (gla-'va) chapter

Выраже́ния

СССР (es-es-es-'er) Сою́з Сове́тских Социалисти́ческих Респу́блик = U.S.S.R., Union of Soviet Socialist Republics

ка́жется ('ka-ʒit-sə) it seems

Шёл си́льный дождь. It rained heavily.

дава́йте говори́ть (da-'vaj-tji) let us speak

вре́мя от вре́мени ('vrje-mjə at 'vrje-mji-nji) from time to time

в про́шлый вто́рник (ʃprɔʃ-lij 'ftɔr-njik) last Tuesday.

Четы́ре вре́мени го́да   The Four Seasons of the Year

весна́ (vjis-′na) spring	весно́й (vjis-′noj) in spring
ле́то (′lje-tə) summer	ле́том (′lje-təm) in summer
о́сень *f.* (′o-sjinj) autumn	о́сенью (′o-sjinj-ju) in autumn
зима́ (zji-′ma) winter	зимо́й (zji-′moj) in winter

Ме́сяцы го́да   Months of the Year

янва́рь (jin-′varj) January	ию́ль (i-′julj) July
февра́ль (fjiv-′ralj) February	а́вгуст (′av-gust) August
март (mart) March	сентя́брь (sjin-′tjabrj) September
апре́ль (a-′prjelj) April	октя́брь (ak-′tjabrj) October
май (maj) May	ноя́брь (na-′jabrj) November
ию́нь (i-′junj) June	дека́брь (dji-′kabrj) December

All the months of the year are masculine.

Grammar Notes and Practical Exercises

1. **Past Tense of идти́ — шёл (irreg. past).**   I was going, you were going, etc.

я шёл (*m.*), шла (*f.*)	(ʃol, ʃla)	мы шли	(ʃlji)
ты шёл (*m.*), шла (*f.*)	(ʃol, ʃla)	вы шли	(ʃlji)
он шёл	(ʃol)	они́ шли	(ʃlji)
она́ шла	(ʃla)		
оно́ шло	(ʃlo)		

Куда́ вы так ра́но шли?	Where were you going so early?
Я шёл к до́ктору.	I (*m.*) was going to the doctor's.

2. **Impersonal (it) Expressions**

You have learned impersonal expressions referring to the weather such as:

Хо́лодно. It is cold.   **Тепло́**. It is warm.   **Жа́рко.** It is hot.

These expressions may, of course, be used in the present, past, or future. In the present the verb is omitted. In the past бы́ло is used; in the future бу́дет.

Сего́дня хо́лодно (тепло́, жа́рко).	Today [it is] cold (warm, hot).
Вчера́ бы́ло хо́лодно (тепло́, жа́рко).	Yesterday [it] was cold (warm, hot).
За́втра бу́дет хо́лодно (тепло́, жар-ко).	Tomorrow [it] will be cold (warm, hot).

Other impersonal expressions are:

тру́дно it is hard	прия́тно it is pleasant	пло́хо it is bad
легко́ it is easy	хорошо́ it is good	ску́чно it is boring

These impersonal expressions can be used with reference to a person. In this construction the person is in the dative case.

Мне хо́лодно.	I am cold.	*lit.* To me [it is]cold.
Тебе́ хо́лодно?	Are you (*fam.*) cold?	*lit.* To you [is it] cold?
Ему́ тепло́.	He is warm.	*lit.* To him [it is] warm.

Ей тру́дно.	It is hard for her.	*lit.* To her [it is] hard.
Нам прия́тно.	It is pleasant for us.	*lit.* To us [it is] pleasant.
Вам неприя́тно.	It is unpleasant for you.	*lit.* To you [it is] unpleasant.
Им ску́чно.	It is boring for them.	*lit.* To them [it is] boring.

3. ка́жется it seems; мне хо́чется I feel like

Мне ка́жется. It seems to me.	Мне хо́чется спать. I feel like sleeping.
Нам ка́жется. It seems to us.	Ему́ хо́чется спать? Does he feel like sleeping?

ка́жется may also be translated *I think, you think,* etc.

Мне ка́жется, что он говори́т пра́вду.	I think he is telling the truth.
Вам не ка́жется, что пого́да бу́дет плоха́я?	Do you not think the weather will be bad?

Exercise No. 136. Read aloud. Translate.

1. — Прия́тно жить в при́городе?
   — Очень прия́тно. Жить в го́роде мне неприя́тно.
2. — Вам тру́дно говори́ть по-ру́сски?
   — Да. Мне о́чень тру́дно.
3. — Ему́ тру́дно говори́ть по-англи́йски?
   — Нет. Ему́ легко́.
4. — Аня больна́?
   — Нет. Она́ была́ больна́, но тепе́рь ей лу́чше.
5. — Что́ вы чита́ете?
   — Я чита́ю газе́ту «Пра́вда». Мне ка́жется, что э́то интере́сная газе́та. Вы хоти́те сейча́с чита́ть её?
   — Спаси́бо. Сейча́с не хочу́. Мне хо́чется спать.

6. — Вам ка́жется, что бу́дет дождь?
   — Нет. Мне ка́жется, что бу́дет снег.
7. — Куда́ она́ шла так по́здно?
   — Она́ шла к до́ктору.
8. — Почему́ вы закрыва́ете окно́? Не хо́лодно.
   — А мне хо́лодно. У меня́ на́сморк.
9. — Идёт си́льный дождь?
   — Ничего́. У меня́ плащ, зо́нтик и кало́ши.
10. — Расскажи́те мне что́-нибудь о кли́мате в Великобрита́нии.
    — С удово́льствием! Ле́том тепло́; зимо́й хо́лодно; о́сенью ве́трено; весно́й све́тит со́лнце.

Exercise No. 137. Вопро́сы. Reread the text, «О кли́мате в Великобрита́нии». Then answer these questions.

1. О чём говори́ли Мо́рган и Кузнецо́в в про́шлый вто́рник? 2. Кака́я была́ пого́да? 3. О чём они́ говоря́т сего́дня ве́чером? 4. Ско́лько времён[1] го́да в Великобрита́нии? 5. Кака́я там пого́да ле́том? 6. Кака́я там пого́да зимо́й? 7. В какóе вре́мя го́да пого́да стано́вится лу́чше? 8. Какóе вре́мя го́да предпочита́ет Мо́рган? 9. Какóе вре́мя го́да предпочита́ет Кузнецо́в? 10. Когда́ начина́ется всю́ду но́вая жизнь? 11. Когда́ в уни-

верситéте лéтние канйкулы? 12. СССР — огрóмная йли мáленькая страна́? 13. Клúмат в СССР — лёгкая úли трýдная тéма рагзовóра? 14. Где интерéсная главá о клúмате? 15. Чтó бýдет дéлать профéссор тем врéменем?

NOTE: 1. времён, genitive plural of врéмя. Скóлько времён гóда? How many seasons in the year?

CHAPTER 30

Revision of Chapters 25–29

Vocabulary Revision

Nouns

1. буты́лка	11. ка́ша	21. вре́мя го́да
2. те́ма	12. кли́мат	22. середи́на
3. пи́ща	13. стенографи́ст	23. со́лнце
4. де́рево	14. час	24. нау́ка
5. плащ	15. обе́д	25. страна́
6. мир	16. космона́вт	26. полёт
7. зо́нтик	17. перево́дчик	27. у́жин
8. земля́	18. пое́здка	28. пого́да
9. кало́ши	19. посу́да	29. яйцо́
10. кани́кулы	20. вре́мя	30. восто́к

1. bottle	11. cooked cereal	21. season
2. topic	12. climate	22. middle
3. food	13. stenographer	23. sun
4. tree	14. hour	24. science
5. raincoat	15. dinner	25. country
6. world, peace	16. cosmonaut	26. flight
7. umbrella	17. translator	27. supper
8. earth	18. trip	28. weather
9. galoshes	19. dishes	29. egg
10. holiday	20. time	30. east

Verbs

встава́ть I	за́втракать I	конча́ть I
to get up	to have breakfast	to finish
встаю́	за́втракаю	конча́ю
встаёшь	за́втракаешь	конча́ешь
встаю́т	за́втракают	конча́ют
начина́ть I	у́жинать I	расска́зывать I
to begin	to have supper	to relate
начина́ю	у́жинаю	расска́зываю
начина́ешь	у́жинаешь	расска́зываешь
начина́ют	у́жинают	расска́зывают
чу́вствовать I	слу́шать I	задава́ть I
to feel	to listen (to)	to ask (questions)

чу́вствую слу́шаю задаю́
чу́вствуешь слу́шаешь задаёшь
чу́вствуют слу́шают задаю́т

преподава́ть I интересова́ть I гото́вить II
  to teach to interest to prepare
преподаю́ интересу́ю гото́влю
преподаёшь интересу́ешь гото́вишь
преподаю́т интересу́ют гото́вят

приноси́ть II по́мнить II занима́ться I
  to bring to remember to study
приношу́ по́мню занима́юсь
прино́сишь по́мнишь занима́ешься
прино́сят по́мнят занима́ются

Adjectives

1. бу́дний
2. сове́тский
3. ле́тний
4. мла́дший
5. обы́чный
6. огро́мный
7. поле́зный
8. уве́ренный
9. прия́тный
10. неприя́тный
11. вече́рний
12. прохла́дный
13. ра́зный
14. све́жий
15. си́льный
16. сре́дний
17. по́лный
18. тёплый
19. апельси́новый
20. после́дний
21. я́ркий

1. everyday
2. Soviet
3. summer
4. younger
5. usual
6. huge
7. useful
8. sure
9. pleasant
10. unpleasant
11. evening
12. cool
13. different
14. fresh
15. strong
16. middle
17. full
18. warm
19. orange
20. last
21. bright

Adverbs

1. всю́ду
2. недалеко́
3. несомне́нно
4. обы́чно
5. отсю́да
6. по́здно
7. ра́но
8. си́льно
9. я́рко
10. сно́ва
11. дово́льно
12. регуля́рно

1. everywhere
2. near, not far
3. undoubtedly
4. usually
5. from here
6. late
7. early
8. strongly
9. brightly
10. again
11. quite, rather
12. regularly

Выраже́ния

1. задава́ть вопро́сы
2. я ему́ задаю́ вопро́сы
3. мне пора́ = мне пора́ идти́
4. мо́жет быть
5. гото́вить уро́ки
6. гото́влю уро́ки

7. в кото́ром часу́?
8. в три часа́
9. по́сле обе́да
10. тому́ наза́д
11. де́сять лет тому́ наза́д
12. с утра́ до ве́чера
13. раз
14. два ра́за

15. ещё раз
16. в э́тот раз
17. как обы́чно
18. о́чень кста́ти
19. на дворе́
20. в тако́м слу́чае
21. с удово́льствием

1. to ask questions
2. I ask him questions
3. it's time for me to go
4. perhaps (*lit*. it may be)
5. to do homework (*lit*. to prepare lessons)
6. I do [my] homework
7. at what time?
8. at three o'clock
9. afternoon, after dinner
10. ago

11. ten years ago
12. from morning to night
13. time, one time, once
14. two times, twice
15. once more
16. this time
17. as usual
18. very appropriate
19. outside (*lit*. in the yard)
20. in that case
21. with pleasure

Exercise No. 138. Translate these friends in disguise.

1. матема́тика 2. геогра́фия 3. эконо́мия 4. биоло́гия 5. физиоло́гия 6. а́лгебра 7. геоме́трия 8. фи́зика 9. хи́мия 10. анато́мия 11. астроно́мия 12. социоло́гия 13. медици́на 14. филосо́фия

Exercise No. 139. Select the group of words in Column II that best completes each sentence begun in Column I.

I

1. По́сле обе́да семья́ Мо́ргана
2. Когда́ Кузнецо́в задаёт вопро́сы,
3. Четы́ре го́да тому́ наза́д
4. Как обы́чно, де́ти хо́дят
5. Кинотеа́тр нахо́дится
6. Профе́ссор Мо́рган всегда́
7. Ле́том жа́рко,
8. Зимо́й хо́лодно,
9. Мо́рган иногда́ чита́ет журна́лы «Панч» и «Экономи́ст»,
10. Кузнецо́в роди́лся в Росси́и,
11. Шёл си́льный дождь, поэ́тому
12. Я не зна́ю, в кото́ром часу́

II

a. но тепе́рь он граждани́н Великобрита́нии.
b. и я́рко све́тит со́лнце.
c. в шко́лу пешко́м.
d. недалеко́ от до́ма Мо́ргана.
e. приле́жно (diligently) гото́вит уро́ки.
f. Мо́рган отвеча́ет по-ру́сски.
g. и ча́сто идёт снег.
h. но он предпочита́ет нау́чные журна́лы.
i. иногда́ хо́дит в кино́.
j. Кузнецо́в жил в Пари́же.
k. начина́ются экза́мены.
l. разгово́р о пого́де был о́чень кста́ти.

Grammar Revision and Exercises

Summary of Conjugations I and II: The Present, Past, Future, and Imperative

Infinitive: читáть I to read

Present Tense	*Past Tense*	*Future Tense*
I read, am reading, etc.	I was reading, etc.	I shall be reading, etc.

я	читáю	я	читáл, ´-а	я	бýду читáть
ты	читáешь	ты	читáл, ´-а	ты	бýдешь читáть
он		он	читáл	он	
онá	читáет	онá	читáла	онá	бýдет читáть
онó		онó	читáло	онó	
мы	читáем	мы	читáли	мы	бýдем читáть
вы	читáете	вы	читáли	вы	бýдете читáть
они́	читáют	они́	читáли	они́	бýдут читáть

Imperative: *fam.* читáй; *pol.* читáйте

Infinitive: говори́ть II to speak, say

Present Tense	*Past Tense*	*Future Tense*
I speak, am speaking, etc.	I was speaking, etc.	I shall be speaking, etc.

я	говорю́	я	говори́л, ´-а	я	бýду говори́ть
ты	говори́шь	ты	говори́л, ´-а	ты	бýдешь говори́ть
он		он	говори́л	он	
онá	говори́т	онá	говори́ла	онá	бýдет говори́ть
онó		онó	говори́ло	онó	
мы	говори́м	мы	говори́ли	мы	бýдем говори́ть
вы	говори́те	вы	говори́ли	вы	бýдете говори́ть
они́	говоря́т	они́	говори́ли	они́	бýдут говори́ть

Imperative: *fam.* говори́; *pol.* говори́те

Exercise No. 140. Revise Chapter 26, p. 145, Grammar Notes 1, 2, 3, and 4, and Chapter 25, p. 140, Grammar Notes 1, 2, and 3. Then change these sentences to the past and future.

Приме́р: 1. Они́ говори́ли о пого́де. Они́ бýдут говори́ть о пого́де.

1. Они́ говоря́т о пого́де. 2. Ольга читáет рýсский ромáн. 3. Вы всегдá встаёте рáно? 4. Я (*m.*) чáсто ýжинаю в рестора́не. 5. Этот учени́к гото́вит уро́к. 6. Эта учени́ца ре́дко слýшает рáдио. 7. Мы здесь обéдаем кáждый день. 8. Я (*f.*) по́мню все словá. 9. Они́ всегдá зáвтракают в семь часо́в. 10. Учи́тельница задаёт вопро́сы. 11. Ученики́ пи́шут на доскé. 12. Они́ занимáются в кабинéте. 13. Он ýчится в срéдней шко́ле. 14. Ты всегдá одевáешься рáно?

Exercise No. 141. Translate each verb in the correct tense.

1. they were reading; they will be reading 2. I (*m.*) was; you (*pol.*) were; I shall be 3. they were not writing; they will not write 4. we were preparing; we shall prepare 5. I (*fem.*) was relating; I shall relate 6. he was asking

questions; he will be asking questions   7. you (*pol.*) were not beginning; you (*pol.*) will not begin   8. we were remembering; she will remember   9. I (*f.*) was having breakfast; I shall have breakfast   10. he was having supper; he will have supper.

Exercise No. 142. Revise Chapter 27, p. 151, Grammar Notes 1 and 2. Then complete each sentence by translating the verb in parenthesis.

1. Я (hope) часто ходить в театр.   2. Они теперь (are sitting [down]) за стол.   3. Этот ребёнок всегда быстро (dresses himself).   4. Вы знаете, когда экзамен (begins)?   5. Чем профессор (is occupied)?   6. Они очень не любят (to study).   7. Ваня ничего не делает, но я всегда (am busy).   8. Занятия всегда (will end) в три часа.   9. Занятия всегда (will begin) в восемь часов.   10. Фильм (was ending).   11. Экзамены (were beginning).   12. Профессор всегда (was studying) в кабинете.

Exercise No. 143. Revise Chapter 29, p. 163, Grammar Notes 2 and 3. Then translate these impersonal expressions.

1. I am cold. I was cold. I shall be cold.   2. Today it is cold. Yesterday it was cold. Tomorrow it will be cold.   3. Today it is warm.   4. I am warm. 5. It is pleasant for us.   6. It will be pleasant for you.   7. It is boring to me. 8. It was boring to them.   9. It is difficult for her.   10. It was difficult for them.   11. It seems to us that they are right (правы).   12. I feel like working.

Короткие разговоры

— Мне хочется есть. Пойдём обедать.	I feel like eating. Let's go and have dinner.
— С удовольствием! Я голоден.	With pleasure! I am hungry.
— А где хороший ресторан?	But where is a good restaurant?
— Есть ресторан с хорошей кухней[1] недалеко отсюда.	There is a restaurant with good cooking[1] not far from here.
— Прекрасно. Пойдём туда.	Fine. Let's go there.
— Вам здесь нравится?	Do you like it here?
— Да, очень.	Yes, very much.
— Откуда вы?	Where are you from?
— Я из Лондона.	I am from London.
— Доброе утро. Как дела?	Good morning. How are things?
— Ничего.	Fair.
— Что с вами?	What's the matter?
— Я очень устал. Я слишком много работал.	I am very tired. I have been working too much.

NOTE: 1. *lit.* with a good kitchen.

Exercise No. 144. Текст для чтения.

О КЛИМАТЕ В СССР

СССР в три раза[1] больше США[20], и в девяносто[21] раз больше Великобритании. Большая часть[2] страны лежит в умеренной[3] зоне. Зима очень холódная и дóлгая. Всюду лежи́т снег. В Москве́ снег сто[4] дней не та́ет.[5] Ле́том жа́рко и су́хо.[6] А весна́ чуде́сная![7] Весна́ дóлгая и прия́тная. Снег та́ет бы́стро. Сóлнце я́рко све́тит.

Óсень в СССР корóткая и неприя́тная. На се́вере[8] уже́ в сентябре́ идёт снег. Но когда́ на се́вере уже́ зима́, на ю́ге[9] Росси́и тепло́ и прия́тно. Кли́мат на побере́жье Чёрного мóря[10] похóж[11] на кли́мат Флори́ды.

Кавка́з,[22] как вы зна́ете, нахóдится[12] на ю́ге СССР, и мнóго ру́сских[13] éздят туда́, чтóбы проводи́ть óтпуск.[14] Конéчно, на Кавка́зе в высóких гора́х[15] быва́ет[16] довóльно хóлодно.

В Сиби́ри зима́ óчень дóлгая и холóдная, а ле́то — корóткое и жа́ркое. Вам бу́дет интере́сно знать,[17] что есть места́ в Сиби́ри, где ле́том 32° (три́дцать два гра́дуса[18]) жары́, а зимóй 32° морóза.[19]

NOTES:

1. в три ра́за three times as
2. часть *f.* part
3. уме́ренный temperate
4. сто one hundred
5. та́ять I to melt
6. су́хо dry
7. чуде́сный wonderful
8. на се́вере in the north
9. на ю́ге in the south
10. на побере́жье Чёрного мóря on the coast of the Black Sea
11. похóж (short form of похóжий) like, similar
12. нахóди́ться to be located
13. мнóго ру́сских many Russians
14. проводи́ть óтпуск to spend (one's) leave, vacation
15. гора́ mountain в гора́х in the mountains
16. быва́ет is usually (*infin.* быва́ть)
17. вам ... знать *lit.* to you it will be interesting to know
18. гра́дус degree (temperatures given here in Centigrade)
19. морóза of frost (freezing cold)
20. США* (Соединённые Шта́ты Аме́рики) U.S.A.
21. девянóсто ninety
22. Кавка́з Caucasus
*pronounced: (se-ʃe-a)

CHAPTER 31

Цифры, цифры, цифры, всегда цифры!
Numbers, Numbers, Numbers, Always Numbers!

К : Чтобы хорошо говорить, писáть и понимáть по-рýсски, нýжен большóй запáс слов.

Но однá категóрия слов нам осóбенно важнá. Знáете ли вы, о чём я дýмаю?

М: Мне кáжется, вы дýмаете о цúфрах.

К : Вы прáвы. Нáша совремéнная цивилизáция былá бы[1] невозмóжна без цифр.

М: Конéчно! Нам нужны́ цúфры в математике и в наýке.

К : Вот как! Учёный срáзу же[2] дýмает о наýке.

М: Прáвильно. Как вы ужé знáете, наýка — мой глáвный интерéс. Но есть и другúе применéния для цифр.

Нам нужны́ цúфры, чтóбы укáзывать врéмя, чúсла и температýру, чтóбы считáть дéньги и дéлать покýпки. Нам нужны́ цúфры в делáх, в поéздках и т. д. (и так дáлее).

К : Вы ужé умéете считáть по-рýсски. Нýжно не тóлько знать цúфры, но и умéть их прáвильно и быстро употреблять.

Нýжно понимáть цúфры, когдá быстро говоря́т. Поэтому, вот нéкоторые задáчи по арифмéтике. Это, конéчно, прóсто прáктика в цúфрах.

М: Начнём! Мне нужнá прáктика. Мне нрáвится прáктика в цúфрах. Повторéние — мать учéния.

K : In order to speak, write, and understand Russian well, a large vocabulary is necessary.

But one class of words is especially important. Do you know what I am thinking about?

M: It seems to me you are thinking of numbers.

K : You are right. Our modern civilization would be impossible without numbers.

M: Of course! We need numbers in mathematics and in science.

K : You don't say! The scientist immediately thinks of science.

M: Right! As you already know, science is my chief interest. But there also are other uses for numbers.

We need numbers in order to indicate time, dates, and temperature; to count money and to shop. We need numbers in business, on trips, etc.

K : You already know how to count in Russian. It is necessary not only to know the numbers, but also to know how to use them correctly and quickly.

It is necessary to understand numbers when people speak rapidly. Therefore, here are some problems in arithmetic. Of course this is just for practice in numbers.

M: Let's begin! I need the practice. I like practice in numbers. Practice makes perfect.

К : Ско́лько пять плюс пять?

М: Пять плюс пять — де́сять.

К : Ско́лько два́дцать ми́нус шесть?

М: Два́дцать ми́нус шесть — четы́рнадцать.

К : Ско́лько пятна́дцать плюс семь?

М: Пятна́дцать плюс семь — два́дцать два.

К : Ско́лько двена́дцать плюс трина́дцать?

М: Двена́дцать плюс трина́дцать — два́дцать пять.

К : Тепе́рь после́дняя зада́ча. Ско́лько сто ми́нус со́рок оди́н?

М: Сто ми́нус со́рок оди́н — пятьдеся́т де́вять.

К : Отли́чно! Ва́ша отме́тка — пять.³

Мо́рган смеётся и говори́т: «Экза́мен не́ был сли́шком тру́дный».

K : How much is five plus five?

M : Five plus five is ten.

K : How much is twenty minus six?

M : Twenty minus six is fourteen.

K : How much is fifteen plus seven?

M : Fifteen plus seven is twenty-two.

K : How much is twelve plus thirteen?

M : Twelve plus thirteen is twenty-five.

K : Now one last problem. How much is one hundred minus forty-one?

M : One hundred minus forty-one is fifty-nine.

K : Excellent! Your mark is five.

Morgan laughs and says: "The examination was not too difficult."

NOTES: 1. The particle бы, with the past tense of a verb, gives the verb a present conditional meaning. Thus: она́ была́ бы she (it) *would* be; мы чита́ли бы we *would* read.

2. Же is added for emphasis.

3. In Russian schools marks run from one, the lowest, to five, the highest.

Building Vocabulary

арифме́тика (a-rjif-ʹmje-tji-kə) arithmetic

де́ньги (ʹdjenj-gji) *pl.* money; де́нег *gen. pl.*

де́ло (ʹdjɛ lə) matter, business

интере́с (in-tji-ʹrjes) interest

матема́тика (ma-tji-ʹma-tji-kə) mathematics

пра́ктика (ʹprak-tji-kə) practice

температу́ра (tjim-pji-ra-ʹtu-rə) temperature

употребля́ть I (u-pə-trji-ʹbljatj) to use (употребля́ю, употребля́ешь; употребля́ют)

ва́жный, ʹ-ая, ʹ-ое; ʹ-ые (ʹvaʒ-nij) important

гла́вный, ʹ-ая, ʹ-ое; ʹ-ые (ʹglav-nij) main, chief

возмо́жный, ʹ-ая, ʹ-ое; ʹ-ые (vaz-ʹmoʒ-nij) possible

невозмо́жный, ʹ-ая, ʹ-ое; ʹ-ые (nji-vaz-ʹmoʒ-nij) impossible

примене́ние (prji-mji-ʹnje-nji-ji) use

учёный (u-tʃo-nij) scholar, scientist

ци́фра (ʹtsi-frə) figure, number

число́ (tʃi-ʹslo) number, date

получа́ть I (pə-lu-ʹtʃatj) to receive (получа́ю, получа́ешь; получа́ют)

смея́ться I (smji-ʹjat-sə) to laugh (смею́сь, смеёшься; смею́тся)

счита́ть I (ʃʃji-ʹtatj) to count (счита́ю, счита́ешь; счита́ют)

указывать I (u-'ka-zi-vətj) to indicate (указываю, указываешь;
указывают)
уметь I (u-'mjetj) to know how[1]
(умею, умеешь; умеют)
некоторый, '-ая, '-ое; '-ые ('nje-kə-
tə-rij) some
последний, '-яя, '-ee; '-ие (pa-'sljed-
njij) latter, last

современный, '-ая, '-ое; '-ые (sə-
vrji-'mjen-nij) modern
просто ('pro-stə) simply, just
без (bjes) *prep.* + *gen.* without
чтобы ('ʃto-bi) that, in order that
не только ... но и (nji 'tolj-kə ...
no i) not only ... but also
плюс (pljus) plus
минус ('mji-nus) minus

NOTE: 1. Уметь means to be able to, in the sense of to know how:

Я умею считать по-русски.

I can (know how) to count in
Russian.

Мочь to be able, is generally used to express physical ability.

Я могу видеть доску.

I can see the board.

Выражения

Вот как! (vot kak) You don't say!
и т. д. = и так далее (i tak 'da-lji-ji)
etc., and so forth
т. е. = то есть ('to jistj) that is

мне кажется (mnje 'ka-ʒit-sə) it
seems to me
делать покупки ('dje-lətj pa-'kup-
kji) to make purchases, to shop

Пословица (pa-'slo-vji-tsə) Proverb

Повторение — мать учения.
(pə-fta-'rje-nji-ji matj u-'tʃe-nji-jə)

Practice makes perfect.
lit. Repetition is the mother of
learning.

Grammar Notes and Practical Exercises

1. The Cardinal Numbers 1 to 20

1. Один, одна, одно (a-'djin, ad-'na
ad-'no)
2. два, две (dva, dvje)
3. три (trji)
4. четыре (tʃi-'ti-rji)
5. пять (pjatj)
6. шесть (ʃestj)
7. семь (sjemj)
8. восемь ('vo-sjimj)
9. девять ('dje-vjitj)
10. десять ('dje-sjitj)

11. одиннадцать (a-'djin-nət-tsətj)
12. двенадцать (dvji-'nat-tsətj)
13. тринадцать (trji-'nat-tsətj)
14. четырнадцать (tʃi-'tir-nət-tsətj)
15. пятнадцать (pjit-'nat-tsətj)
16. шестнадцать (ʃis-'nat-tsətj)
17. семнадцать (sjim-'nat-tsətj)
18. восемнадцать (və-sjim-'nat-tsətj)
19. девятнадцать (dji-vjit-'nat-tsetj)
20. двадцать ('dvat-tsətj)

After один, одна, одно, the nominative singular of the noun is used.

один класс *m.*   одна школа *f.*   одно окно *n.*

Два is used with a masculine noun; with a feminine noun две is used.

два студента *m.*   две девочки *f.*

After the numbers 2, 3, and 4 the genitive singular of the noun is used. (*See Chapter 26, Grammar Note 5, p. 146.*)

After the numbers 5 to 20 the genitive plural of the noun is used. Therefore, at this point the genitive plural of nouns must be learned.

2. The Genitive Plural of Nouns

Note the various endings of this case in the following examples.

	Nominative Singular		Genitive Plural		Gen. Plur. Ending
Masc.	класс	стол	кла́ссов	столо́в	-ов
	музе́й	трамва́й	музе́ев	трамва́ев	-ев
	каранда́ш	нож	карандашéй	ножéй	-ей
	учи́тель	слова́рь	учителе́й	словаре́й	-ей
Fem.	шко́ла	ка́рта	школ	карт	No ending
	неде́ля	ня́ня	неде́ль	нянь	-ь
	дверь	тетра́дь	дверéй	тетра́дей	-ей
Neut.	сло́во	ме́сто	слов	мест	No ending
	по́ле	мо́ре	полéй	морéй	-ей

Endings of Nouns in the Genitive Plural

Masculine nouns in
- any consonant (except ж, ш, щ, ч) — -ов
- -й — -ев
- -ь ог ж, ш, щ, ч — -ей

Feminine nouns in
- -а — No ending
- -я — -ь
- -ь — -ей

Neuter nouns in
- -о — No ending
- -е — -ей

3. The Genitive Plural of Some Familiar Nouns

Practise aloud. Note carefully the accented syllables and say them strongly.

Ending -ов, -ев		Ending -ей	
журна́л	журна́лов	рубль *m.*	рублéй
уро́к	уро́ков	роя́ль *m.*	роя́лей
студе́нт	студе́нтов	календа́рь *m.*	календарéй
час	часо́в	день *m.*	дней[1]
ма́льчик	ма́льчиков	автомоби́ль *m.*	автомоби́лей
оте́ц	отцо́в[1]	жизнь *f.*	жи́зней
дом	домо́в	вещь *f.*	вещéй
профе́ссор	профессоро́в	тетра́дь *f.*	тетра́дей
го́род	городо́в	посте́ль *f.*	посте́лей
музе́й	музе́ев	по́ле	полéй
трамва́й	трамва́ев	това́рищ	това́рищей

No Ending

кни́га	книг
карти́на	карти́н
газе́та	газе́т
же́нщина	же́нщин
ци́фра	цифр
сигаре́та	сигаре́т
сестра́	сестёр[2]
де́вушка	де́вушек[2]
де́вочка	де́вочек[2]
де́ло	дел
окно́	о́кон[2]

NOTES: 1. The **e** is dropped before all case endings of **оте́ц**. Observe also the dropping of **e** before **н** in **дней**.

2. When the genitive plural ends in certain consonant pairs, **e** (sometimes **o** or **ё**) is inserted between the consonants for easy pronunciation.

Exercise No. 145. After each number insert the genitive singular or genitive plural as required. First revise the genitive singular (*Chapter* 21, *Grammar Notes* 1 *and* 2, pp. 115, 116).

1. пять (дом) 2. пять (студе́нт) 3. два́дцать (ма́льчик) 4. шесть (класс) 5. двена́дцать (де́вочка) 6. де́вять (сигаре́та) 7. де́сять (окно́) 8. семь (сестра́) 9. четы́рнадцать (каранда́ш) 10. семна́дцать (ма́льчик) 11. четы́ре (профе́ссор) 12. два (уро́к) 13. четы́рнадцать (день) 14. пятна́дцать (же́нщина) 15. две (неде́ля) 16. пять (неде́ля) 17. три (год) 18. оди́н (год) 19. семна́дцать (учи́тель) 20. шесть (слова́рь) 21. де́сять (приме́р)

Exercise No. 146. Write out the numbers in these sentences.

1. В неде́ле (7) дней. 2. В кла́ссе (19) студе́нтов. 3. На его́ у́лице (20) домо́в. 4. На фа́брике рабо́тают (15) же́нщин. 5. Он ку́рит (10) сигаре́т ка́ждый день. 6. Тепе́рь у нас (6) ко́мнат. 7. У него́ (1) автомоби́ль. 8. Она́ пи́шет (3) письма́ ка́ждый день. 9. Да́йте мне (12) карандаше́й. 10. Я хочу́ (1) стака́н, (1) яйцо́ и (1) таре́лку.

Exercise No. 147. Say and write out the numbers in each arithmetical problem.

Приме́р: а.) Два плюс шесть = во́семь

a. 2 + 6 = 8   c. 7 + 5 = 12   e. 10 + 7 = 17   g. 11 + 4 = 15
b. 9 + 8 = 17   d. 18 − 4 = 14   f. 20 − 4 = 16   h. 10 + 9 = 19

4. The Prepositional Plural of Nouns

In the prepositional plural, nouns end in -ах or -ях.

Hard Declension

Nom. Sing.	класс	шко́ла	сло́во
Prep. Pl.	о кла́ссах	о шко́лах	о слова́х

Soft Declension

Nom. Sing.	роя́ль *m.*	неде́ля	по́ле
Prep. Pl.	о роя́лях	о неде́лях	о поля́х

5. The Prepositional Plural of Some Familiar Nouns

Note the accented syllables and say them strongly.

журна́л	роя́ль	ци́фра	ме́сто
журна́лах	роя́лях	ци́фрах	места́х
профе́ссор	студе́нт	по́ле	тетра́дь
профессора́х	студе́нтах	поля́х	тетра́дях
сигаре́та	газе́та	ма́льчик	мо́ре
сигаре́тах	газе́тах	ма́льчиках	моря́х
рубль	сестра́	окно́	дом
рубля́х	сёстрах	о́кнах	дома́х
уро́к	дверь	кни́га	де́ло
уро́ках	дверя́х	кни́гах	дела́х
карти́на	час	зда́ние	автомоби́ль
карти́нах	часа́х	зда́ниях	автомоби́лях
де́вушка	сло́во	оте́ц	
де́вушках	слова́х	отца́х	

Exercise No. 148. Give the prepositional plural of the following familiar nouns.

1. журна́л 2. студе́нт 3. автомоби́ль 4. ма́льчик 5. го́род 6. мо́ре 7. карти́на 8. ня́ня 9. тётя 10. де́вушка 11. де́ло 12. пое́здка 13. рубль 14. кни́га 15. каранда́ш

Exercise No. 149. Вопро́сы. Reread the text, «Ци́фры, ци́фры, ци́фры, всегда́ ци́фры!» Then answer these questions.

1. Заче́м ну́жен большо́й запа́с слов?
2. Кака́я катего́рия слов осо́бенно важна́?
3. Что́ бы́ло бы невозмо́жно без цифр?
4. Кто сра́зу ду́мает о нау́ке?
5. Гла́вный интере́с Морга́на — му́зыка?
6. Заче́м нам нужны́ ци́фры?
7. Кто уже́ уме́ет счита́ть по-ру́сски?
8. Ему́ нужна́ пра́ктика в ци́фрах?
9. Кто ему́ задаёт не́которые зада́чи по арифме́тике?
10. Каку́ю посло́вицу говори́т Мо́рган?
11. Экза́мен был тру́дный и́ли лёгкий?
12. Каку́ю отме́тку получа́ет Мо́рган?

CHAPTER 32

Три задачи по арифметике — в ресторане, на вокзале, в магазине
Three Problems in Arithmetic—in a Restaurant, at the Station, in a Store

Кузнецо́в и Мо́рган продолжа́ют разгова́ривать о ци́фрах.

К : Во вре́мя пое́здки мо́гут быть ра́зные зада́чи по арифме́тике. Наприме́р:

Четы́ре тури́ста обе́дают в рестора́не. Обе́ды сто́ят: 5.50 (пять рубле́й пятьдеся́т копе́ек); 3.35 (три рубля́ три́дцать пять копе́ек); 2.20 (два рубля́ два́дцать копе́ек); 4.45 (четы́ре рубля́ со́рок пять копе́ек).

Они́ оставля́ют 15 % (пятна́дцать проце́нтов) на чай.[1] Како́й бу́дет счёт и ско́лько они́ оставля́ют на чай?

М : Счёт за обе́ды бу́дет 15.50 (пятна́дцать рубле́й пятьдеся́т копе́ек), на чай — 2.33 (два рубля́ три́дцать три копе́йки).

К : О́чень хорошо́! Тепе́рь я на вокза́ле. Носи́льщик несёт мой тяжёлый чемода́н. Вес чемода́на — три́дцать кило́. Ско́лько э́то бу́дет в фу́нтах?

М : Это не тру́дно. Вес чемода́на — 66 (шестьдеся́т шесть) фу́нтов.[2]

К : Пра́вильно. Вот ещё одна́ зада́ча:

Вы е́дете автомоби́лем из Ленингра́да в Москву́. От Ленингра́да до Москвы́ 400 (четы́реста) миль. Ско́лько э́то бу́дет киломе́тров?[1]

Kuznetsov and Morgan continue to converse about numbers.

K : During a trip there may be various problems in arithmetic. For example:

Four tourists are dining in a restaurant. The dinners cost: five roubles fifty kopecks; three roubles thirty-five kopecks; two roubles twenty kopecks; four roubles forty-five kopecks.

They leave 15 % as a tip. What is the bill and how much do they leave as a tip?

M : The bill for the dinner is fifteen roubles and fifty kopecks; the tip is two roubles thirty-three kopecks.

K : Very good! Now I am at the station. The porter is carrying my heavy suitcase. The weight of the suitcase is thirty kilos. How much is that in pounds?

M : That is not difficult. The weight of the suitcase is 66 pounds.

K : Correct. Here is another problem:

You are going by motor car from Leningrad to Moscow. From Leningrad to Moscow the distance is 400 miles. How much is this in kilometres?

М: 650 (шестьсо́т пятьдеся́т) киломе́тров.

К: Замеча́тельно! А тепе́рь после́дняя зада́ча:

Вы вхо́дите в универма́г. Вы себе́ покупа́ете шля́пу за четы́ре рубля́, блу́зку для жены́ за 15 (пятна́дцать) рубле́й, два спу́тника[1] для ма́льчиков по 2.50 (два рубля́ пятьдеся́т копе́ек), и ру́сскую ку́клу для де́вочки за три рубля́.

Ско́лько вы пла́тите за ва́ши поку́пки?

М: Я плачу́ 27 (два́дцать семь) рубле́й.

К: Вы даёте касси́ру сто рубле́й. Ско́лько вы получа́ете сда́чи?

М: Получа́ю 73 (се́мьдесят три) рубля́ сда́чи.

К: Отли́чно! Но на сего́дня дово́льно матема́тики. В четве́рг те́ма разгово́ра бу́дет: «Кото́рый час?» Это о́чень ва́жная те́ма. Мне пора́. До свида́ния.

М: До свида́ния, до четверга́.

М: 650 kilometres.

К: Wonderful! And now the last problem:

You go into a department store. You buy for yourself a hat for four roubles; a blouse for your wife for fifteen roubles; two sputniks for your boys at two roubles fifty kopecks each; and a Russian doll for your little girl for three roubles.

How much do you pay for your purchases?

М: I pay twenty-seven roubles.

К: You give the cashier a hundred roubles. How much do you receive in change?

М: I receive in change seventy-three roubles.

К: Excellent! But enough mathematics for today. On Thursday the topic of conversation will be: "What time is it?" It is a very important topic. It's time for me to go. Goodbye.

М: Good-bye, until Thursday.

NOTES: 1. This is an exercise in arithmetic only. In the U.S.S.R. tipping is not necessary, though tips are rarely refused. 2. In the Soviet Union the metric system of measurement is used. A kilo (kilogramme) equals about 2·2 pounds. A kilometre equals about ⅝ of a mile. 3. Toy sputniks are popular among Russian children.

Building Vocabulary

вес (vjes) weight
касси́р (kas-ˈsjir) cashier
килогра́мм (ki-la-ˈgram) or кило́ kilogramme
киломе́тр (kji-la-ˈmjetr) kilometre
копе́йка (ka-ˈpjej-kə) kopeck; *gen. pl.* копе́ек
ку́кла (ˈkuk-lə) doll
ми́ля (ˈmji-ljə) mile
носи́льщик (na-ˈsjilj-ʃʃjik) porter
рестора́н (rji-sta-ˈran) restaurant
спу́тник (ˈsput-njik) travelling companion; artificial satellite
счёт (ʃʃjot) bill

тури́ст (tu-ˈrjist) tourist
фунт (funt) pound
чемода́н (tʃi-ma-ˈdan) suitcase
универма́г (u-nji-vjir-ˈmak) = универса́льный магази́н department store
нести́ I (nji-ˈstji) to carry
(несу́, несёшь; несу́т)
обе́дать I (a-ˈbje-dətj) to have dinner
(обе́даю, обе́даешь; обе́дают)
оставля́ть (a-sta-ˈvljatj) to leave
(оставля́ю, оставля́ешь; оставля́ют)

платѝть II (pla-'tjitj) to pay
(плачу́, пла́тишь; пла́тят)
получа́ть I (pə-lu-'tʃatj) to receive
(получа́ю, получа́ешь; получа́ют)
тяжёлый, '-ая, '-ое; '-ые (tji-'ʒo-lij)
heavy

та́кже как и ('tag-ʒə kak i) as well as
во вре́мя (va-'vrje-mjə) + gen. during; во вре́мя пое́здки during a trip

Выраже́ния

наприме́р (nə-prji-'mjer) for example
на ча́й (tʃaj) tip, as a tip (lit. for tea)
сда́чи ('zda-tʃi) in change
Он получа́ет пять рубле́й сда́чи. He receives five roubles in change.
како́й бу́дет счёт? (ʃʃjot) What is the bill?

за prep. + acc. at
одна́ ку́кла за три рубля́ one doll at three roubles
замеча́тельно (zə-mji-'tʃa-tjilj-nə) wonderful!, remarkable!

Grammar Notes and Practical Exercises

1. The Cardinal Numbers 20 to 1000

20	два́дцать	('dvat-tsətj)
21	два́дцать оди́н	
22	два́дцать два	
23	два́дцать три	
30	три́дцать	('trjit-tsətj)
40	со́рок	('so-rək)
50	пятьдеся́т	(pji-dji-'sjat)
60	шестьдеся́т	(ʃiz-dji-'sjat)
70	се́мьдесят	('sjemj-dji-sjət)
80	во́семьдесят	('vo-sjimj-dji-sjət)
90	девяно́сто	(dji-vji-'no-stə)
100	сто	(sto)
200	две́сти	('dvje-stji)
300	три́ста	('trji-stə)
400	четы́реста	(tʃi-'ti-rji-stə)
500	пятьсо́т	(pjitj-'sot)
600	шестьсо́т	(ʃestj-'sot)
700	семьсо́т	(sjimj-'sot)
1000	ты́сяча	('ti-sjə-tʃə)

1,963 ты́сяча девятьсо́т шестьдеся́т три

a. The number 1 (оди́н, одна́, одно́) is followed by a noun in the singular, and it agrees with the noun in gender. All numbers ending in 1 (except 11) follow the same rule.

два́дцать оди́н дом   21 houses   lit. 20 [and] 1 house
три́дцать одна́ шко́ла   31 schools   lit. 30 [and] 1 school

b. All numbers ending in 2, 3, or 4 (except 12, 13, and 14) are followed by the genitive singular of the noun.

c. All other numbers (including 11, 12, 13, and 14) are followed by the genitive plural.

тридцать три класса (*gen. sing.*) 33 classes
сорок пять классов (*gen. pl.*) 45 classes

d. Сколько how many, много many, мало few, немного a few, are followed by nouns in the genitive plural.

сколько столов	how many tables
сколько книг	how many books
сколько мест	how many places
сколько студентов	how many students
много столов	many tables
много книг	many books
мало мест	few places
немного студентов	a few students

Exercise No. 150. Write these expressions with Arabic numerals, using the correct form of each noun. Be sure to accent correctly!

Примеры: a. **20 книг**   b. **35 классов**

a. двадцать (книга)
b. тридцать пять (класс)
c. сорок два (студент)
d. пятнадцать (дом)
e. шестьдесят (окно)
f. шестнадцать (школа)

g. десять (карандаш)
h. двенадцать (месяц)
i. сорок три (год)
j. девяносто (стол)
k. семьдесят (учитель)
l. тридцать одно (слово)
m. двадцать пять (рубль)

Exercise No. 151. Write out the answers (given in parenthesis) in Russian.

Пример: 1. двенадцать месяцев

1. Сколько месяцев в году? (12 months) 2. Сколько часов в дне? (12 hours) 3. Сколько дней в неделе? (7 days) 4. Сколько минут¹ в часе? (60 minutes) 5. Сколько секунд² в минуте? (60 seconds) 6. Сколько дней в месяце июне? (30 days) 7. Сколько стоит бутылка водки? (3 roubles) (gen. sing.!) 8. Сколько стоит это пальто? (150 roubles) 9. Сколько фунтов³ стоит этот костюм? (£30) 10. Сколько стоит это радио? (40 roubles)

NOTES: 1. минута minute 2. секунда second 3. фунт pound

2. Expressions of Age

According to rule, the genitive singular of год (year) is года; the genitive plural годов. In expressions of age, лет, the genitive plural of лето (summer), is used instead of годов.

Сколько тебе лет?	How old are you (*fam.*)? *lit.* To you how many of summers?
Сколько вам лет?	How old are you (*pol.*)? *lit.* To you how many of summers?

Мне два́дцать лет.	I am 20 years old.	*lit.* To me 20 of summers.
Ему́ два́дцать пять лет.	He is 25 years old.	*lit.* To him 25 of summers.
Ей два́дцать два го́да.	She is 22 years old.	*lit.* To her 22 of year.
Ива́ну два́дцать оди́н год.	John is 21 years old.	*lit.* To John 20 [and] 1 year.

After 1 and numbers ending in 1 (except 11) use год (year).

After 2, 3, 4, and numbers ending in 2, 3, 4 (except 12, 13, 14), use го́да (of) year).

After all other numbers (including 11, 12, 13, 14), use лет (of summers).

Exercise No. 152. Translate into Russian.

1. How old is he? 2. He is thirty years old. 3. The boy is twelve years old. 4. The little girl is three years old. 5. I am ten years old. 6. The child is one year old. 7. The brother is thirteen years old. 8. The sister is fifteen years old. 9. How old are you (*fam.*)? 10. How old are you (*pol.*)? 11. Who is sixteen years old? (To whom 16 of summers?) 12. We are seventeen years old.

3. Expressions of needing — ну́жен, нужна́, ну́жно; нужны́

Мне ну́жен стака́н.	I need a glass.	*lit.* To me [is] necessary a glass.
Вам нужна́ ча́шка.	You need a cup.	*lit.* To you [is] necessary a cup.
Ему́ ну́жно ме́сто.	He needs a seat.	*lit.* To him [is] necessary a seat.
Нам нужны́ ци́фры.	We need numbers.	*lit.* To us [are] necessary numbers.
Кому́ нужна́ шля́па?	Who needs a hat?	*lit.* To whom [is] necessary a hat?
Де́вушке нужна́ шля́па.	The girl needs a hat.	*lit.* To the girl [is] necessary a hat.

Note that ну́жен (нужна́, ну́жно; нужны́) is an adjective and agrees in number and gender with the subject which may follow it. The person to *whom* something is necessary is in the dative case.

Expressions with ну́жен may be in the present, past, or future.

Мне ну́жен был стака́н.	I needed a glass.
Мне бу́дет ну́жен стака́н.	I shall need a glass.
Ему́ нужна́ была́ кварти́ра.	He needed an apartment.
Что́бы жить, челове́ку ну́жно есть.	In order to live, a man must eat.

Exercise No. 153. Complete these sentences with the correct form of ну́жен. Translate.

Приме́р: 1. Нам нужны́ карандаши́.

1. Нам —— карандаши́.
2. Ему́ —— стол и стул.
3. До́ктору —— автомоби́ль.
4. Ма́льчику —— тетра́дь.
5. Нам бу́дет —— уче́бник.
6. Кому́ —— пальто́?

7. Им —— бу́дут де́ньги.
8. Бра́ту —— была́ ла́мпа.
9. Сестре́ —— ю́бка.
10. Вам бу́дет —— ка́рта.
11. Тебе́ —— нож?

12. Нам —— была́ газе́та.
13. Ей бу́дет —— слова́рь.
14. Кому́ —— костю́м?
15. Мне —— была́ буты́лка.

Exercise No. 154. Вопро́сы. Reread the text. «Три зада́чи по арифме́тике — в рестора́не, на вокза́ле, в магази́не.» Then answer these questions.

1. Где обе́дают четы́ре тури́ста?   2. Ско́лько сто́ят четы́ре обе́да? 3. Ско́лько де́нег на чай оставля́ют тури́сты?   4. Что несёт носи́льщик на вокза́ле?   5. Како́й вес чемода́на в кило́?   6. Како́й вес чемода́на в фу́нтах?   7. Ско́лько миль от Ленингра́да до Москвы́?   8. Куда́ вхо́дит Мо́рган?   9. Что он себе́ покупа́ет?   10. Что он покупа́ет для жены́? 11. Ско́лько сто́ят два спу́тника?   12. Для кого́ он покупа́ет ру́сскую ку́клу?   13. Ско́лько он пла́тит за поку́шки?   14. Кака́я бу́дет сле́дующая те́ма разгово́ра?

CHAPTER 33

Который час? В котором часу?
What Time Is It? At What Time?

Кузнецо́в: Вре́мя! Все хотя́т знать, кото́рый час и в кото́ром часу́? В кото́ром часу́ отхо́дит по́езд? В кото́ром часу́ прихо́дит по́езд? В кото́ром часу́ начина́ются экза́мены? В кото́ром часу́ подаю́т обе́д? В кото́ром часу́ конча́ется конце́рт? В кото́ром часу́ вы встае́те? В кото́ром часу́ вы ложи́тесь спать? В кото́ром часу́ открыва́ется (закрыва́ется) магази́н? И т. д., и т. д.

Тепе́рь я бу́ду игра́ть роль касси́ра в биле́тной ка́ссе на вокза́ле. Вы бу́дете игра́ть роль тури́ста, кото́рый покупа́ет биле́т и задаёт ра́зные вопро́сы. Начнём!

К = Касси́р   Т = Тури́ст

Т : Оди́н биле́т до Москвы́, пожа́луйста.

К : Вы хоти́те биле́т в оди́н коне́ц и́ли туда́ и обра́тно? В оди́н коне́ц сто́ит 15 (пятна́дцать) рубле́й. Туда́ и обра́тно 30 (три́дцать) рубле́й.

Т : В оди́н коне́ц, пожа́луйста.
(Касси́р даёт биле́т тури́сту. После́дний пла́тит и берёт биле́т.)

Т : В кото́ром часу́ отхо́дит по́езд в Москву́?

К : Он отхо́дит в 6.50 (шесть пятьдеся́т) ве́чера.

Т : В кото́ром часу́ по́езд прихо́дит в Москву́?

К : Он прихо́дит в Москву́ в 10.30 (де́сять три́дцать) ве́чера.

Kuznetsov: Time! Everybody wants to know: what time is it and at what time? At what time does the train leave? At what time does the train arrive? At what time do the examinations begin? At what time do they serve dinner? At what time does the concert end? At what time do you get up? At what time do you go to bed? At what time does the shop open (close)? Etc., etc.

Now I shall play the role of ticket agent in the ticket office at the station. You will play the role of a tourist who is buying a ticket and asking various questions. Let's begin!

C = Cashier   T = Tourist

T: One ticket to Moscow, please.

C : Do you want a one-way ticket or a return? One way costs fifteen roubles. Return thirty roubles.

T : One way, please.
(The cashier gives the tourist a ticket. The latter pays and takes the ticket.)

T : At what time does the train leave for Moscow?

C : It leaves at 6.50 P.M.

T : At what time does the train arrive in Moscow?

C : It arrives in Moscow at 10.30 P.M.

Т : Спаси́бо.

Кузнецо́в: Чу́дно, профе́ссор! Вы прекра́сно игра́ете свою́ роль.

А тепе́рь я бу́ду игра́ть роль касси́ра в кинотеа́тре. Вы посети́тель и спра́шиваете о нача́ле сеа́нсов.

К = Касси́р   П = Посети́тель

П : Скажи́те мне, пожа́луйста, в кото́ром часу́ начина́ются сеа́нсы?

К : Дневны́е начина́ются в 11.30 (оди́ннадцать три́дцать); вече́рние в 16.30 (шестна́дцать три́дцать).

П : Да́йте мне, пожа́луйста, два биле́та. Ско́лько они́ сто́ят?

К : Оди́н рубль.

(Посети́тель получа́ет два биле́та и пла́тит.)

К : Чу́дно! Я повторя́ю. Вы прекра́сно игра́ете свою́ роль.

М : Вы о́чень любе́зны.

T : Thank you.

Kuznetsov: Wonderful, Professor! You play your role splendidly.

And now I shall play the role of cashier at a cinema. You are a visitor and are asking about the beginnings of the performances.

C = Cashier   V = Visitor

V : Tell me, please, at what time do the performances begin?

C : The matinee performances begin at 11.30, the evening performances at 16.30.

V : Please give me two tickets. How much are they?

C : One rouble.

(The visitor receives two tickets and pays.)

K : Wonderful! I repeat. You play your role splendidly.

M : You are very kind.

Building Vocabulary

биле́т (bji-'ljet) ticket

ка́сса ('kas-sə) cash register, ticket office

роль *f.* (rolj) role

сеа́нс (sji-'ans) performance, show

экза́мен (ig-'za-mjin) examination

брать I (bratj) to take
(беру́, берёшь; беру́т)

закрыва́ться I (zə-kri-'vat-sə) to close; *no object*
(закрыва́юсь, закрыва́ешься; закрыва́ются)

конча́ться I (kan-'tʃat-sə) to end; *no object*
(конча́юсь, конча́ешься; конча́ются)

начина́ться I (na-tʃi-'nat-sə) to begin; *no object*
(начина́юсь, начина́ешься; начина́ются)

открыва́ться I (at-kri-'vat-sə) to open; *no object*
(открыва́юсь, открыва́ешься; открыва́ются)

отходи́ть II (at-xa-'djitj) to leave, to go away from
(отхожу́, отхо́дишь; отхо́дят)

повторя́ть I (pə-fta-'rjatj) to repeat
(повторя́ю, повторя́ешь; повторя́ют)

приходи́ть II (pri-xa-'djitj) to arrive
(прихожу́, прихо́дишь; прихо́дят)

второ́й, -а́я, -о́е; -ы́е (fta-'roj) second

вече́рний, -яя, -ее; -ие (vji-'tʃer-njij) evening

дневно́й, -а́я, -о́е; -ы́е (dnjiv-'noj) matinee, daily

пе́рвый, -ая, -ое; -ые ('pjer-vij) first

тре́тий, -ья, -ье; -ьи ('trje-tjij) third

до *prep.* + *gen.* to, as far as, until

Выраже́ния

задава́ть ра́зные вопро́сы (zə-da-'vatj 'raz-ni-ji va-'pro-si) to ask for information

аэропо́рт (a-e-ra-'port) airport, airfield

самолёт (sə-ma-'ljot) airplane

186   *Russian Made Simple*

вокзал (vag-'zal) station, terminal
билетная касса (bji-'ljet-nə-jə 'kas-sə) ticket office
билет в один конец (bji-'ljet va-'djin ka-'njets) one-way ticket
билет туда и обратно (a-'brat-nə) return ticket
чудно ('tʃud-nə) wonderful
В котором часу отходит поезд в Москву? At what time does the train leave for Moscow?

Когда приходит поезд из Москвы? When does the train arrive from Moscow?
Поезд приходит вовремя? Is the train on time?
Я еду в Москву поездом. I am going to Moscow by train.
Я лечу[1] в Москву. I am flying to Moscow.
Это место свободно? Is this seat vacant?
Это место занято? This seat is taken?
подавать обед to serve dinner

NOTE: 1. лететь II to fly (лечу, летишь, летит; летим, летите, летят).

Grammar Notes and Practical Exercises
1. Time of Day

Который теперь час?   What time is it?
В котором часу?   At what time?

at	1.00	в час
at	1.10	в час десять
at	2.00	в два часа
at	2.20	в два двадцать
at	3.00	в три
at	3.30	в три тридцать
at	4.00	в четыре часа
at	4.45	в четыре сорок пять
at	5.00	в пять часов

at	6.35	в шесть тридцать пять
at	7.00	в семь часов
at	8.50	в восемь пятьдесят
at	9.00	в девять часов
at	10.26	в десять двадцать шесть
at	11.00	в одиннадцать часов
at	12.00	в двенадцать часов
at noon		в полдень
at midnight		в полночь

Час = hour or 1 o'clock. Часа, genitive singular, is used after 2, 3, and 4. Часов, genitive plural, is used after 5 to 12.

In combinations of hours and minutes, часа and часов may be omitted. If included the appropriate form of минута must be used, e.g. в два часа двадцать минут.

2. Morning, Day, Evening, Night

The hours from 4 A.M. to 12 noon are considered hours *of the morning* — утра.

5.30 A.M. = пять тридцать утра
9.15 A.M. = девять пятнадцать утра

The hours from 12 noon to 6.00 p.m. are the hours *of the day* — дня.

2.00 P.M. = два часа дня
4.00 P.M. = четыре часа дня

The hours from 6.00 P.M. to 12 midnight are the hours *of the evening* — вечера.

8.16 P.M. = восемь шестнадцать вечера
10.20 P.M. = десять двадцать вечера

The hours from 12 midnight to 4 A.M. are the hours *of the night* — но́чи.

   1.30 A.M. = час три́дцать но́чи
   3.00 A.M. = три часа́ но́чи

In timetables (railway, plane, ship, etc.) the 24-hour clock is used. This makes утра́, дня, ве́чера and но́чи unnecessary. Thus:

   23.20 = два́дцать три два́дцать
   16.30 = шестна́дцать три́дцать

There is another, more complicated, system of telling time, but the one explained here will serve all practical purposes.

Exercise No. 155. Write out the time expressions in these sentences.

   Приме́р: 1. По́езд в Москву́ отхо́дит в де́сять четы́рнадцать.

1. По́езд в Москву́ отхо́дит в 10.14. 2. По́езд из Москвы́ прихо́дит в 14.15. 3. Самолёт в Ленингра́д улета́ет в 18.20. 4. Самолёт из Ленингра́да прилета́ет в 13.18. 5. Экза́мены начина́ются в (9.00 A.M.) 6. Конце́рт начина́ется в (8.30 P.M.) 7. Вече́рний сеа́нс начина́ется в (7.45 P.M.) 8. Дневны́е сеа́нсы конча́ются в (4.30 P.M.) 9. Ка́ждый день они́ встаю́т в (6.15 A.M.) 10. Иногда́ он ложи́тся спать в (2.00 A.M.) 11. Тепе́рь (9.37 A.M.; 5.10 P.M.)

3. The Possessive свой

Свой (своя́, своё; свои́) has endings exactly like мой and твой. It usually takes the place of any of the other possessives when these have the meaning *my own, your own*, etc., and refer to the subject pronoun (or noun). Thus:

Я несу́ свой чемода́н.	I am carrying my (own) suitcase.
Ты несёшь свою́ кни́гу.	You are carrying your (own) book.
Он несёт своё пальто́.	He is carrying his (own) overcoat.
Она́ несёт своё пальто́.	She is carrying her (own) overcoat.
Мы несём свои́ чемода́ны.	We are carrying our (own) suitcases.
Вы несёте свои́ тетра́ди.	You are carrying your (own) note-books.
Они́ несу́т свои́ тетра́ди.	They are carrying their (own) note-books.

When the possessives do not indicate *one's own* but *another's*, the usual possessives (твой, наш, etc.) must be used.

Я несу́ его́ чемода́н.	I am carrying his suitcase.
Он несёт мой чемода́н.	He is carrying my suitcase.

Exercise No. 156. Complete these sentences with the correct form of свой or of мой, твой, наш, ваш, его́, её, их as required.

1. Они́ у́чат (their) уро́ки. 2. Я люблю́ (my) шко́лу. 3. Почему́ вы берёте (my) пальто́? 4. Я беру́ (my own) пальто́. 5. Она́ чита́ла (her) но́вую кни́гу. 6. Мы покупа́ли (our) биле́ты. 7. Де́ти слу́шали (our) ра́дио. 8. Они́ смотре́ли (your *fam.*) телеви́зор. 9. Мы о́чень лю́бим

(your) дом.   10. (His) тетра́ди лежа́ли на столе́.   11. Почему́ вы чита́ете (my) пи́сьма?   12. Это (my) письмо́; э́то не (yours *pol.*).

Exercise No. 157. Вопро́сы. Reread the text, «Кото́рый час? В кото́ром часу́?» Then answer these questions.

1. Что́ все хотя́т знать?
2. Кто бу́дет игра́ть роль касси́ра в биле́тной ка́ссе?
3. Кто тури́ст?
4. Куда́ е́дет тури́ст?
5. Он хо́чст купи́ть биле́т в оди́н коне́ц?
6. Что́ ему́ даёт касси́р?
7. Как Мо́рган игра́ет свою́ роль?

8. Кто игра́ет роль посети́теля в кино́?
9. Ско́лько биле́тов покупа́ет он?
10. Каку́ю фра́зу повторя́ет Кузнецо́в?
11. Что́ отвеча́ет Мо́рган?
12. Кто прекра́сно игра́ет свою́ роль?

CHAPTER 34

Жизнь в пригороде — кино
Life in the Suburbs—Cinema

Сего́дня ве́чером профе́ссор Мо́рган оди́н до́ма, когда́ Кузнецо́в прихо́дит на уро́к. Госпожа́ Мо́рган с детьми́ — в кино́. Поэ́тому разгово́р на те́му «кино́» о́чень кста́ти.

К : Скажи́те мне, пожа́луйста, вы лю́бите кино́?

М: Я люблю́ иногда́ смотре́ть хоро́шую карти́ну и киножурна́л, но, вообще́, фи́льмы меня́ ма́ло интересу́ют. Я ре́дко хожу́ в кино́.

К : Так вы предпочита́ете теа́тр?

М: Да. Мы с жено́й предпочита́ем теа́тр.

К : Где вы предпочита́ете сиде́ть — в парте́ре и́ли на балко́не?

М: Мы предпочита́ем сиде́ть в парте́ре. Но э́то о́чень до́рого. Так что мы обыкнове́нно сиди́м на балко́не, е́сли возмо́жно в пе́рвом и́ли во второ́м ряду́. Отту́да мо́жно хорошо́ ви́деть и слы́шать.

К : А ва́ши де́ти предпочита́ют теа́тр?

М: Совсе́м нет! Они́ о́чень лю́бят кинокоме́дии и детекти́вные фи́льмы, кото́рые нам ску́шны.

К : Они́ несомне́нно зна́ют звёзд[1] экра́на.

М: Коне́чно, они́ их хорошо́ зна́ют. Они́ та́кже зна́ют звёзд телеви́дения.

К : Кинотеа́тр бли́зко от вас?

This evening Professor Morgan is at home alone when Kuznetsov comes for a lesson. Mrs. Morgan is at the cinema with the children. Therefore a conversation on the topic "The Cinema" is very appropriate.

K : Tell me, please, do you like the cinema?

M: Sometimes, I like to see a good picture and the newsreels, but in general films interest me little. I seldom go to the cinema.

K : So you prefer the theatre?

M: Yes. My wife and I prefer the theatre.

K : Where do you prefer to sit—in the stalls or in the balcony?

M: We prefer to sit in the stalls. But that is very expensive. Therefore we usually sit in the balcony, if possible in the first or second row. From there one can see and hear well.

K : And do your children prefer the theatre?

M: Not at all! They very much like comedy films and crime films, which bore us.

K : Without doubt they know the stars of the screen.

M: Of course, they know them very well. They also know the stars of television.

K : Is there a cinema near you?

M: Да, недалеко́. Мы дохо́дим туда́ пешко́м в пятна́дцать мину́т, бо́лее и́ли ме́нее.

К : Каки́е места́ ва́ши де́ти выбира́ют в кинотеа́тре?

M: Они́ выбира́ют места́ в середи́не кинотеа́тра. Отту́да они́ мо́гут хорошо́ ви́деть и слы́шать. Они́ лю́бят хоро́шие места́. Поэ́тому они́ всегда́ прихо́дят ра́но.

К : Чу́дно, профе́ссор! Вы говори́те по-ру́сски всё бо́лее и бо́лее свобо́дно.

M: За э́то я до́лжен благодари́ть вас, Бори́с Па́влович.

M: Yes, not far. We walk there in fifteen minutes, more or less.

K : What seats do your children choose in the cinema?

M: They choose seats in the middle of the cinema. From there they can see and hear well. They like good seats. Therefore they always come early.

K : Wonderful, Professor! You are speaking Russian more and more fluently.

M: For that I must thank you, Boris Pavlovich.

NOTE: 1. Accusative plural of звезда́. Animate nouns have like forms in the genitive and accusative plural.

Building Vocabulary

балко́н (bal-ʹkon) balcony
звезда́ (zvjiz-ʹda) star
киножурна́л (kji-nə-ʒur-ʹnal) newsreel
кинокоме́дия (kji-nə-ka-ʹmje-dji-jə) film comedy
мину́та (mji-ʹnu-tə) minute
партер (par-ʹtjerj) stalls
телеви́дение (tji-lji-ʹvji-dji-nji-ji) television; телеви́зор television set
фильм (fjiljm) film
экра́н (e-ʹkran) screen
выбира́ть I (vi-bji-ʹratj) to choose (выбира́ю, выбира́ешь; выбира́ют)

интересова́ть I (in-tji-rji-sa-ʹvatj) to interest (интересу́ю, интересу́ешь; интересу́ют)
ску́чный, ʹ-ая, ʹ-ое; ʹ-ые (skuʃ-nij) boring
детекти́вный, ʹ-ая, ʹ-ое; ʹ-ые (dji-tjik-ʹtjiv-nij) detective, crime
дорого́й, -а́я, -о́е; -и́е (də-ra-ʹgoj) dear; до́рого (ʹdo-rə-gə) *short form, neuter*
е́сли (ʹjes-lji) if
та́к что (tak ʃtə) so that, then
отту́да (at-ʹtu-də) from there

Выраже́ния

всё бо́лее и бо́лее (fsjo ʹbo-lji-ji i ʹbo-lji-ji) more and more
совсе́м нет (sa-ʹfsjem njet) not at all
е́сли возмо́жно (ʹjes-lji vaz-ʹmoʒ-nə) if possible
мы с жено́й (miz-ʒi-ʹnoj) my wife and I

в пе́рвом ряду́ (ʹfpjer-vəm rji-ʹdu) in the first row
во второ́м ряду́ (və fta-ʹrom rji-ʹdu) in the second row
э́то до́рого that's expensive
э́то дёшево (ʹdjo-ʃi-və) that's cheap

Grammar Notes and Practical Exercises

1. The Ordinal Numbers — 1st to 10th

1st пе́рвый, ʹ-ая, ʹ-ое (ʹpjer-vij)
2nd второ́й, -а́я, -о́е (fta-ʹroj)

3rd тре́тий, '-ья, '-ье ('trje-tjij)
4th четвёртый, '-ая, '-ое (tʃit-'vjor-tij)
5th пя́тый, '-ая, '-ое ('pja-tij)
6th шесто́й, -а́я, -о́е (ʃis-'toj)
7th седьмо́й, -а́я, -о́е (sjidj-'moj)
8th восьмо́й, -а́я, -о́е (vasj-'moj)
9th девя́тый, '-ая, '-ое (dji-'vja-tij)
10th деся́тый, '-ая, '-ое (dji-'sja-tij)

The ordinal numbers, except тре́тий, are hard adjectives like но́вый or голубо́й. Тре́тий is a soft adjective. Like all adjectives they must agree in number, gender, and case with the nouns they modify. Thus:

пе́рвый ма́льчик	второ́й дом	тре́тий день
пе́рвая де́вушка	втора́я шко́ла	тре́тья неде́ля
пе́рвое сло́во	второ́е ме́сто	тре́тье окно́

2. Complete Declension of Adjectives in the Singular

You already know the nominative and accusative singular and plural of hard adjectives like но́вый and голубо́й; of mixed adjectives like ру́сский and большо́й; of soft adjectives like после́дний, and of mixed adjectives like хоро́ший and све́жий.

You are now ready to learn the declension of adjectives in all cases of the singular.

a. Hard adjectives: но́вый, голубо́й. The first letter of all endings is a hard vowel.

	Masc. Thing	*Masc. Animate*
Nom.	но́вый класс	но́вый студе́нт
Gen.	но́вого кла́сса	но́вого студе́нта
Dat.	но́вому кла́ссу	но́вому студе́нту
Acc.	но́вый класс	но́вого студе́нта
Inst.	но́вым кла́ссом	но́вым студе́нтом
Prep.	о но́вом кла́ссе	о но́вом студе́нте

	Neuter	*Feminine*
Nom.	но́вое сло́во	но́вая шко́ла
Gen.	но́вого сло́ва	но́вой шко́лы
Dat.	но́вому сло́ву	но́вой шко́ле
Acc.	но́вое сло́во	но́вую шко́лу
Inst.	но́вым сло́вом	но́вой шко́лой
Prep.	о но́вом сло́ве	о но́вой шко́ле

	Masculine	*Neuter*	*Feminine*
Nom.	голубо́й дива́н	голубо́е окно́	голуба́я ю́бка
Gen.	голубо́го дива́на	голубо́го окна́	голубо́й ю́бки
Dat.	голубо́му дива́ну	голубо́му окну́	голубо́й ю́бке
Acc.	голубо́й дива́н	голубо́е окно́	голубу́ю ю́бку
Inst.	голубы́м дива́ном	голубы́м окно́м	голубо́й ю́бкой
Prep.	о голубо́м дива́не	о голубо́м окне́	о голубо́й ю́бке

b. Mixed hard adjectives: **ру́сский, большо́й.**

The stem of mixed adjectives ends in **г, к, х, ж, ч, ш,** or **щ.** Mixed adjectives follow the pattern of hard adjectives except where the soft vowel **-и** must replace the corresponding hard vowel **-ы** in the first letter of the ending according to the Spelling Rule. The cases where this occurs are starred.

	Masculine	Feminine	Neuter
Nom.	ру́сский*	ру́сская	ру́сское
Gen.	ру́сского	ру́сской	ру́сского
Dat.	ру́сскому	ру́сской	ру́сскому
Acc.	{ ру́сский* / ру́сского	ру́сскую	ру́сское
Inst.	ру́сским*	ру́сской	ру́сским*
Prep.	о ру́сском	ру́сской	ру́сском

	Masculine	Feminine	Neuter
Nom.	большо́й	больша́я	большо́е
Gen.	большо́го	большо́й	большо́го
Dat.	большо́му	большо́й	большо́му
Acc.	{ большо́й / большо́го	большу́ю	большо́е
Inst.	больши́м*	большо́й	больши́м*
Prep.	большо́м	большо́й	большо́м

c. Soft adjectives: **после́дний;** mixed soft adjectives: **хоро́ший.**

In the soft adjective *all* the endings begin with a soft vowel.

	Masculine	Feminine	Neuter
Nom.	после́дний	после́дняя	после́днее
Gen.	после́днего	после́дней	после́днего
Dat.	после́днему	после́дней	после́днему
Acc.	{ после́дний / после́днего	после́днюю	после́днее
Inst.	после́дним	после́дней	после́дним
Prep.	о после́днем	о после́дней	о после́днем

A slight variation of the soft adjective is **хоро́ший,** all the endings of which are soft except in the feminine nominative and accusative, which are hard (*nom.* **-ая,** *acc.* **-ую**). According to the Spelling Rule (*Chapter* 16, *Grammar Note* 7, p. 86), **-a** must replace **-я,** and **-y** must replace **-ю** after a hiss-sound.

	Masculine	Feminine	Neuter
Nom.	хоро́ший	хоро́шая	хоро́шее
Gen.	хоро́шего	хоро́шей	хоро́шего
Dat.	хоро́шему	хоро́шей	хоро́шему
Acc.	{ хоро́ший / хоро́шего	хоро́шую	хоро́шее
Inst.	хоро́шим	хоро́шей	хоро́шим
Prep.	о хоро́шем	о хоро́шей	о хоро́шем

REMEMBER:

a. Masculine thing-nouns and modifying adjectives are identical in the nominative and accusative (*nom.* and *acc.* **новый класс**).

b. Masculine animate nouns and modifying adjectives are identical in the genitive and accusative (*gen.* and *acc.* **нового (хорошего) студента**).

c. The endings of adjectives in the neuter are identical with those of the masculine, except in the nominative and accusative.

d. The endings of neuter nouns and modifying adjectives are identical in the nominative and accusative (*nom.* and *acc.* **новое слово**).

e. In adjectives of the **голубой** type the stress is always on the endings.

Exercise No. 158. Translate these sentences.

1. У нас в пригороде новая школа. 2. Все говорили о новой школе.
3. Наши дети ходят в новую школу. 4. Он пишет новое слово на доске.
5. Мы были дома у нового учителя. 6. Дети любят нового учителя.
7. Я даю свой карандаш новому ученику. 8. Новый словарь лежит на столе. 9. Она пишет голубым карандашом. 10. Легко писать хорошей ручкой. 11. Ребёнок ест маленькой ложкой. 12. Когда уходит последний поезд? 13. Я хочу купить билет туда и обратно. 14. Студенты сидели вокруг большого стола. 15. На рояле стоял портрет красивой женщины. 16. Кошки лежали на красном ковре. 17. Вы знаете русского профессора? 18. Я знаю хорошего доктора. 19. Она сидела на втором месте. 20. Дайте мне билеты на балконе в первом ряду. 21. Учитель даёт книги новому ученику. 22. Она пишет письмо новой учительнице.
23. Почему вы не идёте к хорошему доктору? 24. Вы знаете хорошего доктора?

Exercise No. 159. Вопросы. Reread the text, «Жизнь в пригороде — кино», and answer these questions.

1. Кто дома?
2. Кто приходит на урок?
3. Где госпожа Морган?
4. Какая тема очень кстати?
5. Фильмы интересуют профессора?
6. Что он предпочитает?
7. Билеты в партер стоят дорого или дёшево?
8. Можно ли хорошо видеть и слышать в первом ряду балкона?
9. Какие фильмы дети предпочитают?
10. Кинотеатр находится близко или далеко от дома?
11. Они идут пешком или едут автомобилем в кинотеатр?
12. Сколько времени нужно, чтобы дойти[1] до кинотеатра?
13. Дети всегда приходят в кинотеатр рано или поздно?
14. Как профессор Морган говорит по-русски?
15. Кого он должен за это благодарить?

NOTE: 1. **дойти** to get to, to reach

CHAPTER 35

Жизнь в пригороде — покупки
Life in the Suburbs—Shopping

Кузнецо́в и Мо́рган разгова́ривают о жи́зни в при́городе.

К : Ва́шей жене́ нра́вится жить в при́городе?

М: О́чень. Во-пе́рвых, потому́, что де́ти сча́стливы здесь: у них прекра́сная шко́ла. Кро́ме того́, у них здесь мно́го това́рищей и отли́чные площа́дки для игр.

К : А магази́ны? Удо́бно ли ва́шей жене́ ходи́ть за поку́пками?

М: О́чень удо́бно. Ви́дите ли, недалеко́ отсю́да есть «суперма́ркет», где мо́жно купи́ть не то́лько проду́кты, но и други́е ве́щи. Моя́ жена́ е́здит автомоби́лем в э́тот магази́н за поку́пками.

Иногда́ де́ти е́здят с ней. Иногда́ она́ е́здит одна́. Там она́ покупа́ет фру́кты, молоко́, сыр, ма́сло, ко́фе, чай, са́хар, о́вощи, конфе́ты и т. д.

К : Но для поку́пки оде́жды вы е́здите в го́род, не пра́вда ли?

М: Иногда́. Но нам не на́до е́здить туда́, потому́ что здесь у нас есть магази́ны, где мо́жно купи́ть[1] всё, что нам ну́жно. Есть ли в СССР таки́е больши́е продово́льственные магази́ны, как на́ши «суперма́ркетс»?

К : Не совсе́м. В Москве́ есть больши́е продово́льственные магази́ны, кото́рые называ́ются «Гастроно́м». В магази́нах «Гастроно́м»

Kuznetsov and Morgan are conversing about life in the suburbs.

K : Does your wife like life in the suburbs?

M: Very much. First of all, because the children are happy here. Their school is excellent. Furthermore, they have many friends and excellent playgrounds.

K : But what about shops? Can your wife shop conveniently?

M: Very conveniently. You see, not far from here is a "supermarket" where she can buy not only food but other things. My wife goes by car to this store to shop.

Sometimes the children go with her. Sometimes she goes alone. There she buys fruit, milk, cheese, butter, coffee, tea, sugar, vegetables, sweets, etc.

K : But to buy clothes (*lit.* for the purchase of clothes) you go to the city, don't you?

M: Sometimes. But we don't have to go there, for we have stores here where we can buy everything we need.

Do they have large food stores like our supermarkets in the U.S.S.R.?

K : Not quite. In Moscow there are large food stores, which they call "Gastronom". In the "Gastronom" stores they sell all kinds of food pro-

продаю́тся все проду́кты. Но они́ не торгу́ют игру́шками, косме́тикой и т. д. В Москве́ мно́го магази́нов «Гастроно́м».

М: Что́ зна́чит сло́во «гастроно́м»?

К : «Гастроно́м» зна́чит «gourmet».

М: Како́е прекра́сное наименова́ние для магази́на!

ducts. But they do not deal in toys, cosmetics, etc. In Moscow there are many "Gastronom" stores.

M: What is the meaning of the word "gastronom"?

K : "Gastronom" means "gourmet".

M: What an excellent name for a store!

NOTE: 1. купи́ть, like покупа́ть, means *to buy*. Most Russian verbs have two related forms, called aspects. You will learn about the aspects of verbs in Chapters 37 to 41.

Building Vocabulary

Гастроно́м (gəs-tra-ʹnom) name of large food stores in the Soviet Union

игру́шка (i-ʹgruʃ-kə) toy

косме́тика (kas-ʹmje-tji-kə) cosmetics

конфе́ты (kan-ʹfje-ti) *plur.* sweets

о́вощи (ʹo-və-ʃʃji) *plur.* vegetables

проду́кт (pra-ʹdukt) product
    проду́кты foodstuffs

площа́дка (pla-ʹʃʃjat-kə) ground
    площа́дка для игр (igr) playground (*lit.* ground for play)

сыр (sir) cheese

фрукт (frukt) fruit

называ́ться I (nə-zi-ʹvat-sə) to be called
    (называ́юсь, называ́ешься; называ́ются)

продава́ть I (prə-da-ʹvatj) to sell
    (продаю́, продаёшь; продаю́т)

торгова́ть (tər-ga-ʹvatj) to deal (in)
    (торгу́ю, торгу́ешь; торгу́ют)

счастли́вый, ʹ-ая, ʹ-ое; ʹ-ые (ʃʃjis-ʹlji-vij) happy

сча́стливы, *adj. plur.* (*short form of above*)

удо́бный, ʹ-ая, ʹ-ое; ʹ-ые (u-ʹdob-nij) convenient, comfortable

продово́льственный магази́н (prə-da-ʹvolj-stvjin-nij mə-ga-ʹzjin) food store

кро́ме того́ (ʹkro-mji ta-ʹvo) besides, furthermore

не то́лько ... но и not only ... but also

на́до (ʹnadə) it is necessary, one must

Выраже́ния

во-пе́рвых (va-ʹpjer-vix) first of all

ви́дите ли you see

не совсе́м (nji sa-ʹfsjem) not quite

ходи́ть за поку́пками (pa-ʹkup-kə-mji) to go shopping

Grammar Notes and Practical Exercises

1. The Dative and Instrumental of Nouns — Plural

Noun endings, dative plural: -ам, -ям. Noun endings, instrumental plural: -ами, -ями.

Nominative Singular; Nominative, Dative, and Instrumental Plural of Familiar Nouns.

Nom. Sing.	класс	студе́нт	окно́
Nom. Plur.	кла́ссы	студе́нты	о́кна

Dat. Plur.	кла́ссам	студе́нтам	о́кнам
Inst. Plural	кла́ссами	студе́нтами	о́кнами
Nom. Sing.	поку́пка	кни́га	учени́к
Nom. Plur.	поку́пки	кни́ги	ученики́
Dat. Plur.	поку́пкам	кни́гам	ученика́м
Inst. Plur.	поку́пками	кни́гами	ученика́ми
Nom. Sing.	дверь	неде́ля	тётя
Nom. Plur.	две́ри	неде́ли	тёти
Dat. Plur.	дверя́м	неде́лям	тётям
Inst. Plur.	дверя́ми	неде́лями	тётями
Nom. Sing.	шко́ла	у́лица	
Nom. Plur.	шко́лы	у́лицы	
Dat. Plur.	шко́лам	у́лицам	
Inst. Plur.	шко́лами	у́лицами	
Nom. Sing.	по́ле	слова́рь	
Nom. Plur.	поля́	словари́	
Dat. Plur.	поля́м	словаря́м	
Inst. Plur.	поля́ми	словаря́ми	
Nom. Sing.	автомоби́ль	зда́ние	
Nom. Plur.	автомоби́ли	зда́ния	
Dat. Plur.	автомоби́лям	зда́ниям	
Inst. Plur.	автомоби́лями	зда́ниями	

The accented syllable in all cases of the plural is generally the same as in the nominative plural (кла́ссы — кла́ссам, кла́ссами; поля́ — поля́м, поля́ми). Note that две́ри (дверя́м, дверя́ми) is an exception.

Exercise No. 160. The prepositions к (to, up to, to the home of) and по (along, through) take the dative case.

The prepositions с (with, together with), над (over, above), за (behind — place where), под (under — place where), and ме́жду (between, among) take the instrumental case.

Complete these phrases with the correct plural form of the nouns in parenthesis.

Приме́р: 1. к дверя́м

1. к (дверь) 2. к (окно́) 3. по (у́лица) 4. за (стена́) 5. ме́жду (зда́ние) 6. под (стул) 7. над (стол) 8. с (ма́льчик) 9. с (де́вушка) 10. за (сад) 11. ме́жду (кни́га) 12. ме́жду (тетра́дь) 13. к (профе́ссор) 14. с (де́ти) 15. за (карти́на)

2. Dative and Instrumental of Personal and Interrogative Pronouns, Singular and Plural

Personal Singular

Nom.	я	ты	он	она́	оно́
Dat.	мне	тебе́	ему́	ей	ему́
Inst.	мной	тобо́й	им	ей	им

	Personal Plural				Interrogative	
Nom.	мы	вы	они́		кто	что́
Dat.	нам	вам	им		кому́	чему́
Inst.	на́ми	ва́ми	и́ми		кем	чем

The third person pronouns prefix the letter **н** when they are used with prepositions. Thus:

Я иду́ к нему́ (к ней, к ним).	I am going to him (to her, to them).
Что́ с ним (с ней, с ни́ми)?	What is the matter with him (with her, with them)?

3. Some Important Expressions with the Instrumental Case

a. **занима́ться I** to be occupied with, to be busy with, to be studying.

Чем занима́етесь?	With what are you occupied?
Я занима́юсь ру́сским языко́м.	I am studying the Russian language.

b. **дово́лен, дово́льна, дово́льны** satisfied (with)

Студе́нты дово́льны профессора́ми.	The students are satisfied with the professors.

c. **что с . . .?** What is the matter with . . .?

Что́ с Ива́ном?	What is the matter with John?
Я не зна́ю, что́ с ним.	I do not know what is the matter with him.

4. На́до it is necessary

На́до, like ну́жно, expresses *need, necessity, must, have to*.

Мне на́до (ну́жно) гото́вить э́тот уро́к.	I must prepare this lesson. (*lit.* To me it is necessary to prepare this lesson.)
Вам на́до идти́ домо́й.	You must go home.
Нам не на́до е́здить в го́род.	We don't have to go to the city.

Exercise No. 161. Translate.

1. Учи́тель прихо́дит в класс с тетра́дями. 2. Ученики́ иду́т в шко́лу с кни́гами. 3. Они́ пи́шут с карандаша́ми. 4. С кем вы хоти́те говори́ть? 5. Я хочу́ говори́ть с ма́льчиками. 6. Они́ подходи́ли к дверя́м теа́тра. 7. Госпожа́ Мо́рган ча́сто хо́дит за поку́пками в суперма́ркет. 8. Автомоби́ли е́здили по у́лицам го́рода. 9. Она́ шла к до́ктору с детьми́.[1] 10. В э́том магази́не не торгу́ют игру́шками. 11. Челове́к хо́дит нога́ми,[2] рабо́тает рука́ми,[2] ви́дит глаза́ми.[3] 12. Бу́дете ли вы обе́дать вме́сте с на́ми? 13. Мы никогда́ не у́жинаем с ни́ми. 14. Учи́тель не́ был дово́лен ученика́ми. 15. Ученики́ бы́ли дово́льны учителя́ми. 16. О́льга здоро́ва? Нет, она́ больна́. 17. Что́ с ней? У неё на́сморк и жар. 18. Анто́н здоро́в? Нет, он бо́лен. 19. Что́ с ним? У него́ боли́т голова́.[4] 20. Им на́до идти́ к до́ктору.

NOTES: 1. A few nouns have **-ьми** instead of **-ями** in the instrumental plural: де́ти — детьми́; лю́ди — людьми́. 2. нога́ foot, рука́ hand 3. глаз eye, *pl. irreg.* глаза́ 4. He has a headache. (His head aches.)

Exercise No. 162. Вопро́сы. Reread the text, «Жи́знь в при́городе — поку́п-ки». Then answer these questions.

1. О чём разгова́ривают Кузнецо́в и Мо́рган? 2. Кому́ нра́вится жизнь в при́городе? 3. У дете́й мно́го това́рищей? 4. Како́й магази́н недалеко́ от до́ма Мо́рганов? 5. Хо́дит ли жена́ Мо́ргана пешко́м в э́тот магази́н за поку́пками? 6. Де́ти всегда́ е́здят с ней? 7. Что́ она́ покупа́ет в супер-ма́ркете? 8. Ей на́до е́здить в го́род, что́бы купи́ть оде́жду? 9. Как называ́ются больши́е продово́льственные магази́ны в Москве́? 10. Что́ продаётся в магази́нах «Гастроно́м»? 11. Чем они́ не торгу́ют? 12. Где мно́го магази́нов «Гастроно́м»?

CHAPTER 36

Revision of Chapters 31–35

Vocabulary Revision

Nouns

1. биле́т	12. игру́шка	23. сеа́нс
2. де́ньги	13. интере́с	24. спу́тник[1]
3. де́ло	14. косме́тика	25. копе́йка
4. еда́	15. пое́здка	26. конфе́ты
5. ку́кла	16. поку́пка	27. универма́г
6. ми́ля	17. посети́тель	28. фрукт
7. ка́сса	18. носи́льщик	29. фунт
8. ру́бль	19. пра́ктика	30. ци́фра
9. о́вощи	20. проду́кты	31. чемода́н
10. счёт	21. рестора́н	32. роль *f.*
11. сыр	22. катего́рия	33. экза́мен

1. ticket	12. toy	23. performance
2. money	13. interest	24. sputnik
3. matter, business	14. cosmetics	25. kopeck
4. food	15. trip	26. sweets
5. doll	16. purchase	27. department store
6. mile	17. visitor	28. fruit
7. cash register	18. porter	29. pound
8. rouble	19. practice	30. number, cipher
9. vegetables	20. foodstuffs	31. suitcase
10. bill	21. restaurant	32. role
11. cheese	22. category	33. examination

NOTE: 1. спу́тник (*lit.* travelling companion) satellite.

Verbs

выбира́ть I	за́втракать I	ука́зывать I
to choose	to have breakfast	to indicate
выбира́ю	за́втракаю	ука́зываю
выбира́ешь	за́втракаешь	ука́зываешь
выбира́ют	за́втракают	ука́зывают
обе́дать I	торгова́ть I	счита́ть I
to dine	to deal in	to count
обе́даю	торгу́ю	счита́ю
обе́даешь	торгу́ешь	счита́ешь
обе́дают	торгу́ют	счита́ют

получа́ть I
  to receive
получа́ю
получа́ешь
получа́ют

подава́ть I
  to serve
подаю́
подаёшь
подаю́т

продава́ть I
  to sell
продаю́
продаёшь
продаю́т

повторя́ть I
  to repeat
повторя́ю
повторя́ешь
повторя́ют

оставля́ть I
  to remain
оставля́ю
оставля́ешь
оставля́ют

называ́ться I
  to be called
называ́юсь
называ́ешься
называ́ются

уме́ть I
  to know how
уме́ю
уме́ешь
уме́ют

нести́ I
  to carry
несу́
несёшь
несу́т

плати́ть II
  to pay
плачу́
пла́тишь
пла́тят

лете́ть II
  to fly
лечу́
лети́шь
летя́т

доходи́ть II
  to approach
дохожу́
дохо́дишь
дохо́дят

отходи́ть II
  to go from
отхожу́
отхо́дишь
отхо́дят

Adjectives

1. возмо́жный
2. невозмо́жный
3. совреме́нный
4. счастли́вый
5. после́дний
6. ва́жный
7. вече́рний
8. гла́вный
9. ску́чный
10. тяжёлый
11. пе́рвый
12. второ́й
13. тре́тий
14. дорого́й
15. дневно́й

1. possible
2. impossible
3. modern
4. happy
5. last, latter
6. important
7. evening
8. chief
9. boring
10. heavy
11. first
12. second
13. third
14. dear, expensive
15. daily

Expressions

1. чу́дно
2. Вы пра́вы.
3. наприме́р
4. на чай
5. во вре́мя пое́здки
6. совсе́м нет
7. не совсе́м
8. е́сли возмо́жно
9. мы с жено́й
10. Что́ с ним?
11. во-пе́рвых
12. в пе́рвом ряду́
13. во второ́м ряду́
14. ви́дите ли
15. Како́й бу́дет счёт?
16. де́лать поку́пки
17. ходи́ть за поку́пками
18. игра́ть роль
19. пять рубле́й сда́чи
20. задава́ть ра́зные вопро́сы
21. и т. д. (и так да́лее)

1. wonderful
2. You are right.
3. for example
4. as a tip
5. during a trip
6. not at all
7. not quite
8. if possible
9. my wife and I
10. What is the matter with him?
11. in the first place
12. in the first row
13. in the second row
14. you see?
15. How much is the bill?
16. to shop (make purchases)
17. to go shopping
18. to play a role
19. five roubles in change
20. to ask for information
21. etc. (and so forth)

Grammar Revision and Exercises

1. Complete Declension of Nouns in the Plural

You have learned the six cases of nouns in the plural (*Nominative:* Chapter 16, Grammar Note 4, p. 84; *Genitive:* Chapter 31, Grammar Note 2, p. 175; *Dative:* Chapter 35, Grammar Note 1, p. 195; *Accusative:* Chapter 16, Grammar Note 5, p. 85; *Instrumental:* Chapter 35, Grammar Note 1, p. 195; *Prepositional:* Chapter 31, Grammar Note 4, p. 177). For noun declensions in the singular, see Chapter 24, Grammar Revision 2, p. 132.

Here the six cases of nouns in the plural are summarized in declensions.

First Declension Plural

	Masculine Hard	Masculine Soft	
Nom.	классы	роя́ли	музе́и
Gen.	кла́ссов	роя́лей	музе́ев
Dat.	кла́ссам	роя́лям	музе́ям
Acc.	классы	роя́ли	музе́и
Inst.	кла́ссами	роя́лями	музе́ями
Prep.	о кла́ссах	о роя́лях	о музе́ях

	Neuter Hard		Neuter Soft
Nom.	слова́	поля́	зда́ния
Gen.	слов	поле́й	зда́ний
Dat.	слова́м	поля́м	зда́ниям
Acc.	слова́	поля́	зда́ния
Inst.	слова́ми	поля́ми	зда́ниями
Prep.	о слова́х	о поля́х	о зда́ниях

Second Declension Plural

	Feminine Hard	Feminine Soft	Special Feminine Soft
Nom.	шко́лы	неде́ли	две́ри
Gen.	школ	неде́ль	двере́й
Dat.	шко́лам	неде́лям	дверя́м

Feminine Hard		*Feminine Soft*	*Special Feminine Soft*
Acc.	шко́лы	неде́ли	две́ри
Inst.	шко́лами	неде́лями	дверя́ми
Prep.	о шко́лах	о неде́лях	о дверя́х

Thing-nouns of all genders are the same in the nominative and accusative plural.

Animate nouns (masculine and feminine) are the same in the genitive and accusative plural. Thus:

Nom. Sing.	студе́нт	ня́ня	тётя	же́нщина	ма́льчик
Nom. Plur.	студе́нты	ня́ни	тёти	же́нщины	ма́льчики
Gen. Plur.	студе́нтов	нянь	тётей	же́нщин	ма́льчиков
Acc. Plur.	студе́нтов	нянь	тётей	же́нщин	ма́льчиков

Мы хоти́м шко́лы. We want schools.
Мы ви́дим ма́льчиков и же́нщин. We see the boys and the women.

2. Plural of Nouns in -á or -я́

Masculine nouns as a rule take the endings -ы or -и in the nominative plural. A few familiar masculine nouns are exceptions and take accented -á or -я́. Among them are:

Nom. Sing.	профе́ссор	до́ктор	дом	го́род	глаз
Nom. Plur.	профессора́	доктора́	дома́	города́	глаза́
	professors	doctors	houses	cities	eyes
Nom. Sing.	ве́чер	по́езд	па́спорт	учи́тель	
Nom. Plur.	вечера́	поезда́	паспорта́	учителя́	
	evenings	trains	passports	teachers	

NOTE: **брат** and **стул** become **бра́тья** and **сту́лья** in the plural.

Exercise No. 163. Complete each sentence by translating the words in parenthesis.

1. Я не зна́ю, (what's the matter with him).
2. В кото́ром часу́ (do they serve) обе́д?
3. Я хочу́ купи́ть биле́т (one way)
4. Касси́р (asks) ра́зные вопро́сы.
5. В Москве́ мно́го (stores).
6. Как (is called) э́тот магази́н?
7. Ско́лько вы (are you paying) за спу́тник?
8. Он (is carrying) тяжёлый чемода́н.
9. Ско́лько я получа́ю (in change)?
10. Они́ сейча́с (are having breakfast).
11. Мне (is necessary) е́хать в го́род за поку́пками.
12. Когда́ (arrives) по́езд из Москвы́?
13. Нам (not at all) нра́вится кино́.
14. Кузнецо́в повторя́ет: ("Wonderful!")
15. (During the trip) профе́ссор чита́ет нау́чные журна́лы.

Exercise No. 164. Select the group of words in Column II which best completes each sentence begun in Column I.

I	II
1. Чтобы хорошо говорить по-русски,	a. все продукты.
2. Мы не сидим в первом ряду балкона.	b. в середине театра.
3. В магазине «Гастроном» продаются	c. болят голова и горло.
4. Вы играете роль кассира,	d. потому что очень дорого.
5. Если возможно, дети выбирают места,	e. нам нужны деньги.
6. Мы с женой очень не любим	f. нам нужно много практики.
7. Я вам даю сто рублей, и вы	g. но мой друг туда летит.
8. Сегодня я еду в Москву поездом,	h. смотреть детективные фильмы.
9. Во время поездки	i. а я играю роль туриста.
10. Что с ней? У неё	j. мне даёте двадцать рублей сдачи.

Exercise No. 165. Translate.

1. Эта категория слов нам особенно важна. 2. Без цифр наука была бы невозможна. 3. Вот некоторые задачи по арифметике. 4. Мне нравится практика в числах. 5. Сколько рублей стоит эта рубашка? 6. Носильщики несут тяжёлые чемоданы на вокзал. 7. Он даёт кассиру сто рублей и получает пятьдесят рублей сдачи. 8. В котором часу начинаются экзамены? 9. У Филиппа много товарищей. 10. В Москве много магазинов. 11. Шёл дождь, и все стояли под зонтиками. 12. Почему вы не даёте игрушки детям? 13. В бутылках на буфете было белое вино. 14. Июнь и июль — время каникул. 15. Они проводят летние каникулы в СССР. 16. Деньги нам нужны во время поездок. 17. Я умею правильно употреблять эти русские слова. 18. Мы почти каждую неделю получали письма. 19. На улицах города были толпы. 20. Куда вы идёте с этими чемоданами?

Exercise No. 166. Complete each sentence by choosing from the parenthesis the correct case of the noun. Пример: 1. Это важная категория слов.

1. Это важная категория ——.
(слов, словам)

2. Носильщики несут ——.
(чемоданы, чемоданов)

3. Ученики пишут ——.
(карандашах, карандашами).

4. Он даёт игрушки ——.
(учеников, ученикам).

5. Мы получаем ——.
(письма, писем)

6. Мы получаем много ——.
(письма, писем)

7. Ты видишь ——.
(мальчики, мальчиков)

8. Он читает ——. (книги, книг)

9. Он видит ——.
(девушки, девушек)

10. Он пишет письмо ——.
(девушек, девушкам)

11. Лю́ди стоя́ли за ——.
(дверя́х, дверя́ми)
12. Все стоя́ли вокру́г ——.
(столо́в, стола́м)
13. Они́ рабо́тают на ——.
(фа́бриками, фа́бриках)
14. Он туда́ идёт с ——.
(учителя́х, учителя́ми)
15. Он ухо́дит со ——.
(студе́нтами, студе́нтах)

16. Кто говори́л о ——?
(шко́лами, шко́лах)
17. Ию́ль — вре́мя ——.
(кани́кулам, кани́кул)
18. У него́ ——.
(кани́кул, кани́кулы)
19. Кто зна́ет э́ти ——?
(слова́, слов)
20. Невозмо́жно писа́ть без ——.
(карандаше́й, карандаша́м)

Коро́ткие разгово́ры

— Скажи́те, пожа́луйста, где остано́вка авто́буса?	Tell me please, where is the bus stop?
— Остано́вка на том[1] углу́.[2]	The bus stop is on that corner.
— Спаси́бо!	Thanks!
— Пожа́луйста.	Don't mention it.

NOTES: 1. prepositional singular for тот that 2. угла́, *prep.* углу́; like сад, *prep.* саду́.

— Скажи́те мне, пожа́луйста, как пройти́ на у́лицу Го́рького?	Tell me please, how does one get to Gorki Street?
— Пря́мо до угла́, а зате́м нале́во.	Straight ahead to the corner, and then to the left.
— А э́то далеко́ отсю́да?	Is it far from here?
— Нет, не далеко́. Разреши́те, я провожу́[1] вас. Мне как раз по доро́ге.	No, it isn't far. Permit [me], I'll take (lead) you. It's right on my way.
— Большо́е вам спаси́бо.	Many thanks.
— Не́ за что ('nje-zə-ʃtə)	Don't mention it.

NOTE: 1. проводи́ть to accompany, see off (провожу́, прово́дишь; прово́дят) *perfective* — this part of the verb will be dealt with in greater detail in the next chapters.

Exercise No. 167. Текст для чте́ния.

Осёл[1] и Автомоби́ль — Совреме́нная Ба́сня[2]

Автомоби́ль идёт по доро́ге. Вдруг он ви́дит осла́,[3] кото́рый идёт о́чень ме́дленно. На спине́ у осла́[4] тяжёлый груз.[5]

Автомоби́ль ви́дит осла́ и говори́т: «Здра́вствуй! Почему́ ты так ме́дленно идёшь? Не хо́чешь ли ты идти́ быстре́е,[6] как я?»

«Да, я о́чень хоте́л бы[7] идти́ быстре́е! Но, скажи́ мне, возмо́жно ли э́то?»

«Э́то не тру́дно», отвеча́ет автомоби́ль. «Мой бак[8] по́лон[9] бензи́на. Вы́пей[10] часть и ты пойдёшь[11] о́чень бы́стро.»

Осёл пьёт часть бензи́на. Но он не мо́жет идти́ бы́стро. Он не мо́жет идти́ да́же[12] ме́дленно. Увы́,[13] он совсе́м[14] не мо́жет идти́! У него́ боли́т живо́т.[15]

Бéдный осёл! Он не óчень умён!¹⁶ Он не знáет, что бензи́н полéзен для автомоби́лей, но врéден¹⁷ для ослóв.

NOTES:

1. осёл donkey
2. совремéнная бáсня contemporary fable
3. ослá *acc. sing.* for animate object
4. На спинé у ослá on the donkey's back
5. груз load
6. быстрéе faster; comparative of бы́стро
7. я хотéл бы I should like
8. бак tank
9. пóлон *short form (m.) of* пóлный full
10. вы́пей drink up
11. ты пойдёшь you will go
12. дáже even
13. увы́ alas
14. совсéм не not at all
15. живóт belly
16. умён *short form (m.) of* у́мный wise
17. врéден *short form (m.) of* врéдный harmful

CHAPTER 37

Кузнецов объясняет виды русских глаголов
Kuznetsov Explains the Aspects of Russian Verbs

Кузнецóв и Мóрган обы́чно говоря́т по-ру́сски во врéмя урóка. Но сегóдня они́ говоря́т по-англи́йски. Кузнецóв объясня́ет ученику́ ви́ды ру́сских глагóлов. Он объясня́ет граммáтику не по-ру́сски, а по-англи́йски. Он, конéчно, даёт мнóго примéров по-ру́сски, а тáкже рáзные ру́сские упражнéния.

Kuznetsov and Morgan usually speak Russian during a lesson. Today, however, they are speaking English. Kuznetsov is explaining to his pupil the aspects of Russian verbs. He is explaining the grammar not in Russian, but in English. Of course, he gives many examples in Russian and also various Russian exercises.

Building Vocabulary

вид (vjit) aspect
глагóл (gla'gol) verb
граммáтика (gram-'ma-tji-kə) grammar

объясни́ть I (ab-jis-'njitj) to explain
(объясня́ю, объясня́ешь; объясня́ют)
рáзный, '-ая, '-ое; '-ые ('raz-nij) various
конéчно (ka-'njeʃ-nə) of course

Grammar Notes and Practical Exercises

1. What Is the Meaning of "Aspect"?

The action expressed by any verb may be considered from the point of view of time: present, past, or future.

At any particular time (present, past, or future) the nature of the action—that is, the *aspect*—may be considered. Is the action of the verb continuous or repeated? If it is, we say the verb is in the *uncompleted aspect*. Is the action of the verb a single (done once), completed action? If it is, we say the verb is in the *completed aspect*. Thus:

Uncompleted Aspect

He was writing a letter.	Time, past. Continuous action.
He wrote letters often.	Time, past. Repeated action.
He will be writing a letter.	Time, future. Continuous action.

The completion of the letter is not indicated.

Completed Aspect

He wrote a letter. Time, past. Completed action. He has (or had) written a letter.

The verb expresses a single (done once), completed action with the result "a written letter".

He will write a letter. Time, future. Action to be completed in the future.

2. Aspects of Russian Verbs

Russian uses two verbs to express the different aspects of any given action. These verbs form a pair and are usually clearly related in form. One of the pair is used to express uncompleted action (continuous or repeated). This is called in Russian grammar the *Imperfective Aspect*. The other is used to express a single (done once), completed action. This related verb is called the *Perfective Aspect*. Study the imperfective and perfective aspects of the verb писа́ть.

Imperfective Aspect (Abbreviation: **Impf.**)	**Perfective Aspect** (Abbreviation: **Pf.**)
Uncompleted (continuous, repeated) to write, to be writing	Completed (done once) to write (finish writing)

Present Tense		*No Present Tense*
я пишу́	мы пи́шем	
ты пи́шешь	вы пи́шете	
он пи́шет	они́ пи́шут	

Past Tense		*Past Tense*	
I was writing, I often wrote		I wrote (finished writing)	
я, ты, он писа́л	мы писа́ли	я, ты, он написа́л	мы написа́ли
я, ты, она́ писа́ла	вы писа́ли	я, ты, она́ написа́ла	вы написа́ли
оно́ писа́ло	они́ писа́ли	оно́ написа́ло	они́ написа́ли

Future Tense		*Future Tense*	
I shall be writing, etc.		I shall write (finish writing), etc.	
я бу́ду писа́ть	мы бу́дем писа́ть	я напишу́	мы напи́шем
ты бу́дешь писа́ть	вы бу́дете писа́ть	ты напи́шешь	вы напи́шете
он бу́дет писа́ть	они́ бу́дут писа́ть	он напи́шет	они́ напи́шут

a. The perfective aspect of писа́ть is formed by prefixing the preposition на-.

b. The past tense of the perfective is formed from the perfective infinitive according to the same rules by which the imperfective past is formed from the imperfective infinitive.

c. The future tense of the perfective is formed from the perfective infinitive according to the same rules by which the present tense is formed from the imperfective infinitive. Я бу́ду can never be used with the perfective infinitive to form the perfective future.

Warning! The perfective aspect has no present tense. What looks like a present tense is the future perfective.

3. Perfectives with the Prefixes на-, по-, про-, с-, у-

The most common way of changing an imperfective into a perfective is by adding a prefix. Here are some familiar verbs that form their perfectives by means of the prefixes на-, по-, про-, с-, and у-. Almost all the verbs you have met in previous chapters have been in the imperfective.

Verb Pairs

Imperfective	*Perfective*
писа́ть I to write	написа́ть to write, finish writing, write once
чита́ть I to read	прочита́ть to read, finish reading, read once
	почита́ть to read awhile
обе́дать I to dine	пообе́дать to dine, finish dining, dine once
у́жинать I to have supper	поу́жинать to have supper (finish, have once)
за́втракать I to have breakfast	поза́втракать to have breakfast (finish)
рабо́тать I to work	порабо́тать to work, work awhile
гуля́ть I to walk, stroll	погуля́ть to take a walk, walk awhile
слу́шать I to listen	послу́шать to listen, listen awhile
де́лать I to do, make	сде́лать to do, make, finish doing, do once
ви́деть II to see	уви́деть to notice

It is important to learn the exact meaning of each perfective verb as it occurs in the text, since the perfective may have special meanings besides the sense of completion. For example, the most frequently used prefix, по-, sometimes gives the perfective the meaning "awhile". See above: порабо́тать, погуля́ть, послу́шать, почита́ть. Also note that уви́деть, perfective of ви́деть *to see*, means *to see* or *to notice*.

Exercise No. 168. Translate the tenses accurately. The past perfectives are in **bold** type.

1. Я **написа́л** письмо́, а она́ **написа́ла** откры́тку.[1]   2. Они́ писа́ли ка́ждую неде́лю.   3. Что́ они́ весь день де́лали?   4. Вы уже́ **прочита́ли** э́тот рома́н?   5. Я чита́л весь ве́чер.   6. Мы рабо́тали на заво́де.   7. В по́лдень мы гуля́ли в па́рке.   8. Мы в семь часо́в **поу́жинали.**   9. По́сле обе́да мы **поигра́ли** в те́ннис.   10. По́сле у́жина мы **почита́ли.**   11. Мы де́лали свои́[2] уро́ки на за́втра.   12. Вы уже́ **сде́лали** свои́[2] уро́ки на за́втра?   13. По́сле у́жина мы **послу́шали** ра́дио.   14. Мы слу́шали ра́дио, пока́ они́ де́лали уро́ки.   15. Мы обы́чно обе́даем в рестора́не, но сего́дня **пообе́дали** до́ма.

NOTES: 1. откры́тка postcard.   2. For translations of forms of свой, see Chapter 33, Grammar Note 3, p. 187.

Exercise No. 169. Translate the tenses accurately. The future perfectives are in **bold** type.

1. Сего́дня мы бу́дем говори́ть о кли́мате в СССР.   2. Они́ снача́ла[1] **сде́лают** свои́ уро́ки, а пото́м **послу́шают** ра́дио.   3. Я поу́жинаю в семь часо́в, а зате́м **прочита́ю** ру́сский расска́з.   4. Она́ **напи́шет** письмо́

ма́тери² сра́зу по́сле обе́да. 5. В воскресе́нье я порабо́таю у́тром, а днём погуля́ю в па́рке. 6. Сего́дня ве́чером мы пообе́даем в рестора́не. 7. За́втра бу́дет хо́лодно. Мы бу́дем до́ма. 8. Бу́дете ли вы весь ве́чер писа́ть пи́сьма? 9. Нет, я напишу́ то́лько одно́ письмо́. 10. За́втра мы прочита́ем э́ту но́вую кни́гу. 11. Я неожи́данно⁴ уви́дел вас в теа́тре вчера́ ве́чером. 12. Пе́ред³ до́мом вы уви́дите большо́й кра́сный автомоби́ль.

NOTES: 1. **снача́ла** (sna-'tʃa-lə) first, at first   2. **ма́тери** (*dat.* of **мать**) to mother   3. **пе́ред** *prep.* + *inst.*, before, in front of   4. **неожи́данно** unexpectedly

Exercise No. 170. Complete the translation of each English sentence with the correct imperfective or perfective verb. Remember: Imperfective = uncompleted action (continuous, repeated); Perfective = a single completed action. Note, however, that some perfectives with the prefix **по-** mean "for a while".

Приме́ры: 1. Сего́дня она́ написа́ла письмо́ отцу́.   2. Я тепе́рь напишу́ своё и́мя.

1. Today she wrote a letter to her father.
   Сего́дня она́ —— письмо́ отцу́.
2. Now I shall write my first name.
   Я тепе́рь —— своё и́мя.
3. Have you read this story of Chekhov's?
   Вы —— э́тот расска́з Че́хова?
4. I shall read it through tomorrow.
   Я за́втра —— его́.
5. We usually dine at one o'clock.
   Мы обы́чно —— в час.
6. But today we dined at noon.
   Но сего́дня мы —— в по́лдень.
7. She has done her work well.
   Она́ хорошо́ —— свою́ рабо́ту.
8. They will do nothing.
   Они́ ничего́ не ——.
9. They were walking for a long time in the park.
   Они́ до́лго —— в па́рке.
10. We ate breakfast at seven A.M.
    Мы —— в семь часо́в утра́.
11. What were you doing after dinner?
    Что́ вы —— по́сле обе́да?
12. I walked awhile in the park.
    Я —— в па́рке.
13. What are you doing right now?
    Что́ вы —— сейча́с же?
14. What were you doing last night?
    Что́ вы —— вчера́ ве́чером?
15. I shall be working all day.
    Я —— весь день.
16. What will you be doing all day?
    Что́ вы —— весь день?
17. They were having supper at home.
    Они́ —— до́ма.
18. They had supper in a restaurant.
    Они́ —— в рестора́не.
19. We have just had supper.
    Мы то́лько что ——.
20. Will you be working all week?
    Вы —— всю неде́лю?

CHAPTER 38

Кузнецов продолжает объяснять виды русских глаголов

Kuznetsov Continues Explaining the Aspects of Russian Verbs

На после́днем уро́ке Кузнецо́в на́чал объясня́ть ви́ды ру́сских глаго́лов. Сего́дня ве́чером он продолжа́ет объясня́ть э́ту интере́сную часть ру́сской грамма́тики. Коне́чно, Мо́рган уже́ сде́лал все упражне́ния после́днего уро́ка. В упражне́ниях, кото́рые он написа́л, о́чень ма́ло оши́бок.[1] Сейча́с он опя́ть внима́тельно слу́шает, как Кузнецо́в объясня́ет грамма́тику.

In the last lesson Kuznetsov began to explain the aspects of Russian verbs. This evening he continues to explain this interesting part of Russian grammar. Of course, Morgan has already done the exercises of the last lesson. In the exercises that he wrote there are few mistakes. Now he is again listening attentively while Kuznetsov is explaining the grammar.

NOTE: 1. Genitive case after expressions of quantity.

Building Vocabulary

оши́бка (a-ʹʃip-kə) mistake (*gen. pl.* оши́бок)

внима́тельно (vnji-ʹma-tjilj-nə) attentively

опя́ть (a-ʹpjatj) again; опя́ть = сно́ва

коне́чно of course

ма́ло few; ма́ло оши́бок few (not many) mistakes

не́сколько оши́бок a few (several) mistakes

Grammar Notes and Practical Exercises

1. Ways of Forming the Perfective Other Than by Prefixes

You have learned that the perfective aspect can be formed by adding to the imperfective aspect prefixes such as по-, на-, про-, с-, у-.

Study the following verb pairs and note three other ways of forming the perfective.

a. By dropping a syllable. See Verbs 1, 2.

b. By changing the infinitive from -ать to -ить or -ыть. See Verbs 3 to 9.

c. By using an entirely different verb. This is rare. See Verb 10.

Verb Pairs

Imperfective	*Perfective*
1. понима́ть I to understand (понима́ю, понима́ешь; понима́ют)	поня́ть I to understand (пойму́, поймёшь; пойму́т)
2. начина́ть I to begin (начина́ю, начина́ешь; начина́ют)	нача́ть I to begin (начну́, начнёшь; начну́т)
3. конча́ть I to finish (конча́ю, конча́ешь; конча́ют)	ко́нчить II to finish (ко́нчу, ко́нчишь; ко́нчат)
4. покупа́ть I to buy (покупа́ю, покупа́ешь; покупа́ют)	купи́ть II to buy (куплю́, ку́пишь; ку́пят)
5. открыва́ть I to open (открыва́ю, открыва́ешь; открыва́ют)	откры́ть I to open (откро́ю, откро́ешь; откро́ют)
6. закры́вать I to close (закрыва́ю, закрыва́ешь; закрыва́ют)	закры́ть I to close (закро́ю, закро́ешь; закро́ют)
7. спра́шивать I to ask (спра́шиваю, спра́шиваешь; спра́шивают)	спроси́ть II to ask (спрошу́, спро́сишь; спро́сят)
8. отвеча́ть I to answer (отвеча́ю, отвеча́ешь; отвеча́ют)	отве́тить II to answer (отве́чу, отве́тишь; отве́тят)
9. получа́ть I to receive (получа́ю, получа́ешь; получа́ют)	получи́ть II to receive (получу́, полу́чишь; полу́чат)
10. говори́ть II to speak, say (говорю́, говори́шь, говоря́т)	сказа́ть I to say, tell (скажу́, ска́жешь; ска́жут)

NOTE: A verb may have several perfective forms, each with a different meaning. Thus: говори́ть to say, speak; поговори́ть to have a talk; сказа́ть to tell, say; чита́ть to read; прочита́ть to read through; почита́ть to read awhile.

Exercise No. 171. Reread the text of Chapter 20, p. 107. Then read and translate this passage. The verbs in bold type are perfectives.

Друг посеща́ет меня́

Одна́жды я сиде́л за столо́м и писа́л письмо́. Вдруг кто́-то **откры́л** дверь и **вошёл**[1] в мой кабине́т. Это был ста́рый друг Влади́мир, и я всегда́ о́чень рад видеть его́. Он знал, что я уже́ не́которое вре́мя[2] изуча́ю ру́сский язы́к. Поэ́тому он сра́зу **на́чал** говори́ть по-ру́сски. Он **сказа́л**: «Здра́вствуй![3] Как ты пожива́ешь?»[4] Я **отве́тил** по-ру́сски. Тогда́ он **на́чал** задава́ть вопро́сы по-ру́сски, и я отвеча́л дово́льно свобо́дно.

Он **спроси́л**, хоро́ший ли у меня́ учи́тель.[5] Я, коне́чно, **отве́тил**, что у меня́ о́чень хоро́ший учи́тель.

Наконе́ц он **сказа́л**, что я о́чень хорошо́ говорю́ по-ру́сски и что он о́чень мно́й дово́лен. А я отве́тил, что хочу́ говори́ть ещё лу́чше. Когда́ я ему́ сказа́л, что я ско́ро пое́ду в Росси́ю, мой друг сказа́л: «Счастли́вого пути́» —, и пото́м вы́шел[1] из кабине́та.

NOTES: 1. **он вошёл** he went in; **он вы́шел** he went out 2. **Не́которое вре́мя**, *acc. case*, for some time. The accusative case is used in expressions of duration or recurrence of time. Other such accusative time expressions are: **весь день** all day; **ка́ждый день** every day; **всю неде́лю** all week; **ка́ждую неде́лю** every week. 3, 4. Morgan's friend is using the familiar form of address. 5. **хоро́ший ли у меня́ учи́тель** whether I have a good teacher; **ли**, whether, is placed after the first word of the indirect question. **Я не зна́ю, до́ма ли он**. I don't know whether he is at home.

Exercise No. 172. Translate these sentences accurately. Past perfectives are in **bold** type.

1. Она́ говори́ла гро́мко,[1] и я легко́[2] всё **по́нял**. 2. Позавчера́ мы **на́чали** свою́ рабо́ту во́время.[3] 3. Мы **на́чали** экза́мены, когда́ они́ **ко́нчили**. 4. Мать **купи́ла** конфе́ты де́тям. 5. Я обы́чно покупа́ю шля́пы в го́роде, а сего́дня я себе́ **купи́л** но́вую шля́пу в при́городе. 6. Они́ всегда́ открыва́ли о́кна, когда́ бы́ло жа́рко. 7. Все ученики́ уже́ **откры́ли** уче́бники. 8. То́чно[4] в три часа́ они́ все **закры́ли** кни́ги. 9. Когда́ он объясня́л уро́к ученика́м, все слу́шали внима́тельно. 10. Я ча́сто спра́шивал об э́том, но он никогда́ не отвеча́л на мой вопро́с. 11. Кто́-то **отве́тил** на все тру́дные вопро́сы. 12. Они́ **спроси́ли**, где вы живёте. 13. Мы получа́ли письмо́ от него́ ка́ждую неде́лю. 14. Четы́ре дня тому́ наза́д[5] сестра́ **получи́ла** от него́ письмо́. 15. Что́ он написа́л в письме́?

NOTES: 1. **гро́мко** loudly 2. **легко́** (ljix-'ko) easily 3. **во́время** ('vo-vrji-mjə) on time; do not confuse with **во вре́мя** (va-'vrje-mjə) during 4. **то́чно** exactly, sharp 5. **тому́ наза́д** (na-'zat) ago.

Exercise No. 173. Translate accurately. Future perfectives are in **bold** type.

1. Я обы́чно у́жинаю до́ма, но сего́дня ве́чером я **поу́жинаю** в рестора́не. 2. Вчера́ она́ купи́ла но́вый костю́м, а сего́дня она́ **ку́пит** но́вую шля́пу. 3. Мы его́ спроси́ли, но он не отве́тил. Он **отве́тит**, е́сли вы его́ **спро́сите** ещё раз. 4. Я то́лько что[1] получи́л письмо́ от ма́тери.[2] Я сейча́с же **прочита́ю** его́. 5. В воскресе́нье я **порабо́таю** у́тром, а днём **погуля́ю** в па́рке. 6. Когда́ вы **ко́нчите** рабо́ту? Я наде́юсь ко́нчить в пять часо́в. 7. Когда́ вы **начнёте** экза́мен? В два часа́. 8. Я **скажу́** всё, что я хочу́ сказа́ть. 9. Е́сли бу́дет ду́шно,[3] мы **откро́ем** о́кна. 10. Е́сли бу́дет хо́лодно, мы **закро́ем** о́кна.

NOTES: 1. **то́лько что** just (just now) 2. **ма́тери**, *gen. sing.* of **мать** 3. **ду́шно** close, stuffy

Exercise No. 174. Translate. All these sentences require the future perfective.

1. I shall write one letter. 2. He will begin the letter immediately. 3. She will read this book through. 4. They will work awhile. 5. We will listen awhile to the radio. 6. I shall tell the truth. 7. Will you receive the maga-

zine today? 8. He will ask you where you live. 9. What will you answer?
10. What will you buy?

Exercise No. 175. Complete these sentences with the correct form of the
past imperfective or perfective of the verbs in parenthesis:

Приме́р: 1. Я ча́сто получа́л пи́сьма от него́.

1. Я ча́сто (получа́ть, получи́ть) пи́сьма от него́. 2. Они́ ско́ро (конча́ть,
ко́нчить) рабо́ту. 3. Вдруг они́ (открыва́ть, откры́ть) все о́кна. 4. По-
завчера́ мы (получа́ть, получи́ть) пять пи́сем. 5. Вре́мя от вре́мени она́
(спра́шивать, спроси́ть), почему́ вы ей ещё не (писа́ть, написа́ть). 6. Вы
ему́ (говори́ть, сказа́ть), что я изуча́ю ру́сский язы́к? 7. Они́ (закрыва́ть,
закры́ть) все о́кна, потому́ что бы́ло хо́лодно. 8. Мы всегда́ (понима́ть,
поня́ть) его́, потому́ что он всегда́ (говори́ть, сказа́ть) ме́дленно. 9. Что́ вы
ему́ вчера́ (говори́ть, сказа́ть)? 10. Они́ всегда́ (начина́ть, нача́ть) уро́ки
во́время.

Exercise No. 176. Translate:

1. Have you closed the window? 2. He was opening the door. 3. They
were beginning the lesson. 4. They answered correctly. 5. Sometimes she
bought a magazine. 6. They were buying newspapers. 7. What did they
say? 8. Was he speaking loudly? 9. Did you understand what[1] he said?
10. They often wrote to me. 11. I have already finished the work. 12. Suddenly someone opened the door. 13. What did he ask? 14. I answered
right away. 15. Have you received my letter?

NOTE: 1. то́, что *lit.* that which

2. The Perfective Imperative

The imperfective imperative is formed by adding the regular imperative
endings to the second person singular stem of the present tense.

ты пи́ш-ешь	пиши́!	пиши́те!	write!
ты чита́-ешь	чита́й!	чита́йте!	read!
ты покупа́-ешь	покупа́й!	покупа́йте!	buy!
ты говор-и́шь	говори́!	говори́те!	speak!

The perfective imperative is formed by adding the regular imperative endings to the second person singular stem of the perfective future.

напи́ш-ешь	напиши́!	напиши́те!	write! (and complete it)
прочита́-ешь	прочита́й!	прочита́йте!	read! (and finish)
ку́п-ишь	купи́!	купи́те!	buy! (once)
ска́ж-ешь	скажи́!	скажи́те!	tell! (once)

In general the imperfective is used when the action is continuing, repeated,
or habitual.

The perfective imperative is used when the action is single, completed, or of
limited duration (a while).

When the imperative is in the negative, the imperfective form is always used. Remember: after a verb in the negative the direct object is in the genitive case.

Не пиши́те э́тих слов.	Don't write these words.
Не покупа́йте э́тих книг.	Don't buy these books.

Exercise No. 177. Translate.

1. Пиши́ ча́сто, Ва́ня!
2. Де́ти, пиши́те хорошо́!
3. Напиши́те, пожа́луйста, э́ту фра́зу.
4. Чита́й гро́мко, Аня!
5. Прочита́йте сле́дующий текст для чте́ния.
6. Не покупа́йте ничего́ в э́том магази́не.
7. Купи́те э́ти часы́![1]
8. Не покупа́йте э́той шля́пы!
9. Говори́те ме́дленно.
10. Скажи́те то́, что[2] вы хоти́те сде́лать.
11. Не слу́шайте ра́дио.
12. Откро́йте все о́кна!

NOTES: 1. **часы́** watch, clock, *plural* only (*lit.* hours) 2. **то́, что** *lit.* that which

CHAPTER 39

Погода была плохая
The Weather Was Bad

1. Тёплый вéчер в мáе. 2. Мóрган и Кузнецóв пьют холóдный чай и разговáривают по-рýсски. 3. Мóрган спрáшивает у Кузнецóва, пóмнит ли он ту холóдную дождлúвую ночь рáнней весной, когдá онú вмéсте пúли горячий чай с рóмом и говорúли о погóде.

1. It is a warm evening in May. 2. Morgan and Kuznetsov are drinking cold tea and conversing in Russian. 3. Morgan asks Kuznetsov whether he remembers that cold rainy night in early spring when they were drinking hot tea with rum together and were talking about the weather.

Before reading further, reread the text of Chapter 28, «Какáя плохáя погóда!», p. 156. The perfectives are in **bold** type.

К : Я э́то óчень хорошó пóмню. Я никогдá не **забýду.**

Бы́ло вóсемь часóв вéчера, когдá я **пришёл** к вам на урóк.

Шёл сúльный дождь, и дул сúльный холóдный вéтер.

Ваш сын Пáвел **откры́л** дверь и **сказáл:** «Входúте скорée!»

Я бы́стро **вошёл** в перéднюю и **подáл** емý плащ и зóнтик.

Я **спросúл,** дóма ли пáпа.[1]

Он **отвéтил,** что вы меня ждёте[1] в кабинéте.

М: В э́ту минýту я **вошёл** в перéднюю.

К :Вы совершéнно прáвы. Пáвел **сказáл:** «А вот и он сам!»

М: Я **сказáл:** «Должнó быть, вам хóлодно. Чáшка чáю с рóмом вам бýдет полéзна. Пойдём в столóвую. Мы там **вы́пьем** горя[3] чего чáю и **поговорúм** о погóде.»

К : I remember it very well. I shall never forget it.

It was eight o'clock in the evening when I came to you for a lesson.

It was raining heavily and a cold strong wind was blowing.

Your son Paul opened the door and said, "Come in quickly!"

I quickly entered the hall and gave him my raincoat and umbrella.

I asked whether his father was at home.

He answered that you were awaiting me in your study.

M: And at that moment I came into the hall.

K : You are entirely right. Paul said, "But here he is himself!"

M: I said: "You must be cold. A cup of tea with rum will do you no harm. Let us go into the dining room. There we will drink some hot tea and chat about the weather."

К : Мы **вошли** в столо́вую. Ва́ша любе́зная жена́ **поста́вила** на стол ча́йник и буты́лку ро́ма, кото́рую она́ **взяла́** с буфе́та. Зате́м вы **нали́ли** две ча́шки ча́ю.

М: А по́сле того́, как вы **вы́пили** ча́ю с ро́мом, вы **почу́вствовали** себя́ лу́чше!

К : Это пра́вда. Мы продолжа́ли пить чай и говори́ли о пого́де. На дворе́ продолжа́л идти́ дождь.

М: У вас хоро́шая па́мять! Вы никогда́ ничего́ не забыва́ете!

К : Кста́ти, в бу́дущий четве́рг я не **смогу́** прийти́ ра́ньше, чем в во́семь часо́в три́дцать.

М: Ничего́. Лу́чше по́здно, чем никогда́.

K : We went into the dining room. Your kind wife put a teapot on the table and a bottle of rum, which she took from the sideboard. Then you poured two cups of tea.

M: And after you had drunk some tea with rum you felt better.

K : It's true. We continued drinking tea and talked about the weather Outside it went on raining.

M: You have a fine memory! You never forget anything!

K : By the way, next Thursday I shall not be able to come earlier than eight-thirty.

M: That's all right. Better late than never.

NOTE: 1. Notice the use of the present tense in a clause in indirect speech. In direct speech the sentences would be "*Is* your father at home?" and "He *is* waiting for you." Russian keeps the tense of the direct speech.

Building Vocabulary

дождли́вый, '-ая, '-ое; '-ые (daʒ-'ʒlji-vij) rainy

горя́чий, '-ая, '-ее; '-ие (ga-'rja-tʃij) hot (things)

жа́ркий, '-ая, '-ое; '-ие ('ʒar-kjij) hot (weather)

ра́нний, '-яя, '-ее; '-ие ('ran-njij) early

по́сле того́, как *conj.* after

Посло́вица

Лу́чше по́здно, чем никогда́.   Better late than never.

Verb Pairs

Imperfective	*Perfective*
брать I (bratj) to take (беру́, берёшь; беру́т)	взять I (vzjatj) to take (возьму́, возьмёшь; возьму́т)
забыва́ть I (zə-bi-'vatj) to forget (забыва́ю, забыва́ешь; забыва́ют)	забы́ть I (za-'bitj) to forget (забу́ду, забу́дешь; забу́дут)
дава́ть I (da-'vatj) to give (даю́, даёшь; даю́т)	дать *irr.* (datj) to give (дам, дашь, даст; дади́м, дади́те, даду́т)
пить I (pjitj) to drink (пью, пьёшь; пьют)	вы́пить I ('vi-pjitj) to drink (вы́пью, вы́пьешь; вы́пьют)
по́мнить II ('pom-njitj) to remember (по́мню, по́мнишь; по́мнят)	No perfective

Imperfective	Perfective
наливáть I (nə-lji-'vatj) to pour (наливáю, наливáешь; наливáют)	налúть I (na-'ljitj) to pour (налью́, нальёшь; налью́т)
стáвить II ('sta-vjitj) to put, stand (стáвлю, стáвишь; стáвят)	постáвить II (pa-'sta-vjitj) to put, stand (постáвлю, постáвишь; постáвят)
чýвствовать I ('tʃust-və-vətj) to feel (чýвствую, чýвствуешь; чýвствуют)	почýвствовать I (pa-'tʃust-və-vətj) to feel (почýвствую, почýвствуешь; почýвствуют)

Grammar Notes and Practical Exercises

1. Compounds of ходúть and идтú to go

a. We know that ходúть (to go on foot) is used to express repeated action and that идтú (to go on foot) is used to express continuing action.

Repeated

Я чáсто хожý к дóктору.	I often go to the doctor's.
Я чáсто ходúл к дóктору.	I often went to the doctor's.

Continuing

Я идý к дóктору.	I'm going (on my way) to the doctor's.
Я шёл к дóктору.	I was going (on my way) to the doctor's.

b. Compounds of ходúть and идтú are formed by adding a prefix that alters the meaning of the verb, usually making the direction more definite. Thus:

уходúть to go away, leave   уйтú to go away, leave

A prefix added to ходúть alters the meaning, but it does not change the aspect. All compounds of ходúть are therefore imperfective and are used to express repeated or continuing action. Thus:

Я ухожý из гóрода.	I am going away from (leaving) the city.
Я рéдко уходúл из гóрода.	I seldom left the city.

A prefix added to идтú alters the meaning and also the aspect of the verb. All compounds of идтú are perfective and are used to express completed action.

Он уйдёт зáвтра.	He will go away (leave) tomorrow.
Он ушёл вчерá.	He went away (left) yesterday.

2. Compounds of ходи́ть and идти́ Are Conjugated Like the Simple Verbs Plus a Prefix

ходи́ть	уходи́ть	идти́	уйти́
Present Imperfective		*Present Imperfective*	*Future Perfective*
я хожу́	я ухожу́	я иду́	я уйду́
ты хо́дишь	ты ухо́дишь	ты идёшь	ты уйдёшь
он хо́дит	он ухо́дит	он идёт	он уйдёт
мы хо́дим	мы ухо́дим	мы идём	мы уйдём
вы хо́дите	вы ухо́дите	вы идёте	вы уйдёте
они́ хо́дят	они́ ухо́дят	они́ иду́т	они́ уйду́т

Past Imperfective

ходи́л ('-а, '-о; '-и)   уходи́л ('-а, '-о; '-и)

Past Imperfective (right column)

шёл (шла, -о; -и)

Past Perfective

ушёл (ушла́, -о́; -и́)

	Imperative *Imperfective*		*Imperative* *Imperfective*	*Imperative* *Perfective*
(не) ходи́	⎧ used only	уходи́	иди́	уйди́
(не) ходи́те	⎨ in the	уходи́те	иди́те	уйди́те
	⎩ negative			

3. Some Important Compounds of ходи́ть and идти́

Imperfective		*Perfective*	
Continuing or Repeated		Completed, done once	
уходи́ть	to go away, leave	уйти́	to go away, leave
приходи́ть	to come, arrive	прийти́	to come, arrive
входи́ть	to go in, enter	войти́	to go in, enter
выходи́ть	to go out, leave	вы́йти	to go out, leave
находи́ть	to find, come upon	найти́	to find, come upon
		пойти́[1]	to go

NOTE: 1. The prefix по- makes идти́ perfective without altering its meaning.

Сего́дня я пойду́ в кино́.	Today I shall go (once) to the cinema.
Вчера́ я пошёл в кино́.	Yesterday I went (once) to the cinema.

Exercise No. 178. Translate.

1. Мы вошли́ в пере́днюю до́ма. 2. Шёл дождь, когда́ он вошёл в дом профе́ссора. 3. Она́ вошла́ с детьми́ в магази́н. 4. Они́ вы́шли из кино́ и пото́м пошли́ в рестора́н. 5. В тот ве́чер он пришёл по́здно, потому́ что шёл дождь. 6. Мы хоти́м пойти́ на вокза́л пешко́м. 7. Когда́ я пришёл к профе́ссору, что́бы дать уро́к, шёл снег. 8. Они́ обы́чно ходи́ли за поку́п-ками в гастроно́м, и всегда́ могли́[1] найти́ то, что хоте́ли. 9. Мы купи́ли мно́го проду́ктов и вы́шли из магази́на. 10. Вдруг кто́-то откры́л дверь и вошёл в конто́ру. 11. Он ча́сто приходи́л дава́ть ру́сские уро́ки. 12. Он

сказа́л: «До свида́ния,» — и вы́шел из кабине́та. 13. Он пришёл в семь часо́в ве́чера и ушёл в оди́ннадцать. 14. Он нашёл пять рубле́й на у́лице. 15. Как ча́сто выхо́дят э́ти журна́лы? Еженеде́льно.²

NOTES: 1. Past tense of мочь to be able (мог, могла́, могло́; могли́) 2. еженеде́льно (ji-ʒi-nji-ˈdjelj-nə) weekly

Exercise No. 179. Complete each sentence, choosing the necessary imperfective or perfective verb from the parenthesis.

1. Она́ —— в столо́вую. (входи́ла, вошла́)

She was entering the dining room.

2. Де́ти —— из шко́лы. (выходи́ли, вы́шли)

The children were coming out of school.

3. Он —— на уро́к во́время. (приходи́л, пришёл)

He came to the lesson on time.

4. Я неда́вно —— от до́ктора. (уходи́л, ушёл)

I left the doctor's not long ago.

5. Она́ то́лько что —— из ко́мнаты. (выходи́ла, вы́шла)

She has just gone out of the room.

6. Они́ —— де́ньги. (находи́ли, нашли́)

They found the money.

7. Э́ти газе́ты —— ежедне́вно. (выхо́дят, вы́йдут)

These newspapers come out daily.

8. Она́ —— к до́ктору по́здно. (приходи́ла, пришла́)

She came late to the doctor's

9. Я сейча́с ——. (бу́ду уходи́ть, уйду́)

I shall go away now

10. Рабо́чие —— на фа́брику. (вхо́дят, войду́т)

The workers are entering the factory

11. Я —— в кино́ сего́дня ве́чером. (бу́ду ходи́ть, пойду́)

I shall go to the cinema this evening.

12. Мы —— с ва́ми (бу́дем ходи́ть, пойдём)

We shall go with you.

Exercise No. 180. Вопро́сы. Reread the text, «Пого́да была́ плоха́я.» Then answer these questions:

1. Како́й ве́чер по́мнит Кузнецо́в? 2. В кото́ром часу́ он пришёл в тот ве́чер к Мо́ргану? 3. Кто откры́л ему́ дверь? 4. Кому́ Кузнецо́в по́дал плащ и зо́нтик? 5. Что́ он спроси́л у ма́льчика? 6. Что́ отве́тил ма́льчик? 7. Кто в э́ту мину́ту вошёл в пере́днюю? 8. Что́ сказа́л Па́вел? 9. Куда́ пошли́ Мо́рган и Кузнецо́в? 10. Что́ жена́ Мо́ргана поста́вила на стол? 11. Отку́да она́ взяла́ буты́лку ро́ма? 12. Что́ случи́лось зате́м?¹ 13. О чём они́ говори́ли, пока́ они́ пи́ли чай с ро́мом? 14. Кто почу́вствовал себя́ лу́чше? 15. У кого́ хоро́шая па́мять? 16. Кто никогда́ ничего́ не забыва́ет?

NOTE: 1. что́ случи́лось what happened; случа́ться *imperf.* to happen случи́ться *perf.*

CHAPTER 40

Какие места вы посетите в СССР?
Which Places Will You Visit in the U.S.S.R.?

К : Вы ско́ро пое́дете в СССР. Реши́ли ли вы, каки́е места́ вы посети́те?

М: Да, коне́чно. Я полечу́ самолётом в Пари́ж, где проведу́ не́сколько дней. Отту́да я полечу́ в Ленингра́д.

К : Ско́лько вре́мени вы проведёте в Ленингра́де?

М: Я проведу́ там шесть дней. Говоря́т, что Ленингра́д — оди́н из са́мых краси́вых городо́в в ми́ре. Я наде́юсь там ве́село провести́ вре́мя.

Я хоте́л бы уви́деть сокро́вища Эрмита́жа, и, как вы наве́рно зна́ете, Па́вловский Институ́т.

К : То́чно. Как вы уже́ сказа́ли, нау́ка, в конце́ концо́в, ваш гла́вный интере́с. А из Ленингра́да?

М: Отту́да я полечу́ в Москву́.

Я там посещу́ университе́т, техни́ческие институ́ты и лаборато́рии.

Я пойду́ в Кремль, о кото́ром сто́лько чита́л.

К : У вас, наве́рно, есть ка́рта Москвы́. Наве́рно вы зна́ете, где нахо́дятся са́мые ва́жные и интере́сные места́.

М: Само́ собо́й разуме́ется.

В це́нтре Москвы́ стои́т Кремль. Я о́чень хочу́ уви́деть стари́нные дворцы́ и собо́ры в Кремле́ и стари́нную сте́ну, кото́рая его́ окружа́ет.

Я хочу́ погуля́ть на Кра́сной пло-

K : You are soon going to the U.S.S.R. Have you decided what places you will visit?

M: Yes, of course. I shall fly by plane to Paris, where I shall spend several days From there I shall fly to Leningrad.

K : How much time will you spend in Leningrad?

M: I shall spend six days there. They say that Leningrad is one of the most beautiful cities in the world. I hope to spend the time there happily.

I would like to see the treasures of the Hermitage, and, as you surely know, the Pavlov Institute.

K : Exactly. As you have already said, science, after all, is your major interest. And from Leningrad?

M: From there I shall fly to Moscow.

I shall visit the university, technical institutes, and laboratories.

I shall go to the Kremlin, about which I have been reading so much.

K : You probably have a map of Moscow. Probably you know where the most important and interesting places are.

M: That goes without saying.

In the centre of Moscow stands the Kremlin. I want very much to see the old palaces and cathedrals in the Kremlin and the old wall which surrounds it.

I want to walk in Red Square in

щади перед Кремлём и посетить мавзолей Ленина.

На метро, которое, по слухам, красиво, поеду в разные части города.

Я сделаю экскурсию по Москве-реке.

Я пойду в театры и на концерты, и посещу знаменитый Центральный парк культуры и отдыха имени[1] Горького.

К : Я вижу, что вы всё хотите увидеть. Это громадный проект.

М : Я сделаю всё возможное, чтобы всё увидеть. Лучше один раз увидеть, чем сто раз услышать.

К : А из Москвы куда?

М : Сначала поеду в Киев — столицу Украины; потом в Ялту и Сочи на Чёрном море; а оттуда в Тбилиси — столицу Грузии. После этого хочу посетить легендарные города Центральных Азиатских республик в СССР: Бухару, Ташкент и Алма-Ату.

Всего я проведу в СССР тридцать дней.

Скажите! Что вы об этом думаете?

К : Что я об этом думаю?

Само собой разумеется — я хотел бы с вами поехать. К сожалению, это невозможно.

М : Жаль!

front of the Kremlin and visit the tomb of Lenin.

On the underground, which is, they say, beautiful, I shall ride to the different parts of the city.

I shall go for a trip on the Moscow River.

I shall go to theatres and concerts, and shall visit the famous Gorky Central Park of Culture and Rest.

K : I see that you want to see everything. This is an enormous project.

M : I shall do everything possible to see everything. It is better to see [a thing] once than hear about it a hundred times.

K : And where from Moscow?

M : First I shall go to Kiev, the capital of the Ukraine; then to Yalta and Sochi on the Black Sea; and from there to Tbilisi, the capital of Georgia. After that I want to visit the legendary cities of the Central Asian Republics of the U.S.S.R.: Bukhara, Tashkent, and Alma-Ata.

In all, I shall spend thirty days in the U.S.S.R.

Tell me! What do you think of it?

K : What do I think of it?

It goes without saying (it is self-evident), I would like to go with you. Unfortunately, it is impossible.

M : It's a pity!

NOTE: 1. имени of the name, *gen.* of имя.

Building Vocabulary

дворец (dva-′rjets) palace
институт (in-stji-′tut) institute
культура (kulj-′tu-rə) culture
мавзолей (məv-za-′ljej) mausoleum, tomb
отдых (′od-dix) rest
площадь *f.* (′plo-ʃʃjətj) square
проект (pra-′jekt) project

республика (rjis-′pu-blji-kə) republic
собор (sa-′bor) cathedral
сокровище (sa-′kro-vji-ʃʃjə) treasure
экскурсия (eks-′kur-sji-jə) excursion
знаменитый, ′-ая, ′-ое; ′-ые (znə-mji-′nji-tij) famous
громадный, ′-ая, ′-ое; ′-ые (gra-′mad-nij) enormous

стари́нный, '-ая, '-ое; '-ые
(sta-'rjin-nij) old, ancient
техни́ческий, '-ая, '-ое; '-ые
(tjix-'nji-tʃis-kjij) technical

ве́село ('vje-sji-lə) happily, gaily
сто́лько ('stolj-kə) so much
са́мый, '-ая, '-ое; '-ые ('sa-mij) most

Verb Pairs

Imperfective	*Perfective*
лете́ть¹ II (lji-'tjetj) to fly (лечу́, лети́шь; летя́т)	полете́ть II (pə-lji-'tjetj) to fly off (полечу́, полети́шь; полетя́т)
окружа́ть I (a-kru-'ʒatj) to surround (окружа́ю, окружа́ешь; окружа́ют)	окружи́ть II (a-kru-'ʒɨtj) to surround (окружу́, окру́жишь; окру́жат)
посеща́ть I (pə-sji-'ʃʃjatj) to visit (посеща́ю, посеща́ешь; посеща́ют)	посети́ть II (pə-sji-'tjitj) to visit (посещу́, посети́шь; посетя́т)
реша́ть I (rji-ʃatj) to decide (реша́ю, реша́ешь; реша́ют)	реши́ть II (rji-'ʃɨtj) to decide (решу́, реши́шь; реша́т)
слы́шать II ('sli-ʃətj) to hear (слы́шу, слы́шишь; слы́шат)	услы́шать II (u-'sli-ʃətj) to hear (услы́шу, услы́шишь; услы́шат)
проводи́ть II (prə-va-'djitj) to spend (time) (провожу́, прово́дишь; прово́дят)	провести́ I (prə-vjis-'tji) to spend (time) (проведу́, проведёшь; проведу́т)

NOTE: 1. This verb has two imperfective forms: лете́ть II and лета́ть I (лета́ю, лета́ешь; лета́ют). Like идти́, лете́ть indicates a single, continuing action. Like ходи́ть, лета́ть indicates repeated or habitual action.

Выраже́ния

в конце́ концо́в after all
по слу́хам (pa-'slu-xəm) they say (*lit.* according to hearsay)
к сожале́нию (ksə-ʒa-'lje-nji-ju) unfortunately

жаль, жа́лко ('ʒal-kə) it's a pity
само́ собо́й разуме́ется (rə-zu-'mje-jit-sə) it goes without saying (*lit.* it reasons itself)

Посло́вица

Лу́чше оди́н раз уви́деть, чем сто раз услы́шать.

Better to see once, than to hear [about it] a hundred times.

Grammar Notes and Practical Exercises

1. Compounds of е́здить and е́хать to go (by vehicle), to ride, to travel

As in the case of идти́ and ходи́ть, compounds of е́здить and е́хать are formed by adding prefixes which alter the meaning of the verb, usually making the direction more definite. Thus:

Prefix + е́здить   Prefix + е́хать
уезжа́ть to go away, leave   уе́хать to go away, leave

NOTE: In compounds е́здить becomes -езжа́ть.

A prefix added to **е́здить** alters the meaning of the verb, but it does not change the aspect. All compounds of **е́здить** are therefore imperfective and are used to express repeated or continuing action. Thus:

Imperf. **Я уезжа́ю из го́рода.** I am going (riding) away from the city.
Imperf. **Я уезжа́л из го́рода.** I was going (riding) away from the city.

A prefix added to **е́хать** alters the meaning of the verb and also the aspect. All compounds of **е́хать** are therefore perfective. Thus:

Perf. **Он уе́дет за́втра.** He will go away (ride) tomorrow.
Perf. **Он уе́хал вчера́.** He went away (rode) yesterday.

2. Conjugations of Compounds of **е́здить** and **е́хать**

In compounds, **е́здить** becomes **-езжа́ть** and the compound is a Conjugation I verb. Compounds of **е́хать** are conjugated like the simple verb **е́хать** plus a prefix.

е́здить	**уезжа́ть**	**е́хать**	**уе́хать**
Present Imperfective		*Present Imperfective*	*Future Perfective*
я е́зжу	я уезжа́ю	я е́ду	я уе́ду
ты е́здишь	ты уезжа́ешь	ты е́дешь	ты уе́дешь
он е́здит	он уезжа́ет	он е́дет	он уе́дет
мы е́здим	мы уезжа́ем	мы е́дем	мы уе́дем
вы е́здите	вы уезжа́ете	вы е́дете	вы уе́дете
они́ е́здят	они́ уезжа́ют	они́ е́дут	они́ уе́дут

Past Imperfective			*Past Imperfective*
е́здил ('-а, '-о; '-и)	уезжа́л ('-а, '-о; '-и)		е́хал ('-а, '-о; '-и)

Past Perfective
уе́хал ('-а, '-о; '-и)

3. Some Important Compounds of **е́здить** and **е́хать**

Imperfective

уезжа́ть	to go away, leave
приезжа́ть	to come, arrive (by vehicle)
въезжа́ть	to go in (ride), enter
выезжа́ть	to go out (ride), leave
отъезжа́ть	to go (drive) away from
доезжа́ть	to reach, get as far as

Perfective

уе́хать	to go away, leave
прие́хать	to come, arrive (by vehicle)
въе́хать	to go in (ride), enter
вы́ехать	to go out (ride), leave
отъе́хать	to go (drive) away from
дое́хать	to reach, get as far as
пое́хать	to go (once)

The prefix по- simply makes éхать perfective without altering the meaning: Завтра я поéду в Кúев. Tomorrow I shall go to Kiev. Вчерá я поéхал в дерéвню. Yesterday I went to the country.

Exercise No. 181. Practise aloud. Корóткие разгóры

— Откýда вы? — Я из Лóндона.	Where are you from? I am from London.
— Вы сюдá прилетéли?[1]	Did you fly in?
— Нет, я приéхал парохóдом.	No, I came by steamer.
— Я не люблю летáть.	I don't like to fly.
— Вы ужé уезжáете?	Are you already going away?
— Да, мне нýжно уéхать.	Yes, I have to go away.
— Счастлúвого путú.	Happy journey.
— Спасúбо. Мы увúдимся в бýдущем годý.	Thanks. We shall see each other next year.
— Вы бы́ли в Эрмитáже?	Have you been in the Hermitage?
— Ещё нет!	Not yet!
— Вы должны́ тудá поéхать. Óчень стóит.	You ought to go there. It's very worthwhile.
— Ну, я поéду зáвтра.	Well, I'll go tomorrow.

NOTE: 1. прилетéть II to fly in, arrive by air (прилечý, прилетúшь; прилетя́т)

Exercise No. 182. Translate accurately.

1. Пóздно нóчью мы въéхали в гóрод.
2. Рáно ýтром мы вы́ехали из гóрода.
3. Сегóдня вéчером я поéду в Ленингрáд автóбусом.
4. Профéссор Мóрган скóро поéдет в СССР.
5. Мы тепéрь уезжáем из прúгорода. Слéдующая дерéвня нахóдится недалекó оттýда. Мы скóро тудá приéдем.
6. Ваш брат ещё в Лóндоне? Нет, он вчерá вéчером уéхал.
7. Онá два часá томý назáд уéхала из Москвы́.
8. Её муж уéхал с ней и детьмú.
9. Онú недáвно приéхали сюдá в прúгород.
10. Моя́ женá поéхала в магазúн дéлать покýпки.
11. Я поéду пóездом в Я́лту и оттýда в Сóчи.
12. Мы поéдем на метрó в рáзные чáсти Москвы́.
13. Зáвтра мне нýжно бýдет уéхать.
14. Вчерá емý нýжно бы́ло уéхать.
15. Мой учúтель приéхал из Фрáнции.
16. В послéднем письмé он пúшет, что он выезжáет из Москвы́ зáвтра úли послезавтра и скóро приéдет сюдá.
17. Когдá онú приéдут домóй?
18. Мы с женóй вы́шли из гостúницы[1] и поéхали в музéй на метрó.
19. Мы уéхали в пять часóв утрá и приéхали в Москвý вчерá вéчером.

В котóром часý вы приéдете в Ташкéнт?

NOTE: 1. гостúница hotel; гость *m.* guest.

Exercise No. 183. Вопро́сы. Reread the text, «Каки́е места́ вы посети́те в СССР?» Then answer these questions.

1. Кто ско́ро пое́дет в СССР? 2. Он е́дет парохо́дом и́ли лети́т самолётом? 3. Ско́лько вре́мени он проведёт в Пари́же? 4. Како́й музе́й он посети́т в Ленингра́де? 5. Пое́дет ли он в Москву́ по́ездом и́ли полети́т самолётом? 6. Есть ли у Мо́ргана ка́рта Москвы́? 7. В како́й ча́сти го́рода стои́т Кремль? 8. Что Мо́рган хо́чет ви́деть в Кремле́? 9. Где он хо́чет погуля́ть? 10. Како́й знамени́тый парк посети́т он? 11. Где стои́т мавзоле́й Ле́нина? 12. Куда́ он пое́дет на метро́? 13. Метро́ в Москве́ краси́во и́ли некраси́во? 14. Ско́лько вре́мени он проведёт в СССР? 15. Пое́дет ли Кузнецо́в вме́сте с ни́м?

CHAPTER 41

Профессор Морган уезжает в СССР
Professor Morgan Leaves for the U.S.S.R.

1. Профéссор Мóрган ужé шесть мéсяцев изучáет рýсский язы́к. Он провёл мнóго врéмени в разговóрах со свои́м учи́телем Бори́сом Кузнецóвым. Он вы́учил сáмые вáжные прáвила граммáтики и мнóго прочитáл об СССР. Он óчень прилéжно занимáлся.

2. Он тепéрь говори́т по-рýсски довóльно свобóдно и надéется, что во врéмя своéй поéздки по Совéтскому Сою́зу он смóжет говори́ть с рýсскими на их языкé.

3. Профéссор Мóрган купи́л билéт и получи́л пáспорт с совéтской ви́зой. Он éдет тури́стом и проведёт три́дцать дней в Совéтском Сою́зе. Он хóчет провести́ шесть дней в Ленингрáде и дéсять дней в Москвé. Потóм он посети́т другíе городá в СССР.

4. В Москвé он познакóмится с рýсскими учёными и посети́т университéт, техни́ческие институ́ты и лаборатóрии.

5. Семья́ Мóргана не éдет с ним, потомý что дéти должны́ окóнчить учéбный год, а женá должнá смотрéть за ни́ми.

6. Наконéц пришёл день егó отъéзда — три́дцатое мáя — óчень вáжный для негó день! Самолёт вы́летит рóвно в два часá дня из

1. Professor Morgan has been studying the Russian language for six months. He has spent much time in conversations with his teacher Boris Kuznetsov. He has mastered the most important rules of grammar and has read a great deal about the U.S.S.R. He has studied very diligently.

2. Now he speaks Russian rather fluently and he hopes that he will be able to talk with the Russians in their own language during his trip in the Soviet Union.

3. Professor Morgan has bought [his] ticket and received his passport with the Soviet visa. He is going as a tourist, and will spend thirty days in the Soviet Union. He wants to spend six days in Leningrad and ten days in Moscow. Then he will visit other cities in the U.S.S.R.

4. In Moscow he will make the acquaintance of Russian scholars and will visit the university, technical institutes, and laboratories.

5. His family will not go with him because the children must finish the school year, and his wife must remain at home in order to look after them.

6. Finally the day of his departure arrived — the 30th of May — a very important day for him! His plane will take off from the airport at

аэропо́рта. Он до́лжен быть в аэро-
порту́ за час до отлёта.

7. Вся семья́, коне́чно, о́чень вз-
волно́вана. Де́ти почти́ всю ночь не
спа́ли. В семь три́дцать утра́ они́ все
вста́ли и поза́втракали.

8. В по́лдень вся семья́ была́ го-
то́ва е́хать в аэропо́рт. Профе́ссор
Мо́рган кладёт два чемода́на в
автомоби́ль. Пото́м они́ все садя́тся
в автомоби́ль и приезжа́ют в аэро-
по́рт то́чно в час дня.

9. Профе́ссор Мо́рган пока́зы-
вает биле́т и па́спорт и сдаёт чемо-
да́ны в бага́ж.

10. Пришло́ вре́мя проща́ться.

11. Он обнима́ет и целу́ет жену́ и
дете́й, кото́рые жела́ют ему́ счаст-
ли́вого пути́.

12. Он сади́тся в самолёт, ма́шет
руко́й семье́. Жена́ улыба́ется, но
де́ти смо́трят на него́ со слеза́ми на
глаза́х.

13. То́чно в два часа́ самолёт вы-
лета́ет.

14. Профе́ссор Мо́рган — на пути́
в Ленингра́д.

exactly 2 o'clock in the afternoon.
He must be at the airport one hour
before the flight.

7. The whole family, of course, is
very excited. All night the children
have hardly slept. At 7.30 a.m. they
had all got up and had breakfast.

8. At noon the whole family was
ready to go to the airport. Professor
Morgan puts two suitcases into the
car. Afterwards they all seat themselves in the car, and they arrive at
the airport promptly at one in the
afternoon.

9. Professor Morgan shows his
ticket and passport and checks his
suitcases.

10. The time has come to say
good-bye.

11. He embraces and kisses his
wife and children, who wish him a
happy trip.

12. He boards the plane, waves his
hand to his family. His wife smiles,
but the children watch him with
tears in their eyes.

13. At 2 o'clock sharp the plane
takes off.

14. Professor Morgan is on his
way to Leningrad!

Building Vocabulary

ви́за ('vji-zə) visa
глаз (glas) eye; *pl.* глаза́
отъе́зд (at-'jest) departure
рука́ (ru-'ka) hand
слеза́ (sjli-'za) (*plur.* слёзы, *gen.*
   plur. слёз) tear

пра́вило ('pra-vji-lə) rule
уче́бный, '-ая, '-ое; '-ые (u-'tʃeb-nij)
   school (*adj.*)
взволно́ванный, '-ая, '-ое; '-ые
   (vzval-'no-vən-nij) excited
гото́вый, '-ая, '-ое; '-ые (ga-'to-vij)
   ready

Verbs

вылета́ть I to fly off
   (вылета́ю, вылета́ешь;
   вылета́ют)
знако́миться II to become acquainted (знако́млюсь, знако́-
   мишься; знако́мятся)

жела́ть I to wish
   (жела́ю, жела́ешь; жела́ют)
класть I to put, place
   (кладу́, кладёшь; кладу́т)
положи́ть II *pf.* to put, place
   (положу́, поло́жишь; поло́жат)

мочь I to be able
(могу́, мо́жешь; мо́гут)
смочь I *pf.* to be able
(смогу́, смо́жешь; смо́гут)
обнима́ть I to embrace
(обнима́ю, обнима́ешь;
обнима́ют)
конча́ть I to complete, finish
(конча́ю, конча́ешь; конча́ют)
око́нчить II *pf.* finish
(око́нчу, око́нчишь; око́нчат)
пока́зывать I to show
(пока́зываю, пока́зываешь;
пока́зывают)

показа́ть I *pf.* to show
(покажу́, пока́жешь; пока́жут)
проща́ться I to say good-bye
(проща́юсь, проща́ешься;
проща́ются)
целова́ть I to kiss
(целу́ю, целу́ешь; целу́ют)
улыба́ться I to smile
(улыба́юсь, улыба́ешься;
улыба́ются)
учи́ть II to learn
(учу́сь, у́чишь; у́чат)
вы́учить II *pf.* to master
(вы́учу, вы́учишь; вы́учат)

Выраже́ния

Он сдаёт чемода́ны в бага́ж.
He checks his suitcases through.
со слеза́ми на глаза́х
with tears in [his, her, their, etc.] eyes

на пути́
On [his, her, their, etc.] way
ма́шет руко́й
waves [his, her, their, etc.] hand

махать I (машу́, ма́шешь) to wave

Grammar Notes and Practical Exercises

1. Date of the Month

a. **Како́е сего́дня число́?**
   Сего́дня шесто́е ма́рта.

What is the date today?
Today is March sixth (*lit.* the sixth of March).

Число́ = number *or* date. The day of the month (date) is expressed by the nominative case of the ordinal number, which agrees with the neuter noun **число́**, understood.

b. **Како́го числа́ вы бы́ли в музе́е?**

On (*lit.* of) what date were you at the museum?

   Я был там пя́того апре́ля.

I was there on April fifth (*lit.* of the fifth of April).

On what date is expressed by the ordinal number in the genitive.

2. Ordinal Numbers 11th to 31st

11th	оди́ннадцатый	18th	восемна́дцатый
12th	двена́дцатый	19th	девятна́дцатый
13th	трина́дцатый	20th	двадца́тый
14th	четы́рнадцатый	21st	два́дцать пе́рвый
15th	пятна́дцатый	22nd	два́дцать второ́й
16th	шестна́дцатый	30th	тридца́тый
17th	семна́дцатый	31st	три́дцать пе́рвый

Ordinals 9th to 20th, and 30th, are formed by dropping the the final ь from corresponding cardinal and adding **-ый, -ая, -ое; -ые.** The accent remains the same as in the cardinal, except in 20th (**двадца́тый**) and 30th (**тридца́тый**).

In compound numbers only the digit (1st, 2nd, 3rd, etc.) has an ordinal form: 21st **два́дцать пе́рвый**, 32nd **три́дцать второ́й**, etc.

Exercise No. 184. Complete these sentences by translating the English words in parenthesis.

1. Профе́ссор Мо́рган уже́ шесть ме́сяцев (has been studying the Russian language).
2. В разгово́рах со свои́м учи́телем (he has mastered the rules of grammar).
3. Он о́чень мно́го прочита́л об СССР (and now reads quite fluently).
4. Он наде́ется, что он смо́жет (to speak with the Russians in their own language).
5. Он получи́л па́спорт (and will go as a tourist).
6. Он хо́чет (spend thirty days in the Soviet Union).
7. Он пое́дет в Ленингра́д (and later to Moscow).
8. Он посети́т университе́т, где (he will make the acquaintance of Russian scholars).
9. Де́ти должны́ око́нчить уче́бный год, (and therefore they cannot go with him).
10. Тридца́того ма́я (his plane will take off at exactly two o'clock).
11. Все путеше́ственники[1] должны́ быть (at the airport one hour before the flight).
12. В семь три́дцать утра́ (the children got up).
13. В аэропорту́ профе́ссор Мо́рган (shows his ticket and passport).
14. Пришло́ вре́мя проща́ться (and Professor Morgan boards the plane).
15. Вот профе́ссор Мо́рган (on the way to Leningrad).

NOTE: 1. **путеше́ственник** (pu-tji-ʹʃest-vjin-njik) traveller

Exercise No. 185. Вопро́сы. Reread the text, «Профе́ссор Мо́рган уезжа́ет в СССР». Then answer these questions:

1. Ско́лько вре́мени Мо́рган изуча́ет ру́сский язы́к? 2. С кем он провёл мно́го вре́мени в интере́сных разгово́рах? 3. Что́ он вы́учил? 4. Как он тепе́рь говори́т по-ру́сски? 5. Что́ он уже́ купи́л? 6. Ско́лько вре́мени он проведёт в Ленингра́де? 7. Ско́лько вре́мени он проведёт в Москве́? 8. Почему́ де́ти не е́дут с ним? 9. Почему́ жена́ не е́дет с ним? 10. С кем Мо́рган познако́мится в Москве́? 11. Како́й ва́жный день пришёл? 12. В кото́ром часу́ вы́летит самолёт? 13. Почему́ он до́лжен быть в аэропорту́ за час до отлёта? 14. В кото́ром часу́ де́ти вста́ли, умы́лись и оде́лись? 15. Ско́лько чемода́нов Мо́рган кладёт в автомоби́ль? 16. В кото́ром часу́ они́ приезжа́ют в аэропо́рт? 17. Кого́ он обнима́ет и целу́ет? 18. В кото́ром часу́ вылета́ет самолёт?

CHAPTER 42

Revision of Chapters 37–41

Grammar Revision and Exercises

1. Complete Declension of Adjectives in the Plural. For the singular, see Chapter 34, Grammar Note 2, p. 191.

Descriptive Adjectives—All Genders

					Endings
Nom.	но́вые	голубы́е			-ые
Gen.	но́вых	голубы́х			-ых
Dat.	но́вым	голубы́м			-ым
Acc.	но́вые	голубы́е			-ые
Inst.	но́выми	голубы́ми			-ыми
Prep.	о но́вых	о голубы́х			-ых
Nom.	ру́сские	больши́е	после́дние	хоро́шие	-ие
Gen.	ру́сских	больши́х	после́дних	хоро́ших	-их
Dat.	ру́сским	больши́м	после́дним	хоро́шим	-им
Acc.	ру́сские	больши́е	после́дние	хоро́шие	-ие
Inst.	ру́сскими	больши́ми	после́дними	хоро́шими	-ими
Prep.	о ру́сских	о больши́х	о после́дних	о хоро́ших	-их

   a. Descriptive adjectives have two possible endings in each case of the plural: the hard endings, with the first letter **-ы,** and the soft endings, with the first letter **-и.**

   b. If the nominative plural ending begins with hard **-ы,** all the other endings will begin with hard **-ы.**

   c. If the nominative plural ending begins with soft **-и,** all the other endings will begin with soft **-и.**

Demonstrative and Possessive Adjectives—All Genders

						Endings
Nom.	э́ти	мои́	твои́	на́ши	ва́ши	-и
Gen.	э́тих	мои́х	твои́х	на́ших	ва́ших	-их
Dat.	э́тим	мои́м	твои́м	на́шим	ва́шим	-им
Acc.	э́ти	мои́	твои́	на́ши	ва́ши	-и
Inst.	э́тими	мои́ми	твои́ми	на́шими	ва́шими	-ими
Prep.	э́тих	о мои́х	о твои́х	о на́ших	о ва́ших	-их

The plurals of the demonstrative and possessive adjectives have soft endings in all cases. They are exactly like the soft endings of descriptive adjectives except in the nominative and accusative.

2. Endings of Adjectives in the Accusative Plural, with Animate Nouns

Adjectives modifying thing-nouns are, like the nouns themselves, the same in the nominative and accusative plural.

All adjectives modifying animate nouns are, like the nouns themselves, the same in the genitive and accusative plural.

	Adjectives with Thing-Nouns	Adjectives with Animate Nouns
Nom. Plur.	эти новые классы (школы)	эти новые студенты (девушки)
Gen. Plur.	этих новых классов (школ)	этих новых студентов (девушек)
Acc. Plur.	эти новые классы (школы)	этих новых студентов (девушек)

Exercise No. 186. Translate these sentences.

1. У нас в пригороде новые школы. 2. Все говорили о наших школах. 3. Эти дети ходят в новые школы. 4. Он пишет эти новые слова на доске. 5. Мы были дома у наших учителей. 6. Мои дети очень любят своих новых учителей. 7. Я дал свой красные карандаши этому новому ученику. 8. Все новые словари лежат на вашем столе. 9. Они пишут голубыми карандашами. 10. Легко писать хорошими ручками. 11. Дети едят маленькими ложками. 12. Когда уходят последние поезда? 13. Студенты сидели вокруг больших столов. 14. На письменном столе[1] лежали некоторые красивые открытки из СССР. 15. Газеты и журналы всегда лежали на маленьких столах. 16. Вы знаете этих новых русских профессоров? 17. Кто не знал этих знаменитых докторов? 18. Они сидели на лучших местах на балконе. 19. Учителя дают книги новым ученикам. 20. Она пишет письмо новым учительницам. 21. Почему они не идут к хорошим докторам? 22. Вы знаете этих хороших докторов? 23. Учитель объясняет ученику виды русских глаголов. 24. Он даёт разные упражнения по-русски.

NOTE: 1. письменный стол writing table, desk

3. Formation of the Comparative of Adjectives and Adverbs

The comparative of adjectives is regularly formed in two ways:

a. The compound comparative of adjectives. This is formed by means of более ('bo-lji-ji) more and менее ('mje-nji-ji) less, plus the adjective.

более длинный стол	a longer (more long) table
более широкая река	a wider (more wide) river
менее трудная работа	less difficult work

b. The simple comparative of adjectives and adverbs. This is formed by adding -ee to the adjective or adverb stem.

a) Волга длиннее, чем Дон.	The Volga is longer than the Don.
b) Павел пишет красивее, чем Иван.	Paul writes more beautifully than John.
c) Волга длиннее Дона.	The Volga is longer than the Don.
d) Павел пишет красивее Ивана.	Paul writes more beautifully than John.

In sentences with the comparative in -ee, the adjective or adverb may be followed by чем (a, b) or by a noun in the genitive case (c, d).

4. Irregular Comparison of Adjectives and Adverbs.
Some adjectives and adverbs have a change of stem in the comparative, and the ending -e:

хоро́ший	good	}	лу́чше	better
хорошо́	well			
большо́й	big	}	бо́льше	{ bigger
мно́го	much			{ more
высо́кий	high	}	вы́ше	higher
высоко́	highly			
гро́мкий	loud	}	гро́мче	louder
гро́мко	loudly			
плохо́й	bad	}	ху́же	worse
пло́хо	badly			
ма́ленький	little, small	}	ме́ньше	less
ма́ло	little			
молодо́й	young	}	моло́же	younger
мо́лодо	young			
лёгкий	easy	}	ле́гче	easier
легко́	easily			

5. Superlative of Adjectives and Adverbs

The superlative of adjectives is most commonly formed by са́мый ('-ая, '-ое; '-ые) most, plus the adjective. Во́лга са́мая дли́нная река́ Евро́пы. The Volga is the longest (most long) river of Europe.

The superlative of the adverb is formed by the comparative of the adverb plus всего́ of all (singular) or всех of all (plural): Она́ поёт лу́чше всех. She sings best of all. Я хочу́ бо́льше всего́ игра́ть в те́ннис. I want to play tennis most of all (more than anything).

Exercise No. 187. Translate.

1. Во́лга — дли́нная река́. 2. Эта река́ длинне́е, чем Дон. 3. Она́ — са́мая дли́нная река́ Евро́пы. 4. Ленингра́д — краси́вый го́род. 5. Этот го́род краси́вее Москвы́. 6. Он — оди́н из са́мых краси́вых городо́в в ми́ре, но Москва́ са́мый большо́й го́род в СССР. 7. Ура́льские го́ры не о́чень высо́кие. 8. Кавка́зские го́ры гора́здо[1] вы́ше. 9. Но са́мые высо́кие го́ры нахо́дятся на Да́льнем Восто́ке. 10. Кли́мат тепле́е на Кавка́зе, чем на се́вере Росси́и. 11. Ему́ ну́жен ме́нее тёплый кли́мат. 12. Зимо́й дни коро́че,[2] чем весно́й. 13. Два́дцать пе́рвое декабря́ — са́мый коро́ткий день го́да. 14. Са́мый коро́ткий путь[3] из Аме́рики в СССР — че́рез Се́верный по́люс.[4] 15. Она́ бо́лее краси́вая де́вушка, чем её сестра́. 16. Говори́те гро́мче! 17. Она́ бо́льше всех чита́ет по-ру́сски. 18. Бу́дьте[5] приле́жнее! 19. Лу́чше по́здно, чем никогда́.

NOTES: 1. гора́здо *much* is used before the comparatives of adjectives

2. **коро́че** comparative of **коро́ткий** short   3. **путь** way, road   4. **Се́верный по́люс** North Pole   5. **бу́дьте** imperative of **быть** to be

Коро́ткие разгово́ры

1. —Вы уже́ ухо́дите?	—Are you leaving already?
—Да, у меня́ свида́ние.[1]	—Yes, I have an engagement.
—Ну, до свида́ния.[1]	—Well, good-bye.
—Уви́димся[2] за́втра.	—We'll see each other tomorrow.
2. —Я до́лжен уйти́.	—I have to leave.
—Мы сно́ва уви́димся, не пра́вда ли?	—We'll see each other again, won't we?
—Ска́жем,[3] за́втра.	—Let's say tomorrow.
—Как вам удо́бно.[4]	—Whenever you wish.
—Ну, счастли́вого пути́.	—Well, have a good trip.
3. —Вы бы́ли в музе́е?	—Have you been to the museum?
—Ещё не́ был.	—Not yet. (I haven't been yet.)
—Вы должны́ пойти́ туда́. Очень сто́ит.	—You ought to go there. It's very worthwhile.
—Я пойду́ за́втра.	—I shall go tomorrow.

NOTES: 1. **свида́ние** *nom. case;* **до свида́ния** *gen. case* after the preposition **до**   2. **ви́деть** to see; **ви́деться** to see each other, one another   3. **ска́жем** let's say   4. *lit.* as to you [it is] convenient

Exersise No. 188 Translate

НЕОБЫ́ЧНЫЙ ФИЛЬМ В КИНО́

Обы́чно профе́ссор и госпожа́ Мо́рган не лю́бят фи́льмов и ре́дко хо́дят их смотре́ть. Но одна́жды ве́чером они́ пошли́ с детьми́ в кино́. Шёл необы́чный[1] фильм в кино́, кото́рое находи́лось[2] недалеко́ от их до́ма, — «Балла́да о солда́те». Этот фильм — эпизо́д из жи́зни молодо́го ру́сского солда́та. По́сле геро́йского по́двига[3] на фро́нте во вре́мя после́дней войны́ он получи́л о́тпуск.[4]

Фильм — тро́гательный[5] и интере́сный. Очень краси́вы бы́ли карти́ны ру́сского пейза́жа[6]. Коне́чно, актёры говори́ли то́лько по-ру́сски, но бы́ли на́дписи[7] по-англи́йски.

Семье́ Мо́ргана о́чень понра́вился э́тот фильм. Он бо́льше всего́[8] понра́вился профе́ссору Мо́ргану.

Когда́ Мо́рган вы́шел из теа́тра, он сказа́л жене́: «Ты зна́ешь, Еле́на, мне ка́жется, что я смогу́[9] говори́ть с ру́сскими на их языке́, когда́ пое́ду в СССР. Я по́нял почти́ всё, что говори́ли актёры и актри́сы в фи́льме.

NOTES:

1. **необы́чный** unusual
2. **находи́лось** was located
3. **по́сле ... по́двига** after a heroic action
4. **о́тпуск** leave
5. **тро́гательный** touching
6. **пейза́ж** landscape, and notice the use of the short form of the adjective **краси́вы**
7. **на́дпись** subtitle
8. **бо́льше всего́** most of all
9. **я смогу́** I shall be able **смочь** I *perf.* of **мочь**

APPENDIXES

Appendix 1

Russian Participles

The Russian language has present and past participles, active and passive. These are rather uncommon in spoken Russian, but very common in newspapers, magazines, and literary works, where they are often used in place of the relative pronoun plus the verb in the present or past, etc. It is beyond the scope of this book to explain in full the formation of the various kinds of Russian participles, but here are some examples of very common present and past participles.

1. игра́ть — Ма́льчик, игра́ющий (= кото́рый игра́ет) на скри́пке, мой друг.
   The boy [who is] playing the violin is my friend.

2. чита́ть — Де́вушка, чита́ющая (= кото́рая чита́ет) газе́ту, подру́га мое́й сестры́.
   The girl [who is] reading the newspaper is my sister's friend.

3. писа́ть — У вас есть пи́шущая маши́нка?
   Have you a writing machine (typewriter)?

4. кури́ть — Ста́рый челове́к, куря́щий (= кото́рый ку́рит) сигаре́ту, мой дя́дя.
   The old man [who is] smoking a cigarette is my uncle.

5. жить — Мой друг, живу́щий (= кото́рый живёт) в Москве́, ско́ро прие́дет сюда́.
   My friend [who is] living in Moscow will soon arrive here.

6. быть — Мы вчера́ встре́тили на́шего бы́вшего учи́теля.
   Yesterday we met our former teacher.

7. чита́ть — Вот ма́льчик, чита́вший (= кото́рый чита́л) э́ти учёные журна́лы.
   Here is the boy who was reading these scientific magazines.

8. говори́ть — Учи́тель, говори́вший (= кото́рый говори́л) об э́том, уже́ давно́ ушёл.
   The teacher who was speaking about that left long ago.

9. идти́ — Ребёнок, ше́дший (= кото́рый шёл) домо́й, уви́дел ва́шу сестру́ по доро́ге.
   The child who was going home caught sight of your sister on the way.

10. писа́ть — Этот челове́к, писа́вший (= кото́рый писа́л) письмо́, а́втор знамени́того рома́на.

The man who was writing the letter is the author of a famous novel.

11. войти́ — Челове́к, воше́дший (= кото́рый вошёл) в ко́мнату, ру́сский а́втор.

The man who entered the room is a Russian author.

12. сказа́ть — Челове́к, сказа́вший (= кото́рый сказа́л) всю пра́вду, вдруг взял шля́пу и пальто́ и ушёл.

The man who had said the whole truth suddenly took his hat and coat, and left.

13. нача́ть — Экза́мены, на́чатые (= кото́рые они́ на́чали) в три часа́, то́лько что ко́нчились.

The examinations, begun (which they had begun) at three o'clock, have just ended.

14. сказа́ть } Ска́зано — сде́лано! Said — done! (No sooner said than сде́лать } done!)

The following are examples of the verb form known as the *gerund*, whose purpose is to express the idea of "while doing something" or "having done something".

15. In Chapter 41, p. 227, the first sentence of para. 12 of the reading material could read:

Он сади́тся в самолёт, маха́я руко́й семье́.

He boards the plane, *waving* his hand to his family.

16. The first sentence of the last paragraph of Exercise 188 might read:

Выходя́ из кино́, Мо́рган сказа́л жене́ . . .

Going out of the cinema, Morgan said to his wife . . .

Appendix 2

The Russian Alphabet

PRINTED	WRITTEN	PRINTED	WRITTEN
А а	*А а*	П п	*П п*
Б б	*Б б*	Р р	*Р р*
В в	*В в*	С с	*С с*
Г г	*Г г*	Т т	*Т т, т̄ or Т*
Д д	*Д д or д*	У у	*У у*
Е е	*Е е*	Ф ф	*Ф ф*
Ё ё	*Ё ё*	Х х	*Х х*
Ж ж	*Ж ж*	Ц ц	*Ц ц*
З з	*З з or з*	Ч ч	*Ч ч*
И и	*И и*	Ш ш	*Ш ш, ш̲*
Й й	*Й й*	Щ щ	*Щ щ*
К к	*К к*	Ъ ъ	*ъ*
Л л	*Л л*	Ы ы	*ы*
М м	*М м*	Ь ь	*ь*
Н н	*Н н*	Э э	*Э э*
О о	*О о*	Ю ю	*Ю ю*
		Я я	*Я я*

Letters That Require Special Attention

М Л Я *М Л Я*

Be careful not to drop the little hook at the beginning of these letters. The hook must always separate the small letter from the preceding letter:

дом   и́ли   ла́мпа   ма́я

дом   или   лампа   мая

т *т* ш *ш*

To distinguish between these two letters, especially when writing quickly, *т*, may be written with a line above *т̄*, and *ш*, with a line below *ш̲*

э́то   тётя   каранда́ш   шко́ла

Это   тётя   карандаш   школа

Be careful not to confuse *т* and *М*.
The letter *т* may also be written *т*

сестра́   де́ти

сестра, сестра   дети, дети

Here are the first ten words of Exercise No. 17 and the whole of Exercise No. 18.

юбка карандаш книга мясо

дядя сахар молоко масло

отец мать

1. Яков — шофёр? 2. Антон —

инженер? 3. Ирина - учительница?

4. Москва — город? 5. Доктор

Жуков дома? 6. Иван тут?

7. Фома там? 8. Мария и

Анна дома? 9. Там жарко?

10. Там холодно?

Answers

Exercise No. 1

1. (the, a) class
2. (the, a) table
3. (the, a) chair
4. (the, a) room, hall
5. here is (are)
6. (the, a) tomcat
7. (the, a) house
8. here
9. there
10. yes
11. and

Exercise No. 2

1. стол
2. стул
3. вот
4. вот
5. да
6. тут
7. там
8. кот
9. класс
10. и
11. зал

Exercise No. 3

1. vase
2. word
3. this is
4. my
5. Anna
6. John
7. Ida
8. Louise
9. room
10. Anthony
11. window
12. he
13. she
14. it
15. Baku
16. novel
17. doctor
18. house
19. at home
20. Murmansk
21. Batumi
22. Moscow
23. lawyer
24. banana
25. sentence
26. fact
27. plan
28. park
29. brother
30. Barbara
31. map
32. lamp
33. Martha
34. Thomas
35. whence, from where
36. tram

Exercise No. 5

1. Вот ва́за. 2. Варва́ра и Ма́рфа тут, а Ива́н и Анна там. 3. До́ктор до́ма? 4. Анто́н — адвока́т? 5. Это — сло́во, а э́то — фра́за. 6. Это — план? 7. Да, э́то план. 8. Вот план и ка́рта. 9. Это — Москва́. 10. Анна тут? 11. Да, она́ тут. 12. Ива́н там? 13. Да, он там. 14. Анна и Луи́за — до́ма. 15. Мой брат — до́ктор. 16. Это — план, а э́то — ка́рта. 17. Баку́ — порт. 18. Он — до́ктор, а она́ — адвока́т. 19. Вот мой уро́к. 20. Вот па́па. 21. Вот ма́ма. 22. Вот сло́во «ко́мната». 23. Это — мой стул. 24. Вот окно́. 25. Стул там.

Exercise No. 6

1. we
2. you
3. he was
4. she was
5. my brother
6. my son
7. city
8. paper
9. sugar
10. what
11. tea
12. our
13. your
14. who
15. oh! ah!
16. hot
17. cabbage soup
18. physician, doctor
19. cold
20. bad, badly
21. school
22. pencil
23. good, fine
24. magazine
25. beet soup
26. cup
27. centre
28. chorus

Exercise No. 8

1. Мой сын — врач. 2. Мы дóма. 3. Мой брат тут. 4. Он мой адвокáт. 5. Луúза тут? 6. Вы дóма? 7. Москвá — гóрод. 8. Мýрманск — гóрод? 9. «Панч» — журнáл. 10. «Экономúст» — журнáл. 11. Чтó это? 12. Это окнó. 13. А что это? 14. Это шкóла. 15. Вот чáшка. 16. Вот ваш карандáш. 17. Наш дом там. 18. Это хорошó. Это плóхо. 19. Кто ваш врач? 20. Кто ваш адвокáт? 21. Окнó тут. 22. Стол там. 23. Чай тут. 24. Сáхар там. 25. Вот чáшка.

Exercise No. 9

1. apple	8. map	15. butter	22. word
2. chair	9. physician	16. pencil	23. music
3. brother	10. club	17. room	24. Moscow
4. Mum(my)	11. magazine	18. sugar	25. blouse
5. lawyer	12. city	19. skirt	26. vase
6. school	13. window	20. fact	27. sport
7. son	14. lamp	21. cup	28. park

Exercise No. 10

3. *m.*	10. *m.*	17. *f.*	24. *f.*
4. *f.*	11. *m.*	18. *m.*	25. *f.*
5. *m.*	12. *m.*	19. *f.*	26. *f.*
6. *f.*	13. *n.*	20. *m.*	27. *m.*
7. *m.*	14. *f.*	21. *f.*	28. *m.*
8. *f.*	15. *n.*	22. *n.*	
9. *m.*	16. *m.*	23. *f.*	

Exercise No. 11

1. он	4. онá	7. он	10. он
2. онá	5. он	8. онá	
3. он	6. онó	9. онó	

Exercise No. 12

4. моя́	9. мой	13. мой	17. моё
5. мой	10. мой	14. мой	18. моё
6. мой	11. моя́	15. мой	19. мой
7. мой	12. мой	16. моя́	20. моё
8. моя́			

Exercise No. 13

3. *n.*	10. *m.*	17. *f.*	24. *f.*	31. *f.*
4. *m.*	11. *m.*	18. *f.*	25. *n.*	32. *f.*
5. *f.*	12. *m.*	19. *n.*	26. *f.*	33. *n.*
6. *m.*	13. *m.*	20. *m.*	27. *f.*	34. *m.*
7. *m.*	14. *n.*	21. *f.*	28. *m.*	35. *n.*
8. *n.*	15. *n.*	22. *f.*	29. *f.*	
9. *n.*	16. *m.*	23. *n.*	30. *m.*	

Exercise No. 14

2. она́	6. он	10. он	14. она́
3. Она́	7. они́	11. она́	15. Они́
4. Оно́	8. оно́	12. он	16. Они́
5. она́	9. оно́	13. он	

Exercise No. 17

The first ten words are written out for you in Appendix 2.

1. ю́бка	10. мать	19. он	28. что
2. каранда́ш	11. сестра́	20. она́	29. не
3. кни́га	12. брат	21. меха́ник	30. ваш
4. мя́со	13. пло́хо	22. газе́та	31. мой
5. дя́дя	14. хорошо́	23. журна́л	32. и
6. са́хар	15. то́же	24. кре́сло	33. нет
7. молоко́	16. жа́рко	25. вот	34. а
8. ма́сло	17. мы	26. э́то	35. тут
9. оте́ц	18. вы	27. кто	36. там

Exercise No. 18

The answers to the questions are written in Appendix 2.
2. Is Anthony an engineer? 3. Is Irene a teacher? 4. Is Moscow a city?
5. Is Doctor Zhukov at home? 6. Is John here? 7. Is Thomas there?
8. Are Mary and Anna at home? 9. Is it hot there? 10. Is it cold there?

Exercise No. 19

2. Вы не врач.	You are not a doctor.
3. Он не фи́зик.	He is not a physicist.
4. Она́ не ня́ня.	She is not a nursemaid.
5. Ива́н не до́ма.	John is not at home.
6. Анна и Ма́рфа не до́ма.	Anna and Martha are not at home.
7. Мой брат не меха́ник.	My brother is not a mechanic.
8. Моя́ сестра́ не актри́са.	My sister is not an actress.
9. Ваш брат не адвока́т.	Your brother is not a lawyer.
10. Моя́ тётя не учи́тельница.	My aunt is not a teacher.
11. Моя́ фами́лия не Эллис.	My family name is not Ellis.
12. Наш оте́ц не инжене́р.	Our father is not an engineer.

Exercise No. 20

1. а	3. и	5. а	7. и	9. а
2. и	4. а	6. и	8. а	10. и

Exercise No. 21

1. кни́га	7. моё	13. Я	19. и́ли	
2. перо́	8. Кто	14. Вы	20. ни . . . ни . . . а	
3. каранда́ш	9. мой	15. Он	21. Где	
4. Что	10. моя́	16. Она́	22. Где	
5. мой	11. мой	17. не	23. Мы	
6. моя́	12. моя́	18. а	24. Вы	25. Мы не

Exercise No. 22

I am not Russian. I am English. I am a student. My family name is New-man. I am Robert Newman. I live here. I am not married.

My father is a doctor. My mother is a teacher. My brother Anthony is an engineer. My brother Theodore is a lawyer. My sister Olga is a student. My sister Anna is a stenographer. My uncle Peter is an actor. My aunt Ida is an actress.

Exercise No. 24

1. — Who is in the class now?
   — The children are in the class now.
   — Is the teacher (*f.*) in the class?
   — Yes, she is also in the class.
2. — Is your friend a student at the university?
   — No, he is not a student, but a mechanic.
   — Where does he work?
   — He works in a factory.
3. — Is Moscow in Europe?
   — Yes, Moscow is in Europe.
   — Is New York in Europe?
   — No, New York is in America.
4. — Where is the Kremlin?
   — The Kremlin is in Moscow.
   — And where is the Hermitage?
   — The Hermitage is in Leningrad.

Exercise No. 25

2. в кни́ге	7. в ко́мнате	12. на стене́	17. в Аме́рике
3. в до́ме	8. в конто́ре	13. на фа́брике	18. в Москве́
4. на сту́ле	9. в шко́ле	14. на бума́ге	19. в Ленингра́де
5. в кре́сле	10. в го́роде	15. в Евро́пе	20. в университе́те
6. в больни́це	11. в па́рке	16. в газе́те	

Exercise No. 26

1. мой	9. ва́ша	17. её	25. их
2. наш	10. его́	18. их	26. моя́
3. ваш	11. её	19. на́ша	27. его́
4. его́	12. их	20. ва́ша	28. наш
5. её	13. моё	21. моя́	29. на́ша
6. их	14. на́ше	22. на́ше	30. моя́
7. моя́	15. ва́ше	23. его́	
8. на́ша	16. его́	24. её	

Exercise No. 27

1. Where is your sister? My sister is at home. 2. Where does your brother work? My brother works at the factory. 3. Where are your father and mother? My father is at the university, and my mother is at home. 4. Is your aunt a doctor? No, my aunt is an actress. 5. Is their teacher a Russian? No, their teacher is an Englishman. 6. Where is your map? Our map is on the wall.

7. Where is her son? Her son is now in Moscow.   8. Is his brother a journalist? No, he is a doctor.   9. Is his sister a stenographer? No, she is a nurse.
10. Where is my pen? Your pen is on the table.   11. Where is your radio?
My radio is in the room.   12. Is their brother a lawyer or an engineer?
Their brother is neither a lawyer nor an engineer. He is an actor.

Exercise No. 28

1. Is Robert a student at the university? Yes, he is a student at the university.   2. Is he American or English? He is American.   3. What is his family name? His family name is Davis.   4. Who is a mechanic? My friend John is a mechanic.   5. Where is he working now? He is now working at the factory.
6. Is he English or Russian? He is an Englishman.   7. Where is his wife working now? She is now working in a hospital.   8. Is Helen Baker your friend? Yes, she is my friend.   9. Is she a stenographer? Yes, she is a stenographer in an office.   10. Is Peter Wood your friend? Yes, he is my friend.
11. Is his sister your friend?   Yes, she is my friend.   12. Is their father an engineer? No, he is a professor.

Exercise No. 29

1. Who is this man? He is my brother.
2. Who is this woman? She is my sister.
3. Who is this boy? He is my son.
4. Who is this little girl? She is my little daughter.
5. This mechanic works at the factory.
6. This nurse works in a hospital.
7. This cashier works in a bank.
8. This stenographer works in an office.
9. This is my pencil.
10. This pencil is mine.
11. This is my lamp.
12. This lamp is mine.
13. This is your pen.
14. This pen is yours.
15. This is his house.
16. This house is his.
17. This is her blouse.
18. This blouse is hers.
19. This is our school.
20. This school is ours.

Exercise No. 30

4. э́та	9. э́тот	14. э́тот	19. э́тот	24. э́та
5. э́то	10. э́та	15. э́тот	20. э́та	25. э́то
6. э́тот	11. э́та	16. э́тот	21. э́тот	26. э́то
7. э́та	12. э́тот	17. э́тот	22. э́та	27. э́тот
8. э́тот	13. э́та	18. э́та	23. э́то	28. э́та

Exercise No. 32

3. де́лает	8. игра́ет	13. чита́ет	18. игра́ют
4. игра́ет	9. игра́ют	14. чита́ет	19. чита́ю
5. де́лаешь	10. игра́ют	15. рабо́таете	20. чита́ют
6. рабо́таю	11. рабо́тает	16. рабо́таем	
7. игра́ет	12. рабо́таем	17. игра́ю	

Exercise No. 33

1. Where does this man work? He works in a factory.   2. Who works in the hospital? This woman works there.   3. Where does this young man work?

He is working in a bank. 4. Where does this stenographer work? This stenographer works in the office. 5. Is her sister also a stenographer? Yes, she is also a stenographer. 6. What is Vera doing? Vera is playing the piano. 7. How does she play? She plays very well. 8. What are the children doing? They are playing in the park. 9. What are you reading? I am reading a magazine. 10. What is Eva reading? She is reading a novel. 11. What are Anthony and John doing? They are doing the lesson. 12. What are you doing? I am also doing the lesson.

Exercise No. 34

1. Что он делает? 2. Он читает роман. 3. Кто играет на рояле? 4. Анна очень хорошо играет на рояле. 5. Где вы работаете? 6. Я работаю дома. 7. Ваша мать играет в теннис? 8. Человек работает на фабрике, а его жена работает в больнице. 9. Мы здесь не работаем. 10. Они весь день работают. 11. Дети делают урок. 12. Она читает письмо. 13. Где они работают? 14. Мы не работаем в банке. 15. Что ты читаешь, Аня? 16. Я читаю этот журнал. 17. Что ты делаешь, Ваня? 18. Маша, вот твой карандаш и твоё перо. 19. Петя, вот твоя книга.

Exercise No. 35

1. I speak Russian. 2. You speak English. 3. He speaks slowly. 4. She speaks fast. 5. We speak fluently. 6. You speak a little Russian. 7. They speak and read Russian. 8. I think that he is a doctor. 9. You think that he is a lawyer. 10. He thinks that she is a nurse. 11. She thinks that I am a teacher. 12. We think that he is an engineer. 13. You think that he is an actor. 14. They think that she is an actress.

Exercise No. 36

1. Are you studying Russian? Yes, I am studying the Russian language. 2. Do you think that he speaks well? No, I think that he speaks badly. 3. What is he doing? I think that he is doing the lesson. 4. Do you understand when I speak slowly? I understand very well.

Exercise No. 37

2. говорит	6. понимаем	11. изучают	16. делаете
3. говорим	7. говорит	12. изучаем	17. делаю
4. изучают	8. говорит	13. думаете	18. делает
5. понимаете	9. говорит	14. думаю	19. играет
говорю	10. говорит	15. читают	20. играют

Exercise No. 38

1. About what are you talking? We are talking about school. 2. What is he talking about? He is talking about a book. 3. What is she talking about? She is talking about a suit. 4. What are they talking about? They are talking about the theatre. 5. What are you talking about? I am talking about the lesson. 6. About whom is Mummy talking? She is talking about the boy. 7. Whom is Daddy talking about? He is talking about the girl. 8. Whom are you talking about? We are talking about [our] brother. 9. Whom is the

teacher (*m*.) talking about? He is talking about Anthony. 10. Whom is the
teacher (*f*.) talking about? She is talking about Olga.

Exercise No. 39

1. Па́вел Бра́ун изуча́ет ру́сский язы́к. 2. Он изуча́ет ру́сский язы́к в
шко́ле. 3. Нет, он немно́го говори́т по-ру́сски. 4. Да, понима́ет.
5. Нет, не понима́ет. 6. Нет, не говоря́т. 7. По-ру́сски э́то «большо́е
спаси́бо». 8. По-ру́сски э́то «свобо́дно».

Exercise No. 40

1. What do you see? 2. I see the window. 3. You see the school. 4. He
sees the theatre. 5. She sees the museum. 6. We see the picture. 7. You
see the store. 8. They see the field. 9. What are you buying? 10. I am
buying this suit. 11. You are buying this hat. 12. He is buying this shirt.
13. She is buying this dress. 14. We are buying this car. 15. You are buying a mirror. 16. They are buying this building.

Exercise No. 41

2. дом	6. шля́пу	10. газе́ту	14. журна́л
3. шко́лу	7. зда́ние	11. план	15. сло́во
4. ка́рту	8. письмо́	12. рома́н	16. зда́ние
5. карти́ну	9. кни́гу	13. фра́зу	17. пла́тье
			18. зе́ркало

Exercise No. 42

2. э́ту	7. э́тот	12. э́ту
3. э́ту	8. э́ту	13. э́то
4. э́то	9. э́ту	14. э́ту
5. э́тот	10. э́то	15. э́то
6. э́ту	11. э́тот	

Exercise No. 43

2. оди́н рубль	5. семь рубле́й	8. три рубля́
3. три рубля́	де́сять рубле́й	де́сять рубле́й
два рубля́	6. во́семь рубле́й	9. пять рубле́й
4. четы́ре рубля́	де́вять рубле́й	шесть рубле́й
пять рубле́й	7. шесть рубле́й	10. оди́н рубль
	четы́ре рубля́	

Exercise No. 44

2. На у́лице я ви́жу авто́бус и автомоби́ль.
3. В ко́мнате я ви́жу окно́ и сте́ну.
4. На столе́ я ви́жу журна́л и газе́ту.
5. На стене́ я ви́жу ка́рту и карти́ну.
6. На ка́рте я ви́жу Ленингра́д и Москву́.
7. В магази́не я покупа́ю э́тот костю́м и э́то пальто́.
8. В магази́не он покупа́ет э́ту руба́шку и э́ту шля́пу.
9. В магази́не она́ покупа́ет э́то пла́тье и э́ту блу́зку.
10. В магази́не они́ покупа́ют э́тот шарф и э́то пальто́.

Exercise No. 46

A. 2. де́вушку 3. ма́льчика 4. сы́на 5. сестру́ 6. бра́та 7. же́нщину 8. врача́ 9. медсестру́ 10. тётю 11. семью́ 12. студе́нта 13. Анну Петро́ву 14. учи́теля 15. учи́тельницу 16. инжене́ра 17. адвока́та 18. жену́ 19. ня́ню 20. челове́ка

B. 2. шко́лу 3. го́род 4. кни́гу 5. журна́л 6. газе́ту 7. теа́тр 8. музе́й 9. больни́цу 10. костю́м 11. фа́брику 12. конто́ру 13. ме́сто 14. окно́ 15. сло́во 16. фра́зу 17. письмо́ 18. рома́н 19. Москву́ 20. Ленингра́д

Exercise No. 47

2. его́	5. его́	8. его́
3. её	6. его́	9. их
4. её	7. их	10. его́

Exercise No. 48

2. медсестру́	5. адвока́та	8. уро́к
3. стенографи́стку	6. рома́н	9. фра́зу
4. учи́теля	7. газе́ту	10. письмо́

Exercise No. 49

1. Is Doctor Zhukov at home? No. He is probably at the hospital. 2. May I see Professor Nikitin? Today you may not see him. 3. Do you know Anna Petrova? Oh yes! She is a stenographer. 4. Why is your mechanic not working today? My mechanic is not working because he is sick. 5. Why can I not see the director? He is very busy. 6. Where is the teacher? I want to see her. She is in class now.

Exercise No. 50

2. b.	5. k.	8. a.	11. f.
3. d.	6. i.	9. e.	12. g.
4. c.	7. l.	10. h.	

Exercise No. 51

1. Прости́те
2. по-англи́йски
3. по-ру́сски
4. Мо́жно
5. Нельзя́
6. де́сять рубле́й
7. ско́лько э́то сто́ит
8. два рубля́
9. как ва́ша фами́лия
10. Моя́ фами́лия
11. на роя́ле
12. в те́ннис
13. до́рого
14. дёшево
15. за́нят
16. Нельзя́

Exercise No. 52

1. Что́ э́то? 2. Это класс, стул, стол, ко́мната, окно́, зда́ние, у́лица, уро́к, ка́рта, музе́й. 3. Что́ вы ви́дите? 4. Я ви́жу дом, зе́ркало, кни́гу, журна́л, газе́ту, ру́чку, кабине́т, руба́шку, лаборато́рию, трамва́й.

Exercise No. 53

1. Кто́ э́то? 2. Это челове́к, же́нщина, англича́нин, студе́нт, студе́нтка, учи́тель, учи́тельница, ма́льчик, де́вушка, друг. 3. Кого́ вы ви́дите?

4. Я ви́жу челове́ка, ма́льчика, профе́ссора, дире́ктора, учи́теля, му́жа, жену́, сестру́, де́вушку, тётю.

Exercise No. 54

2. э́ту	7. ваш	12. его́; библиоте́ке	17. они́; у́лице
3. то	8. э́то	13. ваш; теа́тре	18. э́то
4. э́тот	9. моя́	14. её; сту́ле	19. ту; её
5. ту	10. ва́ша	15. она́; фа́брике	20. Кого́; их
6. ваш	11. моя́; столе́	16. она́; кабине́те	

Exercise No. 55

1. Я англича́нин. Я живу́ в го́роде. 2. На́ша шко́ла в го́роде. 3. Я изуча́ю ру́сский язы́к в шко́ле. 4. В кла́ссе мы говори́м, чита́ем и пи́шем по-ру́сски. 5. Наш учи́тель свобо́дно говори́т по-ру́сски. 6. Мы немно́го говори́м по-ру́сски. 7. Мы понима́ем учи́теля, когда́ он говори́т ме́дленно. 8. Мы не понима́ем его́, когда́ он говори́т бы́стро. 9. В кла́ссе — ка́рта. 10. На ка́рте мы ви́дим Ленингра́д и Москву́. 11. Вы живёте в го́роде? 12. Вы изуча́ете ру́сский язы́к?

Exercise No. 56

Paul Brown receives a letter from Glasgow.

Hello. I am a pupil. My first name is Paul. My family name is Brown. I live in Bradford. In school I am studying the Russian language. I know how to speak, read, and write a little in Russian, and I understand well.

My friend, Peter Smith, lives not in Bradford, but in Glasgow. He often writes to me in English. When he makes progress in class he writes me a letter. And I, when I make progress, write to him.

And here is a surprise! Today I receive a letter from him. You think that this letter is in English? No. He writes not in English, but in Russian. Here is the letter. Here is what he writes.

Exercise No. 57

Here is the Letter!

Dear Friend,

Today my teacher says to me: "I know that your friend in Bradford is learning the Russian language. Write a letter to him in Russian. This is an excellent idea." I say: "A very good idea!"

I want to write about the teacher. He is a Russian. He was born in Moscow. Of course, he speaks Russian fluently. In class he says: "Good day, how are you?" We say: "Very well, thank you. And you?"

In class we speak, read, and write Russian. When the teacher speaks Russian, you are not permitted to speak English. In class you may speak English when the teacher speaks English. We understand very well when the teacher speaks slowly, but we do not understand when he speaks fast.

Tell me: Do you play football? Do you play tennis? Do you play the piano? Do you play chess?

Well, enough for today.

Good-bye.

Your friend
Peter

Exercise No. 59

3. в го́род   6. в теа́тре   9. в ко́мнате   12. в при́городе; в го́род
4. на стене́   7. на фа́брику   10. в Евро́пе   13. в го́роде
5. в теа́тр   8. в па́рке   11. в Евро́пу   14. в дере́вне; в дере́вню

Exercise No. 60

3. Куда́ она́ иногда́ е́здит? 4. Где игра́ют де́ти? 5. Куда́ вы ча́сто е́здите? 6. Куда́ он ре́дко е́здит? 7. Где ма́льчик изуча́ет ру́сский язы́к? 8. Куда́ госпожа́ Мо́рган ре́дко е́здит? 9. Где живу́т Ива́н и Ольга?

Exercise No. 61

2. у них 3. у него́ 4. у неё 5. у вас 6. у тебя́ 7. у кого́ 8. у меня́
9. у него́ 10. у неё 11. у нас 12. у вас 13. у кого́ 14. у меня́.

Exercise No. 62

1. Да, Господи́н Мо́рган англича́нин. 2. Его́ и́мя Ви́ктор. 3. Он профе́ссор в университе́те. 4. Он живёт в при́городе. 5. Да, у него́ жена́ и де́ти. 6. Да, она́ англича́нка. 7. Она́ рабо́тает до́ма. 8. Ка́ждый день он е́здит в го́род. 9. Да, у него́ кабине́т в университе́те. 10. В аудито́рии он чита́ет ле́кции. 11. Он мно́го рабо́тает в лаборато́рии. 12. Иногда́ он чита́ет в библиоте́ке.

Exercise No. 63

I am writing a letter. What is he writing? He is writing a novel. She is writing a word. What are you writing? We are writing an example. They are writing in Russian. I want this pencil. You want this pen. He wants this paper. We want to read this novel. You want to write in Russian. They want to write in English.

Exercise No. 64

3. пи́шет 4. пи́шет 5. пи́шет 6. пи́шет 7. пи́шут 8. пи́шет 9. пи́шем 10. пи́шет 11. пи́шете 12. писа́ть 13. пи́шем 14. пи́шешь 15. пишу́

Exercise No. 65

1. хоти́те 2. хочу́ 3. хо́чет 4. хо́чет 5. хоти́м 6. хотя́т 7. хо́чет 8. хо́чешь 9. хо́чет 10. хоти́те 11. хо́чет 12. хо́чет 13. хотя́т 14. хоти́м 15. хочу́

Exercise No. 66

2. е́здят   6. е́здим   10. е́здит   14. е́зжу   18. е́зжу
3. е́дете   7. е́здит   11. е́дут   15. е́здим   19. е́здите
4. е́зжу   8. е́дешь   12. е́здите   16. е́дем   20. е́дем
5. е́дем   9. е́ду   13. е́дете   17. е́ду

Exercise No. 67

2. Где	5. Где	8. Где
3. Куда	6. Где	9. Куда
4. Где	7. Куда	10. Где

Exercise No. 68

1. Профéссор Мóрган англичáнин. 2. Он не говорńт, не читáет, не пńшет по-рýсски. 3. Лéтом он éдет в СССР. 4. Нет, в СССР он хóчет говорńть по-рýсски. 5. Он хóчет читáть рýсские кнńги. 6. Егó учńтель — Борńс Кузнецóв. 7. Да, он óчень хорóший учńтель. 8. Он родńлся в Москвé. 9. Нет, он тепéрь британский гражданńн. 10. Тепéрь он живёт в прńгороде. 11. Да, профéссор Мóрган óчень хорóший ученńк. 12. Да, у негó есть учéбник, словáрь и тетрáдь. 13. Да, он дéлает бóльшńе успéхи. 14. "He is making great progress."

Exercise No. 69

What are they conversing about? They are conversing about the city and the suburbs. Where do you live — in the city or in the suburbs? I live in the suburbs. Do you like to play tennis? Very much. And you? I prefer to play football. I also like to play basketball. Where is Olga? She is sitting in the study and reading. What is she reading? She is reading a Russian novel. Where are the children? They are sitting on the sofa and looking at television. Do you like to look at television? No. I prefer to listen to the radio.

Exercise No. 70

2. журнáлы и газéты 3. кнńги и бумáги 4. учéбники и тетрáди 5. картńны и зеркалá 6. мáльчики и дéвочки 7. юбки и блýзки 8. музéи и библиотéки 9. студéнты и студéнтки 10. плáны и кáрты 11. шляпы 12. здáния 13. пńсьма 14. ромáны 15. пńсьма 16. роя́ли

Exercise No. 71

2. Вы знáете эти теáтры? 3. Мы покупáем эти костюмы. 4. Он любит эти местá. 5. Онń любят эти шкóлы. 6. Мы любим эти пáрки. 7. Он читáет мой пńсьма. 8. Вот нáши газéты. 9. Где вáши журнáлы? 10. Где егó учéбники? 11. Вот её тетрáди. 12. Вот их кóмнаты. 13. Вы хотńте вńдеть мой карандашń? 14. Вот её плáтья. 15. Где егó рубáшки? 16. Вот вáши кнńги.

Exercise No. 72

2. кáрты 3. тетрáди 4. картńны 5. шляпы 6. кнńги 7. газéты 8. карандашń 9. местá 10. крéсла 11. журнáлы 12. учéбники

Exercise No. 73

1. Тетрáди, бумáга, карандашń и рýчка на столé. 2. Профéссор Мóрган сидńт на дивáне. 3. Кузнецóв сидńт в крéсле. 4. Онń разговáривают по-рýсски. 5. Профéссор Мóрган живёт в прńгороде. 6. Он éздит в гóрод рабóтать. 7. Да, он любит гóрод. 8. В гóроде — теáтры, библиотéки, музéи и т. д. (и так дáлее). 9. Да, в гóроде тóлпы и шум.

10. В пригороде тихо.   11. Госпожа Морган изредка ездит в город.
12. В городе она покупает одежду и другие вещи.   13. Профессор Морган любит русский язык.   14. По-английски это «It's time for me to go».

Exercise No. 74

2. спят	6. лежат	10. сидишь	13. лежат
3. лежат	7. стоят	11. сидим	14. стоят
4. стоит	8. лежит	сидят	15. лежит
5. стоят	9. сплю	12. сплю	16. стоит

Exercise No. 75

1. Я сижу.   2. Он стоит.   3. Они лежат?   4. Она спит?   5. Это стоит.
6. Они сидят.   7. Оно лежит.   8. Они не спят.   9. Мы не стоим.
10. Кто спит?   11. Мальчик стоит.   12. Мы сидим здесь.   13. Лампа стоит на столе.   14. Где дети спят?   15. Книга лежит здесь.

Exercise No. 77

1. which city	9. a young man	17. our new school
2. every summer	10. comfortable rooms	18. my young friend
3. a new shirt	11. a long table	19. your new car
4. white hats	12. a short lesson	20. his old books
5. the Russian language	13. a blue house	21. this short pencil
6. a big window	14. another cat	22. this new school
7. old maps	15. a pretty girl	23. this big window
8. a black pen	16. bad pencils	24. these little children

Exercise No. 78

1. маленькая 2. белая 3. большие 4. красивая 5. молодые 6. белая 7. длинные 8. старый 9. чёрная 10. плохие 11. новая 12. каждый 13. голубые 14. короткая 15. маленькая 16. русский 17. русские 18. удобный 19. каждый 20. старый 21. какая 22. какое 23. какие 24. другой

Exercise No. 79

1. Профессор Морган живёт в пригороде.   2. У него старый дом.
3. В кабинете есть длинный стол.   4. На столе белая лампа.   5. Полки стоят налево.   6. Диван голубой.   7. Да, кресло удобное.   8. Профессор иногда сидит в кресле.   9. В кабинете на стене — красивый русский календарь и карта СССР.   10. Карта большая.   11. Летом профессор едет в СССР.   12. Чёрная кошка лежит на диване.   13. Кошка молодая.
14. Кабинет маленький.

Exercise No. 80

1. In the Underground. You usually go to the factory by car, don't you?
Yes, but today I am going by underground.   2. At the Airport. In summer you usually go to the country, don't you? Yes, but this year we are going to Europe.   3. In the Bus. Hello, where are you going? I am going to the theatre. And where are you going? I am going to the library.   4. In the

Street. Where are you going? I am going to the museum. Do you go to the museum often? I go there every Tuesday. 5. In the Park. Do you go to the park often? I go to the park almost every day. Where are you going now? I am going home. 6. In the Restaurant. Where are you going from here? I am going to the cinema. What picture is showing today at the cinema? An interesting Russian film is showing.

Exercise No. 81

2. иду́ 3. хо́дит 4. идёте 5. е́здит 6. иду́т 7. идти́ 8. идёте
9. хожу́ 10. е́ду 11. хо́дит 12. е́дут 13. хо́дит 14. хо́дят 15. идёт
16. е́здим

Exercise No. 82

2. говори́, говори́те
3. отвеча́й, отвеча́йте
4. пиши́, пиши́те
   иди́, иди́те
5. игра́й, игра́йте
6. сиди́, сиди́те

7. лежи́, лежи́те
8. де́лай, де́лайте
9. чита́й, чита́йте
10. спра́шивай, спра́шивайте
11. слу́шай, слу́шайте
12. кури́, кури́те

Exercise No. 83

2. хоро́ший хоро́шие
3. хоро́ший хоро́шие
4. хоро́шее хоро́шие
5. хоро́ший хоро́шие
6. хоро́шая хоро́шие
7. хоро́ший хоро́шие
8. хоро́шая хоро́шие
9. хоро́шее хоро́шие
10. хоро́шее хоро́шие

11. свѐжий
12. свѐжая
13. свѐжее
14. свѐжее

15. свѐжий
16. свѐжее
17. свѐжий
18. свѐжая

Exercise No. 84

1. Профе́ссор сиди́т на дива́не, а Кузнецо́в сиди́т в кре́сле. 2. Профе́ссор курит тру́бку. 3. Кузнецо́в ку́рит сигаре́ту. 4. Кузнецо́в задаёт вопро́сы, а Мо́рган отвеча́ет. 5. Профе́ссор — учёный. 6. Обы́чно он е́здит в го́род на по́езде. 7. Он хо́дит пешко́м на ста́нцию. 8. Это недалеко́. 9. Нет, он не хо́дит пешко́м, когда́ пого́да плоха́я. 10. Обы́чно они́ хо́дят в шко́лу пешко́м. 11. Нет. Они́ е́здят на авто́бусе. 12. Моя́ жена́ иногда́ хо́дит в магази́н пешко́м. 13. Кузнецо́в прекра́сный учи́тель. 14. Профе́ссор Мо́рган де́лает больши́е успе́хи.

Exercise No. 85

1. a.   3. g   5. b   7. j   9. e   11. l
2. c   4. k   6. f   8. d   10. h   12. i

Exercise No. 86

1. Моя́ фами́лия 2. Моё и́мя 3. Я живу́ 4. Я изуча́ю 5. Мой учи́тель 6. вопро́сы 7. больши́е успе́хи 8. Когда́; «Вот как хорошо́!»

9. Как вас зову́т? 10. Расскажи́те мне 11. У вас есть автомоби́ль?
12. Вы хо́дите пешко́м 13. краси́вый го́род 14. на сего́дня 15. До
свида́ния

Exercise No. 87

2. жена́ — же́нщина wife — woman
3. учи́тель — учи́тельница teacher (*m.*) — teacher (*f.*)
4. отве́т — отвеча́ть answer — to answer
5. жизнь — жить life — to live
6. студе́нт — студе́нтка student (*m.*) — student (*f.*)
7. англича́нин — англича́нка Englishman — Englishwoman
8. америка́нец — америка́нка American (*m.*) — American (*f.*)
9. учени́к — учени́ца pupil (*m.*) — pupil (*f.*)
10. спа́льня — спать bedroom — to sleep
11. стол — столо́вая table — dining room
12. письмо́ — писа́ть letter — to write

Exercise No. 88

1. Эти больши́е шко́лы.
2. мой но́вые руба́шки
3. На́ши голубы́е карандаши́
4. Ва́ши кра́сные автомоби́ли
5. Эти ма́ленькие о́кна
6. э́ти ру́сские слова́
7. Эти молоды́е лю́ди
8. ва́ши ста́рые пальто́
9. э́ти краси́вые карти́ны
10. э́ти дли́нные столы́
11. э́ти ру́сские словари́
12. мой хоро́шие учителя́
13. э́ти хоро́шие де́вушки
14. э́ти хоро́шие места́

Exercise No. 89

1. Этот хоро́ший ма́льчик
2. молодо́й челове́к
3. краси́вая де́вушка
4. ру́сские кни́ги
5. удо́бное кре́сло
6. дли́нные столы́
7. краси́вая ка́рта
8. больша́я ла́мпа
9. ста́рые кни́ги
10. ру́сский слова́рь
11. больша́я ка́рта
12. но́вое пла́тье
13. удо́бный дом
14. но́вый автомоби́ль
15. Краси́вая де́вушка
16. кра́сный каранда́ш
17. чёрная ру́чка
18. бе́лая руба́шка
19. Чёрная ко́шка
20. Друга́я ко́шка

Exercise No. 90

1. Куда́ вы идёте? 2. Я иду́ в кино́. 3. Вы ча́сто хо́дите в кино́?
4. Хожу́ почти́ ка́ждый день. 5. Куда́ вы е́дете? 6. Еду в музе́й. 7. Вы
ча́сто е́здите туда́? 8. Езжу туда́ почти́ ка́ждое у́тро. 9. Ле́том вы е́дете
в Евро́пу? 10. Да, е́ду в Евро́пу. 11. Вы обы́чно е́здите в дере́вню, не
пра́вда ли? 12. Иногда́ туда́ не е́зжу. 13. Где вы рабо́таете? 14. Рабо́-
таю на фа́брике. 15. Где она́ рабо́тает? В больни́це. 16. Где де́ти
игра́ют? На у́лице.

Exercise No. 91

1. никогда́ 2. ничего́ 3. Никто́ 4. никогда́ 5. Никто́ не зна́ет
6. Де́ти никогда́ не игра́ют в па́рке 7. Я ничего́ не понима́ю 8. никто́ не рабо́тает 9. Ни Мари́я, ни Анна

Exercise No. 92

The Morgan Family

Professor Victor Morgan is an Englishman. He is a physicist, and teaches at a university in London. However, he does not live in the city, but in a suburb. He has a comfortable house, a beautiful wife, two boys, Paul and Philip, and a daughter, Anna. Anna goes to kindergarten. The other children go to school.

In summer Professor Morgan is going (travelling) to the Soviet Union. Therefore he is studying the Russian language.

He has an excellent teacher. His name is Boris Pavlovich Kuznetsov. He was born in Russia, but he is now a British citizen. He speaks Russian and English fluently.

Professor Morgan is an excellent pupil and is making great progress. He already speaks Russian quite well, reads even better, and writes a little.

Professor Morgan goes to the city on the train. When the weather is good he walks to the station, but when, however, the weather is bad, he goes (to the station) by car. The children walk to school, but go (ride) on the bus when it rains or snows.

Sometimes Mrs. Morgan goes to the city to buy clothes but usually she prefers to buy what she needs in the suburbs. She prefers to go to the shops of the suburbs and to do her shopping there.

Exercise No. 93

1. ножо́м и ви́лкой 2. ме́лом 3. ру́чкой 4. по́ездом 5. парохо́дом
6. самолётом 7. авто́бусом 8. автомоби́лем 9. карандашо́м 10. ло́жкой

Exercise No. 94

1. Я обы́чно пишу́ ру́чкой. 2. Я тепе́рь пишу́ карандашо́м. 3. С кем он говори́т? 4. Он говори́т с учи́телем. 5. Чем она́ пи́шет? 6. Она́ пи́шет ме́лом. 7. С кем вы е́дете в го́род? 8. Я е́ду с профе́ссором. 9. Вы е́дете по́ездом? 10. Нет, мы е́дем авто́бусом. 11. Чем вы пи́шете? 12. С кем вы идёте?

Exercise No. 95

1. ним 2. ней 3. кем 4. ни́ми 5. мной 6. тобо́й 7. ва́ми
8. мной 9. чем 10. кем

Exercise No. 96

1. Ста́рый друг навеща́ет профе́ссора. 2. В университе́те кабине́т бо́льше, чем до́ма. 3. Доска́ стои́т о́коло окна́. 4. Доска́ — больша́я. 5. Он пи́шет зада́чи ме́лом. 6. Студе́нты де́лают заме́тки карандашо́м или ру́чкой. 7. Вдруг ста́рый друг профе́ссора открыва́ет дверь. 8. Да. Профе́ссор о́чень рад его́ ви́деть. 9. Да. Этот друг говори́т по-ру́сски.

10. Мо́рган уже́ не́которое вре́мя изуча́ет ру́сский язы́к. 11. Нет. Его́ друг начина́ет говори́ть по-ру́сски. 12. Профе́ссор нахо́дит, что ру́сский язы́к дово́льно тру́дный. 13. У него́ есть уче́бник. 14. У него́ есть хоро́ший учи́тель.

Exercise No. 97

1. брат учи́теля 2. цвет кни́ги 3. друг профе́ссора 4. сестра́ студе́нта 5. теа́тры го́рода 6. гости́ная до́ма 7. о́кна ко́мнаты 8. портре́т жены́ 9. цвет карандаша́ 10. цвет ру́чки 11. друг де́вушки

Exercise No. 98

1. out of the window 2. along the wall 3. at the doctor's 4. at the teacher's 5. by the piano 6. to the left of the table 7. to the left of the factory 8. far from the city 9. along the street 10. near the theatre 11. to the right of the school 12. out of the country 13. I have a car. 14. Do you have a notebook? 15. He has a large notebook. 16. She has a white hat. 17. We have a new house. 18. You have a fine teacher (*m.*). 19. Do they have a fine teacher (*f.*)? 20. Who has a blue pencil?

Exercise No. 99

2. до́ктора 3. студе́нта 4. адвока́та 5. учи́теля 6. профе́ссора 7. бра́та 8. врача́ 9. инжене́ра 10. машини́ста

Exercise No. 100

2. её	5. вас	8. её
3. нас	6. них	9. кого́
4. тебя́	7. меня́	

Exercise No. 101

2. вас	5. меня́	8. тебя́
3. до́ктора	6. них	9. нас
4. нас	7. неё	10. кого́

Exercise No. 102

1. У профе́ссора Мо́ргана хоро́ший дом. 2. Гости́ная дово́льно больша́я. 3. Нале́во от окна́ стои́т роя́ль. 4. У роя́ля стои́т высо́кая ла́мпа. 5. Но́ты — на роя́ле. 6. Портре́т жены́ профе́ссора на стене́. 7. Еле́на Мо́рган прекра́сная пиани́стка. 8. Нет. Профе́ссор не игра́ет на роя́ле. 9. Телеви́зор и ра́дио стоя́т напра́во от окна́. 10. Профе́ссор и жена́ о́чень не лю́бят смотре́ть телеви́зор. 11. Дива́н стои́т вдоль стены́. 12. Сигаре́ты и спи́чки на сто́лике. 13. В ко́мнате два кре́сла. 14. На полу́ лежи́т краси́вый ковёр. 15. Когда́ смо́трят телеви́зор, де́ти сидя́т на ковре́. 16. Ко́шки о́чень лю́бят лежа́ть на ковре́.

Exercise No. 103

2. У нас нет словаря́. 3. У них нет до́ма в го́роде. 4. У профе́ссора нет до́ма в го́роде. 5. У неё карандаша́ нет. 6. У тебя́ нет ру́чки. 7. У жены́ нет ла́мпы. 8. У ма́льчика нет я́блока. 9. У де́вочки нет стака́на и ча́шки. 10. У до́ктора нет кабине́та.

Exercise No. 104

2. Я не ви́жу ка́рты. 3. Мы не понима́ем слова́. 4. Учени́к не де́лает уро́ка. 5. Де́ти не лю́бят шко́лы. 6. Оте́ц не чита́ет газе́ты. 7. Мать не пи́шет письма́. 8. Вы не зна́ете отве́та. 9. Мы не лю́бим теа́тра. 10. Он не хо́чет кни́ги. 11. Мари́я не открыва́ет окна́.

Exercise No. 105

I am eating an apple. You eat a lot of meat. He is eating a piece of cake. We eat little bread. You eat a lot of butter. They eat a lot of fish. What are you eating? I drink tea from (out of) a glass. You drink coffee from a cup. He drinks milk from a bottle. We drink water from a glass. You drink wine and beer. They drink beer and vodka. What do you drink?

Exercise No. 106

2. до́лжен 3. до́лжен 4. должна́ 5. до́лжен 6. должна́ 7. должны́ 8. должны́ 9. должны́ 10. до́лжен

Exercise No. 107

1. Я хочу́ молока́. 2. Хоти́те ли вы хле́ба с ма́слом? 3. Пье́те ли вы ко́фе? 4. Нет, но я пью пи́во. 5. Мы пьём ча́й с молоко́м. 6. Ла́мпа над столо́м. 7. Ко́шка за кре́слом. 8. Она́ ест кусо́к то́рта. 9. Он пьёт стака́н пи́ва. 10. Хоти́те ли вы буты́лку молока́? 11. У меня́ есть ру́чка. 12. У меня́ нет карандаша́. 13. У него́ есть нож, но у него́ нет ви́лки. 14. Мы должны́ рабо́тать весь день. 15. Они́ должны́ идти́ домо́й.

Exercise No. 108

1. Столо́вая дово́льно больша́я. 2. Кру́глый стол стои́т в ко́мнате. 3. Сту́лья стоя́т вокру́г стола́. 4. Электри́ческая ла́мпа над столо́м. 5. Нале́во от стола́ стои́т буфе́т. 6. На столе́ стои́т краси́вый ча́йник. 7. Мо́рган и Кузнецо́в сидя́т за столо́м. 8. Они́ пьют ча́й с лимо́ном и едя́т торт. 9. Кузнецо́в предпочита́ет ча́й с лимо́ном. 10. Ру́сские пьют ча́й из стака́на. 11. У профе́ссора Мо́ргана нет самова́ра. 12. Мо́рган налива́ет две ча́шки ча́ю. 13. Да, Кузнецо́в хо́чет ещё кусо́к то́рта. 14. Этот торт о́чень вку́сный. 15. Кузнецо́в ухо́дит.

Exercise No. 109

2. ма́льчику 3. де́вушке 4. до́ктору 5. окну́ 6. отцу́ 7. профе́с-со́ру 8. учи́тельнице 9. тёте 10. учи́телю 11. отцу́ 12. дире́ктору 13. Анне 14. сестре́

Exercise No. 110

2. ей 3. Кому́ 4. им 5. мне 6. нам 7. мне 8. тебе́ 9. вам 10. им 11. ей 12. нему́ 13. ним 14. кому́ 15. ему́

Exercise No. 111

1. Анна больна́. 2. Она́ до́чка профе́ссора Мо́ргана. 3. У неё жар. 4. Она́ должна́ лежа́ть в посте́ли. 5. Она́ мо́жет есть хлеб с молоко́м. 6. Бори́с Кузнецо́в прихо́дит к профе́ссору. 7. Он ви́дит его́ в кабине́те. 8. Но сего́дня уро́ка нет. 9. Господи́н Кузнецо́в говори́т профе́ссору:

«Мне пора́ идти́.» 10. Фили́пп идёт к две́ри с учи́телем. Он ему́ подаёт шля́пу и пальто́. 11. Учи́тель говори́т ма́льчику: «Споко́йной но́чи!» 12. Пото́м он ухо́дит.

Exercise No. 112

1. Тепе́рь февра́ль. 2. Идёт снег и дово́льно хо́лодно. 3. Кузнецо́в прихо́дит к профе́ссору. 4. Ста́рший ма́льчик идёт в пере́днюю. 5. Фили́пп открыва́ет дверь. 6. Кузнецо́в даёт пальто́ и шля́пу ма́льчику. 7. В кабине́те па́па ждёт Кузнецо́ва. 8. Они́ начина́ют говори́ть по-ру́сски. 9. Аня больна́. 10. Она́ мо́жет есть поджа́ренный хлеб. 11. Она́ мо́жет пить молоко́. 12. Она́ должна́ лежа́ть в посте́ли. 13. Нет. Она́ не хо́дит в шко́лу. 14. Фили́пп идёт с учи́телем в пере́днюю. 15. Кузнецо́в говори́т ма́льчику «Споко́йной но́чи.»

Exercise No. 113

1. nation 2. portion 3. station 4. reaction 5. ambition 6. illusion
7. function 8. profession 9. operation 10. excursion 11. federation
12. revolution 13. combination 14. constitution 15. civilization

Exercise No. 114

1. э́то ви́дно 2. как жаль! 3. Сего́дня у́тром. 4. Сего́дня ве́чером
5. Счастли́вого пути́! 6. ещё оди́н стул 7. хо́дит на конце́рт 8. Ма́ло-пома́лу 9. Они́ о́чень не лю́бят 10. до ско́рого свида́ния!

Exercise No. 115

1. учи́теля
2. учи́тельницу
3. дире́ктора
4. его́ жены́
5. матема́тику
6. автомоби́лем
7. фами́лию
8. го́да
9. две́ри
10. адвока́та
11. хле́ба
12. во́дки
13. де́вушке
14. ло́жкой
15. карандаша́
16. бра́ту
17. ру́чкой
18. ма́льчика
19. неде́ли
20. студе́нта
21. уро́ка
22. руба́шки
23. молока́
24. ма́льчика

Exercise No. 116

1. у́лицы
2. столо́м
3. до́ктора
4. учи́тельнице
5. студе́нтом
6. пое́здке
7. окна́
8. дива́ном
9. за́ла
10. го́рода
11. дере́вне
12. отца́
13. са́да
14. ма́льчика
15. актёре
16. по́езде
17. зда́ние
18. роя́ле
19. фа́брику
20. буфе́та
21. жено́й

Exercise No. 117

1. ему́
2. ей
3. на́ми
4. ней
5. нас
6. нему́
7. их
8. мне
9. вам
10. им
11. меня́
12. ва́ми
13. нас
14. нём
15. его́
16. их
17. тебя́
18. кого́
19. Кому́
20. ком
21. чего́

Exercise No. 118

PROFESSOR MORGAN IS ILL

On Thursday at eight o'clock in the evening, Boris Pavlovich Kuznetsov goes to Professor Morgan's to give him (*literally* for) a Russian lesson.

The older son of the professor opens the door. They go into the study, where Morgan usually awaits his teacher. But this evening nobody is in the study.

Boris Pavlovich asks the boy: "Where is your daddy?"

The boy answers: "Daddy is ill; he cannot study this evening."

"What is the matter with him?"

"Today Daddy has a headache and fever. He does not feel well. The doctor was here this morning. The doctor says that Daddy is sick with the flu. He has to stay in bed for about a week."

Kuznetsov replies: "I am very sorry. Give Daddy my regards and say that I hope he will soon be well."

Exercise No. 119

1. What are you going to read during the (your) trip on the train? 2. I shall read "The Times". 3. How long will you be reading? 4. I shall be reading about an hour. 5. Soon they will be reading Russian newspapers. 6. She will be speaking Russian all the time. 7. I shall write to you every day. 8. He is going to write to him often from Moscow. 9. Next year we are going to live in the suburbs. 10. The children will be looking at television all evening. 11. We shall eat in a restaurant. 12. Where will you eat? 13. On Thursday we shall talk about life in the city. 14. The family is going to be listening to music all evening. 15. Tomorrow they will be working all day. 16. My friend will be here on Wednesday. 17. Soon you will speak really (quite) well. 18. Where will you be on Saturday? 19. On Saturday I shall be home. 20. Next week we shall read and write Russian each day.

Exercise No. 120

2. Она́ бу́дет свобо́дно чита́ть по-ру́сски. 3. Они́ бу́дут жить в Москве́. 4. Я бу́ду писа́ть пи́сьма ка́ждый день. 5. Мы бу́дем всегда́ игра́ть в па́рке. 6. Мой друг бу́дет жить там. 7. Они́ бу́дут говори́ть в кабине́те. 8. Профе́ссор бу́дет его́ ждать. 9. В воскресе́нье мы бу́дем чита́ть «Обсе́рвер». 10. Ка́ждый ве́чер э́ти ученики́ бу́дут гото́вить уро́ки.

Exercise No. 121

1. Я бу́ду у профе́ссора Мо́ргана. 2. Мы бу́дем сиде́ть в кабине́те. 3. Мы бу́дем говори́ть по-ру́сски. 4. Я бу́ду чита́ть во вре́мя пое́здки на по́езде. 5. Это моя́ люби́мая газе́та. 6. Я ка́ждый день бу́ду чита́ть «Таймс». 7. Каку́ю газе́ту вы бу́дете чита́ть ка́ждый день? 8. Я зна́ю, что ско́ро бу́ду чита́ть по-ру́сски. 9. Что́ вы бу́дете де́лать всё у́тро? 10. Я бу́ду рабо́тать в библиоте́ке.

Exercise No. 122

1. Кузнецо́в сно́ва у Мо́ргана. 2. Он спра́шивает профе́ссора, как он прово́дит вре́мя на по́езде. 3. Да. Ежедне́вная пое́здка на по́езде ему́

нра́вится. 4. Он прово́дит о́коло часа́. 5. На по́езде профе́ссор обы́чно чита́ет газе́ту. 6. Иногда́ он чита́ет журна́лы. 7. Его́ люби́мая англи́йская газе́та — «Таймс». 8. Его́ люби́мые англи́йские журна́лы — нау́чные. 9. Он бу́дет регуля́рно чита́ть ру́сский нау́чный журна́л «Нау́ка и жизнь». 10. Ско́ро он бу́дет чита́ть газе́ты «Пра́вда» и «Изве́стия». 11. «Чем скоре́е, тем лу́чше» зна́чит: «The sooner the better.» 12. Сле́дующий уро́к бу́дет в четве́рг. 13. Сло́во «космона́вт» зна́чит «cosmonaut». 14. Ю́рий Алексе́евич Гага́рин — пе́рвый в ми́ре космона́вт.

Exercise No. 123

2. говори́л, говори́ла, говори́ло; говори́ли 3. де́лал, де́лала, де́лало; де́лали 4. покупа́л, покупа́ла, покупа́ло; покупа́ли 5. писа́л, писа́ла, писа́ло; писа́ли 6. спал, спала́, спа́ло; спа́ли 7. отвеча́л, отвеча́ла, отвеча́ло; отвеча́ли 8. люби́л, люби́ла, люби́ло; люби́ли 9. ви́дел, ви́дела, ви́дело; ви́дели 10. ходи́л, ходи́ла, ходи́ло; ходи́ли 11. гото́вил, гото́вила, гото́вило; гото́вили 12. дава́л, дава́ла, дава́ло; дава́ли

Exercise No. 124

2. де́лаем   — де́лали
3. стои́т   — стоя́ла
4. игра́ют   — игра́ли
5. смо́трит — смотре́ла
6. слу́шаем — слу́шали
7. отвеча́ю — отвеча́л(а)
8. сиди́т   — сиде́ла
9. де́лаете — де́лали
10. рабо́таете — рабо́тали

Exercise No. 125

1. What were the children talking about? They were talking about school. 2. What were you doing yesterday morning? I was playing tennis. 3. John, where were you yesterday? I was at the club. At the club there was a concert. 4. Where was she living two years ago? She was living in Glasgow. 5. Did you go to the theatre often when you were in London? Oh yes! I also went to a concert and to the opera. 6. Did you always understand him when he was speaking Russian? I understood him when he spoke slowly.

Exercise No. 126

4. два го́да
5. две карти́ны
6. два ме́ста
7. две сестры́
8. три дня
9. четы́ре рубля́
10. два я́блока
11. четы́ре по́ля
12. две тёти
13. два учи́теля
14. три сту́ла
15. две неде́ли
16. четы́ре ме́сяца

Exercise No. 127

2. вече́рний конце́рт
3. си́ний костю́м
4. после́дняя зада́ча
5. сре́дняя карти́на
6. после́дние столы́
7. си́ние кни́ги
8. си́няя шля́па
9. си́нее кре́сло
10. после́дние кла́ссы
11. после́дняя де́вочка
12. вече́рний класс

Exercise No. 128

1. Бори́с Па́влович бу́дет говори́ть о себе́. 2. Мо́рган вре́мя от вре́мени бу́дет задава́ть вопро́сы. 3. Он роди́лся в Росси́и. 4. Нет. Он

недалеко́ живёт от Мо́ргана. 5. Он жена́т. 6. У него́ оди́н ребёнок. 7. Он профе́ссор. 8. Он преподаёт ру́сский язы́к, а та́кже францу́зский язы́к. 9. Он три го́да жил в Пари́же. 10. Он четы́ре го́да тому́ наза́д был в Пари́же. 11. Он там рабо́тал в конто́ре. 12. После́дний вопро́с был: «Как вы обы́чно прово́дите день с утра́ до ве́чера?» 13. В четве́рг те́ма бу́дет: «Как я обы́чно провожу́ день». 14. «Вре́мя от вре́мени» зна́чит «from time to time».

Exercise No. 129

1. What does Professor Morgan do? (With what is he occupied?) He gives lectures at the university. And Boris Kuznetsov, what does he do? He teaches in a secondary school. 2. What are the children doing? They are watching television. Isn't it time to go to bed? Of course. It is already late. 3. At what time do you get up? I get up at six o'clock. And when do you go to bed? I go to bed at eleven at night. 4. When you are (will be) in Moscow, will you go to concerts? I hope to go to concerts often, also to the theatre and ballet.

Exercise No. 130

2. конча́ются 3. начина́ются 4. ложа́тся 5. занима́ются 6. сади́тся 7. ложи́мся 8. ложи́тесь 9. занима́етесь 10. наде́юсь 11. наде́етесь 12. наде́емся 13. у́чатся 14. у́читесь

2. The examinations finish at four o'clock. 3. The examinations begin at two o'clock. 4. The children go to bed at ten o'clock. 5. Today they are not doing (not occupied with) the lesson. 6. He sits down at table. 7. We go to bed late. 8. Do you go to bed early? 9. Are you doing the lesson? 10. I hope to see him. 11. Do you hope to go to concerts often? 12. We hope to go to concerts every month. 13. The children are learning to read. 14. Are you learning to play tennis?

Exercise No. 131

2. умыва́емся 3. ложи́тесь 4. встаёте 5. конча́ется 6. ложу́сь 7. начина́ют 8. занима́ется 9. наде́емся 10. сади́тся 11. сиди́т 12. нра́вится 13. лю́бим 14. одева́ет 15. одева́ются 16. занима́ется 17. лю́бите 18. нра́вятся 19. у́чимся 20. у́чатся

Exercise No. 132

1. Кузнецо́в встаёт в семь часо́в. 2. Он бы́стро умыва́ется и одева́ется. 3. Жена́ Кузнецо́ва встаёт ра́но. 4. Он за́втракает вме́сте с жено́й. 5. Это ему́ о́чень нра́вится. 6. На за́втрак он обы́чно ест поджа́ренный хлеб и я́йца. 7. Он пьёт апельси́новый сок и ко́фе. 8. Эта посло́вица зна́чит: «Cabbage soup and kasha are our food». 9. Заня́тия конча́ются в три часа́. 10. Он е́дет домо́й в три часа́. 11. До́ма он рабо́тает в саду́ и́ли игра́ет с ребёнком. 12. Семья́ у́жинает в шесть часо́в. 13. По́сле у́жина Кузнецо́в и жена́ мо́ют посу́ду. 14. Ребёнок по́сле у́жина смо́трит телеви́зор и́ли гото́вит уро́ки. 15. Ребёнок в де́вять часо́в идёт спать.

Exercise No. 133

1. She was placing the beautiful teapot on the table. 2. Our professor was sitting at the table and writing a long letter. 3. They were looking at a large

map on the wall. 4. I shall read this Russian newspaper regularly. 5. This old friend used to visit Professor Morgan often. 6. Professor Morgan's wife often listened to good music on the radio. 7. I like this new magazine very much. 8. He used to teach the French language. 9. What a wonderful theme! 10. I very much like this comfortable living room. 11. The teacher used to pose difficult questions. 12. I shall buy this newspaper every day. 13. He is sending me four books. 14. My friend John lives not far from me in the city. 15. I used to see this friend every day. 16. Do you have a new teacher? 17. Do you know this young man? 18. This young man is my brother. 19. We know this little boy. 20. He is the son of Professor Morgan.

Exercise No. 134

3. S 4. S 5. ка́ждую ча́шку 6. S 7. бе́лую шля́пу 8. си́нюю руба́шку 9. но́вого профе́ссора 10. хоро́шего до́ктора 11. ста́рого адвока́та 12. молодо́го челове́ка 13. краси́вую де́вушку 14. каку́ю пого́ду 15. S 16. S 17. S 18. ва́шу но́вую ю́бку. 19. S 20. моего́ бра́та 21. мою́ сестру́ 22. S 23. э́ту кра́сную буты́лку 24. э́ту плоху́ю пого́ду

Exercise No. 135

1. Это плоха́я пого́да 2. Кузнецо́в прихо́дит к профе́ссору Мо́ргану. 3. В э́тот раз мла́дший сын Мо́ргана открыва́ет дверь. 4. Он подаёт ма́льчику плащ, зо́нтик и кало́ши. 5. Ему́ бу́дет поле́зно пить чай с ро́мом. 6. Они́ бу́дут говори́ть о пого́де. 7. Мы говори́м о пого́де, когда́ мы не зна́ем, о чём говори́ть. 8. Пого́да — о́чень обы́чная те́ма для разгово́ра. 9. Они́ вхо́дят в столо́вую. 10. Жена́ Мо́ргана ста́вит на стол ча́йник и буты́лку ро́ма. 11. Она́ берёт буты́лку ро́ма с буфе́та. 12. Она́ не остаётся в ко́мнате. 13. Да. Кузнецо́в чу́вствует себя́ лу́чше. 14. Они́ продолжа́ют разгова́ривать о пого́де.

Exercise No. 136

1. Is it pleasant to live in the suburbs? Very pleasant. Living in the city is unpleasant to me. 2. Is it difficult for you to speak Russian? Yes. It is very difficult for me. 3. Is it difficult for him to speak English? No. It is easy for him. 4. Is Annie sick? No. She was sick, but now she is better (*lit.* To her [it is] better). 5. What are you reading? I am reading the newspaper "Pravda". I think that it is an interesting paper. Do you want to read it now? Thanks. I don't want to now. I feel like sleeping. 6. Do you think there will be rain? No. It is cold. I think there will be snow. 7. Where was she going so late? She was going to the doctor. 8. Why are you closing the window? It is not cold. But I am cold. I have a cold. 9. Is it raining hard? It doesn't matter. I have a raincoat, an umbrella, and galoshes. 10. Tell me something about the climate in Great Britain. With pleasure! In summer it is hot; in winter it is cold; in autumn it is windy; in spring the sun shines.

Exercise No. 137

1. В про́шлый вто́рник они́ говори́ли о пого́де. 2. Пого́да была́ плоха́я. 3. Сего́дня ве́чером они́ говоря́т о кли́мате в Великобрита́нии. 4. В Великобрита́нии четы́ре вре́мени го́да. 5. Ле́том тепло́. 6. Зимо́й

хо́лодно. 7. Весно́й пого́да стано́вится лу́чше. 8. Мо́рган предпочита́ет весну́. 9. Кузнецо́в предпочита́ет о́сень. 10. Весно́й всю́ду начина́ется но́вая жизнь. 11. В университе́те ле́тние кани́кулы продолжа́ются от середи́ны ию́ня до середи́ны сентября́. 12. СССР — огро́мная страна́. 13. Кли́мат в СССР — тру́дная те́ма для разгово́ра. 14. В уче́бнике есть интере́сная глава́. 15. Тем вре́менем Мо́рган бу́дет чита́ть в уче́бнике главу́ о кли́мате в СССР.

Exercise No. 138

1. mathematics	5. physiology	9. chemistry	13. medicine
2. geography	6. algebra	10. anatomy	14. philosophy
3. economics	7. geometry	11. astronomy	
4. biology	8. physics	12. sociology	

Exercise No. 139

1. i.	4. c.	7. b.	10. a.
2. f.	5. d.	8. g.	11. l.
3. j.	6. e.	9. h.	12. k.

Exercise No. 140

2. чита́ла — бу́дет чита́ть
3. встава́ли — бу́дете встава́ть
4. у́жинал — бу́ду у́жинать
5. гото́вил — бу́дет гото́вить
6. слу́шала — бу́дет слу́шать
7. обе́дали — бу́дем обе́дать
8. по́мнила — бу́ду по́мнить
9. за́втракали — бу́дут за́втракать
10. задава́ла — бу́дет задава́ть
11. писа́ли — бу́дут писа́ть
12. занима́лись — бу́дут занима́ться
13. учи́лся — бу́дет учи́ться
14. одева́лся — бу́дешь одева́ться

Exercise No. 141

1. чита́ли; бу́дут чита́ть 2. был; бы́ли; бу́ду 3. не писа́ли; не бу́дут писа́ть 4. гото́вили; бу́дем гото́вить 5. расска́зывала; бу́ду расска́зывать 6. задава́л вопро́сы; бу́дет задава́ть вопро́сы 7. не начина́ли; не бу́дете начина́ть 8. по́мнили; бу́дет по́мнить 9. за́втракала; бу́ду за́втракать 10. у́жинал; бу́дет у́жинать

Exercise No. 142

1. наде́юсь 2. садя́тся 3. одева́ется 4. начина́ется 5. занима́ется 6. занима́ться 7. занима́юсь 8. бу́дут конча́ться 9. бу́дут начина́ться 10. конча́лся 11. начина́лись 12. занима́лся

Exercise No. 143

1. Мне хо́лодно. Мне бы́ло хо́лодно. Мне бу́дет хо́лодно. 2. Сего́дня хо́лодно. Вчера́ бы́ло хо́лодно. За́втра бу́дет хо́лодно. 3. Сего́дня тепло́. 4. Мне тепло́. 5. Нам прия́тно. 6. Вам бу́дет прия́тно. 7. Мне ску́чно. 8. Им бы́ло ску́чно. 9. Ей тру́дно. 10. Им бы́ло тру́дно. 11. Нам ка́жется, что они́ пра́вы. 12. Мне хо́чется рабо́тать.

Exercise No. 144
ABOUT THE CLIMATE IN THE U.S.S.R.

The U.S.S.R. is three times as large as the U.S.A. and 90 times as large as Great Britain. The greater part of the country lies in the temperate zone. The winter is very cold and long. The snow is everywhere. In Moscow the snow lasts (*lit.* does not melt) for a hundred days. In the summer it is hot and dry. But spring is marvellous! The spring is long and pleasant. The snow melts quickly. The sun shines brightly.

Autumn in the U.S.S.R. is short and unpleasant. In the north, it is already snowing in September. But when it is winter in the north, in the south of Russia it is warm and pleasant. The climate on the coast of the Black Sea is like the climate of Florida.

The Caucasus, as you know, is situated in the south of Russia, and many Russians go there to spend their leave (vacation). Of course, in the Caucasus, in the high mountains, it is usually rather cold.

In Siberia winter is very long and cold, and summer is short and hot. It will be interesting to you to know that there are places in Siberia where there are 32 degrees [of] heat in summer, and 32 degrees [of] freezing cold in winter.

Exercise No. 145
1. домо́в 2. студе́нтов 3. ма́льчиков 4. кла́ссов 5. де́вочек 6. сигаре́т 7. о́кон 8. сестёр 9. карандаше́й 10. ма́льчиков 11. профе́ссора 12. уро́ка 13. дней 14. же́нщин 15. неде́ли 16. неде́ль 17. го́да 18. год 19. учителе́й 20. словаре́й 21. приме́ров

Exercise No. 146
1. семь 2. девятна́дцать 3. два́дцать 4. пятна́дцать 5. де́сять 6. шесть 7. оди́н 8. три 9. двена́дцать 10. оди́н, одно́, одну́.

Exercise No. 147
b. де́вять плюс во́семь = семна́дцать c. семь плюс пять = двена́дцать d. восемна́дцать ми́нус четы́ре = четы́рнадцать e. де́сять плюс семь = семна́дцать f. два́дцать ми́нус четы́ре = шестна́дцать g. оди́ннадцать плюс четы́ре = пятна́дцать h. де́сять плюс де́вять = девятна́дцать

Exercise No. 148

1. журна́лах	5. города́х	9. тётях	13. рубля́х
2. студе́нтах	6. моря́х	10. де́вушках	14. кни́гах
3. автомоби́лях	7. карти́нах	11. дела́х	15. карандаша́х
4. ма́льчиках	8. ня́нях	12. пое́здках	

Exercise No. 149
1. Что́бы хорошо́ говори́ть, писа́ть и понима́ть по-ру́сски, ну́жен большо́й запа́с слов. 2. Ци́фры нам осо́бенно важны́. 3. Без цифр совреме́нная цивилиза́ция была́ бы невозмо́жна. 4. Учёный сра́зу же ду́мает о нау́ке. 5. Гла́вный интере́с Мо́ргана не му́зыка, а нау́ка. 6. Ци́фры нам нужны́, что́бы ука́зывать вре́мя, чи́сла и температу́ру, что́бы счита́ть

де́ньги и де́лать поку́пки. 7. Мо́рган уже́ уме́ет счита́ть по-ру́сски. 8. Коне́чно, ему́ нужна́ пра́ктика в ци́фрах. 9. Кузнецо́в ему́ задаёт не́которые зада́чи по арифме́тике. 10. Повторе́ние — мать уче́ния. 11. Экза́мен не́ был сли́шком тру́дный. 12. Мо́рган получа́ет отме́тку пять.

<h3 style="text-align:center">Exercise No. 150</h3>

c. 42 студе́нта d. 15 домо́в e. 60 о́кон f. 16 школ g. 10 карандаше́й h. 12 ме́сяцев i. 43 го́да j. 90 столо́в k. 70 учителе́й l. 31 сло́во m. 25 рубле́й

<h3 style="text-align:center">Exercise No. 151</h3>

2. двена́дцать часо́в 3. семь дней 4. шестьдеся́т мину́т 5. шесть-деся́т секу́нд 6. три́дцать дней 7. три рубля́ 8. сто пятьдеся́т рубле́й 9. три́дцать фу́нтов 10. со́рок рубле́й

<h3 style="text-align:center">Exercise No. 152</h3>

1. Ско́лько ему́ лет? 2. Ему́ три́дцать лет. 3. Ма́льчику двена́дцать лет. 4. Де́вочке три го́да. 5. Мне де́сять лет. 6. Ребёнку оди́н год. 7. Бра́ту трина́дцать лет. 8. Сестре́ пятна́дцать лет. 9. Ско́лько тебе́ лет? 10. Ско́лько вам лет? 11. Кому́ шестна́дцать лет? 12. Нам сем-на́дцать лет.

<h3 style="text-align:center">Exercise No. 153</h3>

2. нужны́	7. нужны́	12. нужна́
3. ну́жен	8. нужна́	13. ну́жен
4. нужна́	9. нужна́	14. ну́жен
5. ну́жен	10. нужна́	15. нужна́
6. ну́жно	11. ну́жен	

<h3 style="text-align:center">Exercise No. 154</h3>

1. Четы́ре тури́ста обе́дают в рестора́не. 2. Четы́ре обе́да сто́ят пятна́дцать рубле́й пятьдеся́т копе́ек. 3. Они́ оставля́ют три рубля́ три́-дцать три копе́йки на чай. 4. Он несёт тяжёлый чемода́н. 5. Вес чемода́на — три́дцать кило́. 6. В фу́нтах — вес чемода́на шестьдеся́т шесть фу́нтов. 7. Четы́реста миль от Ленингра́да до Москвы́. 8. Мо́р-ган вхо́дит в универма́г. 9. Он себе́ покупа́ет шля́пу. 10. Он покупа́ет для жены́ блу́зку. 11. Два спу́тника сто́ят пять рубле́й. 12. Он покупа́ет ру́сскую ку́клу для де́вочки. 13. За поку́пки он пла́тит два́дцать семь рубле́й. 14. В четве́рг те́ма разгово́ра бу́дет: «Кото́рый час?»

<h3 style="text-align:center">Exercise No. 155</h3>

2. четы́рнадцать пятна́дцать 3. восемна́дцать два́дцать 4. три-на́дцать восемна́дцать 5. де́вять часо́в 6. во́семь три́дцать ве́чера 7. семь со́рок пять ве́чера 8. четы́ре три́дцать ве́чера 9. шесть пятна́-дцать утра́ 10. два часа́ но́чи 11. де́вять три́дцать семь утра́; пять де́сять ве́чера.

Exercise No. 156

1. свой	4. своё	7. на́ше	10. Его́
2. свою́	5. свою́	8. твой	11. мой
3. моё	6. свой	9. ваш	12. моё; ва́ше

Exercise No. 157

1. Все хотя́т знать, кото́рый час. 2. Кузнецо́в бу́дет игра́ть роль касси́ра в биле́тной ка́ссе. 3. Мо́рган — тури́ст. 4. Тури́ст е́дет в Москву́. 5. Он хо́чет купи́ть биле́т в оди́н коне́ц. 6. Касси́р ему́ даёт биле́т. 7. Он прекра́сно игра́ет свою́ роль. 8. Профе́ссор игра́ет роль посети́теля в кино́. 9. Он покупа́ет два биле́та. 10. Он повторя́ет: «Вы прекра́сно игра́ете свою́ роль.» 11. Он отвеча́ет: «Вы о́чень любе́зны.» 12. Мо́рган прекра́сно игра́ет свою́ роль.

Exercise No. 158

1. We have a new school in the suburbs. 2. All [the people] were talking about the new school. 3. Our children go to a new school. 4. He is writing a new word on the blackboard. 5. We were at the new teacher's house. 6. The children love the new teacher. 7. I am giving my pencil to the new pupil. 8. The new dictionary is lying on the table. 9. She is writing with a [light] blue pencil. 10. It is easy to write with a good pen. 11. The child is eating with a small spoon. 12. When does the last train leave? 13. I want to buy a return ticket. 14. The students were sitting around a big table. 15. On the piano stood a portrait of a beautiful woman. 16. The cats were lying on the red carpet. 17. Do you know the Russian professor? 18. I know a good doctor. 19. She was sitting in the second seat. 20. Give me tickets in the balcony in the first row. 21. The teacher gives books to the new pupil. 22. She is writing a letter to the new teacher. 23. Why don't you go to a good doctor? 24. Do you know a good doctor?

Exercise No. 159

1. Профе́ссор до́ма. 2. Кузнецо́в прихо́дит на уро́к. 3. Она́ — в кино́. 4. Разгово́р на те́му «кино́» о́чень кста́ти. 5. Фи́льмы ма́ло интересу́ют профе́ссора. 6. Он предпочита́ет теа́тр. 7. Они́ стоя́т до́рого. 8. В пе́рвом ряду́ балко́на мо́жно хорошо́ ви́деть и слы́шать. 9. Де́ти пред-почита́ют кинокоме́дии и детекти́вные фи́льмы. 10. Кинотеа́тр на-хо́дится бли́зко от до́ма. 11. Они́ иду́т туда́ пешко́м. 12. Ну́жно пятна́дцать мину́т. 13. Де́ти ра́но прихо́дят. 14. Он чу́дно говори́т по-ру́сски. 15. Он до́лжен благодари́ть Кузнецо́ва.

Exercise No. 160

2. к о́кнам 3. по у́лицам 4. за стена́ми 5. ме́жду зда́ниями 6. под сту́льями 7. над стола́ми 8. с ма́льчиками 9. с де́вушками 10. за сада́ми 11. ме́жду кни́гами 12. ме́жду тетра́дями 13. к профессора́м 14. с детьми́ 15. за карти́нами

Exercise No, 161

1. The teacher arrives in class with notebooks. 2. The pupils go to school with books. 3. They are writing with pencils. 4. With whom do you wish

to speak? 5. I want to speak with the boys. 6. They went up to the doors of the theatre. 7. Mrs. Morgan often goes shopping at the supermarket. 8. Cars were going through the streets of the city. 9. She was going to the doctor with the children. 10. In this shop they do not deal in toys. 11. Man walks with his feet, works with his hands, sees with his eyes. 12. Will you dine with us? 13. We never have supper with them. 14. The teacher was not satisfied with the pupils. 15. The pupils were quite satisfied with the teacher. 16. Is Olga well? No, she is ill. 17. What is the matter with her? She has a cold and a fever. 18. Is Anthony well? No, he is ill. 19. What is the matter with him? He has a headache. 20. They have to go to the doctor.

Exercise No. 162

1. Они разговаривают о жизни в пригороде. 2. Профессору нравится жизнь в пригороде. 3. У них много товарищей. 4. Супермаркет не далеко от дома Морганов. 5. Она ездит туда автомобилем. 6. Дети только иногда ездят с ней. 7. В супермаркете она покупает фрукты, молоко, сыр, и т. д. 8. Ей не надо ездить в город, чтобы купить одежду. 9. Они называются «Гастроном». 10. Все продукты продаются в магазинах «Гастроном». 11. Они не торгуют игрушками. 12. В Москве много магазинов «Гастроном».

Exercise No. 163

1. что с ним 2. подают 3. в один конец 4. задаёт 5. магазинов 6. называется 7. платите 8. несёт 9. сдачи 10. завтракают 11. нужно 12. приходит 13. совсём не 14. «Чудно!» 15. Во время поездки

Exercise No. 164

1. f.	3. a.	5. b.	7. j.	9. e.
2. d.	4. i.	6. h.	8. g.	10. c.

Exercise No. 165

1. This category of words is especially important to us. 2. Without numbers science would be impossible. 3. Here are a few problems in arithmetic. 4. I like practice in numbers. 5. How many roubles does this shirt cost? 6. The porters are carrying heavy trunks to the station. 7. He gives the cashier a hundred roubles and receives fifty roubles in change. 8. At what time do the examinations start? 9. Philip has many friends. 10. There are many stores in Moscow. 11. It was raining and everybody was standing under umbrellas. 12. Why don't you give the toys to the children? 13. In the bottles on the buffet there was white wine. 14. June and July are vacation time. 15. They spend the summer vacation in the U.S.S.R. 16. We need money on trips. 17. I am able to use these Russian words correctly. 18. We received letters almost every week. 19. In the streets of the city there were crowds. 20. Where are you going with these trunks?

Exercise No. 166

2. чемода́ны 3. карандаша́ми 4. ученика́м 5. пи́сьма 6. пи́сем
7. ма́льчиков 8. кни́ги 9. де́вушек 10. де́вушкам 11. дверя́ми
12. столо́в 13. фа́бриках 14. учителя́ми 15. студе́нтами 16. шко́лах
17. кани́кул 18. кани́кулы 19. слова́ 20. карандаше́й

Exercise No. 167

The Donkey and the Car

A Modern Fable

A car is going along the road. Suddenly he sees a donkey, who is going very slowly. The donkey is carrying a heavy load.

The car sees the donkey and says, "Hello! Why are you going so slowly? Don't you want to go faster, like me?"

"Yes, I should very much like to go faster! But, tell me, is it possible?"

"It is not difficult," answers the car. "My tank is full of petrol. Drink up a part (of it) and you will go very quickly."

The donkey drinks a part of the petrol. But he is not able to go quickly. He is not even able to go slowly. Alas, he cannot go at all! He has a pain in his belly.

The poor donkey! He is not very wise! He doesn't know that petrol is good (useful) for cars but harmful for donkeys.

Exercise No. 168

1. I wrote (have written) a letter, and she wrote (has written) a postcard.
2. They used to write every week. 3. What were they doing all day? 4. Have you already read (finished reading) this novel? 5. I was reading all evening.
6. We were working in the factory. 7. At noon we were walking in the park.
8. We had supper at seven o'clock. 9. After dinner we played tennis awhile.
10. After supper we read awhile. 11. We were doing our lessons for tomorrow. 12. Have you already done your lessons for tomorrow? 13. After supper we listened to the radio awhile. 14. We were listening to the radio while they were doing their lessons. 15. Usually we dine in a restaurant, but today we dined at home.

Exercise No. 169

1. Today we shall be talking about the climate in the U.S.S.R. 2. They will first do their lessons, and then they will listen to the radio. 3. I shall have supper at seven o'clock, and then I shall read a Russian tale. 4. She will write a letter to her mother immediately after dinner. 5. On Sunday I shall work a little in the morning, and go for a little walk in the park during the afternoon. 6. This evening we shall have dinner in a restaurant. 7. Tomorrow it will be cold. We shall be at home. 8. Will you be writing letters all evening? 9. No, I shall write only one letter. 10. Tomorrow we shall read (finish reading) this new book. 11. I unexpectedly saw (caught sight of) you at the theatre yesterday evening. 12. In front of the house you will see (notice) a large red car.

Exercise No. 170

3. прочита́ли 4. прочита́ю 5. обе́даем 6. пообе́дали 7. сде́лала
8. бу́дут де́лать 9. гуля́ли 10. поза́втракали 11. де́лали 12. погуля́л
13. де́лаете 14. де́лали 15. бу́ду рабо́тать 16. бу́дете де́лать 17. у́жи-
нали 18. поу́жинали 19. поу́жинали 20. бу́дете рабо́тать

Exercise No. 171

A Friend Visits Me

One fine day I was sitting at the table and writing a letter. Suddenly someone opened the door and entered my study. It was an old friend, Vladimir, and
I was always glad to see him. He knew that I had been studying Russian for
some time. Therefore he immediately began to speak Russian. He said,
"Hello! How are you?" I answered in Russian. Then he began to pose questions in Russian and I answered (was answering) rather fluently.

He asked whether I had a good teacher. Of course, I answered that I had a
very good teacher.

Finally he said that I spoke Russian very well and that he was very satisfied
with me. But I answered that I wanted to speak still better. When I said to him
that I would soon go to Russia, my friend said, "Happy journey!" and then
went out of the study.

Exercise No. 172

1. She was speaking loudly, and I easily understood everything. 2. The
day before yesterday we began our work on time. 3. We began our examinations when they finished theirs. 4. Mother bought sweets for the children.
5. I usually buy hats in the city, but today I bought myself a new hat in the
suburbs. 6. They always opened the windows when it was hot. 7. All the
pupils have (had) already opened [their] notebooks. 8. Exactly at three
o'clock they all closed [their] books. 9. When he was explaining the lesson
to the pupils, they all listened attentively. 10. I often asked about that, but
he never answered my question. 11. Somebody answered all the difficult
questions. 12. They asked where you live. 13. We received a letter from
him every week. 14. Four days ago [my] sister received a letter from him.
15. What did he write in the letter?

Exercise No. 173

1. I usually have supper at home, but this evening I shall have supper in a
restaurant. 2. Yesterday she bought a new suit, and today she will buy a new
hat. 3. We asked him, but he didn't answer. He will answer if you ask him
once more. 4. I just received a letter from Mother. I shall read it immediately. 5. On Sunday I shall work in the morning, and in the afternoon I shall
take a walk in the park. 6. When will you finish the work? I hope to finish
at five o'clock. 7. When will you begin the examination? At two o'clock.
8. I shall say everything that I want to say. 9. If it is (*lit.* if it will be) stuffy,
we shall open the windows. 10. If it is cold, we shall close the windows.

Exercise No. 174

1. Я напишу́ одно́ письмо́. 2. Он сейча́с начнёт письмо́. 3. Она́ прочита́ет эту кни́гу. 4. Они́ порабо́тают. 5. Мы послу́шаем ра́дио. 6. Я скажу́ пра́вду. 7. Вы полу́чите журна́л сего́дня? 8. Он вас спро́сит, где вы живёте. 9. Что́ вы отве́тите? 10. Что́ вы ку́пите?

Exercise No. 175

2. ко́нчили 3. откры́ли 4. получи́ли 5. спра́шивала, писа́ли 6. сказа́ли 7. закры́ли 8. понима́ли, говори́л 9. сказа́ли 10. начина́ли

Exercise No. 176

1. Вы закры́ли окно́?
2. Он открыва́л дверь.
3. Они́ начина́ли уро́к.
4. Они́ отве́тили пра́вильно.
5. Иногда́ она́ покупа́ла журна́л.
6. Они́ покупа́ли газе́ты.
7. Что́ они́ сказа́ли?
8. Он говори́л гро́мко?
9. Вы по́няли то́, что он сказа́л?
10. Они́ ча́сто мне писа́ли.
11. Я уже́ ко́нчил рабо́ту.
12. Вдруг кто́-то откры́л дверь.
13. Что́ он спроси́л?
14. Я сра́зу же отве́тил.
15. Вы получи́ли моё письмо́?

Exercise No. 177

1. Write often, Vanya! 2. Children, write well! 3. Please write down this sentence. 4. Read loudly, Annie! 5. Read the following reading text through! 6. Don't buy anything in this shop. 7. Buy this watch! 8. Don't buy this hat! 9. Speak slowly. 10. Say what you want to do. 11. Don't listen to the radio. 12. Open all the windows!

Exercise No. 178

1. We entered the hall of the house. 2. It was raining when he entered the professor's house. 3. She went into the shop with the children. 4. They came out of the cinema and then went to a restaurant. 5. On that evening he came late because it was raining. 6. We want to go to the station on foot. 7. When I arrived at the professor's in order to give the lesson it was snowing. 8. They usually went shopping at the Gastronom and were always able to find what they wanted. 9. We bought lots of provisions and left the shop. 10. All of a sudden somebody opened the door and entered the office. 11. He often came to give Russian lessons. 12. He said "Goodbye" and left the study. 13. He arrived at seven o'clock in the evening and left at eleven. 14. He found five roubles in the street. 15. How often do these magazines come out? Weekly.

Exercise No. 179

1. входи́ла 2. выходи́ли 3. пришёл 4. ушёл 5. вы́шла 6. нашли́ 7. выхо́дят 8. пришла́ 9. уйду́ 10. вхо́дят 11. пойду́ 12. пойдём

Exercise No. 180

1. Кузнецо́в по́мнит холо́дный дождли́вый ве́чер ра́нней весно́й. 2. В э́тот ве́чер он пришёл в во́семь часо́в ве́чера. 3. Сын Мо́ргана откры́л ему́ дверь. 4. Кузнецо́в подал плащ и зо́нтик сы́ну Мо́ргана. 5. Он спроси́л: «До́ма ли па́па?» 6. Ма́льчик отве́тил, что па́па ждёт его́ в кабине́те. 7. В э́ту мину́ту профе́ссор вошёл в пере́днюю. 8. Он сказа́л: «Но, вот он сам!» 9. Мо́рган и Кузнецо́в пошли́ в столо́вую. 10. Жена́ поста́вила на стол буты́лку ро́ма. 11. Она́ взяла́ буты́лку ро́ма с буфе́та. 12. Зате́м, Мо́рган нали́л две ча́шки ча́ю. 13. Пока́ они́ пи́ли чай, они́ говори́ли о пого́де. 14. Кузнецо́в почу́вствовал себя́ лу́чше. 15. У Кузнецо́ва хоро́шая па́мять. 16. Кузнецо́в никогда́ ничего́ не забыва́ет.

Exercise No. 182

1. Late at night we went into town. 2. Early in the morning we went out of (left) the city. 3. This evening I shall go to Leningrad by bus. 4. Professor Morgan soon will go to the U.S.S.R. 5. We are now leaving the suburbs. The next village is situated not far from here. We shall soon arrive there. 6. Is your brother still in London? No, he left last evening. 7. She left Moscow two hours ago. 8. Her husband went away with her and the children. 9. They came here to the suburbs not long ago. 10. My wife has gone to the stores to do [some] shopping. 11. I shall go to Yalta by train and from there to Sochi. 12. We shall go to various parts of Moscow on the underground. 13. I shall have to be leaving tomorrow. 14. He had to leave yesterday. 15. My teacher came from France. 16. In [his] last letter he writes that he is leaving Moscow tomorrow or the day after tomorrow and will arrive here soon. 17. When will they arrive home? 18. My wife and I left the hotel and went to the museum by underground. 19. We left at five o'clock in the morning and reached Moscow yesterday evening. 20. At what time will you arrive at Tashkent?

Exercise No. 183

1. Профе́ссор Мо́рган ско́ро е́дет в СССР. 2. Он лети́т самолётом. 3. Он проведёт не́сколько дней в Пари́же. 4. Он посети́т Эрмита́ж. 5. В Москву́ он полети́т самолётом. 6. У Мо́ргана есть ка́рта Москвы́. 7. Кремль стои́т в це́нтре Москвы́. 8. Он хо́чет посмотре́ть дворцы́ и собо́ры. 9. Он хо́чет погуля́ть на Кра́сной пло́щади. 10. Он посети́т Центра́льный парк культу́ры и о́тдыха и́мени Го́рького. 11. Мавзоле́й Ле́нина стои́т на Кра́сной пло́щади. 12. На метро́ он пое́дет в ра́зные ча́сти го́рода. 13. По слу́хам, метро́ краси́во. 14. Он там проведёт три́дцать дней. 15. Кузнецо́в не пое́дет вме́сте с ним.

Exercise No. 184

1. изуча́ет ру́сский язы́к. 2. он вы́учил пра́вила грамма́тики. 3. и тепе́рь чита́ет дово́льно свобо́дно. 4. говори́ть с ру́сскими на их языке́. 5. и пое́дет тури́стом. 6. провести́ три́дцать дней в Сове́тском Сою́зе. 7. и пото́м в Москву́. 8. он познако́мится с ру́сскими учёными. 9. и поэ́тому не мо́гут пое́хать с ним. 10. его́ самолёт вы́летит то́чно в два

часа́. 11. на аэропо́рте за час до отлёта. 12. де́ти вста́ли. 13. пока́зывает биле́т и па́спорт. 14. и профе́ссор Мо́рган сади́тся в самолёт. 15. на пути́ в Ленингра́д.

Exercise No. 185

1. Мо́рган шесть ме́сяцев изуча́ет ру́сский язы́к. 2. Он провёл мно́го вре́мени с Кузнецо́вым. 3. Он вы́учил са́мые гла́вные пра́вила грамма́тики. 4. Он тепе́рь говори́т дово́льно свобо́дно. 5. Он купи́л биле́т. 6. Он проведёт шесть дней в Ленингра́де. 7. Он проведёт де́сять дней в Москве́. 8. Де́ти должны́ око́нчить уче́бный год. 9. Жена́ должна́ смотре́ть за детьми́. 10. Он познако́мится с ру́сскими учёными. 11. День его́ отъе́зда. 12. Самолёт вы́летит в два часа́. 13. Что́бы показа́ть биле́т и сдать ве́щи в бага́ж. 14. В семь часо́в три́дцать утра́. 15. Он кладёт два чемода́на в автомоби́ль. 16. Они́ приезжа́ют в аэропо́рт то́чно в час дня. 17. Он обнима́ет и целу́ет жену́ и дете́й. 18. Самолёт вылета́ет то́чно в два часа́.

Exercise No. 186

1. We have new schools in the suburbs. 2. All were talking about our schools. 3. These children go to the new schools. 4. He is writing these new words on the blackboard. 5. We were at the houses of our new teachers. 6. My children are very fond of their new teachers. 7. I gave my red pencils to this new pupil. 8. All the new dictionaries are on your table. 9. They are writing with blue (light blue) pencils. 10. It is easy to write with good pens. 11. The children are eating with small spoons. 12. When do the last trains leave? 13. The students were sitting around large tables. 14. On the writing table lay several pretty postcards from the U.S.S.R. 15. Newspapers and magazines were always lying on the small tables. 16. Do you know these new Russian professors? 17. Who didn't know these famous doctors? 18. They were sitting in the best places (seats) in the balcony. 19. The teachers are giving books to the new pupils. 20. She is writing a letter to the new teachers (*f.*). 21. Why don't they go to good doctors? 22. Do you know these good doctors? 23. The teacher explains to the pupil the aspects of Russian verbs. 24. He gives various Russian exercises.

Exercise No. 187

1. The Volga is a long river. 2. This river is longer than the Don. 3. It is the longest river of Europe. 4. Leningrad is a beautiful city. 5. This city is more beautiful than Moscow. 6. It is one of the most beautiful cities in the world, but Moscow is the largest city in the U.S.S.R. 7. The Ural mountains are not very high. 8. The mountains of the Caucasus are much higher. 9. But the highest mountains are situated in the Far East. 10. The climate is warmer in the Caucasus than in the north of Russia. 11. He needs a less warm climate. 12. In winter the days are shorter than in spring. 13. The twenty-first of December is the shortest day of the year. 14. The shortest route from America to the U.S.S.R. is across the North Pole. 15. She is a

more beautiful girl than her sister. 16. Speak louder! 17. She reads more Russian than anybody else. 18. Be more diligent! 19. Better late than never.

Exercise No. 188

AN UNUSUAL PICTURE AT THE CINEMA

Usually, Professor and Mrs. Morgan do not like films and they seldom go to see them. But once, in the evening, they went to the cinema with the children. There was an unusual picture showing at the cinema, which was located not far from their home — "The Ballad of a Soldier". This film is an episode in the life of a young Russian soldier. After a heroic action at the front during the last war, he received a leave.

The film is touching and interesting. The scenes of the Russian landscape were very beautiful. Of course, the actors spoke only in Russian, but there were subtitles in English.

The Morgan family liked this picture very much. Professor Morgan liked it most of all.

When Morgan went out of the cinema, he said to his wife, "You know, Helen, I think I shall be able to speak with Russians in their own language when I go to the U.S.S.R. I understood almost everything that the actors and actresses said on the screen."

English-Russian Vocabulary

A

able, to be мочь I, *pf.* смочь I
about о (+ *prep.*); о́коло (+ *gen.*); про (+ *acc.*)
ache, to боле́ть II
acquaintance знако́мый, ′-ая, ′-ое; ′-ые
acquainted, to get знако́миться II, *pf.* познако́миться
across че́рез (+ *acc.*)
actor актёр
actress актри́са
after по́сле (+ *gen.*); за (+ *inst.*)
again опя́ть; сно́ва
  once again ещё раз
against про́тив (+ *gen.*)
ago тому́ наза́д
  long ago давно́
ah! ах!
air во́здух
aeroplane самолёт
airport аэропо́рт
alas! увы́!
all весь, вся, всё; все
almost почти́
alone оди́н, одна́, одно́; одни́
along вдоль (+ *gen.*); по (+ *dat.*)
already уже́
also то́же; та́кже; и
although хотя́
always всегда́
America Аме́рика
American (man) америка́нец
American (woman) америка́нка
American америка́нский, ′-ая, ′-ое; ′-ие
among ме́жду (+ *inst.*)
and и; а; да
answer, to отвеча́ть I, *pf.* отве́тить II

answer отве́т
apartment кварти́ра
apple я́блоко
April апре́ль *m.*
arithmetic арифме́тика
around вокру́г (+ *gen.*)
arrive, to приходи́ть II, *pf.* прийти́ I; приезжа́ть I, *pf.* прие́хать
article (written) статья́
as как
  as far as до (+ *gen.*)
  as soon as как то́лько
ashtray пе́пельница
ask, to спра́шивать I, *pf.* спроси́ть II
aspirin аспири́н
at в (+ *prep.*); у (+ *gen.*); на (+ *prep.*)
  at last наконе́ц
attentively внима́тельно
aunt тётя
author а́втор; писа́тель *m.*
autumn о́сень *m.*
  in autumn о́сенью

B

baby ребёнок
bad плохо́й, -а́я, -о́е; -и́е
  badly пло́хо; нехорошо́
baggage бага́ж
balcony балко́н
ballad балла́да
ballet бале́т
banana бана́н
bank (savings) банк
bathe, to купа́ться I, *pf.* вы́купаться
bathroom ва́нная
be, to быть; быва́ть (to be sometimes)

because потому́ что
become, to станов∕ться II, *pf.*
стать *irreg.*
bed посте́ль *f.*
bedroom спа́льня
beer пи́во
beet soup борщ
begin, to начина́ть I, *pf.* нача́ть I
beginning нача́ло
from the beginning снача́ла
behind за (*place to which*, + *acc.*;
place where, + *inst.*); позади́
(+ *gen.*)
believe, to ве́рить II, *pf.* пове́рить;
ду́мать I, *pf.* поду́мать
besides кро́ме (+ *gen.*)
best лу́чший, '-ая, '-ее; '-ие
better лу́чший, '-ая, '-ее; '-ие *adj.*;
лу́чше *adv.*
between ме́жду (+ *inst.*)
bill счёт
How much is the bill? Како́й бу́-
дет счёт?
birth рожде́ние
birthday день рожде́ния
black чёрный, '-ая, '-ое; '-ые
blouse блу́зка
blue голубо́й, -а́я, -о́е; -ы́е (light);
си́ний, '-яя, '-ее; '-ие (dark)
board, blackboard доска́
boil, to кипяти́ть II, *pf.* вскипяти́ть
II
book кни́га
bookshop кни́жный магази́н
boring ску́чный, -'ая, '-ое; '-ые
born, to be роди́ться II
both о́ба (*m., n.*), о́бе (*f.*)
bottle буты́лка
boulevard бульва́р
boy ма́льчик
bread хлеб
breakfast за́втрак
to have breakfast за́втракать I,
pf. поза́втракать
bright я́ркий, '-ая, '-ое; '-ие
bring, to приводи́ть II, *pf.* при-
вести́ I; привози́ть II, *pf.* при-
везти́ I; приноси́ть II, *pf.*
принести́ I (by hand)

brother брат
buffet буфе́т
building зда́ние
business де́ло
busy за́нятый, '-ая, '-ое; '-ые
busy, to be занима́ться I, *pf.*
заня́ться I *irreg.*
but а; но; одна́ко
butter ма́сло
buy, to покупа́ть I, *pf.* купи́ть II
by у (+ *gen.*)
by the way кста́ти

C

cabbage soup щи
cake торт
calculate, to счита́ть I, *pf.* счесть I
calendar календа́рь *m.*
call, to звать I, позва́ть
can (to be able) мочь I, *pf.* смочь
capital столи́ца
car автомоби́ль (*m.*), маши́на
carpet ковёр
carry, to вози́ть II, *pf.* везти́ I;
pf. носи́ть II, *pf.* нести́ I (by
hand)
case слу́чай *m.*
in that case в тако́м слу́чае
cash desk ка́сса
cashier касси́р
cat ко́шка
category катего́рия
cathedral собо́р
centre центр
cereal ка́ша
certainly коне́чно; непреме́нно
chair стул
chalk мел
change сда́ча
five roubles in change пять ру-
бле́й сда́чи
chat, to поговори́ть II (*pf.*)
chauffeur шофёр
cheap дешёвый, '-ая, '-ое; '-ые
cheerful весёлый, '-ая, '-ое; '-ые
cheese сыр
chess ша́хматы
chief (*adj.*) гла́вный, '-ая, '-ое;
'-ые

child ребёнок
  children дети
chocolate шоколад
choose, to выбирать I, *pf.* выбрать
  I *irreg.*
church церковь *f.*
cigarette сигарета, папироса
cinema кино (*not declined*)
citizen гражданин (*m.*); гражданка
  (*f.*)
city город
civilization цивилизация
class класс
climate климат
close, to закрывать I, *pf.* закрыть I
clothing одежда
club клуб
cold холодный, '-ая, '-ое; '-ые
  head cold насморк
colour цвет
comedy комедия
comfortable удобный, '-ая, '-ое;
  '-ые
comrade товарищ
concert концерт
congratulate, to поздравлять I, *pf.*
  поздравить II
connoisseur знаток
continue, to продолжать I
conversation разговор
converse, to разговаривать I
cool прохладный, '-ая, '-ое; '-ые
cosmetics косметика
cosmonaut космонавт
cost, to стоить II
costume костюм
country деревня (**opposite of city**);
  страна (**land**)
country house дача
course курс
crowd толпа
cry, to плакать I, *pf.* заплакать I
culture культура
cup чашка
curiosity любопытство
custom обычай

D

daddy папа

daily ежедневно
date (of time) число
daughter дочь *f.*
  little daughter дочка
day день *m.*
  day after tomorrow послезавтра
  day before yesterday позавчера
deal in, to торговать I (+ *inst.*)
dear, to пойти I, *pf.* поехать I;
  уходить II, *pf.* уезжать I
dear дорогой, -ая, -ое; -ие; ми-
  лый, '-ая, '-ое; '-ые
dearly дорого
December декабрь *m.*
decide, to решать I; *pf.* решить II
degree (*temperature*) градус
depart, to пойти I, *pf.* поехать I;
  уходить II, *pf.* уезжать I
departure отъезд; отход
dictionary словарь *m.*
different другой, -ая, -ое; -ие; раз-
  ный, '-ая, '-ое; '-ые
difficult трудный, '-ая, '-ое; '-ые
diligent прилежный, '-ая, '-ое;
  '-ые; усердный, '-ая, '-ое; '-ые
diligently прилежно
dine, to обедать I, *pf.* пообедать I
dining room столовая
dinner обед
diploma диплом
director директор
dish тарелка
dishes посуда
do, to делать I, *pf.* сделать I
doctor врач; доктор
doll кукла
door дверь *f.*
dozen дюжина
dress, to одевать(ся) I, *pf.* одеть-
  (ся) I
dress платье
drink, to пить I, *pf.* выпить I
drive, to править II
driver шофёр
dry сухой, -ая, -ое; -ие
during во время (+ *gen.*)

E

each каждый, '-ая, '-ое
early ранний, '-яя, '-ее; '-ие
earth земля

easier ле́гче
easily легко́
east восто́к
easy лёгкий, '-ая, '-ое; '-ие
eat, to есть *irreg.*; ку́шать I
egg яйцо́
embrace обнима́ть I
end, to конча́ть(ся) I, *pf.* ко́нчить-
(ся) II
engine маши́на; мото́р
engineer инжене́р; меха́ник
England А́нглия
English англи́йский, '-ая, '-ое; '-ие
in English по-англи́йски
Englishman англича́нин
Englishwoman англича́нка
enormous грома́дный, '-ая, '-ое;
'-ые; огро́мный, '-ая, '-ое; '-ые
enough дово́льно
enter, to входи́ть II, *pf.* войти́ I
entirely совсе́м; соверше́нно
entrance вход; въезд
envelope конве́рт
error оши́бка
etc. и т. д. (и так да́лее)
Europe Евро́па
European европе́йский, '-ая, '-ое;
'-йе
evening ве́чер
in the evening ве́чером
ever всегда́
every ка́ждый, '-ая, '-ое
everything всё
everywhere везде́; повсю́ду
evidently ви́дно
exact то́чный, '-ая, '-ое; '-ые
exactly то́чно
examination экза́мен
example приме́р
excellent отли́чный, '-ая, '-ое;
'-ые; прекра́сный, '-ая, '-ое;
'-ые
excellently отли́чно
except кро́ме (+ *gen.*)
excursion экску́рсия
excuse, to извиня́ть I, *pf.* извини́ть
II
excuse me извини́те, прости́те
exit вы́ход

explain, to объясня́ть I, *pf.* объяс-
ни́ть II
eye глаз (*pl.* глаза́)
eyeglasses очки́ (*pl.*)

F

face лицо́
fact факт
factory фа́брика
family семья́
famous знамени́тый, '-ая, '-ое;
'-ые
far да́льний, '-яя, '-ее; '-ие *adj.*;
далеко́ *adv.*
not far недалеко́
farewell проща́ние
Farewell! Проща́й! До свида́-
ния!
farmer (collective) колхо́зник
farther да́льше
father оте́ц (*gen.* отца́)
favourite люби́мый, '-ая, '-ое; '-ые
fear, to боя́ться II
February февра́ль *m.*
feel, to чу́вствовать I, *pf.* почу́в-
ствовать I
fever жар
few ма́ло
a few немно́го; не́сколько
fewer ме́ньше
field по́ле
film фильм
finally наконе́ц
find, to находи́ть II, *pf.* найти́ I
to find out узнава́ть I, *pf.* узна́ть
I
fine хоро́ший, '-ая, '-ее; '-ие
that's fine! хорошо́! Вот как хо-
рошо́!
finish, to конча́ть I, *pf.* ко́нчить II
first пе́рвый, '-ая, '-ое; '-ые
fish ры́ба
flight полёт
floor пол; эта́ж (storey)
fluently свобо́дно
fly, to лета́ть I; лете́ть II, *pf.* по-
лете́ть
food еда́, пи́ща

foot нога́
on foot пешко́м
football футбо́л
for для (+ *gen.*); за (+ *acc.*); на (+ *acc., extent of time*)
forget, to забыва́ть I, *pf.* забы́ть I
fork ви́лка
frequently ча́сто
fresh све́жий, '-ая, '-ее; '-ие
Friday пя́тница
  on Friday в пя́тницу
friend друг (*m.*); подру́га (*f.*)
from от (+*gen.*); из (+*gen.*; с (+ *gen.*)
front (in front of) пе́ред (+*inst.*)
frost моро́з
fruit фрукт
full по́лный, '-ая, '-ое; '-ые
future бу́дущий, '-ая, '-ее; '-ие

G

galoshes кало́ши (*pl.*)
game игра́
garage гара́ж
garden сад
  in the garden в саду́
generally обы́чно; вообще́
geography геогра́фия
get, to (receive) получа́ть I, *pf.* получи́ть II
get up, to встава́ть I, *pf.* встать *irreg.*
girl де́вушка; де́вочка (little girl)
give, to дава́ть I, *pf.* дать *irreg.*
glad рад, ра́да, ра́до; ра́ды
glass (drinking) стака́н
go, to идти́ I, ходи́ть II, *pf.* пойти́ I (on foot); е́хать I, е́здить II, *pf.* пое́хать I (by vehicle)
  to go away уходи́ть
  to go away from отходи́ть
  to go in входи́ть
  to go out выходи́ть
  to go up to доходи́ть
good до́брый, '-ая, '-ое; '-ые; хоро́ший, '-ая, '-ое; '-ие
good-bye до свида́ния
good day до́брый день

good evening до́брый ве́чер
  good morning до́брое у́тро
  good night споко́йной но́чи
grammar грамма́тика
great вели́кий, '-ая, '-ое; '-ие; большо́й, -а́я, -о́е; -йе
Great Britain Великобрита́ния
gruel ка́ша
guest гость *m.*

H

half полови́на
  half hour полчаса́
hall зал, пере́дняя (*in a house*)
hand рука́
happen, to случа́ться I, *pf.* случи́ться II
happy счастли́вый, '-ая, '-ое; '-ые
  happy voyage счастли́вого пути́
hard (difficult) тру́дный, '-ая, '-ое; '-ые
hat шля́па
have, to име́ть
  to have to до́лжен, должна́, должно́; должны́
he он
head голова́
healthy здоро́вый, '-ая, '-ое; '-ые
hear, to слы́шать II, *pf.* услы́шать II
heat жара́
heavy тяжёлый, '-ая, '-ое; '-ые; си́льный, '-ая, '-ое; '-ые (strong)
hello здра́вствуйте
help, to помога́ть I, *pf.* помо́чь I
her её
  to her ей
here здесь, тут, сюда́ (hither)
  from here отсю́да
  here are (is) вот
hero геро́й
hers её
herself она́ сама́
high высо́кий, '-ая, '-ое; '-ие
higher вы́ше
him его́
  to him ему́
himself он сам

history история
home дом
  at home дóма
  homeward домóй
hope, to надéяться I
hospital больнúца
host хозя́ин
hostess хозя́йка
hot (objects) горя́чий, '-ая, '-ее;
  '-ие
hotel гостúница
hour час
house дом
how как
  how much, how many скóлько
however однáко
huge огрóмный, '-ая, '-ое; '-ые;
  громáдный, '-ая, '-ое; '-ые
hundred сто
husband муж

I

I я
if éсли
ill больнóй, -áя, -óе; -ы́е
  to fall ill заболéть II
immediately срáзу
important вáжный, '-ая, '-ое; '-ые
impossible невозмóжно; нельзя́
in в (*place where*, + *prep.*; *place to*
  which, + *acc.*)
indicate, to укáзывать I, *pf.* укa-
  зáть I
information (news) извéстие
inhabit, to жить I *irreg.*
ink чернúла (*pl.*)
inquire, to спрáшивать I, *pf.* спро-
  сúть II
instead of вмéсто (+ *gen.*)
institute институ́т
instrument инструмéнт
intelligent у́мный, '-ая, '-ое; '-ые
interest интерéс
interest, to интересовáть I
interested, to be интересовáться
interesting интерéсный, '-ая, '-ое;
  '-ые
interpreter перевóдчик
into в (+ *acc.*)

it онó
its егó

J

January янвáрь *m.*
journalist журналúст
journey поéздка
juice сок
July ию́ль *m.*
June ию́нь *m.*

K

kilogram килогрáмм
kilometre километр
kind дóбрый, '-ая, '-ое; '-ые; лю-
  бéзный, '-ая, '-ое; '-ые
kiss, to целовáть(ся) I, *pf.* поцело-
  вáть(ся)
kitchen ку́хня
knife нож
know, to знать I
  to know how умéть I
  well known извéстный, '-ая, '-ое;
  '-ые
knowledge знáние
kopeck копéйка
Kremlin Кремль *m.*

L

laboratory лаборатóрия
lamp лáмпа
land земля́
landscape пейзáж
language язы́к
large большóй, -áя, -óе; -úе
larger бóльше
last послéдний, '-яя, '-ее; '-ие;
  прóшлый, '-ая, '-ое; '-ые
late пóздний, '-яя, '-ее; '-ие
  to be late опáздывать I, *pf.* опоз-
  дáть
later пóзже
laugh, to смея́ться I
lawyer адвокáт; юрúст
lay, to класть I *irreg.*, *pf.* положúть
  II

learn, to учи́ть(ся) II, *pf.* вы́учить-
(ся) II; изуча́ть I, *pf.* изучи́ть II
learning уче́ние
leave (vacation) о́тпуск
leave, to оставля́ть I, *pf.* оста́вить
II; уезжа́ть (to travel away),
уходи́ть (to walk or go away)
lecture ле́кция
lecture, to чита́ть ле́кцию
left ле́вый, '-ая, '-ое; '-ые
  to the left нале́во
leg нога́
lemon лимо́н
less ме́ньше; ме́нее
lesson уро́к
letter письмо́
library библиоте́ка
lie, to лежа́ть II (rest)
  to lie down ложи́ться II, *pf.* лечь
  I *irreg.*
life жизнь *f.*
light свет (*noun*); лёгкий, '-ая, '-ое;
  '-ие (easy); све́тлый, '-ая, '-ое;
  '-ые (bright)
like, to люби́ть II; нра́виться II,
  pf. понра́виться II
like как (as); похо́жий, '-ая, '-ее;
  '-ие (similar)
listen, to слу́шать I, *pf.* послу́шать
  I
live, to жить I *irreg.*
living room гости́ная
long дли́нный, '-ая, '-ое; '-ые
  (measure); до́лго *adv.* (time)
  long ago давно́
  not long недо́лго
look, to смотре́ть II, *pf.* посмо-
  тре́ть
  look! посмотри́те!
lot, a мно́го
loud гро́мкий, '-ая, '-ое; '-ие
loudly гро́мко
love, to люби́ть II
loving лю́бящий, '-ая, '-ее; '-ие
luggage бага́ж

M

machine маши́на
magazine журна́л

main гла́вный, '-ая, '-ое; '-ые
make, to де́лать I, *pf.* сде́лать I
man мужчи́на *m.*; челове́к (person)
many мно́го, мно́гие
map ка́рта
March март
master, to *pf.* вы́учить II
mathematics матема́тика
May май
may мочь I *irreg.*; мо́жно *adv.*
me меня́ (*acc.*), мне (*dat.*)
mean, to зна́чить II
meanwhile ме́жду тем
meat мя́со
mechanic меха́ник
meet, to встреча́ть I, *pf.* встре́тить
  II
  I'm very glad to meet you о́чень
  прия́тно с ва́ми познако́мить-
  ся
memory па́мять *f.*
menu меню́ (*not declined*)
midday по́лдень *m.*
middle середи́на *noun*; сре́дний,
  '-яя, '-ее; '-ие
  in the middle of посреди́ (+ *gen.*)
midnight по́лночь *f.*
mile ми́ля
milk молоко́
million миллио́н
minus ми́нус
minute мину́та
mirror зе́ркало
Miss, Mrs. госпожа́ (for foreigners); гражда́нка, това́рищ
  (among Soviet people)
mistake оши́бка
Mister, Mr. господи́н (for foreigners); граждани́н, това́рищ
  (among Soviet people)
modern (contemporary) совреме́н-
  ный, '-ая, '-ое; '-ые
Monday понеде́льник
  on Monday в понеде́льник
money де́ньги (*pl.*)
month ме́сяц
more бо́льше
  one more ещё оди́н
moreover к тому́ же; кро́ме того́

morning у́тро
  in the morning у́тром
Moscow Москва́; моско́вский,
  '-ая, '-ое; '-ие *adj.*
mother мать
mountain гора́
much мно́го; гора́здо
  how much ско́лько
mummy ма́ма
museum музе́й
music му́зыка
must до́лжен, должна́, должно́;
  должны́
my мой, моя́, моё; мои́
myself я сам; себя́, меня́

N

name (first name) и́мя
name (family name) фами́лия
  What is your family name? Как
    ва́ша фами́лия?
  What is your first name? Как вас
    зову́т?
name, to называ́ть I, *pf.* назва́ть I
  irreg.
named, to be называ́ться I, *pf.* наз-
  ва́ться I *irreg.*
narrate, to расска́зывать I, *pf.*
  рассказа́ть II
narrow у́зкий, '-ая, '-ое; '-ие
nature нату́ра; приро́да
near о́коло (+ *gen.*); у (+ *gen.*);
  бли́зко *adv.*; недалеко́ *adv.*
nearly почти́
necessary ну́жен, нужна́, ну́жно;
  ну́жны (*pl. also* нужны́)
  it is necessary на́до; ну́жно
  I need мне ну́жно, тебе́ ну́жно,
    etc.
neither ... nor ни ... ни
never никогда́
  never mind ничего́
nevertheless всё-таки
new но́вый, '-ая, '-ое; '-ые
news изве́стие; «Изве́стия» *name of
  Soviet newspaper*
newspaper газе́та
newsreel киножурна́л

next сле́дующий, '-ая, '-ее; '-ие
  бу́дущий, '-ая, '-ее; '-ие
nice прия́тный, '-ая, '-ое; '-ые
night ночь *f.*
  at night но́чью
  good night споко́йной но́чи
no нет
nobody никто́
noon по́лдень *m.*
no one никто́
north се́вер
not не; ни
  there is not нет
  not at all совсе́м нет
notebook тетра́дь *f.*
nothing ничего́
novel рома́н
November ноя́брь *m.*
now сейча́с (right now); тепе́рь
number но́мер; число́ (written number)
nurse медсестра́ (for the sick);
  ня́ня (nursemaid)

O

obliged, to be до́лжен, должна́,
  должно́; должны́
occupation заня́тие
occupy, to занима́ть I, *pf.* заня́ть I
  irreg.
  occupied with, to be занима́ться
    I, (*instr.*)
occur, to случа́ться I, *pf.* случи́ть-
  ся II
ocean океа́н
October октя́брь (*m.*)
of из (+ *gen.*); от (+ *gen.*)
office (business) конто́ра
often ча́сто
oh! ах!
O.K. ла́дно
old ста́рый, '-ая, '-ое; '-ые
on на (*place where*, + *prep.*; *place
  to which*, + *acc.*)
once одна́жды
  at once сейча́с же, сра́зу
  once more ещё раз
one оди́н, одна́, одно́

only то́лько
   not only ... but also не то́лько
      ... но и
open, to открыва́ть I, *pf.* откры́ть
   I *irreg.*
opposite напро́тив (+ *gen.*)
or и́ли
   either ... or и́ли ... и́ли
orchestra stalls парте́р
order поря́док
   in order that что́бы
other друго́й, -а́я, -о́е; -и́е
our наш, на́ша, на́ше; на́ши
out, out of из (+ *gen.*)
outside на дворе́
over над (+ *inst.*); across че́рез
   (+ *acc.*)
overcoat пальто́ (*not declined*)

P

paper бума́га
parcel паке́т
parents роди́тели (*pl.*)
park парк
part часть *f.*
pass, to проводи́ть II, *pf.* про-
   вести́ (I) вре́мя (to spend time)
passport па́спорт
pay, to плати́ть II, *pf.* заплати́ть
   II
peace мир
pen перо́
   fountain pen авторучка, ру́чка
pencil каранда́ш
people лю́ди (*pl.*); наро́д
perfectly соверше́нно
performance сеа́нс; спекта́кль *m.*
perhaps мо́жет быть
person челове́к
petrol бензи́н
phrase фра́за
physician врач
physicist фи́зик
pianist пиани́ст (*m.*); пиани́стка
   (*f.*)
picture карти́на
   motion picture кино́
piece кусо́к

pilot авиа́тор; лётчик
pity, it's a pity жаль, жа́лко
   what a pity! как жаль!
place ме́сто
plan план
plant (factory) заво́д
plate таре́лка
play, to игра́ть I, *pf.* сыгра́ть; to
   play a little поигра́ть
pleasant прия́тный, '-ая, '-ое; '-ые
please пожа́луйста
please, to нра́виться II, *pf.* понра́-
   виться II
pleasure удово́льствие
   with pleasure с удово́льствием
plus плюс
poorly нехорошо́
portrait портре́т
possible возмо́жно
post office по́чта
pound фунт
pour, to налива́ть I, *pf.* нали́ть II
practice пра́ктика
practise, to упражня́ться I
prefer, to предпочита́ть I
prepare, to приготовля́ть I, *pf.*
   пригото́вить II
price цена́
probably вероя́тно
problem зада́ча
professor профе́ссор
programme програ́мма
progress, to (make) де́лать успе́хи
proverb посло́вица
pupil учени́к (*m.*), учени́ца (*f.*)
purchase поку́пка
purchase, to покупа́ть I, *pf.* купи́ть
   II
put, to класть I *irreg.*, *pf.* поло-
   жи́ть II

Q

question вопро́с
quickly бы́стро; ско́ро
quiet споко́йный, '-ая, '-ое; '-ые
   (peaceful); ти́хий, '-ая, '-ое; '-ие
quietly споко́йно; ти́хо
quite совсе́м

R

radio páдио (*not declined*)
rain дождь *m.*
 it is raining идёт дождь
raincoat плащ
rainy дождлѝвый, '-ая, '-ое; '-ые
rapidly быстро
rather довóльно
read, to читáть I, *pf.* прочитáть I
reading чтéние
receive, to получáть I, *pf.* получѝть II
recently недáвно
red крáсный, '-ая, '-ое; '-ые
regularly регуля́рно
relate расскáзывать I, *pf.* рассказáть I
remain, to оставáться I, *pf.* остáться I *irreg.*
remarkable замечáтельный, '-ая, '-ое; '-ые
remember, to пóмнить I
repeat, to повторя́ть I, *pf.* повторѝть II
reply, to отвечáть I, *pf.* отвéтить II
report, to сообщáть I, *pf.* сообщѝть II
request, to просѝть II, *pf.* попросѝть
rest óтдых
rest, to отдыхáть I, *pf.* отдохнýть I
return, to возвращáть(ся) I, *pf.* вернýть(ся) I
ride, to éздить II
right (correct) прáвильный, '-ая '-ое; '-ые
 to the right напрáво
 all right хорошó
river рекá
road дорóга
role роль *f.*
room кóмната
rug ковёр
rouble рубль *m.*
run, to бéгать I, *pf.* побéгать
Russian рýсский, '-ая, '-ое; '-ие
 in Russian по-рýсски

S

same сáмый, '-ая, '-ое; '-ые
samovar самовáр
sandwich бутербрóд
Saturday суббóта
 on Saturday в суббóту
say, to говорѝть II, *pf.* сказáть I
scholar учёный
school шкóла
schoolteacher преподавáтель (*m.*), преподавáтельница (*f.*); учѝтель (*m.*), учѝтельница (*f.*)
science наýка
scientist учёный
sea мóре
seat мéсто
seat, to (oneself) садѝться
second вторóй, '-áя, '-óе; '-ы́е
see, to вѝдеть II, *pf.* увѝдеть
seem, to казáться I
 it seems кáжется
self себя́ (*reflex. pronoun*); сам, самá, самó; сáми
sell, to продавáть I, *pf.* продáть I *irreg.*
send, to посылáть I, *pf.* послáть I *irreg.*
September сентя́брь *m.*
serve, to подавáть I, *pf.* подáть I *irreg.*
several нéсколько
shave, to брить(ся) II, *pf.* побрѝть(ся) II
she онá
shelf пóлка
shirt рубáшка
shop магазѝн; лáвка (small shop)
shop, to дéлать покýпки
shore бéрег
short корóткий, '-ая, '-ое; '-ие; крáткий, '-ая, '-ое; '-ие
show, to покáзывать I, *pf.* показáть I
shut, to закрывáть I, *pf.* закры́ть I *irreg.*
sick больнóй, -áя, -óе; -ы́е
sideboard буфéт
similar похóжий, '-ая, '-ее; '-ие

simply про́сто
sing, to петь I
sister сестра́
sit, to сиде́ть II
   to sit down сади́ться II
situated, to be находи́ться II
skirt ю́бка
sleep, to спать II, *pf.* поспа́ть II (to sleep a little); засну́ть I to go to sleep
slowly ме́дленно
small ма́ленький, '-ая, '-ое; '-ие
smoke, to кури́ть II
snow снег
so так
   and so on и т. д. (и так да́лее)
sofa дива́н; софа́
some не́который, '-ая, '-ое; '-ые
somebody кто́-то; кто́-нибудь
something что́-то; что́-нибудь
sometimes иногда́
son сын
sorry; I'm sorry мне жа́лко
Soviet сове́тский, '-ая, '-ое; '-ие
Soviet Union Сове́тский Сою́з
speak говори́ть II, *pf.* сказа́ть I
spoon ло́жка
spring весна́
   in spring весно́й
stalls парте́р
stand, to стоя́ть I, *pf.* стать I *irreg.*
station ста́нция, вокза́л
still ти́хий, '-ая, '-ое; '-ие (quiet); ещё *adv.* (yet)
store магази́н; ла́вка (small store)
story расска́з; исто́рия
street у́лица
study кабине́т
study, to изуча́ть; учи́ться; занима́ться
suburb(s) при́город
such тако́й, -а́я, -о́е; -и́е
suddenly вдруг
sugar са́хар
suit костю́м
suitcase чемода́н
summer ле́то
   in summer ле́том
Sunday воскресе́нье

   on Sunday в воскресе́нье
supper у́жин
   to eat supper у́жинать I, *pf.* поу́жинать
sure ве́рный, '-ая, '-ое; '-ые; уве́ренный, '-ая, '-ое; '-ые
surely наве́рно; коне́чно
surprise сюрпри́з
sweets конфе́ты (*pl.*)

T

table стол
take, to брать I *irreg.*, *pf.* взять I *irreg.*
talk, to говори́ть II; разгова́ривать I (to converse)
taxi такси́ *n.* (*not declined*)
tea чай *m.*
teapot ча́йник
teach, to преподава́ть I; учи́ть II
teacher учи́тель (*m.*), учи́тельница (*f.*)
telephone телефо́н
telephone, to звони́ть (II) по телефо́ну
television телеви́зор
tell, to расска́зывать I, *pf.* рассказа́ть I
textbook уче́бник
than чем
thank, to благодари́ть II, *pf.* поблагодари́ть II
  thank you спаси́бо
  thanks a lot большо́е спаси́бо
that тот, та, то (*demonstrative adj.*)
theatre теа́тр
their, theirs их
them их; to them им
then пото́м; тогда́
there там (*place where*); туда́ (*place to which*)
  from there отту́да
therefore поэ́тому
these э́ти
they они́
thing вещь *f.*
think, to ду́мать I
third тре́тий, '-ья, '-ье; '-ие
this э́тот, э́та, э́то; э́ти

those те
throat го́рло
Thursday четве́рг
  on Thursday в четве́рг
thus так
ticket биле́т
  ticket window ка́сса
time вре́мя; раз
  one time (оди́н) раз
  two times два ра́за
  it is time to go пора́ идти́
  on time во́время
  what time is it? кото́рый час?
tip на чай
  he gives a tip он даёт на чай
to в (+ *acc.*); на (+ *acc.*); к
  (+ *dat.*)
today сего́дня
together вме́сте
tomorrow за́втра
tonight сего́дня ве́чером
too то́же, та́кже (**also**); сли́шком
  (**too, too much**)
tourist тури́ст
toward к (+ *dat.*)
toy игру́шка
train по́езд
tram трамва́й
translator перево́дчик
travel, to путешествова́ть I
tree де́рево
trip пое́здка; путь
truth пра́вда
Tuesday вто́рник
  on Tuesday во вто́рник

U

umbrella зо́нтик
uncle дя́дя
under под (*place where*, + *inst.*;
  place to which, + *acc.*)
underground railway метро́ (*not de-clined*)
understand понима́ть I, *pf.* поня́ть
  I *irreg.*
unfortunately к сожале́нию
United States Соединённые Шта́-
  ты

university университе́т
unpleasant неприя́тный, '-ая, '-ое;
  '-ые
until до (+ *gen.*)
us нас; to us нам
use, to употребля́ть I, *pf.* употре-
  би́ть II
useful поле́зный, '-ая, '-ое; '-ые
usually обыкнове́нно; обы́чно

V

vacation о́тпуск; кани́кулы
varied разнообра́зный, '-ая, '-ое;
  '-ые
vegetables о́вощи
very о́чень
view вид
visa ви́за
visit, to посеща́ть I, *pf.* посети́ть II
visitor посети́тель *m.*
vocabulary слова́рь *m.*; запа́с слов
vodka во́дка
voyage путеше́ствие

W

wait, to ждать I, *pf.* подожда́ть I
walk, to идти́ I, ходи́ть II, *pf.*
  пойти́ I
wall стена́
want, to хоте́ть *irreg.*
warm тёплый, "-ая, "-ое; "-ые
  it is warm тепло́
wash, to мыть I
  to wash oneself умыва́ться I, *pf.*
  умы́ться I
watch часы́ (*pl.*)
water вода́
way, road доро́га
  by the way кста́ти
we мы
weather пого́да
Wednesday среда́
  on Wednesday в сре́ду
week неде́ля
  all week всю неде́лю
weekly еженеде́льный, '-ая, '-ое;
  '-ые

well хорошо́
  healthy здоро́вый, ′-ая, ′-ое;
    ′-ые
  very well; O.K. ла́дно
what как; что
  what a, what kind of како́й, -а́я,
    -о́е; -и́е
when когда́
where где (*place where*); куда́
    (*place to which*)
  from where отку́да
whether ли
  Do you know whether he is ill?
    Вы зна́ете, бо́лен ли он?
which кото́рый, ′-ая, ′-ое; ′-ые
while пока́
white бе́лый, ′-ая, ′-ое; ′-ые
who кто
whole весь, вся, всё; все; це́лый,
    ′-ая, ′-ое; ′-ые
why почему́; заче́м
wide широ́кий, ′-ая, ′-ое; ′-ие
wife жена́
wind ве́тер
window окно́
wine вино́
winter зима́
  in winter зимо́й

wish, to жела́ть I
with с (+ *inst.*)
without без (+ *gen.*)
woman же́нщина
wonderful! чу́дно! замеча́тельно!
word сло́во
work рабо́та
work, to рабо́тать I, *pf.* порабо́-
    тать I
worker рабо́чий
world мир; свет
worse ху́же
write, to писа́ть I, *pf.* написа́ть I

Y

year год
yes да
yesterday вчера́
yet ещё
you ты, вы (*nom. sing. and pl.*);
    тебя́, вас (*acc. sing. and pl.*);
    тебе́, вам (*dat. sing. and pl.*)
young молодо́й, -а́я, -о́е; -ы́е
your, yours твой, твоя́, твоё; твои́;
    ваш, ва́ша, ва́ше; ва́ши

Z

zero ноль, нуль *m.*

Russian-English Vocabulary

А а

а but; and
автóбус bus
автомобúль car
авторýчка (fountain) pen
адвокáт lawyer
актёр actor
актрúса actress
америкáнец (*gen.* америкáнца, *pl.*
  америкáнцы) an American
америкáнка an American (*woman*)
америкáнский, '-ая, '-ое; '-ие American
англúйский, '-ая, '-ое; '-ие English
англичáнин (*pl.* англичáне) Englishman
англичáнка Englishwoman
арифмéтика arithmetic
аэропóрт airport

Б б

балéт ballet
балкóн balcony
баллáда ballad
банáн banana
банк bank
без (+ *gen.*) without
бéлый, '-ая, '-ое; '-ые white
бéрег (*pl.* -á) shore, bank
библиотéка library
билéт ticket
  билéт тудá и обрáтно return
  ticket
благодарúть II (благодарю́, -úшь)
  to thank
блúзко *adv.* near
блю́дце saucer
бóлее more
  бóлее úли мéнее more or less
бóлен, больнá, -ó; -ы́ [is] sick, ill

болéть I (болéю, -ешь) to be ill
болéть II (болúт) *used in* 3rd *person
  only* to ache, to hurt
  болúт it aches
  чтó у вас болúт? what is hurting
    you?
больнúца hospital
больнóй, -áя, -óе; -ы́е ill, sick;
  short forms: бóлен, больнá;
  больны́ [is, are] ill
бóльше more
  бóльше ничегó nothing more
большóй, -áя, -óе; -úе big; large
борщ beet soup
брат (*pl.* брáтья) brother
брать I (берý, -ёшь) to take; *pf.*
  взять II
бýдний, '-яя, '-ее; '-ие weekday,
  everyday
бýдущий, '-ая, '-ее; '-ие future
  в бýдущем годý next year
бýква letter (of the alphabet)
бульвáр boulevard
бумáга paper
буты́лка (*gen. pl.* буты́лок) bottle
буфéт buffet, sideboard
бывáть I (бывáю, '-ешь) to be, to
  happen; there is (are)
был was
  у меня́ был I had
бы́стро *adv.* quickly; rapidly
бы́стрый, '-ая, '-ое; '-ые quick,
  rapid
быть to be

В в

в, во (+ *acc.*, + *prep.*) in; at; into
вагóн railway carriage
вáжно *adv.* it is important
вáжный, '-ая, '-ое; '-ые important
вáнная bathroom

ваш, ва́ша, ва́ше; ва́ши   your, yours
вдоль (+ *gen.*)   along
вдруг   suddenly
везде́   everywhere
вели́кий, '-ая, '-ое; '-ие   great
вероя́тно   probably
ве́село   gaily, merrily, happily
весе́нний, '-яя, '-ее; '-ие   spring
весна́   spring
    весно́й   in spring
весь, вся, всё; все   all; whole
    мы все   all of us
ве́тер   wind
ве́трено *adv.*   windy
ве́чер (*pl.* вечера́)   evening
    до́брый ве́чер   good evening
    ве́чером   in the evening
вече́рний, '-яя, '-ее; '-ие   evening
вещь *f.* (*gen. pl.* веще́й)   thing
вид   view; aspect
ви́деть II (ви́жу, ви́дишь)   to see;
    pf. уви́деть
ви́дно   evidently; it is evident
ви́за   visa
ви́лка   fork
вино́ (*pl.* ви́на)   wine
вку́сно *adv.*   tasty; it is tasty
вку́сный, '-ая, '-ое; '-ые   tasty
вме́сте   together
вме́сто (+ *gen.*)   instead of
внима́тельно   attentively
вода́   water
води́ть II (вожу́, во́дишь)   to lead
    to guide
во́дка   vodka
возвраща́ть I (возвраща́ю, '-ешь)
    to return, to give back
возвраща́ться I (возвраща́юсь,
    '-ешься)   to return, to come
    back
во́здух   air
возмо́жно *adv.*   possible
война́ (*pl.* во́йны)   war
войти́ I (войду́, -ёшь)   to enter; *pf.*,
    of входи́ть II
вокза́л   large railway station
вокру́г (+ *gen.*)   around
вообще́   in general
вопро́с   question

воскресе́нье   Sunday
    в воскресе́нье   on Sunday
восто́к   east
    на восто́ке   in the east
вот   here is (are); now
    вот как!   you don't say!
впереди́   in front (of)
врач (*gen.* врача́, *pl.* врачи́)   doctor,
    physician (*used also for a woman
    doctor*)
вре́мя (*gen.* вре́мени, *pl.* времена́)
    time
    во вре́мя (+ *gen.*)   during
все   all, everybody
всегда́   always
всё   all, everything
встава́ть I (встаю́, -ёшь)   to get up;
    to rise; *pf.* встать II
встреча́ть I (встреча́ю, '-ешь)   to
    meet; *pf.* встре́тить II
всю́ду   everywhere, all around
вто́рник   Tuesday
    во вто́рник   on Tuesday
второ́й, -а́я, -о́е; -ы́е   second
вход   entrance
входи́ть II (вхожу́, вхо́дишь)   to
    come in, to enter; *pf.* войти́ II
вчера́   yesterday
вы   you
выбира́ть I (выбира́ю, '-ешь)   to
    choose
вы́лететь II (вы́лечу, вы́летишь)
    to fly off
вы́пить I (вы́пью, '-ешь)   to drink
    up; *pf.* of пить II
высо́кий, '-ая, '-ое; '-ие   high, tall
вы́учить II (вы́учу, '-ишь)   to learn
    thoroughly; *pf.* of учи́ть II
вы́ход   exit
выходи́ть II (выхожу́, выхо́дишь)
    to go out; *pf.* of вы́йти II
вы́ше   higher

Г г

газе́та   newspaper
гара́ж (*pl.* гаража́)   garage
где   where
геогра́фия   geography
геро́й   hero

гла́вный, '-ая, '-ое; '-ые main, chief

глаз (*pl.* глаза́) eye

говори́ть II (говорю́, -и́шь) to speak, to talk, to say; *pf.* сказа́ть I

год (*gen. pl.* лет) year

голова́ (*pl.* го́ловы) head

голубо́й, -а́я, -о́е; -ы́е light blue

гора́ (*pl.* го́ры) mountain, hill

го́рло throat

го́род (*pl.* города́) city, town

горя́чий, '-ая, '-ее; '-ие hot (things)

господи́н Mr., gentleman

госпожа́ Mrs., lady

гости́ная living room

гости́ница hotel

гото́вить II (гото́влю, гото́вишь) to prepare

    гото́вить уро́ки to do homework

гото́вый, '-ая, '-ое; '-ые ready; *short forms:* гото́в, '-а, '-о; '-ы is ready

граждани́н (*pl.* гра́ждане) citizen (*m.*)

гражда́нка citizen (*f.*)

грамма́тика grammar

гро́мкий, '-ая, -'ое; '-ие loud

гро́мко loudly

гуля́ть I (гуля́ю, '-ешь) to walk; *pf.* погуля́ть I

Д д

да yes

дава́ть I (даю́, -ёшь) to give; *pf.* дать *irreg.*

давно́ long ago; long since

да́же even

да́лее farther

    и так да́лее (и т. д.) et cetera

далеко́ *adv.* far

да́льний, '-яя, '-ее; '-ие far away

да́льше farther on, further on

дать *irr.* (дам, дашь, даст; дади́м, дади́те, даду́т) to give; *pf. of* дава́ть I

дверь *f.* (*gen. pl.* двере́й) door

двор (*gen.* -á, *pl.* -ы́) courtyard

    на дворе́ outside

дворе́ц palace

де́вочка (*gen. pl.* де́вочек) little girl

де́вушка (*gen. pl.* де́вушек) girl (*older*)

де́лать I (де́лаю, '-ешь) to do, to make; *pf.* сде́лать I

    де́лать успе́хи to make progress

де́ло (*pl.* дела́) matter, business

день (*gen.* дня, *pl.* дни) day

    днём in the daytime, *esp.* in the afternoon

де́ньги *pl.* (*no sing.*) money (*gen.* де́нег)

дере́вня village, countryside

де́рево tree, wood

держа́ть II (держу́, де́ржишь) to hold

де́ти children

дёшево cheap; it is cheap

дива́н sofa

дипло́м diploma

дире́ктор director, headmaster

дли́нный, '-ая, '-ое; '-ые long

для (+ *gen.*) for

днём in the daytime, afternoon

дневно́й, -а́я, -о́е; -ы́е daily; matinee

до (+ *gen.*) before, until (*time*); as far as (*place*)

    до свида́ния good-bye

до́брый, '-ая, -'ое; -'ые good, kind

    до́брое у́тро good morning

дово́льно enough; rather

дово́льный, '-ая, '-ое; '-ые satisfied; pleased; *short forms:* дово́лен, дово́льна, '-о; '-ы

дождь *m.* (*gen.* дождя́, *pl.* дожди́) rain

    идёт дождь it is raining

до́ктор (*pl.* доктора́) doctor

до́лгий, '-ая, '-ое; '-ие long

до́лго *adv.* long, for a long time

    как до́лго? how long?

до́лжен, должна́, -о́; -ы́ must; ought; have to; be obliged to

дом (*pl.* дома́) house

до́ма at home

домо́й home (homeward)

доро́га road
дорого́й, -а́я, -о́е; -и́е dear; expensive
до свида́ния good-bye
доска́ board, blackboard
Достое́вский Dostoevsky
доходи́ть II to get to; to reach
дочь (*gen.* до́чери, *gen. pl.* дочере́й) daughter
до́чка little daughter
друг (*pl.* друзья́, *gen. pl.* друзе́й) friend
друго́й, -а́я, -о́е; -и́е other; another
ду́мать I (ду́маю, '-ешь) to think
ду́шно *adv.* close, stuffy
дя́дя uncle

Е е

Евро́па Europe
его́ him, it, his
её her, hers, its
ежедне́вный, '-ая, '-ое; '-ые daily
е́здить II (е́зжу, е́здишь) to ride; to travel
ёлка (*gen. pl.* ёлок) fir-tree, spruce; Christmas tree
ему́ to him
е́сли if
есть there is (are)
есть *irreg.* (ем, ешь, ест, еди́м; *past* ел, е́ла, е́ло; е́ли) to eat
е́хать I (е́ду, '-ешь) to drive; to travel; *pf.* пое́хать I
ещё still; yet
    ещё раз once more

Ж ж

жа́лко it's a pity
жар fever, heat
жа́ркий, '-ая, '-ое; '-ие hot
жа́рко hot; it is hot
ждать I (жду, ждёшь) to wait for
же but, however (emphatic)
жела́ть I (жела́ю, '-ешь) to wish
жена́ (*pl.* жёны) wife
же́нщина woman

жизнь *f.* life
жить I (живу́, -ёшь) to live; to be alive
журна́л magazine
журнали́ст journalist

З з

за (+ *acc.*, + *instr.*) behind; at; for
забыва́ть I (забыва́ю, '-ешь) to forget
заво́д factory, plant
за́втра tomorrow
за́втрак breakfast
за́втракать I (за́втракаю, '-ешь) to have breakfast; *pf.* поза́втракать I
задава́ть I (задаю́, -ёшь) to give, pose; *pf.* зада́ть *irreg.*
    задава́ть вопро́с to ask a question
    задава́ть уро́к to give homework
закрыва́ть I (закрыва́ю, '-ешь) to close; *pf.* закры́ть I
зал hall
замеча́тельный, '-ая, '-ое; '-ые wonderful, remarkable, striking
замеча́тельно *adv.* wonderful
занима́ть I (занима́ю, '-ешь) to occupy, to take up
занима́ться I (занима́юсь, '-ешься) to study; to be engaged in; to be busy (with) + *instr.*
заня́тие occupation; lesson; заня́тия *pl.* study, studies
за́нятый, '-ая, '-ое; '-ые busy
за́пад west
    на за́паде in the west
запа́с слов vocabulary
зате́м after that; then
заче́м? what for?, why?
зда́ние building
здесь here
здоро́вый, '-ая, '-ое; '-ые healthy; *short forms:* здоро́в, '-а, '-о; '-ы
    будь здоро́в keep well
здра́вствуй, '-те how do you do, hello

зелёный, '-ая, '-ое; '-ые green
земля́ (*pl.* зе́мли) earth
зе́ркало (*pl.* -а́) mirror
зима́ (*pl.* зи́мы) winter
  зимо́й in winter
знако́миться (знако́млюсь, зна-
  ко́мишься) to become acquainted; *pf.* познако́миться
знако́мый (*m.*), знако́мая (*f.*) знако́-
  мые (*pl.*) friend, acquaintance
знамени́тый, '-ая, '-ое; '-ые famous
зна́ние knowledge
знать I (зна́ю, '-ешь) to know
зна́чить II (зна́чу, '-ишь) to mean
  зна́чит it means
зо́нтик umbrella

И и

и and; also
игра́ть I (игра́ю, '-ешь) to play
идти́ I (иду́, -ёшь; *past* шёл, шла,
  шло; шли) to go, to walk; *pf.*
  пойти́
  идёт дождь it is raining
  идёт снег it is snowing
  идти́ пешко́м to go on foot
из (+ *gen.*) from, out of
изве́стный, '-ая, '-ое; '-ые well
  known
извини́(те) (*inf.* извини́ть II) excuse
  me, pardon me
и́зредка now and then
изуча́ть I (изуча́ю, '-ешь) to study;
  pf. изучи́ть II
и́мя (*gen.* и́мени, *pl.* имена́) first
  name
инжене́р engineer
иногда́ sometimes
институ́т institute
инстру́ктор instructor
инструме́нт instrument
интере́с interest
интере́сно interesting; it is interesting
интере́сный, '-ая, '-ое; '-ые interesting; *short forms:* интере́сен,
  интере́сна, '-о; '-ы
интересова́ть I (интересу́ю, '-ешь)
  to interest

интересова́ться I (интересу́юсь,
  '-ешься) to be interested
исто́рия history; story
ита́к and so
и т. д. (и так да́лее) and so on,
  etc.
их their, theirs
ию́нь *m.* June

К к

к, ко (+ *dat.*) to, towards
кабине́т study
ка́ждый, '-ая, '-ое; '-ые each, every
ка́жется it seems
каза́ться I (кажу́сь, ка́жешься) to
  seem
как how; as, like
  как до́лго how long
  как раз just
  вот как! you don't say!
како́й, -а́я, -о́е; -и́е what; which
календа́рь *m.* calendar
кало́ши galoshes
кани́кулы *pl.* vacation, holidays
каранда́ш (*gen.* карандаша́, *pl.*
  карандаши́) pencil
ка́рта map
карти́на picture
ка́сса cashier's; cashbox; ticket
  office
катего́рия kind, category
ка́ша porridge, cereal, gruel
кварти́ра flat
кило́ (*not declined*) kilo
килогра́мм kilogram
киломе́тр kilometre
кино́ (*not declined*) cinema
киножурна́л newsreel
кинотеа́тр cinema
кинофи́льм film
класс class(room)
класть I (кладу́, -ёшь) to put, to
  lay, to place; *pf.* положи́ть II
кли́мат climate
клуб club
кни́га book
ковёр (*gen.* ковра́, *pl.* ковры́) carpet
когда́ when

ко́мната room
коне́ц (*gen.* конца́, *pl.* концы́) end
  в конце́ концо́в after all
коне́чно of course
консе́рвы *pl.* (*no sing.*) tinned goods
конто́ра office (business)
конфе́та sweets, toffee
конфе́ты *pl.* sweets
конце́рт concert
конча́ть I (конча́ю, -ешь) to finish
  (something); *pf.* ко́нчить II
конча́ться (конча́ется) to finish, to
  end
копе́йка (*gen. pl.* копе́ек) copeck
кора́бль *m.* ship
коро́ткий, '-ая, '-ое; '-ие short
косме́тика cosmetics
космона́вт cosmonaut
костю́м costume, suit
кото́рый, '-ая, '-ое; '-ые which *interrogative;* who *relative pron.*
ко́фе *m.* coffee (*not declined*)
ко́шка cat (*f.*)
краси́вый, '-ая, '-ое; '-ые beautiful
кра́сный, '-ая, '-ое; '-ые red
кра́тко briefly
Кремль *m.* Kremlin
кре́сло (*gen. pl.* кре́сел) armchair
кро́ме (+ *gen.*) except, beside
  кро́ме того́ besides
круг (*pl.* круги́) circle
круго́м (+ *gen.*) round, around
кста́ти by the way
  о́чень кста́ти very appropriate
кто who
  кто́-нибудь someone
  кто э́то? who is it?
  кто́-то somebody
куда́ where (whither)
ку́кла doll
культу́ра culture
купа́ться I (купа́юсь, '-ешься) to
  bathe; to take a bath
купи́ть II (куплю́, ку́пишь) to buy;
  pf. of покупа́ть I
кури́ть II (курю́, ку́ришь) to smoke
кусо́к (*gen.* куска́, *pl.* куски́) piece,
  lump
ку́хня kitchen

Л л

лаборато́рия laboratory
ла́дно! very well!, O.K.!
ла́мпа lamp
лёгкий, '-ая, '-ое; -'ие easy, light
легко́ easily
ле́гче easier
лежа́ть II (лежу́, -и́шь) to lie
  лежа́ть в посте́ли to stay in bed
ле́кция lecture
лете́ть II (лечу́, лети́шь) to fly; *pf.*
  полете́ть
ле́то summer
  ле́том summer
лётчик flyer
ли if, whether
лимо́н lemon
литерату́ра literature
ложи́ться II (ложу́сь, -и́шься) to
  lie down
ло́жка (*gen. pl.* ло́жек) spoon
лу́чше better
лу́чший, '-ая, '-ее; '-ие best
любе́зный kind, obliging
люби́мый, '-ая, '-ое; '-ые favourite, beloved
люби́ть II (люблю́, лю́бишь) to
  like, to love
любопы́тство curiosity
лю́ди *pl.* (*gen. pl.* люде́й) people

М м

мавзоле́й mausoleum, tomb
магази́н shop
май May
ма́ленький, '-ая, '-ое; '-ие small
ма́ло little, few
  ма́ло-пома́лу little by little
ма́льчик boy
ма́сло butter
матема́тика mathematics
мать *f.* (*pl.* ма́тери, *gen. pl.* матере́й)
  mother
маха́ть I to wave
маши́на machine; car
ме́дленно slowly
медсестра́ nurse (hospital)

ме́жду (+ *instr.*) between, among

мел chalk

ме́нее less

ме́ньше smaller

ме́сто (*pl.* места́) place; seat

ме́сяц month

метро́ (*not declined*) underground

миллио́н million

ми́ля mile

мину́та minute; moment

мир world; peace

мла́дший younger

мно́гие many

мно́го much, many

мо́жет быть perhaps, maybe

мо́жно one may; it is possible

мой, моя́, моё; мои́ my, mine

молодо́й, -а́я, -о́е; -ы́е young

молоко́ milk

мо́ре sea

мочь I (могу́, мо́жешь; мо́гут; *past* мог, могла́, -ло́, -ли́) can, to be able, may; *perf.* смочь

муж (*pl.* мужья́, *gen. pl.* муже́й) husband

мужчи́на man

музе́й museum

му́зыка music

мы we

мыть I (мо́ю, мо́ешь) to wash; *pf.* помы́ть

мя́со meat

Н н

на (+ *prep.*) on, at, in; (+ *acc.*) to, on, onto

наве́рно surely

над (+ *inst.*) over, above

надева́ть I (надева́ю, '-ешь) to put on

наде́яться I (наде́юсь, '-ешься) to hope

на́до it is necessary; one should

наза́д; тому́ наза́д ago

назва́ние name, title

называ́ть I (называ́ю, '-ешь) to call, to name; *pf.* назва́ть II

называ́ться I (называ́юсь, '-ешься) to be called, to be named

наконе́ц at last; finally

нале́во to (on) the left

налива́ть I (налива́ю, '-ешь) to pour out

написа́ть I *pf. of* писа́ть

напра́во to (on) the right

наприме́р for example; for instance

напро́тив (+ *gen*) opposite

наро́д people

на́сморк head cold

нау́ка science

нау́чный, '-ая, '-ое; '-ые scientific

находи́ть II (нахожу́, нахо́дишь) to find (+ *acc.*); *pf.* найти́

находи́ться II (нахожу́сь, нахо́дишься) to be; to be found

нача́ть I to begin; *pf. of* начина́ть I

начина́ть I (начина́ю, '-ешь) to begin (+ *acc.*); *pf.* нача́ть I

начина́ться I (начина́ется) to begin *intrans.*

наш, на́ша, на́ше; на́ши our, ours

не not

невозмо́жный, '-ая, '-ое; '-ые impossible

неда́вно recently; not so long ago

недалеко́ near; not far

неде́ля week

не́который, '-ая, '-ое; '-ые some

не́которое вре́мя for some time

немно́го a little

немно́жко a trifle

непло́хо not bad, rather well

непреме́нно without fail; certainly

неприя́тный, '-ая, '-ое; '-ые unpleasant

не́сколько some, several, a few

не́сколько раз several times

нести́ (несу́, -ёшь) to carry, bear (by a person)

нет no, not; there is (are) not

нехорошо́ not well; badly

ни ... ни neither ... nor

никогда́ never

никто́ nobody, no one

ничего́ nothing; it is nothing; never mind; it does not matter; so-so

но but
но́вый, '-ая, '-ое; '-ые new
нога́ (*pl.* но́ги)
нож knife
но́мер (*pl.* номера́) number
нос (*pl.* носы́) nose
но́та note; но́ты music sheet
ночь *f.* (*gen. pl.* ноче́й) night
  споко́йной но́чи good night
  но́чью at night
нра́виться to be pleasing to
  э́то мне нра́вится this pleases me;
  pf. понра́виться
ну́жен, нужна́, ну́жно; ну́жны (*or*
  нужны́) necessary
ну́жно must; need; ought to; it is
  necessary
  мне ну́жно I need
ня́ня nurse (child's)

О о

о, об (+ *prep.*) about, of
о́ба (*m., n*), о́бе (*f.*) both
обе́д dinner
  на обе́д for dinner
обе́дать I (обе́даю, '-ешь) to have
  dinner; to dine; *pf.* пообе́дать I
обнима́ть I (обнима́ю, '-ешь) to
  embrace
объясня́ть I (объясня́ю, '-ешь) to
  explain
обыкнове́нно usually
обы́чай custom
обы́чно usually, generally
о́вощи (*pl.*) vegetables
огро́мный, '-ая, '-ое; '-ые immense,
  huge
одева́ть I (одева́ю, '-ешь) to dress
  (somebody)
одева́ться I (одева́юсь, '-ешься) to
  dress (oneself)
оде́жда clothing
оди́н, одна́, одно́ one
одна́жды once, one day
одна́ко but, however
одни́ ... други́е some ... others
окно́ (*pl.* о́кна, *gen. pl.* о́кон) window
океа́н ocean
о́коло (+ *gen.*) near; about, around

окружа́ть I (окружа́ю, '-ешь) to
  surround
он he
она́ she
они́ they
оно́ it
о́пера opera
опя́ть again
о́сень *f.* autumn
  о́сенью in autumn
осо́бенно particularly, especially
остава́ться I (остаю́сь, -ёшься) to
  remain, to stay
оставля́ть (оставля́ю, -ешь) to
  leave
от (+ *gen.*) from; от ... до from
  ... to
отве́т answer, reply
отве́тить II (отве́чу, отве́тишь) to
  answer, *pf. of* отвеча́ть
отвеча́ть I (отвеча́ю, '-ешь) to
  answer, *pf.* отве́тить
о́тдых rest
отдыха́ть I (отдыха́ю, '-ешь) to
  rest, to have a rest
оте́ц (*gen.* отца́, *pl.* отцы́) father
открыва́ть I (открыва́ю, '-ешь) to
  open; *pf.* откры́ть I
откры́ть I (откро́ю, '-ешь) to open;
  pf. of открыва́ть I
откры́тка postcard
отку́да from where, whence
отли́чно excellent
о́тпуск (*pl.* отпуска́) holiday, vacation
отсю́да from here
отту́да from there
отходи́ть II (отхожу́, отхо́дишь) to
  go away from, leave; *pf.* отойти́
о́тчество patronymic; paternal name
отъе́зд departure
о́чень very
оши́бка (*gen. pl.* оши́бок) mistake

П п

пальто́ (*not declined*) overcoat
папиро́са cigarette (with cardboard
  tip)

парк park

    парк культу́ры и о́тдыха park of culture and rest

парохо́д steamer, ship

сади́ться на парохо́д to embark

па́спорт (*pl.* паспорта́) passport

пейза́ж landscape

пе́рвый, '-ая, '-ое; '-ые first

перево́д translation

перево́дчик translator

пе́ред (+ *inst.*) before

пере́дняя *f.* hall (of a house)

перо́ (*pl.* пе́рья, *gen. pl.* пе́рьев) pen

пе́сня (*gen. pl.* пе́сен) song

петь I (пою́, -ёшь) to sing

пешко́м on foot

пиани́ст pianist (*m.*)

пиани́стка pianist (*f.*)

пи́во beer

писа́тель writer (*m.*)

писа́ть I (пишу́, пи́шешь) to write; *pf.* написа́ть I

пи́сьменный стол writing table, desk

письмо́ (*pl.* пи́сьма) letter

пить I (пью, пьёшь) to drink

пи́ща food

план plan

плати́ть II (плачу́, пла́тишь) to pay

пла́тье (*gen. pl.* пла́тьев) dress

плащ raincoat

пло́хо badly, poorly

плохо́й, -а́я, -о́е; -и́е bad

площа́дка (*gen. pl.* площа́док) play-ground

пло́щадь *f.* (*gen. pl.* площаде́й) square

плюс plus

по (+ *dat.*) along; at, in

    по утра́м (in the) mornings

по-англи́йски English, in English

повторя́ть I (повторя́ю, '-ешь) to repeat, to review; *pf.* повтори́ть II

пого́да weather

под (+ *acc.*, + *inst.*) under; near

подава́ть I (подаю́, -ёшь) to serve (at table); to give; *pf.* пода́ть I, *irreg.*

подру́га (girl) friend

подходи́ть II (подхожу́, подхо́дишь) to come up (to), to approach

подъе́зд entrance

подъезжа́ть I (подъезжа́ю, '-ешь) to ride up, to drive up to

по́езд (*pl.* поезда́) train

    по́ездом by train

пое́здка trip

пое́хать I (пое́ду, -ешь) to go (by vehicle); *pf. of* е́хать I

пожа́луйста please

пожива́ть I (пожива́ю, -ешь) to live, to get on

    как ты пожива́ешь, как вы пожива́ете? how are you?

пожима́ть I (пожима́ю, '-ешь) I ру́ки to shake hands (with somebody)

позавчера́ the day before yesterday

по́здно it is late; late

познако́миться II (познако́млюсь, познако́мишься) to become acquainted; *pf. of* знако́миться II

пойти́ I (пойду́, пойдёшь) to go (walk); *pf. of* идти́ I

пока́ while; for the time being

пока́зывать I (пока́зываю, '-ешь) to show; *pf.* показа́ть

    пока́зывать пье́су to present a play

покупа́тель *m.* customer, pur-chaser

покупа́ть I (покупа́ю, '-ешь) to buy; *pf.* купи́ть II

поку́пка (*gen. pl.* поку́пок) pur-chase

    де́лать поку́пки to shop

пол (*pl.* полы́) floor

полага́ть I (полага́ю, '-ешь) to suppose

по́лдень noon

    в по́лдень at noon

по́ле (*pl.* поля́) field

поле́зный, '-ая, '-ое; '-ые useful

полёт flight

по́лка shelf

по́лный, '-ая, '-ое; '-ые full

полови́на half

получа́ть I (получа́ю, '-ешь) to receive; *pf.* получи́ть II

получи́ть II (получу́, полу́чишь) to receive; *pf. of* получа́ть I

по́льзоваться I (по́льзуюсь, '-ешься) to use, to make use of

по́мнить II (по́мню, '-ишь) to remember

помога́ть I (помога́ю, '-ешь) to help

помы́ть I (помо́ю, '-ешь) to wash; *pf. of* мыть I

понеде́льник Monday

в понеде́льник on Monday

понима́ть I (понима́ю, '-ешь) to understand; *pf.* поня́ть I

поня́ть I (пойму́, поймёшь) to understand; *pf. of* понима́ть I

популя́рный, '-ая, '-ое; '-ые popular

пора́ it's time

мне пора́ идти́ it's time for me to go

порт port (harbour)

портре́т portrait, picture

по-ру́сски Russian, in Russian

поря́док (*gen.* поря́дка, *pl.* поря́дки) order

посети́тель visitor (*m.*)

посети́тельница visitor (*f.*)

посети́ть (посещу́, посети́шь) to visit; *pf. of* посеща́ть I

посеща́ть I (посеща́ю, -ешь) to attend, to visit; *pf.* посети́ть II

по́сле (+ *gen.*) after

по́сле обе́да in the afternoon

после́дний, '-яя, '-ее; '-ие last

послеза́втра the day after tomorrow

посло́вица saying, proverb

послу́шать I (послу́шаю, '-ешь) to listen awhile; *pf. of* слу́шать I

посреди́ (+ *gen.*) in the middle (of)

посте́ль *f.* bed

посыла́ть I (посыла́ю, '-ешь) to send; *pf.* посла́ть I

потоло́к (*gen.* потолка́, *pl.* потолки́) ceiling

пото́м then; later

потому́ что because

по-францу́зски French, in French

почему́ why

по́чта mail, post office

почти́ almost

поэ́тому therefore

пра́вда truth

пра́вило rule

пра́вильно it is correct; correctly

пра́вый, '-ая, '-ое; '-ые right

пра́здник holiday

пра́ктика practice

предпочита́ть I (предпочита́ю, '-ешь) to prefer

прекра́сный, '-ая, '-ое; '-ые beautiful, wonderful

преподава́тель teacher

при (+ *prep.*) at; under; in the presence of; in the time of

приве́т regards, greetings, goodbye

приводи́ть II (привожу́, приво́дишь) to bring

при́город suburb(s)

прие́зд arrival

приезжа́ть I (приезжа́ю, '-ешь) to arrive; *pf.* прие́хать I

прие́хать I (прие́ду, '-ешь) to arrive; *pf. of* приезжа́ть I

прийти́ I (приду́, -ёшь) to arrive (on foot); *pf. of* приходи́ть II

приле́жно diligently

приме́р example

наприме́р for example

принима́ть I (принима́ю, '-ешь) to receive, to accept, to take

приноси́ть II (приношу́, прино́сишь) to bring

приходи́ть II (прихожу́, прихо́дишь) to come; *pf.* прийти́ I

прия́тно it is pleasant; it is nice

прия́тный, '-ая, '-ое; '-ые pleasant, nice

про́бовать I (про́бую, '-ешь) to taste, to try; *pf.* попро́бовать I

провести́ I (проведу́, -ёшь) to spend (time); *pf. of* проводи́ть II

проводи́ть II (провожу́, прово́дишь) to spend; to pass (time); *pf.* провести́

провожа́ть I to see off; *pf.* проводи́ть II (провожу́, прово́дишь)

програ́мма programme

продава́ть I (продаю́, -ёшь) to sell; *pf.* прода́ть *irreg.*

продаве́ц (*gen.* продавца́, *pl.* продавцы́) salesman, shop assistant

продово́льственный магази́н provision shop

продолжа́ть I (продолжа́ю, ´-ешь) to continue, to go on

проду́кты provisions, foodstuffs

прое́кт project

проси́ть II (прошу́, про́сишь) to ask for; *pf.* попроси́ть II

прости́те pardon me

про́сто simply, just

про́тив (+ *gen.*) against

профе́ссор (*pl.* профессора́) professor

прочита́ть I (прочита́ю, ´-ешь) to read through; *pf. of* чита́ть I

пря́мо straight, straight on

путеше́ственник traveller

путеше́ствие trip, journey, voyage

путеше́ствовать I (путеше́ствую, ´-ешь) to travel

путь (*pl. and gen. s.* пути́) way, path, journey

счастли́вого пути́! pleasant journey!

пье́са play

пя́тница Friday

в пя́тницу on Friday

Р р

рабо́та *f.* work

рабо́тать I (рабо́таю, ´-ешь) to work; *pf.* порабо́тать I to work awhile

рабо́тник worker (man)

рабо́тница working woman, (woman) worker

рабо́чий worker (man) (*esp.* manual)

рад, ´-а, ´-о; ´-ы glad

ра́дио radio set, wireless

по ра́дио over the radio

раз time; once, one

ещё раз once more

как раз just (at the moment)

мно́го раз many times

не́сколько раз several times

разгова́ривать I (разгова́риваю, ´-ешь) to talk, to converse

разгово́р conversation, talk

ра́зный, ´-ая, ´-ое; ´-ые different, various

разуме́ется: само́ собо́й разуме́ется it goes without saying

райо́н district, region

ра́но early

ра́ньше earlier; formerly, before

расска́з story

расска́зывать I (расска́зываю, ´-ешь) to tell, to relate

ребёнок (*gen.* ребёнка, *pl.* ребя́та, де́ти) child

револю́ция revolution

регуля́рно regularly

ре́дко seldom

река́ (*pl.* ре́ки) river

респу́блика republic

рестора́н restaurant

реша́ть I (реша́ю, ´-ешь) to decide; *pf.* реши́ть II

ро́вно exactly; sharp

ро́дина motherland, mother country

роди́тели *pl.* parents

роди́ться II (*no present tense*) to be born

роль *m.* role

рома́н novel

рот (*gen.* рта, *pl.* рты) mouth

роя́ль *m.* piano

руба́шка shirt

рубль *m.* (*gen.* рубля́, *pl.* рубли́) rouble

рука́ (*pl.* ру́ки) hand; arm

пожима́ть ру́ки to shake hands with somebody

ру́сский, ´-ая, ´-ое; ´-ие Russian, a Russian

по-ру́сски in Russian

ру́чка (fountain) pen

ры́ба fish

ряд row

в пе́рвом ряду́ in the first row

C c

с, со (+ *gen.*) from; (+ *inst*) with
сад (*pl.* сады́) garden
  в саду́ in the garden
сади́ться II (сажу́сь, сади́шься) to sit down
сала́т salad
сам, сама́, само́; са́ми -self; -selves
самова́р samovar
самолёт aeroplane
са́мый, '-ая, '-ое; '-ые the most (*used with adjectives to form superlative*)
са́хар sugar
све́жий, '-ая, '-ее; '-ие fresh
свети́ть II (све́тит) to shine
свида́ние meeting, engagement
  до свида́ния good-bye
свобо́дно fluently
свобо́дный, '-ая, '-ое; '-ые free, vacant, fluent
сда́ча (*no plural*) change
сде́лать I (сде́лаю, '-ешь; '-ают) to do; *pf. of* де́лать I
себя́ myself, yourself, himself, oneself, etc.
се́вер north
  на се́вере in the north
сего́дня today
  сего́дня у́тром this morning
  сего́дня ве́чером this evening
сейча́с now; right away
  сейча́с же immediately
семья́ (*pl.* се́мьи, *gen. pl.* семе́й) family
сентя́брь *m.* September
середи́на middle
сестра́ (*pl.* сёстры, *gen. pl.* сестёр) sister
сигаре́та cigarette
сиде́ть II (сижу́, сиди́шь) to sit
си́льный, '-ая, '-ое; '-ые heavy; hard, strong
си́ний, '-яя, '-ее; '-ие (dark) blue
сказа́ть I (скажу́, ска́жешь) to say, tell; *pf. of* говори́ть II
ско́лько how much (many)
  ско́лько э́то сто́ит? how much does this cost?

ско́ро soon
  скоре́е sooner
сле́дующий, '-ая, '-ее; '-ие next
сли́шком too, too much
слова́рь (*gen.* словаря́, *pl.* словари́) dictionary; vocabulary
сло́во (*pl.* слова́) word
слу́шать I (слу́шаю, '-ешь) to listen; *pf.* послу́шать
слы́шать II (слы́шу, '-ишь) to hear
смея́ться I (смею́сь, -ёшься) to laugh
смотре́ть II (смотрю́, смо́тришь) to look; *pf.* посмотре́ть II to have a look
  смотре́ть телеви́зор to watch television
снача́ла (at) first
снег snow
  идёт снег it is snowing
сно́ва again
собира́ться I (собира́юсь, '-етесь) to intend
сове́т advice; council; soviet
сове́тский, '-ая, '-ое; '-ие Soviet
совсе́м quite, entirely
  совсе́м не, нет not at all
сожале́ние regret
  к сожале́нию unfortunately
со́лнце sun
соль *f.* salt
спа́льня (*gen. pl.* спа́лен) bedroom
спаси́бо thank you
спать II (сплю, спишь) to sleep
спеши́ть II (спешу́, -и́шь) to hurry, to be in a hurry
споко́йный, '-ая, '-ое; '-ые quiet, calm
  споко́йной но́чи good night
спра́шивать I (спра́шиваю, '-ешь) to ask; *pf.* спроси́ть
сра́зу at once, immediately
среда́ Wednesday
  в сре́ду on Wednesday
спроси́ть II (спрошу́, спро́сишь) to ask; *pf. of* спра́шивать I
спу́тник companion, fellow traveller satellite

ста́вить II (ста́влю, '-вишь) to put, to place; *pf.* поста́вить

ста́вить маши́ну в гара́ж to park a car

стака́н glass, tumbler

станови́ться II (становлю́сь, стано́вишься) to become, to get, to grow

ста́нция station

ста́рый, -'ая, '-ое; '-ые old

статья́ (*gen. pl.* стате́й) article

стена́ (*pl.* сте́ны) wall

сто́ить II (сто́ю, '-ишь) to cost

ско́лько сто́ит? how much does it cost?

стол (*gen.* стола́, *pl.* столы́) table

сто́лик little table

столи́ца capital

столо́вая dining room

сто́лько so much

стоя́ть II (стою́, -и́шь) to stand

страна́ (*pl.* стра́ны) land

стро́ить II (стро́ю, '-ишь) to build

студе́нт student (*m.*)

студе́нтка (*gen. pl.* студе́нток) student (*f.*)

стул (*pl.* сту́лья) chair

суббо́та Saturday

в суббо́ту on Saturday

суп (*pl.* супы́) soup, broth

су́хо it is dry

счастли́вый, '-ая, '-ое; '-ые happy

счастли́вого пути́ pleasant journey

счёт count, account, score

счита́ть I (счита́ю, '-ешь) to count

сын (*pl.* сыновья́, *gen. pl.* сынове́й) son

сыр cheese

сюда́ here, hither

сюрпри́з surprise

Т т

так so, thus

и так да́лее et cetera

та́кже also, too

тако́й, -а́я, -о́е; -и́е such

такси́ *n.* (*not declined*) taxi

там there

таре́лка (*gen. pl.* таре́лок) plate

твой, твоя́, твоё; твои́ yours

теа́тр theatre

текст text

телеви́зор television set

смотре́ть телеви́зор to watch television

телефо́н telephone

те́ма topic, subject, theme

температу́ра temperature

те́ннис tennis

игра́ть в те́ннис to play tennis

тепе́рь now

тепло́ it is warm

тетра́дь *f.* notebook

тётя (*gen. pl.* тётей) aunt

ти́хий, '-ая, '-ое; '-ие quiet, calm

ти́хо quietly, softly

то that

то есть (т. е.) that is

това́рищ comrade

тогда́ then

то́же also, too

толпа́ (*pl.* то́лпы) crowd

то́лько only

не то́лько … но и not only … but also

тому́ наза́д ago

торгова́ть II (торгу́ю, '-ешь) to deal in

торт cake

тот, та, то; те that, those

то́тчас at once

то́чно exactly, precisely

трамва́й tramcar

тре́тий, тре́тья, тре́тье third

тру́бка pipe (smoking)

тру́дно it is difficult

тру́дный, '-ап, '-ое; '-ые difficult

туда́ there, thither

тури́ст tourist

тут here

тут же on the spot; right here

ты you, thou

ты́сяча thousand

тяжёлый, '-ая, '-ое; '-ые heavy

У у

у (+ *gen.*) at; by, with; near, at the home of

уве́ренный, '-ая, '-ое; '-ые sure
уви́деть II (уви́жу, уви́дишь) to catch sight of; *pf. of* ви́деть
у́гол (*gen.* угла́, *pl.* углы́) corner
удо́бный, '-ая, '-ое; '-ые convenient, comfortable
удово́льствие pleasure
с удово́льствием with pleasure
уезжа́ть I (уезжа́ю, -ешь) to leave; *pf.* уе́хать
уже́ already
у́жин supper
у́жинать I (у́жинаю, '-ешь) to have supper; *pf.* поу́жинать I
узнава́ть I (узнаю́, -ёшь) to find out; *pf.* узна́ть I
ука́зывать I (ука́зываю, -ешь) to show; *pf.* указа́ть I
у́лица street
улыба́ться I (улыба́юсь, -ешься) to smile
уме́ть I (уме́ю, -ешь) to know how, to be able, can
у́мный, -ая, -ое; -ые clever; intelligent
умыва́ть I (умыва́ю, '-ешь) to wash
умыва́ться I (умыва́юсь, '-ешься) to wash (oneself)
универма́г department store
университе́т university
употребля́ть I (употребля́ю, '-ешь) to use
уро́к lesson
  на уро́к to the lesson
  идёт уро́к a lesson is going on
успе́х success; progress
  де́лать успе́хи to make progress
у́тро morning
  до́брое у́тро good morning
  у́тром in the morning
уходи́ть II (ухожу́, ухо́дишь) to leave, to go away; *pf.* уйти́ I
уче́бник textbook
учени́к (*gen.* ученика́, *pl.* ученики́) pupil (*m.*)
учени́па pupil (*f.*)
учёный, -ая, -ое; -ые scientific, learned, scholarly

учёный scientist
учи́тель (*pl.* учителя́) teacher (*m.*)
учи́тельница teacher (*f.*)
учи́ть II (учу́, у́чишь) to teach; to learn
учи́ться II (учу́сь, у́чишься) to study; to learn

Ф ф

фа́брика factory
фами́лия family name
февра́ль *m.* February
фи́зик (*pl.* фи́зики) physicist
фильм film
фра́за phrase; sentence
фрукто́вый, '-ая, '-ое; '-ые fruit
фру́кты (*pl.*) fruit, fruits
футбо́л football

Х х

хлеб bread
ходи́ть II (хожу́, хо́дишь) to walk, to go (on foot)
хо́лодно it is cold
холо́дный, '-ая, '-ое; '-ые cold
хор chorus, choir
хоро́ший, '-ая, '-ое; '-ие good, fine
хорошо́ it is nice (good); nice, good, well
хоте́ть *mixed conjugation* (хочу́, хо́чешь; хоти́м) to want, to wish
хоте́ться (*impersonal*) to want
  мне хо́чется есть I want to eat
хотя́ although

Ц ц

цвет colour
целова́ть I (целу́ю, '-ешь) to kiss
це́лый, '-ая, '-ое; '-ые whole, entire
цена́ (*pl.* це́ны) price
центр centre
центра́льный, '-ая, '-ое; '-ые central
цивилиза́ция civilization
ци́фра figure, numeral

Ч ч

чай *m.* tea
ча́йник teapot, kettle
час (*pl.* часы́) hour
ча́сто often
часы́ (*pl.*) clock, watch
ча́шка (*gen. pl.* ча́шек) cup
чей, чья, чьё; чьи whose
челове́к (*pl.* лю́ди, *gen. pl.* люде́й,
    after numerals челове́к) person
чемода́н suitcase
че́рез (+ *acc.*) in; through, via;
    across
чёрный, '-ая, '-ое; '-ые black
четве́рг (*gen.* четверга́, *pl.* четверги́)
    Thursday
    в четве́рг on Thursday
число́ (*pl.* чи́сла) number; date
чита́ть I (чита́ю, '-ешь) to read;
    pf. прочита́ть to read through
    чита́ть ле́кцию to deliver a lec-
    ture
чте́ние reading
    кни́га для чте́ния reading book,
    reader
что what; that
    что́ э́то? what is it (this)?
чтобы that, in order that
что́-нибудь something, anything
чу́вствовать I (чу́вствую, '-ешь) to
    feel
    чу́вствовать себя́ to feel
    как вы себя́ чу́вствуете? how do
    you feel?
чуде́сный, '-ая, '-ое; '-ые marvel-
    lous
чу́дный, '-ая, '-ое; '-ые wonderful

Ш ш

шкаф (*pl.* шкафы́) cupboard,
    bookcase
шко́ла school
    ходи́ть в шко́лу to go to school
шко́льник schoolboy
шко́льница schoolgirl
шофёр driver, chauffeur
шум noise

Щ щ

щи (*no sing.*) cabbage soup

Э э

экза́мен examination
экра́н screen
экску́рсия excursion
эпизо́д episode
э́тот, э́та, э́то; э́ти this, these

Ю ю

ю́бка skirt
юг south
    на ю́ге in the south

Я я

я́блоко apple
язы́к (*gen.* языка́, *pl.* языки́) lan-
    guage
яйцо́ (*pl.* я́йца) egg
я́рко it is bright; brightly
я́сно it is clear; clearly

INDEX

English Index

This index provides quick references to the main points of grammar and usage. The numbers refer to pages.

Russian Index

This index provides a quick reference to the main verb forms and other important points of Russian usage. It does not include the pointers to declensions and conjugations that can be found in the Russian–English Vocabulary. The numbers refer to pages.